:: 中華文化促進會主持編纂

:: 國家"十一五"重點圖書出版規劃項目

:: 中國社會科學院哲學社會科學創新工程學術出版資助項目

出品人　王石　段先念

今注本二十四史

三國志

二

魏書 〔二〕

晉 陳壽 撰　　宋 裴松之 注

楊耀坤 揭克倫 校注

中國社會科學出版社

三國志 卷三

魏書三

明帝紀第三

　　明皇帝諱叡，字元仲，文帝太子也。生而太祖愛之，常令在左右。[一]年十五，封武德侯，[1]黄初二年爲齊公，[2]三年爲平原王。[3]以其母誅，[4]故未建爲嗣。[二]七年夏五月，帝病篤，乃立爲皇太子。丁巳，即皇帝位，大赦。尊皇太后曰太皇太后，[5]皇后曰皇太后。[6]諸臣封爵各有差。[三]癸未，[7]追謚母甄夫人曰文昭皇后。壬辰，立皇弟蕤爲陽平王。[8]

　　〔一〕《魏書》曰：帝生數歲而有岐嶷之姿，[9]武皇帝異之，曰："我基於爾三世矣。"每朝宴會同，[10]與侍中近臣並列帷幄。[11]好學多識，特留意於法理。

　　〔二〕《魏略》曰：文帝以郭后無子，詔使子養帝。帝以母不以道終，意甚不平。後不獲已，乃敬事郭后，[12]旦夕因長御問起居。郭后亦自以無子，遂加慈愛。文帝始以帝不悦，有意欲以他姬子京兆王爲嗣，[13]故久不拜太子。

《魏末傳》曰：[14]帝常從文帝獵，見子母鹿。文帝射殺鹿母，使帝射鹿子，帝不從，曰：“陛下已殺其母，臣不忍復殺其子。”因涕泣。文帝即放弓箭，以此深奇之，而樹立之意定。[15]

〔三〕《世語》曰：帝與朝士素不接，即位之後，羣下想聞風采。居數日，獨見侍中劉曄，語盡日。衆人側聽，曄既出，問：“何如？”曄曰：“秦始皇、漢孝武之儔，才具微不及耳。”

[1] 武德：侯國名。治所在今河南武陟縣東南。

[2] 齊：公國名。治所臨淄縣，在今山東淄博市東北臨淄區北。

[3] 平原：王國名。治所平原縣，在今山東平原縣西南。

[4] 母：指甄后。詳見本書卷五《后妃傳》。

[5] 皇太后：指武宣卞皇后。見本書卷五《后妃傳》。

[6] 皇后：指文德郭皇后。見本書卷五《后妃傳》。

[7] 癸未：盧弼《集解》謂“癸未”上應有“六月”二字。按，《二十史朔閏表》，黃初七年五月辛丑朔，魏明帝即位於丁巳，爲五月十七日。癸未至丁巳凡二十六日，不當在五月。而六月庚午朔，則癸未爲六月十四日。

[8] 陽平：王國名。治所館陶縣，在今河北館陶縣。

[9] 岐嶷：形容年幼聰慧。《詩·大雅·生民》“誕實匍匐，克岐克嶷”。毛傳：“岐，知意也。嶷，識也。”鄭箋：“能匍匐，則岐岐然意有所知也；其貌嶷嶷然有所識別也。”

[10] 會同：古代諸侯以事見天子稱會，多人見天子稱同。《詩·小雅·車攻》“會同有繹”。毛傳：“時見曰會，殷（衆）見曰同。”後世遂泛稱朝會爲會同。

[11] 侍中：官名。秩比二千石。職掌門下衆事，侍從左右，顧問應對。漢靈帝時置侍中寺，不再隸屬少府。獻帝時定員六人，

與給事黃門侍郎出入禁中，近侍帷幄，省尚書事。

[12] 敬事郭后：《晋書》卷四八《閻纘傳》謂閻纘上書理太子之冤，其中提到魏明帝"因母得罪，廢爲平原侯，爲置家臣庶子，師友文學，皆取正人，共相匡矯。兢兢慎罰，事父以孝，父没，事母以謹，聞於天下，於今稱之"。盧弼《集解》云："據此，則甄后死後，明帝不特未建嗣，且廢爲侯，可補陳志之闕。"

[13] 京兆王：錢大昭《辨疑》云："京兆王禮，徐姬子也。"

[14] 魏末傳：《隋書·經籍志》載："《魏末傳》二卷，梁又有《魏末傳》並《魏氏大事》三卷，亡。"未著撰人。《舊唐書·經籍志》《新唐書·藝文志》則未著録。章宗源《隋書經籍志考證》謂《魏末傳》所叙此段射鹿子事，見於《藝文類聚》《太平御覽》等等，皆大同小異。章氏又引本書卷九《曹爽傳》裴松之按語，謂《魏末傳》所言率皆鄙陋。

[15] 樹立之意定：《世説新語·言語篇》"魏明帝爲外祖母築館於甄氏"條注引《魏末傳》云："文帝與俱獵，見子母鹿，文帝射其母，應弦而倒。復令帝射其子，帝置弓泣曰：'陛下已殺其母，臣不忍復殺其子。'文帝曰："好語動人心。'遂定爲嗣。是爲明帝。"

八月，[1]孫權攻江夏郡，[2]太守文聘堅守。朝議欲發兵救之，帝曰："權習水戰，所以敢下船陸攻者，[3]幾掩不備也。[4]今已與聘相持，夫攻守勢倍，終不敢久也。"[5]先時遣治書侍御史荀禹慰勞邊方，[6]禹到，於江夏發所經縣兵及所從步騎千人乘山舉火，[7]權退走。

辛巳，立皇子冏爲清河王。[8]吳將諸葛瑾、張霸等寇襄陽，[9]撫軍大將軍司馬宣王討破之，[10]斬霸，征東大將軍曹休又破其別將於尋陽。[11]論功行賞各有差。

冬十月，清河王冏薨。十二月，以太尉鍾繇爲太傅，[12]征東大將軍曹休爲大司馬，[13]中軍大將軍曹真爲大將軍，[14]司徒華歆爲太尉，[15]司空王朗爲司徒，[16]鎮軍大將軍陳羣爲司空，[17]撫軍大將軍司馬宣王爲驃騎（大）將軍。[18]

[1] 八月：按史例，"八月"上應有"秋"字。

[2] 江夏郡：文聘爲江夏太守，治所石陽縣，在今湖北漢川市西北。（本吳增僅《三國郡縣表附考證》）

[3] 下船：趙一清《注補》云："以上岸爲下船。"

[4] 幾（jì）：通"冀"，希望。《左傳·哀公十六年》"日月以幾"《釋文》："幾，音冀，本或作冀。"

[5] 不敢：殿本作"不可"，百衲本、盧弼《集解》本、校點本作"不敢"。今從百衲本等。

[6] 治書侍御史：官名。東漢時爲御史臺屬官，置二員，秩六百石。職掌依據法律審理疑獄，與符節郎共平廷尉奏事。選御史考試高第、明習法律者充任。魏晉爲御史中丞佐貳，御史臺要職，置二至四員，分領侍御史諸曹，監察、彈劾較高級官員，亦奉命出使，收捕犯官等。第六品。

[7] 乘：登上。《詩·衛風·氓》："乘彼垝垣，以望復關。"毛傳："垝，毀也。"鄭箋："登毀垣，鄉其所近而望之。"

[8] 清河：縣名。魏文帝黃初五年改封諸王爲縣王。此時冏亦爲縣王。治所在今河北清河縣東。（本吳增僅《三國郡縣表附考證》）

[9] 襄陽：縣名。治所在今湖北襄陽市襄城區。

[10] 撫軍大將軍：官名。第二品。黃初五年始置。　司馬宣王：即司馬懿。魏元帝初，其子司馬昭爲晉王，追尊他爲宣王。

[11] 尋陽：縣名。治所在今湖北黃梅縣西南。

〔12〕太傅：官名。黄初七年置，爲上公，位在三公上，第一品，掌善導，無常職。不常設。

〔13〕大司馬：官名。黄初二年始置，爲上公，第一品，掌武事。

〔14〕大將軍：官名。東漢時，常兼録尚書事，與太傅、太尉等共同主持政務。漢末，位在三公上。三國時權任稍減，但曹魏時，仍爲上公，第一品。

〔15〕太尉：官名。東漢時，號稱萬石，與司徒、司空並爲三公，共同行使宰相職能，而位列三公之首，名位甚重。或與太傅並録尚書事，綜理全國軍政事務。曹魏前期基本如此。

〔16〕司徒：官名。曹魏恢復三公制，改相國爲司徒，仍與太尉、司空並爲三公，共同行使宰相職能，位次太尉。本職掌民政，第一品。

〔17〕司空：官名。除與太尉、司徒並爲三公，共同行使宰相職能外，亦掌土木營建與水利工程。第一品。

〔18〕驃（piào）騎將軍：各本皆作“驃騎大將軍”。錢大昭《辨疑》云：“太和元年‘詔驃騎將軍司馬宣王討之’，四年‘驃騎將軍司馬宣王爲大將軍’，‘驃騎’下無‘大’字，疑衍文。”盧弼《集解》亦云：“《晉書·宣帝紀》亦作‘驃騎將軍’。”今從錢、盧説删“大”字。驃騎將軍，第二品，若爲都督者，儀與四征將軍同；若不爲都督，雖持節屬四征將軍者，與前後左右雜號將軍同。

太和元年春正月〔丁未〕，[1]郊祀武皇帝以配天，[2]宗祀文皇帝於明堂以配上帝。[3]分江夏南部，置江夏南部都尉。[4]西平麴英反，[5]殺臨羌令、西都長，[6]遣將軍郝昭、鹿磐討斬之。二月辛未，帝耕於籍田。[7]辛巳，立文昭皇后寢廟於鄴。[8]丁亥，朝日于東郊。[9]夏四月乙亥，行五銖錢。[10]甲申，初營宗廟。[11]

秋八月〔己丑〕,[12] 夕月于西郊。冬十月丙寅,治兵于東郊。焉耆王遣子入侍。[13] 十一月,立皇后毛氏。賜天下男子爵人二級,鰥寡孤獨不能自存者賜穀。十二月,封后父毛嘉爲列侯。[14] 新城太守孟達反,[15] 詔驃騎將軍司馬宣王討之。〔一〕

〔一〕《三輔決録》曰:伯郎,涼州人,[16] 名不令休。其註曰:伯郎姓孟,名他,扶風人。[17] 靈帝時,中常侍張讓專朝政,[18] 讓監奴典護家事。他仕不遂,乃盡以家財賂監奴,與共結親,積年家業爲之破盡。衆奴皆慚,問他所欲,他曰:"欲得卿曹拜耳。"奴被恩久,皆許諾。時賓客求見讓者,門下車常數百乘,[19] 或累日不得通。他最後到,衆奴伺其至,皆迎車而拜,徑將他車獨入。衆人悉驚,謂他與讓善,爭以珍物遺他。他得之,盡以賂讓,讓大喜。他又以蒲桃酒一斛遺讓,[20] 即拜涼州刺史。他生達,少入蜀。其處蜀事迹在《劉封傳》。

《魏略》曰:達以延康元年率部曲四千餘家歸魏。[21] 文帝時初即王位,既宿知有達,聞其來,甚悦,令貴臣有識察者往觀之,還曰"將帥之才也",或曰"卿相之器也",王益欽達。逆與達書曰:[22] "近日有命,未足達旨,何者?昔伊摯背(商)〔夏〕而歸(周)〔商〕,[23] 百里去虞而入秦,[24] 樂毅感鄗夷以蟬蛻,[25] 王遵識逆順以去就,[26] 皆審興廢之符效,知成敗之必然,故丹青畫其形容,良史載其功勳。聞卿姿度純茂,器量優絶,當聘能明時,收名傳記。今者翻然濯鱗清流,甚相嘉樂,虛心西望,依依若舊,下筆屬辭,歡心從之。昔虞卿入趙,[27] 再見取相,陳平就漢,[28] 一觀參乘,孤今於卿,情過於往,故致所御馬物以昭忠愛。"又曰:"今者海内清定,萬里一統,三垂無風塵之警,[29] 中夏無狗吠之虞,以是弛罔闊禁,與世無疑,保官空虛,[30] 初無(資)〔質〕

任。^[31]卿來相就，當明孤意，慎勿令家人繽紛道路，以親駭疎也。若卿欲來相見，且當先安部曲，有所保固，然後徐徐輕騎來東。"達既至譙，^[32]進見閑雅，才辯過人，衆莫不屬目。又王近出，乘小輦，^[33]執達手，撫其背戲之曰："卿得無爲劉備刺客邪?"遂與同載。又加拜散騎常侍，^[34]領新城太守，委以西南之任。時衆臣或以爲待之太猥，^[35]又不宜委以方任。王聞之曰："吾保其無他，亦譬以萬箭射萬中耳。"達既爲文帝所寵，又與桓階、夏侯尚親善，及文帝崩，時桓、尚皆卒，^[36]達自以羈旅久在疆場，心不自安。諸葛亮聞之，陰欲誘達，數書招之，^[37]達與相報答。^[38]魏興太守申儀與達有隙，^[39]密表達與蜀潛通，帝未之信也。司馬宣王遣參軍梁幾察之，又勸其入朝。達驚懼，遂反。

　　干寶《晉紀》曰:^[40]達初入新城，登白馬塞，^[41]歎曰："劉封、申耽，據金城千里而失之乎!"

　　[1] 太和:魏明帝曹叡年號（227—233）。《宋書·禮志一》載司空王朗之議，主張遵古不用年號，魏明帝不許，於是尚書奏:"《易》曰:'乾道變化，各正性命。保合大和，乃利貞。首出庶物，萬國咸寧。'宜爲太和元年。"　正月丁未:各本皆無"丁未"二字。侯康《補注續》云:"《明紀》有月無日，晉、宋《禮志》及《通典》皆作'丁未'。"趙幼文《校箋》謂《册府元龜》卷二九、卷五六二（當作五六三）引"月"下有"丁未"二字。今從侯、趙説補。

　　[2] 郊祀:於郊外祭祀天地。

　　[3] 宗祀:廟祭，祭祀祖宗。　明堂:古代帝王宣明政教之所。凡朝會、祭祀、慶賞、選士、養老、教學等大典，皆於此舉行。後世宮室漸備，遂於近郊東南建明堂，以存古制。

　　[4] 都尉:官名。西漢時郡置都尉，輔佐郡守並掌本郡軍事。東漢廢除，僅在邊郡或關塞之地置都尉及屬國都尉，並漸漸分縣治

民職如太守。魏晋諸郡皆置，第五品。

［5］西平：郡名。漢獻帝建安中，分金城郡置西平郡；又分臨羌縣置西都縣，爲西平郡治所，在今青海西寧市。

［6］臨羌：縣名。治所在今青海西寧市西。

［7］籍田：古代天子諸侯徵用民力所耕之田。而每年春天，天子諸侯例至田中親耕，以示重視農業。

［8］寢廟：宗廟中的寢與廟。《禮記·月令》仲春之月“寢廟畢備”鄭玄注：“凡廟，前曰廟，後曰寢。”孔穎達疏：“凡廟，前曰廟，後曰寢者，廟是接神之處，其處尊，故在前。寢，衣冠所藏之處，對廟爲卑，故在後。但廟制，有東西廂，有序牆；寢制，惟室而已。故《釋宮》云：‘室有東西廂曰廟；無東西廂，有室，曰寢。’”　鄴：縣名。治所在今河北臨漳縣西南鄴鎮東一里半。

［9］朝日：帝王祭日之禮。

［10］行五銖錢：《晋書·食貨志》云：“（漢）獻帝初平中，董卓乃更鑄小錢，由是貨輕而物貴，穀一斛至錢數百萬。至魏武爲相，於是罷之，還用五銖。是時不鑄錢既久，貨本不多，又更無增益，故穀賤無已。及黃初二年，魏文帝罷五銖錢，使百姓以穀帛爲市。至明帝世，錢廢穀用既久，人間巧僞漸多，競濕穀以要利，作薄絹以爲市，雖處以嚴刑，而不能禁也。司馬芝等舉朝大議，以爲用錢非徒豐國，亦所以省刑。今若更鑄五銖錢，則國豐刑省，於事爲便。魏明帝乃更立五銖錢，至晋用之，不聞有所改創。”《通典》卷八所載亦同。（本錢劍夫《盧弼著〈三國志集解〉校點記》）

［11］初營宗廟：本書卷二《文帝紀》黃初四年裴注引《魏書》謂“特立武皇帝廟，四時享祀”，則廟乃立於鄴。此云魏明帝“初營宗廟”，係於洛陽初立。

［12］己丑：各本皆無此二字。錢大昭《辨疑》云：“據《晋志》，‘八月’下應有‘己丑’二字。”潘眉《考證》亦云：“此朝日、夕月，用春秋二分，‘八月’下脱‘己丑’二字，《宋書·禮志》作‘八月己丑’。”今從錢、潘説增。夕月，帝王祭月之禮。

［13］焉耆：漢魏時西域國名。治所員渠城，在今新疆焉耆回族自治縣。

［14］列侯：本書卷五《明悼毛皇后傳》謂封嘉爲博平鄉侯。

［15］新城：延康元年魏文帝合房陵、上庸、西城三郡爲新城郡。（見本書卷四十《劉封傳》）治所房陵縣，在今湖北房縣。（本王先謙《續漢書·郡國志集解》）

［16］涼州：刺史治所姑臧，在今甘肅武威市。（本吳增僅《三國郡縣表附考證》）

［17］扶風人：趙幼文《校箋》謂《藝文類聚》卷三五、《太平御覽》卷五〇〇引作“扶風平陵人”。

［18］中常侍：官名。秩千石，後增爲比二千石，東漢時由宦官充任，掌傳達詔命，管理文書，權力極大。

［19］門下：百衲本無“下”字，殿本、盧弼《集解》本、校點本有。今從殿本等。

［20］蒲桃酒：即葡萄酒。漢魏時產於西域，甚爲名貴。《太平御覽》卷九七二載魏文帝詔，甚稱葡萄及酒之味美。盧弼《集解》有轉録。因文長，不再轉録。

［21］延康：漢獻帝劉協年號（220）。　部曲：本爲漢代軍隊的編制。《續漢書·百官志》：“大將軍營五部，部校尉一人，部下有曲。”因而稱軍隊爲部曲。此即稱士家制的軍隊。

［22］逆：預先。

［23］伊摯背夏而歸商：各本皆作“伊摯背商而歸周”。盧弼《集解》云：“應作伊摯背夏而歸商，各本皆誤。”今從盧説改。《史記·殷本紀》謂伊尹爲有莘氏媵臣，“湯舉任以國政。伊尹去湯適夏。既醜有夏，復歸於亳”。《索隱》引《孫子兵書》：“伊尹名摯。”孔安國亦曰“伊摯”。

［24］百里：即百里奚。《孟子·萬章上》：孟子曰：“百里奚，虞人也。晉人以垂棘之璧與屈産之乘，假道於虞以伐虢。宮之奇諫。百里奚不諫，知虞公之不可諫，而去之秦。”

[25] 樂毅：戰國中山國人，後爲燕昭王亞卿，曾率軍擊破齊國，先後攻下七十餘城，以功封於昌國，號昌國君。燕惠王即位，中齊反間計，改用騎劫爲將，樂毅因出奔趙國。後騎劫被齊軍攻破，齊盡復所失之城。燕惠王後悔，又恐趙國用樂毅以攻燕，遂使人規勸樂毅。樂毅乃回報燕惠王書，書中有云："昔伍子胥説聽於闔閭，而吳王遠迹至郢（按，吳王闔閭曾攻入楚國郢都）。夫差弗是也，賜之鴟夷而浮之江（按，吳王夫差聽信讒言，賜伍子胥死，又以鴟夷皮口袋裝其屍體沈於江）。吳王不寤先論之可以立功，故沈子胥而不悔，子胥不蚤見主之不同量，是以至於入江而不化。"（《史記》卷八〇《樂毅傳》）

[26] 王遵：《後漢書》卷一三《隗囂傳》："遵字子春，霸陵人也。父爲上郡太守。遵少豪俠，有才辯，雖與囂舉兵，而常有歸漢意。又數勸囂遣子入侍，前後辭諫切甚，囂不從，故去焉。"

[27] 虞卿：戰國之游説士。《史記》卷七六《平原君虞卿列傳》："虞卿者，游説之士也。躡蹻檐簦説趙孝成王。一見，賜黃金百鎰，白璧一雙；再見，爲趙上卿，故號爲虞卿。"

[28] 陳平：秦末，陳平曾投奔魏王咎，又歸於項羽，後降漢。《史記》卷五六《陳丞相世家》云："平遂至修武降漢，因魏無知求見漢王，漢王召入。……與語而説之，問曰：'子之居楚何官？'曰：'爲都尉。'是日乃拜平爲都尉，使爲參乘，典護軍。"

[29] 風塵：殿本、盧弼《集解》本、校點本作"邊塵"，百衲本作"風塵"。今從百衲本。風塵，比喻戰禍、戎事。如《漢書》卷六四《終軍傳》："邊境時有風塵之警，臣宜被堅執銳。"

[30] 保官：盧弼《集解》引李慈銘説："'保官'當作'保宫'，《漢書·百官公卿表》少府官屬有居室，武帝更爲保宫。《蘇武傳》曰'老母繫保宫'。"

[31] 質任：各本皆作"資任"。陳景雲《三國志辨誤》云："'資'當作'質'。魏制，凡鎮守部曲將及外州長吏，并納質任，有家口應從坐者，收繫保宫。時帝特欲撫慰初附，故爲此華言耳。"

校點本即據《三國志辨誤》改。今從之。

[32] 至譙：當時魏文帝在譙（今安徽亳州市）。

[33] 小輦（niǎn）：輦爲人拉車。趙一清《注補》引《晋書·輿服志》曰：“輦，案自漢以來，爲人君之乘，魏晋御小出即乘之。”

[34] 散騎常侍：官名。秩比二千石，第三品，爲門下重職，侍從皇帝左右，諫静得失，應對顧問，與侍中等共平尚書奏事，有異議得駁奏。

[35] 猥（wěi）：厚重。《晋書》卷一《宣帝紀》云：“蜀將孟達之降也，魏朝遇之甚厚。帝以達言行傾巧不可任，驟諫不見聽。”又本書卷一四《劉曄傳》劉曄亦有不可重用孟達之言。

[36] 桓尚：殿本作“階、尚”，百衲本、盧弼《集解》本、校點本作“桓、尚”。今從百衲本等。殿本《考證》謂諸本俱作“桓、尚”，而“上云與桓階、夏侯尚親善，則作階、尚爲是”。吴金華《校詁》則謂殿本作“階尚”，當屬臆改之文，“桓尚”二字，一取姓氏，一取名字，不誤，古已有之。

[37] 數書招之：盧弼《集解》謂諸葛亮與孟達書，詳見本書卷四一《費詩傳》。侯康《補注續》又謂《華陽國志》卷二亦載有諸葛亮與孟達書，還有李嚴與孟達書。《補注續》與盧弼《集解》皆有轉録。

[38] 達與相報答：梁章鉅《旁證》引《太平御覽》卷三五九引司馬彪《戰略》云：“太和元年，諸葛亮從成都到漢中，達又欲應亮，遺亮玉玦、織成障汗、蘇合香。使郭模詐降，過魏興，太守申儀與達有隙，模語儀：亮言玉玦者已決，織成者言謀已成，蘇合者言事已合。”

[39] 魏興：郡名。建安二十年（215）曹操分漢中之安陽、西城置西城郡。魏文帝黄初元年（220）冬又改西城郡爲魏興郡，治所西城縣，在今陝西安康市西北漢江北岸。後移治所於洵口，在今陝西旬陽縣附近。

[40] 晋紀：《晉書》卷八二《干寶傳》謂干寶著《晉紀》二十卷，自宣帝迄於愍帝，凡五十三年，"其書簡略，直而能婉，咸稱良史"。《隋書·經籍志》則著録爲二十三卷，《舊唐書·經籍志》《新唐書·藝文志》均著録爲二十二卷。沈家本《三國志注所引書目》云："本傳卷數與隋、唐《志》不合，或有奪文也。《新志》正史又有干寶《晉書》二十二卷，自是重出。其書自宋已佚，《文選》尚載其紀論數篇。"按，《文選》載有《晉武帝革命論》一篇，《晉紀總論》一篇，皆爲史論之佳作。歷來對干寶《晉紀》之評價甚高，《史通》於《二體篇》《論贊篇》《序例篇》《書事篇》等，皆有盛贊干寶之言。如《序例篇》云："令升先覺，遠述丘明，重立凡例，勒成《晉紀》。鄧、孫已下，遂躡其踪，史例中興，於斯爲盛。"

[41] 白馬塞：《水經·沔水注下》謂堵水東歷新城郡，魏文帝以孟達爲太守，治房陵縣。堵水之旁，"又有白馬山，山石似馬，望之逼真。側水謂之白馬塞，孟達爲守，登而嘆曰：'劉封、申耽，據金城千里而更失之乎！'爲《上堵吟》，音韻哀切，有惻人心，今水次尚歌之"。《隋書·經籍志》著録《孟達集》三卷。（參趙一清《注補》）

二年春正月，宣王攻破新城，[1]斬達，傳其首。〔一〕分新城之上庸，[2]武陵、[3]巫縣爲上庸郡，[4]錫縣爲錫郡。[5]

〔一〕《魏略》曰：宣王誘達將李輔及達甥鄧賢，賢等開門納軍。達被圍旬有六日而敗，焚其首于洛陽四達之衢。

[1] 攻破新城：司馬懿攻破新城之詳情，《晉書》卷一《宣帝紀》有記載，侯康《補注續》、梁章鉅《旁證》、盧弼《集解》均

有轉録。因文長不再轉録。

[2] 上庸：縣名。爲新置的上庸郡治所，在今湖北竹山縣西南。

[3] 武陵：殿本、盧弼《集解》本均作"武靈"，百衲本、校點本作"武陵"。今從百衲本等。武陵縣治所在今湖北竹山縣西北。

[4] 巫縣：今址未詳。錢大昕《廿二史考異》卷一五云："巫縣疑亦蜀所置，《晋志》謂之北巫，以南郡有巫縣也。"謝鍾英《補三國疆域志補注》謂巫縣地缺。

[5] 錫縣：縣名。治所在今陜西白河縣東漢江南岸白石河西。

蜀大將諸葛亮寇邊，天水、[1]南安、[2]安定三郡吏民叛應亮。〔一〕[3]遣大將軍曹真都督關右，[4]並進兵。右將軍張郃擊亮於街亭，[5]大破之，亮敗走，三郡平。丁未，行幸長安。〔二〕[6]夏四月丁酉，還洛陽宫。〔三〕赦繫囚非殊死以下。乙巳，論討亮功，封爵增邑各有差。五月，大旱。六月，詔曰："尊儒貴學，王教之本也。自頃儒官或非其人，將何以宣明聖道？其高選博士，[7]才任侍中、常侍者。申敕郡國，貢士以經學爲先。"秋九月，曹休率諸軍至皖，[8]與吳將陸議戰於石亭，[9]敗績。乙酉，立皇子穆爲繁陽王。[10]庚子，大司馬曹休薨。冬十月，詔公卿近臣舉良將各一人。十一月，司徒王朗薨。十二月，諸葛亮圍陳倉，[11]曹真遣將軍費曜等拒之。〔四〕遼東太守公孫恭兄子淵，[12]劫奪恭位，遂以淵領遼東太守。

〔一〕《魏書》曰：是時朝臣未知計所出，帝曰："亮阻山爲固，今者自来，既合兵書致人之術；[13]且亮貪三郡，知進而不知退，今因此時，破亮必也。”乃部勒兵馬步騎五萬拒亮。

〔二〕《魏略》載帝露布天下并班告益州曰：“劉備背恩，自竄巴蜀。諸葛亮棄父母之國，阿殘賊之黨，神人被毒，惡積身滅。亮外慕立孤之名，而内貪專擅之實。劉升之兄弟守空城而已。[14]亮又侮易益土，虐用其民，是以利狼、宕渠、高定、青羌莫不瓦解，[15]爲亮仇敵。而亮反裘負薪，裹盡毛鄿，刖趾適屨，刻肌傷骨，反更稱説，自以爲能。行兵於井底，游步於牛蹄。自朕即位，三邊無事，猶哀憐天下數遭兵革，且欲養四海之耆老，長後生之孤幼，先移風於禮樂，次講武於農隙，置亮畫外，未以爲虞。而亮懷李熊愚勇之（智）〔志〕，[16]不思荆邯度德之戒，[17]驅略吏民，盗利祁山。[18]王師方振，膽破氣奪，馬謖、高祥，[19]望旗奔敗。虎臣逐北，蹈尸涉血，亮也小子，震驚朕師。猛鋭踊躍，咸思長驅。朕惟率土莫非王臣，師之所處，荆棘生焉，不欲使十室之邑忠信貞良，與夫淫昏之黨，共受塗炭。[20]故先開示，以昭國誠，勉思變化，無滯亂邦。巴蜀將吏士民諸爲亮所劫迫，公卿已下皆聽束手。”

〔三〕《魏略》曰：是時訛言，云帝已崩，從駕羣臣迎立雍丘王植。京師自卞太后羣公盡懼。及帝還，皆私察顔色。卞太后悲喜，欲推始言者，帝曰：“天下皆言，將何所推？”

〔四〕《魏略》曰：先是，使將軍郝昭築陳倉城；[21]會亮至，圍昭，不能拔。昭字伯道，太原人，[22]爲人雄壯，少入軍爲部曲督，[23]數有戰功，爲雜號將軍，[24]遂鎮守河西十餘年，[25]民夷畏服。亮圍陳倉，使昭鄉人靳詳於城外遥説之，昭於樓上應詳曰：“魏家科法，卿所練也；我之爲人，卿所知也。我受國恩多而門户重，卿無可言者，[26]但有必死耳。卿還謝諸葛，便可攻也。”詳以昭語告亮，[27]亮又使詳重説昭，言人兵不敵，無爲空自破滅。昭謂詳曰：“前言已定矣。我識卿耳，箭不識也。”詳乃去。亮自以有衆數萬，而昭兵纔千餘人，又度東救未能便到，乃進兵攻昭，起雲梯衝車以臨城。[28]昭於是以火箭逆射其雲梯，[29]梯然，梯上人皆燒死。昭又以繩連石磨壓其衝車，衝車折。亮乃更爲井闌百尺以射城中，[30]以土丸填塹，[31]欲直攀城，昭又於內築重牆。亮又爲地突，[32]欲踊出於城裏，昭又於城內穿地橫截之。[33]晝夜相攻拒二十餘日，亮無計，救至，引退。詔嘉昭善守，賜爵列侯。及還，帝引見慰勞之，顧謂中書令孫資曰：[34]“卿鄉里乃有爾曹快人，[35]爲將灼如此，[36]朕復何憂乎？”仍欲大用之。會病亡，遺令戒其子凱曰：“吾爲將，知將不可爲也。吾數發塚，取其木以爲攻戰具，又知厚葬無益於死者也。汝必斂以時服。[37]且人生有處所耳，死復何在耶？今去本墓遠，東西南北，在汝而已。”

［1］天水：郡名。吳增僅、謝鍾英皆謂魏黃初初改東漢之漢陽郡爲天水郡（見《三國郡縣表附考證》與《補三國疆域志補注》），郡治所仍冀縣，在今甘肅甘谷縣東。

［2］南安：郡名。治所獂（huán）道，今甘肅隴西縣東南渭水東岸。

［3］安定：郡名。治所臨涇縣，在今甘肅鎮原縣東南。

［4］關右：指函谷關以西地區。

［5］右將軍：官名。東漢時位如上卿，與前、後、左將軍掌京師兵衛與邊防屯警。魏晉亦置，第三品。權位漸低，略高於一般雜號將軍，不典禁兵，不與朝政，僅領兵征戰。按本書卷一七《張郃傳》，張郃於曹丕即魏王位時爲左將軍，此後未見爲右將軍。　街亭：地名。在今甘肅秦安縣東北九十里之隴城鎮。

［6］行幸長安：胡三省謂魏明帝“親帥師繼郃之後以張聲勢”。（《通鑑》卷七一魏明帝太和二年注）

［7］博士：官名。魏置博士四人，秩比六百石，第六品，屬太常。掌引導乘輿，王公以下應追謚者議定之。

［8］曹休：趙幼文《校箋》謂《文選・求自試表》李善注引

"曹"字上有"大司馬"三字。　　皖：縣名。治所在今安徽潛山縣。

[9] 陸議：即陸遜。本書卷五八《陸遜傳》云："陸遜字伯言，吳郡吳人也。本名議。"　　石亭：地名。在今潛山縣東北。

[10] 繁陽：縣名。治所在今河南內黃縣東北。

[11] 陳倉：縣名。治所在今陝西寶雞市東渭水北岸。

[12] 遼東：郡名。治所襄平縣，在今遼寧遼陽市老城區。

[13] 致人之術：《孫子兵法·虛實》云："善戰者，致人而不致於人。能使敵人自至者，利之也。"

[14] 劉升之：潘眉《考證》云："此劉升之當指後主。後主字公嗣，不字升之，將初名阿斗時，有此字耶？"

[15] 利狼：蓋即《後漢書》卷八六《南蠻西南夷列傳》中所說的白狼，乃西南夷中的一支。　　宕渠：本漢縣，又爲古賨國城，乃賨人聚居之地。（見《華陽國志·巴志》）此即指賨人。　　高定：即本書卷三三《後主傳》所說的"越嶲夷王高定"，《華陽國志·蜀志》與《南中志》則作"高定元"。　　青羌：亦南中之少數民族。《華陽國志·南中志》謂諸葛亮平定南中後，"移南中勁卒青羌萬餘家於蜀"。

[16] 李熊愚勇之志：百衲本、殿本、盧弼《集解》本"志"均作"智"，校點本則據何焯說改作"志"，今從之。又按，趙幼文《校箋》所據同治十年成都書局翻刻殿本正作"志"。　　李熊：公孫述之功曹，首倡公孫述稱王、稱帝之議。詳情見《後漢書》卷一三《公孫述傳》。

[17] 荆邯：荆邯爲公孫述之騎都尉。據《後漢書》卷一三《公孫述傳》，荆邯極力鼓吹公孫述出兵以爭天下，與魏明帝此說之意相反。

[18] 祁山：在今甘肅禮縣東。

[19] 高祥：盧弼《集解》云："《曹真傳》《郭淮傳》俱作'高詳'，未知孰是。"本書卷二六《郭淮傳》："太和二年，蜀相諸

葛亮出祁山，遣將軍馬謖至街亭，高詳屯列柳城。張郃擊謖，淮攻詳營，皆破之。”

[20] 十室：殿本、盧弼《集解》本、校點本作“千室”，百衲本作“十室”。按，十室之邑之忠信者，乃古成語。語出《論語·公冶長》：“十室之邑，必有忠信如丘者焉。”如《漢書》卷六《武帝紀》元朔元年詔有云：“夫十室之邑，必有忠信。”今從百衲本。　共受：百衲本作“同受”，殿本、盧弼《集解》本、校點本作“共受”。今從殿本等。

[21] 陳倉城：《太平寰宇記》卷三〇謂陳倉有上下二城相連，上城是秦文公築，下城是郝昭築。

[22] 太原：郡名。治所晉陽縣，在今山西太原市西南古城營西古城。

[23] 部曲督：官名。魏驃騎將軍以下，凡有府屬者，均置部曲督，無定員，第七品。

[24] 雜號將軍：魏雜號將軍無常員，第五品。《官品》云：諸雜號，宣威將軍以下皆第五品，蓋將軍之無名號者。

[25] 河西：地區名。指黃河上游以西之地，即今甘肅河西走廊一帶。

[26] 可：趙幼文《校箋》謂《冊府元龜》卷三七〇引作“他”。

[27] 昭語：百衲本作“問語”，殿本、盧弼《集解》本、校點本均作“昭語”。今從殿本等。

[28] 雲梯：據《通典·兵典十三》謂其形制用法爲：以大木爲床，下置六輪。梯節長丈二尺；有四桄（guàng），桄相去三尺，勢微曲，遞互相檢，飛於雲間，以窺城中，此爲主梯。又有上城梯，其頂端裝一對轆轤，可沿城墻壁上下滑動，以此登城，謂之“飛雲梯”。　衝車：攻城戰車。《淮南子·覽冥訓》“大衝車”高誘注：“衝車，大鐵著其轅端，馬披甲，車被兵，所以衝於敵城也。”

[29] 火箭：《通典·兵典十三》云：“以小瓢盛油，冠矢端，射城樓櫓板木上，瓢敗油散，因燒矢鏃內犇中，射油散處，火立然。復以油瓢續之，則樓櫓盡焚。謂之火箭。”

[30] 井闌：登高攻城的戰具。胡三省云：“以木交構，若井闌狀。”（《通鑑》卷七一魏明帝太和二年注）　射：百衲本作“付”，殿本、盧弼《集解》本、校點本皆作“射”。今從殿本等。

[31] 土丸：殿本、盧弼《集解》本作“土瓦”。百衲本、校點本作“土丸”。《通鑑》同。今從百衲本等。

[32] 又爲：百衲本作“足爲”，殿本、盧弼《集解》本、校點本皆作“又爲”。今從殿本等。　地突：百衲本作“城突”，殿本等皆作“地突”。今從殿本等。地突，胡三省云：“地突，地道也。”（《通鑑》卷七一魏明帝太和二年注）

[33] 穿地：趙幼文《校箋》謂《冊府元龜》卷三九九引“地”字作“池”。

[34] 中書令：官名。秩千石，第三品。曹操爲魏王時置秘書令，平尚書奏事。魏文帝黃初初，改爲中書令，與中書監並掌樞密。

[35] 鄉里：孫資亦太原人，見本書卷一四《劉放傳》。

[36] 灼：猶言灼灼，形容威武。《文選》陸士衡《漢高祖功臣頌》：“灼灼淮陰，靈武絕世。”

[37] 汝：趙幼文《校箋》謂《太平御覽》卷五五四引作“没”。　時服：當時通行之服。《禮記·檀弓下》“斂以時服”鄭玄注：“以時行之服，不改制節。”

三年夏四月，元城王禮薨。[1]六月癸卯，繁陽王穆薨。[2]戊申，追尊高祖大長秋曰高皇帝，[3]夫人吳氏曰高皇后。

秋七月，詔曰：“禮，王后無嗣，[4]擇建支子以繼大宗，[5]則當纂正統而奉公義，[6]何得復顧私親哉！漢宣繼昭帝後，加悼考以皇號；[7]哀帝以外藩援立，而董宏等稱引亡秦，或誤時朝，[8]既尊恭皇，立廟京都，又寵藩妾，使比長信，敍昭穆於前殿，並四位於東宮，僣差無度，人神弗祐，而非罪師丹忠正之諫，用致丁、傅焚如之禍。[9]自是之後，相踵行之。[10]昔魯文逆祀，罪由夏父；[11]宋國非度，譏在華元。[12]其令公卿有司，深以前世行事爲戒，後嗣萬一有由諸侯入奉大統，則當明爲人後之義；敢爲佞邪導諛時君，妄建非正之號以干正統，謂考爲皇，稱妣爲后，則股肱大臣誅之無赦。其書之金策，藏之宗廟，著於令典。”[13]

冬十月，改平望觀曰聽訟觀。[14]帝常言“獄者，天下之性命也”，[15]每斷大獄，常幸觀臨聽之。

初，洛陽宗廟未成，神主在鄴廟。十一月，廟始成，使太常韓暨持節迎高皇帝、太皇帝、武帝、文帝神主于鄴，[16]十二月己丑至，奉安神主于廟。〔一〕

癸卯，大月氏王波調遣使奉獻，[17]以調爲親魏大月氏王。

〔一〕臣松之按：黃初四年，有司奏立二廟，太皇帝大長秋與文帝之高祖共一廟，[18]特立武帝廟，百世不毀。今此無高祖神主，蓋以親盡毀也。此則魏初唯立親廟，祀四室而已。[19]至景初元年，始定七廟之制。

孫盛曰：事亡猶存，祭如神在，[20]迎遷神主，正斯宜矣。

[1] 元城：縣名。治所在今河北大名縣東。 禮：魏文帝子，

本書卷二〇《武文世王公傳》中有傳。

　　[2]　繁陽王穆：錢大昭《辨疑》云：“明帝子有清河王冏、繁
王穆、安平哀王殷（追封謚），雖曰早薨，然既有封地，自可於王
公傳中備書。今傳中但載武、文，不及明帝者，以宮省事秘，莫知
其所由來，亦猶班史於孝惠后宮子三王三侯，不書於表傳中也。”

　　[3]　高祖大長秋：即曹騰，漢桓帝時爲中常侍、大長秋。《通
典·禮典三十二》載有魏明帝太和六年三月司空陳群、侍中劉曄、
繆襲、太傅鍾繇等論追尊曹騰之議及魏明帝詔，盧弼《集解》已轉
錄部分，因文長不再轉錄。

　　[4]　王后：殿本、盧弼《集解》本作“皇后”，百衲本、校點
本作“王后”。今從百衲本等。

　　[5]　支子：古宗法制，嫡長子及繼承先祖之子爲宗子，其餘之
子爲支子。《儀禮·喪服》“支子”賈公彥疏：“支者，取支條之
義，不限妾子而已。”　　大宗：百衲本作“太宗”，殿本、盧弼
《集解》本、校點本作“大宗”。《中華再造善本》影印宋刻本亦作
“大宗”。今從殿本等。大宗，始祖的嫡長子一系爲大宗，其他爲小
宗。《儀禮·喪服》云：“大宗者，尊之統也。”

　　[6]　正統：嫡系子孫，或按宗法保持嫡系繼承關係者，均
稱正統。

　　[7]　悼考：指漢宣帝父史皇孫。史皇孫乃漢武帝戾太子之子，
因係史良娣所生，當時遂稱爲史皇孫。漢武帝晚年，因巫蠱事，戾
太子、史皇孫等皆遇害。史皇孫子也因之長於民間。後來昭帝無子
而終，史皇孫子得立爲帝，是爲宣帝。宣帝即位後，詔追謚“故皇
太子”，有司遂請謚史皇孫曰“悼”，“故皇太子”曰“戾”；並比
諸侯王園，置“戾園”“悼園”等。其後八年，有司復奏言：
“《禮》‘父爲士，子爲天子，祭以天子’。悼園宜稱尊號曰皇考，
立廟，因園爲寢，以時薦享焉。”（見《漢書》卷六三《戾太子
傳》）

　　[8]　或誤時朝：《宋書·禮志四》引此詔作“或誤朝議”。百

衲本、殿本、盧弼《集解》本作"或誤時朝"。盧氏引錢儀吉説
"或"即"惑"字；又謂《通鑑》亦作"惑"。校點本即作"惑誤
時朝"。按，《玉篇·戈部》："或，有疑也。"是"或"通"惑"。
今從百衲本等。

　　[9] 丁傅焚如之禍：漢哀帝乃元帝庶孫，定陶恭王之子，母即
丁姬，祖母傅太后。哀帝三歲即嗣立爲定陶王，深得成帝之賞愛，
加之傅太后來朝賄賂成帝之寵幸者，遂得立爲皇太子。（本《漢
書》卷一一《哀帝紀》）"哀帝即位，成帝母稱太皇太后，成帝趙
皇后稱皇太后，而上祖母傅太后與母丁后皆在國邸，自以定陶共王
爲稱。高昌侯董宏上書言：'秦莊襄王母本夏氏，而爲華陽夫人所
子，及即位後，俱稱太后。宜立定陶共王后爲皇太后。'事下有司，
時（師）丹以左將軍與大司馬王莽共劾奏宏'知皇太后至尊之號，
天下一統，而稱引亡秦以爲比喻，誄誤聖朝，非所宜言，大不道'。
上新立，謙讓，納用莽、丹言，免宏爲庶人。傅太后大怒，要上欲
必稱尊號，上於是追尊定陶共王爲共皇，尊傅太后爲共皇太后，丁
后爲共皇后。郎中令泠褒、黃門郎段猶復奏言：'定陶共皇太后、
共皇后皆不宜復引定陶蕃國之名以冠大號，車馬衣服宜皆稱皇之
意，置吏二千石以下各供厥職，又宜爲共皇立廟京師。'"（《漢書》
卷八六《師丹傳》）師丹又不同此議，遂使哀帝不滿。其後師丹竟
以他事被罷免。"丹既免數月，上用朱博議，尊傅太后爲皇太太后，
丁后爲帝太后，與太皇太后及皇太后同尊。"（《漢書·師丹傳》）
此時"皇太太后稱永信宮，帝太后稱中安宮，而成帝母太皇太后本
稱長信宮，成帝趙后爲皇太后，並四太后，各置少府、太僕，秩皆
中二千石。爲恭皇立寢廟於京師，比宣帝父悼皇考制度，序昭穆於
前殿。"（《漢書》卷九七下《外戚孝元傅昭儀傳》）其後丁太后、
傅太后相繼死亡，不久哀帝亦終。哀帝死後，平帝立，王莽執政，
遂使有司舉奏丁、傅罪惡；王莽又奏貶傅太后號爲定陶共王母，丁
太后號爲丁姬。元始五年（5），王莽復言："共王母、丁姬前不臣
妾，至葬渭陵，冢高與元帝山齊，懷帝太后、皇太太后璽綬以葬，

不應禮。禮有改葬，請發共王母及丁姬冢。”於是遂發傅、丁冢，而“謁者護既發傅太后冢，崩壓殺數百人；開丁姬椁户，火出炎四五丈，吏卒以水沃滅乃得入，燒燔椁中器物”。又掘平傅、丁二冢，“莽又周棘其處以爲世戒云”。（俱見《漢書》卷九七下《外戚定陶丁姬傳》）

〔10〕相踵行之：胡三省云：“謂漢安帝尊父清河孝王爲孝德皇，桓帝尊祖河間孝王爲孝穆皇、父蠡吾侯志爲孝崇皇，靈帝尊祖河間王淑爲孝元皇、父解瀆亭侯萇爲孝仁皇，其妃皆尊爲后也。”（《通鑑》卷七一魏明帝太和三年注）

〔11〕夏父：即夏父弗忌，春秋魯文公時爲宗伯。《左傳·文公二年》：“秋八月丁卯，大事于大廟，躋僖公，逆祀也（按，即將僖公之神位升於閔公之上。依當時禮制，閔公與僖公雖爲兄弟，但僖公乃入繼閔公，自當閔公在上）。于是夏父弗忌爲宗伯，且明見曰：‘吾見新鬼大，故鬼小。先大後小，順也。躋聖賢，明也。明、順，禮也。’君子以爲失禮：‘禮無不順。祀，國之大事也，而逆之，可謂禮乎？’”

〔12〕華元：春秋宋文公時之執政大臣。《左傳·成公二年》：“八月，宋文公卒，始厚葬，用蜃炭，益車馬，始用殉，重器備，椁有四阿，棺有翰、檜。君子謂華元、樂舉‘于是乎不臣。臣，治煩去惑者也，是以伏死而爭。今二子者，君生則縱其惑，死又益其侈，是棄君于惡也。何臣之爲’？”

〔13〕著於令典：胡三省云：“帝無子，知必以支孽爲後，故豫下此詔，以約飭爲人子爲人臣者。”（《通鑑》卷七一魏明帝太和三年注）

〔14〕聽訟觀：《水經·穀水注》云：“其水自天淵池東出華林園，徑聽訟觀南，故平望觀也。”則聽訟觀當在洛陽城中華林園東。

〔15〕性命：百衲本作“姓命”，殿本、盧弼《集解》本、校點本作“性命”。按，二字通。朱駿聲《説文通訓定聲·鼎部》：“姓，叚借爲性。”今從殿本等。

［16］太皇帝：即魏明帝曾祖曹嵩，魏文帝黃初元年追尊爲太皇帝。

［17］大月氏（zhī）：大月氏原爲我國敦煌、祁連山一帶的游牧部族，在漢文帝時爲匈奴所敗，被迫西逃，經烏孫、大宛，到了嬀水（阿姆河）流域，征服了大夏，後又不斷擴張。至公元一世紀建立的貴霜王朝，其統治已包括恒河和印度河流域，成爲中亞大國。都城富樓沙（在今巴基斯坦白沙瓦）。

［18］高祖：魏文帝之高祖，即曹騰之父處士曹節。

［19］祀四室：《宋書·禮志三》亦謂魏文帝時，“文帝之高祖處士、曾祖高皇、祖太皇帝共一廟。考太祖武皇帝特一廟，百世不毁，然則所祠止於親廟四室也。至明帝太和三年十一月，洛京廟成，則以親盡遷處士主，置園邑，使令丞奉薦。而使行太傅太常韓暨、行太廟宗正曹恪持節迎高皇以下神主共一廟，猶爲四室而已”。（參趙一清《注補》）侯康《補注續》又云：“親廟四之説，本《禮緯稽命徵》，而鄭注《禮》用之。”

［20］祭如神在：《論語·八佾》：“祭如在，祭神如神在。”

四年春二月壬午，詔曰：“世之質文，[1]隨教而變。兵亂以來，經學廢絕，後生進趣，不由典謨。[2]豈〔朕〕訓導未洽，[3]將進用者不以德顯乎？其郎吏學通一經，[4]才任牧民，博士課試，擢其高第者，亟用；其浮華不務道本者，皆罷退之。”戊子，詔太傅三公：以文帝《典論》刻石，[5]立于廟門之外。癸巳，以大將軍曹真爲大司馬，驃騎將軍司馬宣王爲大將軍，遼東太守公孫淵爲車騎將軍。[6]夏四月，太傅鍾繇薨。六月戊子，[7]太皇太后崩。丙申，省上庸郡。秋七月，武宣卞后祔葬于高陵。[8]詔大司馬曹真、大將軍司馬宣王伐蜀。[9] 八月辛巳，行東巡，遣使者以特牛祠中嶽。[一][10] 乙未，幸許昌宮。[11] 九月，大雨，伊、洛、河、漢水溢，詔真等班師。冬十月乙卯，行還洛陽宮。庚申，令：“罪非殊死，聽贖各有差。”十一月，[12] 太白犯歲星。[13] 十二月辛未，改葬文昭甄后于朝陽陵。[14] 丙寅，詔公卿舉賢良。

〔一〕《魏書》曰：行過繁昌，[15] 使執金吾臧霸行太尉事，[16] 以特牛祠受禪壇。[17]

臣松之按：《漢紀》章帝元和三年，[18] 詔高邑縣祠即位壇五成陌，[19] 比臘祠門户。[20] 此雖前代已行故事，然爲壇以祀天，而壇非神也，今無事於上帝，而致祀於虚壇，求之義典，未詳所據。

[1] 質文：質，樸實。文，文采。胡三省云：“謂殷尚質，周尚文，各隨教而變化。”（《通鑑》卷七一魏明帝太和四年注）

[2] 典謨：猶言古訓。《尚書》中有《堯典》《大禹謨》《皋陶謨》等，多爲古帝王訓導臣子之言。

[3] 豈朕訓導未洽：各本皆無“朕”字。趙幼文《校箋》謂《藝文類聚》卷五三、《太平御覽》卷二一五引此詔，“豈”下有“朕”字。考青龍四年六月壬申詔曰：“豈朕訓導不醇。”語意相同，亦有“朕”字。此顯有脱文，當據補。今從趙説補“朕”字。

[4] 其：趙幼文《校箋》謂《藝文類聚》卷五三引“其”下有“令”字，是也。　郎吏：胡三省云：“謂尚書郎也。”（《通鑑》卷七一魏明帝太和四年注）

[5] 典論刻石：據《水經·穀水注》載，《典論》刻石共有六碑，立於太學門外，位於熹平經之末。《洛陽伽藍記》又謂，至北魏太和十七年（493），《典論》刻石猶存四碑。

[6] 車騎將軍：趙一清《注補》謂本書《公孫度附淵傳》作

"揚烈將軍"。車騎將軍爲第二品，揚烈將軍爲第五品。

［7］六月戊子：錢大昕《廿二史考異》謂本書《后妃傳》"六月"作"五月"。潘眉《考證》又云："推太和四年五月無戊子，《后妃傳》誤。"

［8］祔（fù）：殿本作"袝"，百衲本、盧弼《集解》本、校點本作"祔"。今從百衲本等。祔，合葬。《禮記·檀弓上》"周公蓋祔"鄭玄注："祔謂合葬，合葬自周公以來。" 高陵：曹操的陵墓，在當時鄴城西。

［9］司馬宣王伐蜀：《晉書》卷一《宣帝紀》還謂加司馬懿大都督、假黃鉞。司馬懿自西城（今陝西安康市西北）出發，沿沔水而上，水陸並進，後遇雨回軍。

［10］特牛：一牛。《尚書·舜典》"格于藝祖，用特"孔傳："特，一牛。" 中嶽：即嵩山，在今河南登封縣北。嵩山又稱嵩高。《史記·封禪書》云："昔三代之居皆在河、洛之間，故嵩高爲中岳。"

［11］許昌宮：許昌縣原稱許縣，魏文帝黃初元年改名許昌，治所在今河南開封縣東。宮爲漢獻帝都許時之宮。《晉書·地理志》云："漢獻帝都許。魏禪，徙都洛陽，許宮室武庫存焉。"

［12］十一月：錢大昭《辨疑》云："脫書日，《晉志》作'壬戌'。"而校點本《晉書·天文志中》作"魏明帝太和四年七月壬戌，太白犯歲星"。《校勘記》云："'七月'，各本作'十一月'，宋本作'七月'。十一月乙亥朔，無壬戌，七月丁未朔，壬戌爲十六日，故從宋本。"據此，本書之"十一月"與《晉書》之"七月""壬戌"三者必有一誤。

［13］太白：星名。即金星。 歲星：即木星。古天象家認爲，太白犯歲星爲不吉之兆。《晉書·天文志中》云："占曰：'太白犯五星，有大兵。'"

［14］朝陽陵：胡三省云："帝以舊陵庫下改葬，朝陽陵亦在鄴。"（《通鑑》卷七一魏明帝太和四年注）

[15] 繁昌：縣名。治所在今河南臨潁縣西北。

[16] 執金吾：官名。建安十八年（213），魏國置中尉，黄初元年（220）改爲執金吾，秩中二千石，第三品。掌宫外及京都警衛，皇帝出行，則充任護衛及儀仗。

[17] 受禪壇：魏文帝受禪臺在原潁陰縣之繁陽亭，黄初元年改繁陽亭爲繁昌縣。

[18] 元和：漢章帝劉烜年號（84—87）。

[19] 高邑縣：漢光武帝即位前名鄗縣，即位後改名高邑縣，治所在今河北柏鄉縣北。　五成陌：屬鄗縣南之千秋亭，爲光武帝設壇處。

[20] 比：百衲本作“北”，殿本、盧弼《集解》本、校點本作“比”。今從殿本等。　臘：祭名。《左傳·僖公五年》“虞不臘矣”杜預注：“臘，歲終祭衆神之名。”

　　五年春正月，帝耕于籍田。[1]三月，大司馬曹真薨。諸葛亮寇天水，詔大將軍司馬宣王拒之。自去冬十月至此月不雨，辛巳，大雩。[2]夏四月，鮮卑附義王軻比能率其種人及丁零大人兒禪詣幽州貢名馬。[3]復置護匈奴中郎將。[4]秋七月丙子，以亮退走，封爵增位各有差。[一][5]乙酉，皇子殷生，[6]大赦。

　　〔一〕《魏書》曰：初，亮出，議者以爲亮軍無輜重，糧必不繼，不擊自破，無爲勞兵；或欲自芟上邽左右生麥以奪賊食，[7]帝皆不從。前後遣兵增宣王軍，又敕使護麥。宣王與亮相持，[8]賴得此麥以爲軍糧。

　　[1] 帝耕于籍田：侯康《補注續》謂《太平御覽》卷五三七引繆襲《許昌宫賦》謂太和六年春明帝躬耕籍田，而本書六年未

載，是《太平御覽》將“五”誤爲“六”，還是本書略載？

〔2〕大雩（yú）：求雨之祭。《公羊傳·桓公五年》：“大雩者何？旱祭也。”何休注：“雩，旱請雨祭名。不解‘大’者，祭言大雩，大旱可知也。君親之南郊……使童男女各八人舞而呼雩，故謂之雩。”

〔3〕鮮卑：少數民族名。詳見本書卷三〇《鮮卑傳》。　丁零：兩漢時北邊的少數民族，即南北朝時期的高車或敕勒。詳情見本書卷三〇《烏丸鮮卑東夷傳》裴注引《魏略·西戎傳》。　幽州：建安十八年（213）并十四州爲九州，幽州并入冀州，魏文帝即位後又復置。刺史治所薊縣，在今北京城西南部。（本吳增僅《三國郡縣表附考證》）

〔4〕護匈奴中郎將：官名。東漢光武帝建武中曾置護匈奴中郎將。今又復置，秩比二千石，第四品，主護南單于事，以并州刺史兼任，駐晉陽縣，在今山西太原市西南古城營西古城。

〔5〕封爵增位：據本書卷三五《諸葛亮傳》，是年，諸葛亮以糧盡退軍，卻又射殺魏將張郃。又裴注引《漢晋春秋》，謂諸葛亮破魏將郭淮、費曜於上邽途中，大芟刈其麥；諸葛亮又使魏延、高翔、吳班大破司馬懿軍，“獲甲首三千級，玄鎧五千領，角弩三千一百張”。而魏反而封爵增位。盧弼《集解》云：“是真賞罰不明，掩耳自欺者矣。”

〔6〕皇子殷生：《藝文類聚》卷四五載有夏侯玄《皇胤賦》，頌揚皇子之生。侯康《補注續》、盧弼《集解》有轉引。

〔7〕上邽：縣名。治所在今甘肅天水市。

〔8〕宣王與亮相持：林國贊《三國志裴注述》謂《魏書》此段記載虛妄不實，習鑿齒《漢晋春秋》所言公道可信。《晋書》卷一《宣帝紀》還謂此役司馬懿追擊諸葛亮軍，“俘斬萬計。天子使使者勞軍，增封邑”。王鳴盛《十七史商榷·晋書二》“曲筆未删”條，極駁此説之虛妄不實。盧弼《集解》有轉引。

　　八月，詔曰：[1]“古者諸侯朝聘，所以敦睦親親協和萬國也。先帝著令，不欲使諸王在京都者，謂幼主在位，母后攝政，防微以漸，關諸盛衰也。朕惟不見諸王十有二載，[2]悠悠之懷，能不興思！其令諸王及宗室公侯各將適子一人朝。[3]後有少主、母后在宮者，自如先帝令，[4]申明著于令。”冬十一月乙酉，[5]月犯軒轅大星。[6]戊戌晦，日有蝕之。十二月甲辰，月犯鎮星。[7]戊午，太尉華歆薨。

　　[1]詔：在下此詔前，東阿王曹植曾上疏求存問親戚，見本書卷一九《陳思王植傳》。《文選》題爲《求通親親表》。

　　[2]十有二載：胡三省云：“自文帝黃初元年遣植等就國，至是十二年。”（《通鑑》卷七二魏明帝太和五年注）

　　[3]適（dí）：古“嫡”字。

　　[4]先帝令：《晉書·禮志下》云：“魏制，藩王不得朝覲。魏明帝時，有朝者皆由特恩，不得以爲常。”

　　[5]冬：百衲本、殿本無“冬”字，盧弼《集解》本、校點本有。今從《集解》本等。

　　[6]軒轅大星：軒轅，星名。《史記·天官書》：“軒轅，黃龍體。”《正義》：“軒轅十七星，在七星北，黃龍之體，主雷雨之神，後宮之象也。……其大星，女主也。”《晉書·天文志下》謂魏明帝太和五年“十一月乙酉，月犯軒轅大星。占曰：‘女主憂。’”

　　[7]鎮星：星名。又作“填星”，即土星。《宋書·天文志一》謂魏明帝太和五年“十二月甲辰，月犯鎮星，占曰：‘女主當之。’”

　　六年春二月，[1]詔曰：“古之帝王，封建諸侯，所以藩屏王室也。《詩》不云乎，'懷德維寧，宗子維城'。[2]秦、漢繼周，或彊或弱，俱失厥中。大魏創業，諸王開國，隨時之宜，未有定制，非所以永爲後法也。其改封諸侯王，皆以郡爲國。"[3]三月癸酉，行東巡，[4]所過存問高年鰥寡孤獨，賜穀帛。乙亥，月犯軒轅大星。夏四月壬寅，行幸許昌宮。甲子，初進新果于廟。[5]五月，皇子殷薨，追封謚安平哀王。秋七月，以衛尉董昭爲司徒。[6]九月，行幸摩陂，[7]治許昌宮，[8]起景福、承光殿。[9]冬十月，殄夷將軍田豫帥衆討吳將周賀於成山，[10]殺賀。[11]十一月丙寅，太白晝見。有星孛于翼，[12]近太微上將星。[13]庚寅，陳（思）王植薨。[14]十二月，行還許昌宮。

[1]六年春：錢大昭《辨疑》云："《晉書·天文志》太和六年正月戊辰朔，日有蝕之。"又謂此後之數次日蝕，本書均缺載，俱見《晉書·天文志》。

[2]"懷德維寧"二句：此《詩·大雅·板》之文。

[3]皆以郡爲國：本書卷二〇《彭城王據傳》載有魏文帝黃初五年改封諸王爲縣王之詔，其後又云："太和六年，改封諸王，皆以郡爲國。"

[4]行東巡：盧弼《集解》云："孫志祖曰：《文選·景福殿賦》注，'行'下有'幸'字。"

[5]進新果于廟：侯康《補注續》引《通典》卷四九："魏初，高堂隆云：'按舊典，天子諸侯月有祭事，其孟，則四時之祭也，三牲、黍稷，時物咸備。其仲月、季月，皆薦新之祭也。'"

[6]衛尉：官名。秩中二千石，第三品，掌宮門及宮中警衛。

[7]摩陂（bēi）：地名。在今河南郟縣東南。

　〔8〕治許昌宫：《太平御覽》卷五三七載有繆襲《許昌宫賦序》，對魏明帝整修許昌宫有頌揚。盧弼《集解》有轉録。

　〔9〕景福：《文選》載有何晏《景福殿賦》，李善注引《典略》："魏明帝將東巡，恐夏熱，故許昌作殿，名曰景福。既成，命人賦之，平叔遂有此作。"

　〔10〕珍夷將軍：官名。魏置，第五品。　成山：山名。在今山東榮成市東北海上。（本謝鍾英《補三國疆域志補注》）

　〔11〕殺賀：本書卷一四《劉放傳》云："太和末，吴遣將周賀浮海詣遼東，招誘公孫淵。帝欲邀討之，朝議多以爲不可。惟（孫）資決行策，果大破之。"

　〔12〕星孛（bèi）：彗星。《公羊傳·昭公十七年》："孛者何？彗星也。"　翼：即翼宿，星座名。二十八宿之一，南方朱鳥七宿中的第六宿，共二十二星。

　〔13〕太微：星座名。三垣之一。紫微垣十五星在北極星周圍；太微垣十星在其西南；天市垣二十二星在其東南。　上將星：太微垣十星中，有二星名上將。《晋書·天文志上》謂太微"東蕃四星，南第一星曰上相"，"第二星曰次相"，"第三星曰次將"，"第四星曰上將：所謂四輔也"。"西蕃四星，南第一星曰上將"，"第二星曰次將"，"第三星曰次相"，"第四星曰上相：亦曰四輔也"。

　〔14〕陳王植薨：各本"陳"下皆有"思"字。錢大昕云："諸王薨例不書謚，'思'字衍。"（《廿二史考異》卷一五）今從錢説删。

　青龍元年春正月甲申，[1]青龍見郟之摩陂井中。[2]二月丁酉，幸摩陂觀龍，[3]於是改年；[4]改摩陂爲龍陂，賜男子爵人二級，鰥寡孤獨無出今年租賦。三月甲子，詔公卿舉賢良篤行之士各一人。夏五月壬申，詔祀故大將軍夏侯惇、大司馬曹仁、車騎將軍程昱於太祖廟庭。^{〔一〕}戊寅，北海王蕤薨。^[5]閏月庚寅朔，日有蝕之。丁酉，改封宗室女非諸王女皆爲邑主。詔諸郡國山川不在祠典者勿祠。^[6]六月，洛陽宮鞠室災。^[7]

〔一〕《魏書》載詔曰："昔先王之禮於功臣，存則顯其爵禄，没則祭於大蒸，^[8]故漢氏功臣，祠於廟庭。^[9]大魏元功之臣功勳優著，終始休明者，其皆依禮祀之。"於是以惇等配饗。^[10]

[1] 青龍：魏明帝曹叡年號（233—237）。

[2] 郊：縣名。治所在今河南郊縣。《初學記》卷三〇引繆襲《青龍賦》，盧弼《集解》有轉録。

[3] 觀龍：《宋書·符瑞志中》："魏明帝青龍元年正月甲申，青龍見郊之摩陂井。帝親與群臣共觀之，既而詔畫工圖寫，龍潛而不見。"

[4] 改年：趙幼文《校箋》謂《太平御覽》卷九四、《册府元龜》卷一五引"年"字作"元"。

[5] 北海：王國名。治所劇縣，在今山東昌樂縣西。

[6] 祠典：《宋書·禮志四》引此詔"祠"作"祀"。

[7] 鞠（jū）室：鞠爲古代用皮製的一種球，以足蹴之。蹴鞠，爲軍中習武之戲，類似今日之足球賽。胡三省云："鞠室者，畫地爲域以蹴鞠，因以名室。"（《通鑑》卷七二魏明帝青龍元年注）

[8] 大蒸：即大祭。"蒸"又作"烝"，殿本即作"烝"。祭祀之通稱（冬祭亦稱烝）。《尚書·洛誥》："戊辰，王在新邑，烝祭歲。"

[9] 祠：百衲本作"祠"，殿本、盧弼《集解》本、校點本作"祀"。趙幼文《校箋》謂《群書治要》卷二五、《册府元龜》卷三二引亦作"祠"。今從百衲本。

[10] 配饗：百衲本、盧弼《集解》本作"配饗之"，殿本作

"配享之"。盧氏引何焯曰："之"字疑衍。校點本無"之"字。今從之。

保塞鮮卑大人步度根與叛鮮卑大人軻比能私通，[1] 并州刺史畢軌表軻出軍，[2] 以外威比能，内鎮步度根。帝省表曰："步度根以爲比能所誘，[3] 有自疑心。今軌出軍，適使二部驚合爲一，何所威鎮乎？促敕軌，以出軍者慎勿越塞過句注也。"[4] 比詔書到，軌以進軍屯陰館，[5] 遣將軍蘇尚、董弼追鮮卑。比能遣子將千餘騎迎步度根部落，與尚、弼相遇，戰於樓煩，[6] 二將〔敗〕没。[7] 步度根部落皆叛出塞，與比能合寇邊。遣驍騎將軍秦朗將中軍討之，〔一〕[8] 虜乃走漠北。

〔一〕《魏氏春秋》曰：朗字元明，新興人。[9]《獻帝傳》曰：[10] 朗父名宜禄，爲吕布使詣袁術，術妻以漢宗室女。其前妻杜氏留下邳。[11] 布之被圍，關羽屢請於太祖，求以杜氏爲妻，太祖疑其有色，及城陷，太祖見之，乃自納之。[12] 宜禄歸降，以爲銍長。[13] 及劉備走小沛，[14] 張飛隨之，過謂宜禄曰："人取汝妻，而爲之長，乃蚩蚩若是邪！[15] 隨我去乎？"宜禄從之數里，悔欲還，飛殺之。朗隨母氏畜于公宫，太祖甚愛之，每坐席，謂賓客曰："世有人愛假子如孤者乎？"[16]

《魏略》曰：朗游遨諸侯間，歷武、文之世而無尤也。及明帝即位，授以内官，爲驍騎將軍、給事中，[17] 每車駕出入，朗常隨從。時明帝喜發擧，數有以輕微而致大辟者，朗終不能有所諫止，又未嘗進一善人，帝亦以是親愛；每顧問之，多呼其小字阿穌，[18] 數加賞賜，爲起大第於京城中。四方雖知朗無能爲益，猶以附近至尊，多賂遺之，富均公侯。

《世語》曰：朗子秀，[19]勁屬能直言，爲晉武帝博士。

《魏略》以朗與孔桂俱在《佞倖篇》。桂字叔林，天水人也。建安初，數爲將軍楊秋使詣太祖，太祖表拜騎都尉。[20]桂性便辟，[21]曉博弈、蹹鞠，[22]故太祖愛之，每在左右，出入隨從。桂察太祖意，喜樂之時，因言次曲有所陳，事多見從，數得賞賜，人多餽遺，桂由此侯服玉食。太祖既愛桂，五官將及諸侯亦皆親之。[23]其後桂見太祖久不立太子，而有意於臨菑侯，[24]因更親附臨菑侯而簡於五官將，將甚銜之。及太祖薨，文帝即王位，未及致其罪。黃初元年，隨例轉拜駙馬都尉。[25]而桂私受西域貨略，許爲人事。事發，有詔收問，遂殺之。魚豢曰：爲上者不虛授，處下者不虛受，然後外無《伐檀》之歎，[26]內無尸素之刺，[27]雍熙之美著，[28]太平之律顯矣。而佞倖之徒，[29]但姑息人主，至乃無德而榮，無功而祿，如是焉得不使中正日脧，[30]傾邪滋多乎！以武皇帝之慎賞，明皇帝之持法，而猶有若此等人，而況下斯者乎？

[1] 保塞：指保太原、雁門郡一帶。本書卷三〇《鮮卑傳》謂魏文帝初"步度根遣使獻馬，帝拜爲王。後數與軻比能更相攻擊，步度根部衆稍寡弱，將其衆萬餘落保太原、雁門郡"。"至黃初五年，步度根詣闕貢獻，厚加賞賜，是後一心守邊，不爲寇害"。"至青龍元年，比能誘步度根深結和親，於是步度根將泄歸泥及部衆悉保比能，寇鈔并州，殺略吏民"。本書卷二六《牽招傳》還謂此時諸葛亮遣使與軻比能連結。詳見傳文。

[2] 并州：刺史治所晉陽，在今山西太原市西南古城營西古城。 畢軌：見本書卷九《曹真附爽傳》注引《魏略》。

[3] 以爲：梁章鉅《旁證》謂此"以爲"及以下之"以出軍""以進軍"之"以"，皆當作"已"，古"以""已"本通用。

[4] 句注：山名。在今山西代縣西北。胡三省云："漢靈帝末，羌胡大擾，定襄、雲中、五原、朔方、上郡並流徙分散，建安

二十年集塞下荒地置新興郡，自陘嶺以北並棄之，故以句注爲塞。"
(《通鑑》卷七二魏明帝青龍元年注)

　　[5] 陰館：縣名。治所在今山西代縣西北。潘眉《考證》：
"句注在雁門陰館，明帝敕勿過句注，而軌屯陰館，則已在句
注矣。"

　　[6] 樓煩：縣名。治所在今山西寧武縣東。

　　[7] 敗没：各本皆作"没"。趙一清《注補》："何（焯）云：
'没'上當有'敗'字。"校點本即從何焯説增。今從之。

　　[8] 驍騎將軍：官名。東漢爲雜號將軍，統兵出征，事迄即
罷。魏置爲中軍將領，有營兵，遂常設，以功高者爲之。第四品。
又按，裴注引《魏氏春秋》等，各本均在下文"朗引軍還"下。
錢劍夫云："朗名已前出，此注即應移上文。"(《〈三國志〉標點本
商榷》) 錢説有理，故將裴注移於此。

　　[9] 新興：郡名。建安二十年新立郡，見本書卷一《武帝
紀》。治所九原縣，在今山西忻州市。

　　[10] 獻帝傳：盧弼《集解》謂此《獻帝傳》乃《魏氏春秋》
所引。趙幼文則謂史籍中徵引他書，"未有揭録徵引之書名者，此
史籍撰述之準則"，"此'獻帝傳'三字或係衍文"。(《〈三國志集
解〉辨證》)

　　[11] 下邳：縣名。治所在今江蘇睢寧縣西北。

　　[12] 自納之：盧弼《集解》謂本書《武文世王公傳》有杜夫
人，未知即秦宜禄妻杜氏否。杜夫人生沛穆王林，又生金鄉公主。
何晏母尹氏亦爲魏武所納。魏武謂秦朗爲假子，魏文亦呼何晏爲假
子，二人皆隨母在宫，情事相同。但亦有不信此説者，趙一清《注
補》云："此裴世期所謂底下之書，何足據乎！孟德自取其妻，乃
欲誣污賢者哉？"

　　[13] 銍：縣名。治所在今安徽宿州市西南。

　　[14] 小沛：即沛縣，治所在今江蘇沛縣東。胡三省云："沛國
治相縣，而沛自爲縣，屬沛國，時人謂沛縣爲小沛。"(《通鑑》卷

六一漢獻帝興平元年注）

　　[15] 乃：百衲本作“何”，殿本、盧弼《集解》本、校點本作“乃”。《中華再造善本》影印宋刻本亦作“乃”。今從殿本等。

　　[16] 世：百衲本作“豈”，殿本、盧弼《集解》本、校點本作“世”。《中華再造善本》影印宋刻本亦作“世”。今從殿本等。

　　[17] 給事中：官名。魏爲第五品，位在散騎常侍下，給事黃門侍郎上，或爲加官，或爲正官，無定員。

　　[18] 阿穌：殿本、盧弼《集解》本作“阿蘇”，百衲本、校點本作“阿穌”。今從百衲本等。

　　[19] 秀：《晋書》卷五〇有《秦秀傳》。

　　[20] 騎都尉：官名。秩比二千石，第六品，掌羽林從騎，無定員或爲加官。

　　[21] 便辟：趙幼文《校箋》謂《太平御覽》卷七五四、《册府元龜》卷八六九引俱作“便妍”。

　　[22] 博弈：六博與圍棋。《漢書》卷九二《陳遵傳》：“宣帝微時與有故，相隨博弈。”顔師古注：“博，六博。弈，圍棋也。”博，又作“簙”。《楚辭》宋玉《招魂》“有六簙些”王逸注：“投六箸，行六棋，故爲六博也。”洪興祖《補注》引《古博經》：“博法，二人相對坐，向局，局分爲十二道，兩頭當中名爲水，用棋十二枚，六白六黑。”　蹹（tà）：同“踏”，踢。　鞠：即蹴鞠。

　　[23] 五官將：指曹丕。曹丕自建安十六年（211）爲五官中郎將。

　　[24] 臨菑侯：指曹植。曹植於建安十九年封臨淄侯。

　　[25] 駙馬都尉：官名。秩比二千石，第六品，掌皇帝副車之馬。無定員，或爲加官。

　　[26] 伐檀之歎：《詩·魏風》有《伐檀》。《詩序》云：“《伐檀》，刺貪也。在位貪鄙，無功而祿。”

　　[27] 尸素：即尸位素餐。王充《論衡·量知篇》云：“所謂尸位素餐者也。素者，空也。空虛無德，餐人之祿，故曰素餐。無

道藝之業，不曉政治，默坐朝庭，不能言事，與尸無異，故曰尸位。"

[28] 雍熙：和諧而歡樂。

[29] 佞倖：亦作"佞幸"，以諂媚而得寵幸。

[30] 朘（juān）：縮減。《漢書》卷五六《董仲舒傳》："民日削月朘，寖以大窮。"

　　秋九月，安定保塞匈奴大人胡薄居姿職等叛，司馬宣王遣將軍胡遵等追討，破降之。

　　冬十月，步度根部落大人戴胡阿狼泥等詣并州降，朗引軍還。

　　十二月，公孫淵斬送孫權所遣使張彌、許晏首，以淵爲大司馬樂浪公。[一][1]

　　〔一〕《世語》曰：并州刺史畢軌送漢故度遼將軍范明友鮮卑奴，[2]年三百五十歲，言語飲食如常人。奴云："霍顯，[3]光後小妻。明友妻，[4]光前妻女。"

　　《博物志》曰：時京邑有一人，失其姓名，食啖兼十許人，遂肥不能動。其父曾作遠方長吏，官徙送彼縣，令故義傳供食之；[5]一二年中，一鄉中輒爲之儉。

　　《傅子》曰：時太原發冢破棺，[6]棺中有一生婦人，[7]將出與語，生人也。送之京師，問其本事，不知也。[8]視其冢上樹木可三十歲，[9]不知此婦人三十歲常生於地中邪？[10]將一朝欻生，[11]偶與發冢者會也？

　　[1] 樂浪：郡名。治所朝鮮縣，在今朝鮮平壤市西南。

　　[2] 度遼將軍：百衲本、殿本、盧弼《集解》本"度"作"渡"，校點本作"度"。按，二字通，《漢書》即作"度"。今從校

點本。 范明友：漢昭帝元鳳三年（前78）爲度遼將軍。（見《漢書》卷七《昭帝紀》）

[3] 霍顯：霍光之後妻。《漢書》卷六八《霍光傳》云："初，光愛幸監奴馮子都，常與計事，及顯寡居，與子都亂。"顏師古注引晉灼曰："《漢語》東閭氏亡，顯以婢代立，素與馮殷（即馮子都）奸也。"

[4] 明友妻：《漢書》卷六八《霍光傳》亦謂范明友妻爲霍光女，若按"鮮卑奴"所言，則此女爲東閭氏所生。趙一清《注補》引張華《博物志》云："漢末發范明友冢，奴猶活。明友霍光女聟。說光家事廢立之際，多與《漢書》相似。此奴常游走於民間，無止住處，今不知所在，或云尚在。余聞之於人，可信而目不可見也。"

[5] 傳供食之：盧弼《集解》云："'傳'疑作'從'。"趙幼文謂《後漢書》卷五三《申屠蟠傳》注："傳謂符牒。"則"傳供食之，謂令寫符牒飭鄉人供其飲食也，是'傳'非誤字"（《〈三國志集解〉辨證》）。吳金華《校詁》則謂："供"當從《北堂書鈔》卷一四三作"共"，共同之意。"傳供食之"，即輪流飴其飲食之意。

[6] 太原：《太平御覽》卷五五八引此段《傅子》，"太原"下有"民"字。

[7] 棺中有一生婦人：《太平御覽》作"中有婦人"。

[8] 送之京師問其本事不知也：《太平御覽》無此十一字。

[9] 視其冢上樹木可三十歲：《太平御覽》無"樹"字、"可"字。

[10] 常生于地中邪：《太平御覽》作"常生地中也"。

[11] 欻（xū）生：《太平御覽》作"欻然生"。欻，忽然。

二年春二月（乙）〔己〕未，[1]太白犯熒惑。[2]癸酉，詔曰："鞭作官刑，所以糾慢怠也，而頃多以無辜死。其減鞭杖之制，著于令。"三月庚寅，山陽公薨，[3]帝素服發哀，遣使持節典護喪事。己酉，大赦。夏四月，大疫。崇華殿災。丙寅，詔有司以太牢告祠文帝廟。[4]追諡山陽公爲漢孝獻皇帝。葬以漢禮。[一]

〔一〕《獻帝傳》曰：帝變服，率羣臣哭之，使使持節、行司徒、太常和洽弔祭，[5]又使持節、行大司空、大司農崔林監護喪事。[6]詔曰：“蓋五帝之事尚矣，仲尼盛稱堯、舜巍巍蕩蕩之功者，[7]以爲禪代乃大聖之懿事也。山陽公深識天禄永終之運，[8]禪位文皇帝以順天命。先帝命公行漢正朔，郊天祀祖以天子之禮，言事不稱臣，此舜事堯之義也。昔放勛殂落，四海如喪考妣，遏密八音，[9]明喪葬之禮同於王者也。今有司奏喪禮比諸侯王，此豈古之遺制而先帝之至意哉？今諡公漢孝獻皇帝。”使太尉具以一太牢告祠文帝廟，曰：“叡聞夫禮也者，反本修古，[10]不忘厥初，是以先代之君，尊尊親親，咸有尚焉。[11]今山陽公寢疾棄國，有司建言喪紀之禮視諸侯王。叡惟山陽公昔知天命永終於己，深觀曆數允在聖躬，傳祚禪位，尊我民主，斯乃陶唐懿德之事也。[12]黄初受終，命公于國行漢正朔，郊天祀祖禮樂制度率乃漢舊，斯亦舜、禹明堂之義也。[13]上考遂初，皇極攸建，允熙克讓，[14]莫朗于兹。蓋子以繼志嗣訓爲孝，臣以配命欽述爲忠，故《詩》稱‘匪棘其猶，聿追來孝’，[15]《書》曰‘前人受命，兹不忘大功’。[16]叡敢不奉承徽典，以昭皇考之神靈。今追諡山陽公曰孝獻皇帝，冊贈璽綬。[17]命司徒、司空持節弔祭護喪，光禄、大鴻臚爲副，[18]將作大匠、復土將軍營成陵墓，[19]及置百官羣吏，車旗服章喪葬禮儀，一如漢氏故事；喪葬所供羣官之費，皆仰大司農。立其後嗣爲山陽公，以通三統，[20]永爲魏賓。”於是贈冊曰：“嗚呼！昔皇天降戾于漢，俾逆臣董卓，播厥凶虐，焚滅京都，劫遷大駕。[21]于時六合雲擾，姦雄熛起。帝自西京，徂唯求定，臻兹洛邑。疇咨聖賢，[22]聿改乘轅，又遷許昌，武皇帝是依。歲在

玄楞，[23]皇師肇征，迄于鵜尾，[24]十有八載，羣寇殲殄，九域咸
乂。惟帝念功，祚茲魏國，大啓土宇。爰及文皇帝，齊聖廣淵，
仁聲旁流，柔遠能邇，[25]殊俗向義，乾精承祚，坤靈吐曜，稽極
玉衡，[26]允膺曆數，[27]度于軌儀，克厭帝心。乃仰欽七政，[28]俯
察五典，[29]弗采四嶽之謀，[30]不俟師錫之舉，[31]幽贊神明，承天
禪位。祚（建）〔逮〕朕躬，[32]統承洪業。蓋聞昔帝堯，元、愷
既舉，[33]凶族未流，[34]登舜百揆，然後百揆時序，內平外成，授
位明堂，退終天祿，故能冠德百王，表功嵩嶽。[35]自往迄今，彌
歷七代，[36]歲暨三千，而大運來復，庸命底績，[37]篡我民主，作
建皇極。念重光，[38]紹咸池，[39]繼韶夏，[40]超羣后之遐蹤，[41]逸
商、周之慚德，可謂高朗令終，昭明洪烈之懿盛者矣。非夫漢、
魏與天地合德，與四時合信，動和民神，格于上下，[42]其孰能至
於此乎？朕惟孝獻享年不永，欽若顧命，[43]考之典謨，恭述皇考
先靈遺意，闡崇弘諡，奉成聖美，以章希世同符之隆，以傳億載
不朽之榮。魂而有靈，嘉茲弘休。嗚呼哀哉！”八月壬申，葬于山
陽國，[44]陵曰禪陵，[45]置園邑。[46]葬之日，帝制錫衰弁絰，[47]哭
之慟。適孫桂氏鄉侯康，[48]嗣立爲山陽公。

[1] 己未：各本皆作“乙未”。錢大昕云：“《宋書・天文志》
作‘己未’。案下文有‘癸酉’，乙未與癸酉相去三十九日，不得
在一月，當從《宋志》。”（《廿二史考異》卷一五）今從錢說改。
[2] 熒惑：星名。即火星。
[3] 山陽公：即漢獻帝劉協。曹丕代漢後，封劉協爲山陽公。
《後漢書》卷九《獻帝紀》云：“魏青龍二年三月庚寅，山陽公薨。
自遜位至薨，十有四年，年五十四，諡孝獻皇帝。”
[4] 太牢：祭祀時牛、羊、猪三牲俱全稱太牢。
[5] 使持節：漢末三國，皇帝授予出征或出鎮的軍事長官的一
種權力。至晉代，此種權力明確爲可誅殺二千石以下官員。若皇帝

派遣大臣出巡或祭吊等事務時，加使持節，則表示權力和尊崇。

太常：官名。秩中二千石，第三品。掌禮儀祭祀，選試博士。

［6］大司空：錢大昭《辨疑》云：“‘大’字疑衍。”　大司農：官名。秩中二千石，第三品。掌管國家的財政收支。曹魏時郡縣管理屯田的諸典農官亦屬之。錢大昭《辨疑》云：“是時不遣司徒董昭、司空陳群自往山陽，而但以太常、大司農行其禮，未免有名無實矣。”

［7］巍巍蕩蕩：形容高大廣闊。《論語·泰伯》：子曰：“巍巍乎，舜、禹之有天下也，而不與焉！”又曰：“大哉堯之爲君也！巍巍乎！唯天爲大，唯堯則之。蕩蕩乎，民無能名焉。”

［8］天禄永終：上天給的禄位永遠終止。《論語·堯曰》：堯曰：“咨！爾舜！天之歷數在爾躬，允執其中。四海困窮，天禄永終。”

［9］放勳：堯名放勳。《尚書·舜典》：“帝（堯）乃殂落，百姓如喪考妣。三載，四海遏密八音。”孔傳：“殂落，死也。”“考妣，父母。”“遏，絶。密，静也。”“八音，金、石、絲、竹、匏（páo）、土、革、木。”陸德明《音義》：“金，鐘也。石，磬（qìng）也。絲，琴、瑟也。竹，篪（chí）、笛也。匏，笙也。土，塤（xūn）也。革，鼓也。木，柷（zhù）、敔（yǔ）也。”

［10］修古：百衲本作“請吉”，殿本等皆作“修古”。《中華再造善本》影印宋刻本亦作“修古”。今從殿本等。

［11］咸：百衲本作“戚”，殿本等皆作“咸”。《中華再造善本》影印宋刻本亦作“咸”。今從殿本等。

［12］陶唐：堯號。《史記》卷一《五帝本紀》“帝堯者，放勳”《集解》引徐廣曰：“號陶唐。”

［13］明堂之義：謂受禪之義。《史記》卷一《五帝本紀》謂舜受禪於“文祖”，裴駰《集解》引鄭玄曰：“文祖者，五府之大名，猶周之明堂。”又謂，舜禪位於禹，禹踐天子位，“堯子丹朱，舜子商均，皆有疆土，以奉先祀。服其服，禮樂如之。以客見天

子，天子弗臣，示不敢專也”。

［14］遂初：遂古之初，即往古、上古。《楚辭》屈原《天問》：“遂古之初，誰傳道之？” 皇極：指皇帝位。 允熙克讓：誠信和樂而能讓。句本《尚書·堯典》“允恭克讓”。

［15］詩稱匪棘其猶聿追來孝：此詩見《詩·大雅·文王有聲》，而今本《詩》文爲：“匪棘其欲，遹追來孝。”鄭箋：“棘，急。來，勤也。”《禮記·禮器》作：“《詩》云：匪革其猶，聿追來孝。”鄭注：“革，急也。猶，道也。聿，述也。言文王改作者，非必欲急行己之道，乃追述先祖之業，來居此爲孝。”盧弼《集解》引胡玉縉曰：“棘、革皆急之假字，欲、聿正字，猶、遹亦假字。王引之《經義述聞》云：遹，辭也。來，往也。孝者，美德之通稱，非謂孝弟之孝。言所以作此都邑者，非急從己之欲也，乃上追前世之美德，欲成其功業也。前世之美德故爲往孝，猶言追孝於前文人耳。……其説甚得《詩》意，箋注失之。”

［16］書曰：《尚書·大誥》：“敷前人受命，兹不忘大功。”孔傳：“前人，文武也。我求濟渡，在布行大道，在布陳文、武受命，在此不忘大功。”

［17］璽綬（fú）：殿本作“璽綬”，今從百衲本等作“璽綬”。古代璽上繫有絲帶，稱璽綬或璽綬。即指印璽。

［18］光禄：指光禄勳，秩中二千石，第三品。掌宿衛宮殿門户，朝會則皆禁止，及主諸郎之在殿中侍衛者。 大鴻臚：官名。漢列卿之一，秩中二千石。掌少數民族君長、諸侯王、列侯之迎送、接待、安排朝會、封授、襲爵及奪爵削土之典禮；諸侯王死，則奉詔護理喪事，宣讀誄策謚號；百官朝會，掌贊襄引導；兼管京都之郡國邸舍及郡國上計吏之接待；又兼管少數民族之朝貢使節及侍子。三國沿之，魏爲三品。

［19］將作大匠：官名。秩二千石，第三品。掌宮室、宗廟、陵寝及其他土木之營建。 復土將軍：第五品，魏置。

［20］通三統：《春秋繁露·三代改制質文》云：“王者之法必

正號，絀王謂之帝，封其後以小國，使奉祀之；下存二王之後以大國，使服其服，行其禮樂，稱客其朝。故同時稱帝者五，稱王者三，所謂昭五端，通三統也。"

[21] 劫遷大駕：指董卓將漢獻帝從洛陽遷至長安。

[22] 疇咨：《尚書·堯典》："帝曰：疇咨若時登庸。"孔傳："疇，誰；庸，用也。誰能咸熙庶績，順是事者，將登用之。"這是在訪求賢者。後世遂以"疇咨"表達訪問、訪求之意。

[23] 歲在玄枵（xiāo）：此用歲星紀年。歲，星名。即歲星，亦即木星。歲星由西向東運行一周天約十二年，每年行經一個星次，古人即以此紀年。玄枵，即星次名，爲十二星次之一。歲在玄枵，相當於太歲紀年之子年，以下云"十有八載"推之，當爲丙子年。而建安元年爲丙子，則此"歲在玄枵"即建安元年（196）。

[24] 鶉尾：亦星次名。按歲在鶉尾，相當於太歲紀年之巳年，以"十有八載"推之，當爲癸巳年。建安十八年癸巳，此即指建安十八年。

[25] 柔遠能邇：《尚書·顧命》"柔遠能邇"孔傳："言當和遠又能和近。"

[26] 玉衡：指璿璣玉衡。以玉作裝飾的觀測天體的儀器。《尚書·舜典》："在璿璣玉衡，以齊七政。"

[27] 允膺：應當，應受。 曆數：僞古文《尚書·大禹謨》"天之曆數在汝躬"僞孔傳："曆數，謂天道。"孔穎達疏："曆數謂曆運之數，帝王易姓而興，故言曆數謂天道。"

[28] 七政：《尚書·舜典》"以齊七政"孔傳："七政，日月五星。"

[29] 五典：《尚書·舜典》"五典克從"孔傳："五典，五常之教：父義、母慈、兄友、弟恭、子孝。"

[30] 四嶽：指掌方岳之州牧刺史。《史記》卷一《五帝本紀》："堯又曰：嗟！四嶽。"《集解》引鄭玄曰："四嶽，四時官，主方嶽之事。"

[31] 師錫：衆人。《尚書·堯典》"師錫帝曰"孔傳："師，衆；錫，與也。"意謂衆人對堯説。《史記》卷一《五帝本紀》即作"衆皆言於堯曰"。

[32] 祚逮朕躬：百衲本、殿本、盧弼《集解》本"逮"均作"建"。校點本則據吳勉學刊本改作"逮"，是。今從之。

[33] 元愷：指八元、八愷。《史記》卷一《五帝本紀》："昔高陽氏有才子八人，世得其利，謂之八愷。高辛氏有才子八人，世謂之八元。此十六族者，世濟其美，不隕其名。至於堯，堯未能舉。舜舉八愷，使主后土，以揆百事，莫不時序。舉八元，使布五教於四方，父義，母慈，兄友，弟恭，子孝，内平外成。"（《左傳·文公十八年》所載更詳）

[34] 凶族：指帝鴻氏、少皞氏、顓頊氏之不才子。《史記》卷一《五帝本紀》："昔帝鴻氏有不才子，掩義隱賊，好行凶慝，天下謂之渾沌。少皞氏有不才子，毀信惡忠，崇飾惡言，天下謂之窮奇。顓頊氏有不才子，不可教訓，不知話言，天下謂之檮杌。此三族世憂之。至於堯，堯未能去。縉雲氏，有不才子，貪於飲食，冒於貨賄，天下謂之饕餮。天下惡之，比之三凶。舜賓於四門，乃流四凶族，遷於四裔，以禦螭魅，於是四門辟，言毋凶人也。"（《左傳·文公十八年》所載更詳）

[35] 嵩嶽：百衲本作"高嶽"，殿本、盧弼《集解》本、校點本皆作"嵩嶽"。《中華再造善本》影印宋刻本亦作"嵩嶽"。今從殿本等。

[36] 七代：指唐、虞、夏、商、周、秦、漢。

[37] 厎：百衲本、殿本、盧弼《集解》本作"厎"，校點本作"底"。按，二字義同，今從百衲本等。《左傳·昭公二年》"厎祿以德"杜預注："厎，致也。"《玉篇·厂部》："厎，致也。"厎績，取得功績。

[38] 重光：謂德如日月星辰之重叠生光。《尚書·顧命》："昔君文王、武王宣重光。"孔傳："言昔先君文、武，布其重光累

聖之德。"《音義》:"重光,馬云'日、月、星也'。"

[39] 咸池:傳説爲黄帝之樂。《禮記·樂記》"咸池備矣"鄭玄注:"黄帝所作樂名也,堯增修而用之。"

[40] 韶:舜樂。《禮記·樂記》"韶,繼也"鄭玄注:"舜樂名也。韶之言紹也,言舜能繼紹堯之德。" 夏:禹樂。《禮記·樂記》"夏,大也"鄭玄注:"禹樂名也。言禹能大堯、舜之德。"

[41] 羣后:諸君。

[42] 格:感通。

[43] 欽:敬。 顧命:帝王臨終之遺命。《尚書·顧命序》"作顧命"孔傳:"臨終之命曰顧命。"

[44] 山陽:國名。治所在今河南焦作市東南。

[45] 禪陵:《後漢書》卷九《獻帝紀》"葬於禪陵"李賢注:《帝王紀》曰:"禪陵在濁鹿城西北十里,在今懷州脩武縣(今河南脩武縣)北二十五里。陵高二丈,周迴二百步。"劉澄之《地記》云:"以漢禪魏,故以名焉。"

[46] 園邑:守護陵園的居民區。《後漢書》卷九《獻帝紀》尚云:"置園邑令丞。"

[47] 錫衰(cuī):用細麻製的喪服。《周禮·春官·司服》:"王爲三公六卿錫衰。"鄭玄注: "君爲臣服吊服也。鄭司農云:錫,麻之滑易者。" 弁(biàn)絰(dié):吊喪時所戴加麻布的素冠。《周禮·春官·司服》:"凡吊事,弁絰服。"鄭玄注:"弁絰者,如爵弁而素,加環絰。"賈公彦疏:"今言環絰,即與絞絰有異矣。謂以麻爲體,又以一股麻爲體,糾而橫纏之,如環然,故謂之環絰。加於素弁之上,故言加環絰也。"

[48] 桂氏鄉侯:《通典》卷七二謂"漢獻帝嫡孫杜氏鄉侯劉康"。

是月,諸葛亮出斜谷,[1]屯渭南,[2]司馬宣王率諸軍拒之。詔宣王:"但堅壁拒守以挫其鋒,彼進不得

志，退無與戰，久停則糧盡，虜略無所獲，則必走矣。走而追之，以逸待勞，全勝之道也。"〔一〕

〔一〕《魏氏春秋》曰：亮既屢遣使交書，又致巾幗婦人之飾，[3]以怒宣王。宣王將出戰，辛毗杖節奉詔，勒宣王及軍吏已下，乃止。[4]宣王見亮使，唯問其寢食及其事之煩簡，不問戎事。使對曰："諸葛公夙興夜寐，罰二十已上，皆親覽焉；所啖食不過數升。"[5]宣王曰："亮體斃矣，[6]其能久乎？"

[1] 斜（yé）谷：在今陝西眉縣西南，爲古褒斜道之北口。古褒斜道，北起斜谷，南至褒谷（在陝西漢中市褒城鎮北），總計四百七十里，爲秦蜀間險要之道。

[2] 渭南：謂水之南。《晋書》卷一《宣帝紀》："（青龍）二年，亮又率衆十餘萬出斜谷，壘於郿之渭水南原。"郿縣治所在今陝西眉縣東北。

[3] 巾幗（guó）：婦女的頭巾和髮式。

[4] 乃止：本書卷三五《諸葛亮傳》注引《漢晋春秋》對司馬懿之不敢出戰有較詳之叙述，亦爲《晋書》卷一《宣帝紀》所本。

[5] 升：據吳承洛《中國度量衡史》，魏晋一升，相當今202.3毫升。

[6] 斃：趙幼文《校箋》謂"斃"字疑當作"弊"。按，《玉篇·死部》："斃，敗壞也。"

五月，太白晝見。孫權入居巢湖口，[1]向合肥新城，[2]又遣將陸議、孫韶各將萬餘人入淮、沔。[3]六月，征東將軍滿寵進軍拒之。[4]寵欲拔新城守，致賊壽春，[5]帝不聽，曰："昔漢光武遣兵縣據略陽，[6]終以

破隗囂，先帝東置合肥，南守襄陽，西固祁山，[7]賊來
輒破於三城之下者，地有所必爭也。縱權攻新城，必
不能拔。敕諸將堅守，吾將自往征之，比至，恐權走
也。”秋七月壬寅，帝親御龍舟東征，權攻新城，將軍
張穎等拒守力戰，帝軍未至數百里，權遁走，議、韶
等亦退。羣臣以爲大將軍方與諸葛亮相持未解，車駕
可西幸長安。帝曰：“權走，亮膽破，大將軍以制
之，[8]吾無憂矣。”遂進軍幸壽春，録諸將功，封賞各
有差。八月己未，大曜兵，[9]饗六軍，[10]遣使者持節犒
勞合肥、壽春諸軍。[11]辛巳，行還許昌宫。

　　司馬宣王與亮相持，連圍積日，亮數挑戰，宣王
堅壘不應。會亮卒，其軍退還。

　　冬十月乙丑，月犯鎮星及軒轅。戊寅，月犯太白。
十一月，京都地震，從東南來，隱隱有聲，搖動屋瓦。
十二月，詔有司删定大辟，[12]減死罪。

　　[1]居巢湖：在居巢縣西，湖口在其西南，水入長江。居巢縣
治所在今安徽巢湖市東北。
　　[2]合肥新城：本書卷二六《滿寵傳》謂青龍元年，滿寵上
疏請於合肥城“西三十里，有奇險可依，更立城以固守”。“詔遂
報聽。其年，權自出，欲圍新城，以其遠水，積二十日不敢下船。”
是合肥新城築於青龍元年。《通鑑》將滿寵上疏及“詔遂報聽”載
於太和六年，胡三省注因謂合肥新城築於太和六年。《通鑑》及胡
注蓋誤。而本書卷四七《吳主傳》又謂黄龍“二年春正月，魏作
合肥新城”。吳黄龍二年（230）爲魏太和四年。不知是吳人記載之
誤，還是陳壽修史之錯，姑且存疑。合肥新城在今安徽合肥
市西北。

　　〔3〕淮沔：指淮水與沔口，即今淮河與漢口。本書卷四七《吳主傳》載：“夏五月，權遣陸遜、諸葛瑾等屯江夏、沔口，孫韶、張承等向廣陵、淮陽（按，當依《通鑑》作“淮陰”），權率大衆圍合肥新城。”沔口，又名夏口、漢口，在今湖北武漢市原漢水入長江處。

　　〔4〕征東將軍：官名。秩二千石，第二品。黃初中位次三公，資深者爲大將軍。

　　〔5〕壽春：縣名。治所在今安徽壽縣。

　　〔6〕略陽：縣名。治所在今甘肅秦安縣東北。漢光武帝建武八年（32），遣將來歙襲取略陽城。割據天水、武都、金城等郡的隗囂，遂率大軍來圍，並激水灌城。光武帝又親率諸軍西征，隗囂潰敗，終致滅亡。（見《後漢書》卷一三《隗囂傳》與卷一五《來歙傳》）

　　〔7〕西固祁山：胡三省云：“合肥、襄陽以備吳，祁山以備蜀也。”（《通鑑》卷七二魏明帝青龍二年注）

　　〔8〕大將軍以制之：趙一清《注補》云：“‘以’上疑落‘足’字。”趙幼文《校箋》謂《册府元龜》卷一一六引“以”上有“足”字是也，當據補。而盧弼《集解》又引沈家本曰：“《御覽》九十四‘以’作‘必’。”故暫不補或改。

　　〔9〕大曜兵：趙一清《注補》：“何（焯）云，‘曜’當作‘耀’。”

　　〔10〕六軍：周代，天子有六軍。後世遂總稱軍隊爲六軍。

　　〔11〕持節：漢朝官吏奉使外出時，由皇帝授予節杖，以提高其威權。漢末三國，則爲皇帝授予出征或出鎮的軍事長官的一種權力。至晋代，此種權力明確爲可殺無官位人，若軍事，可殺二千石以下官員。如皇帝派遣大臣出巡或祭吊等事務時，加持節，則表示權力和尊崇。

　　〔12〕大辟：死刑。《禮記·文王世子》：“其死罪，則曰某之罪在大辟。”

三年春正月戊子，[1]以大將軍司馬宣王爲太尉。己
亥，復置朔方郡。[2]京都大疫。丁巳，皇太后崩。乙
亥，隕石于壽光縣。[3]三月庚寅，葬文德郭后，營陵于
首陽陵澗西，[4]如終制。〔一〕

〔一〕顧愷之《啓蒙注》曰：[5]魏時人有開周王冢者，得殉葬
女子，經數日而有氣，數月而能語；年可二十。送詣京師，郭太
后愛養之。十餘年，太后崩，哀思哭泣，一年餘而死。[6]

[1] 戊子：盧弼《集解》云：“盧文弨曰：正月首書戊子，至
乙亥四十八日，安得復在是月？然《宋志》亦同，或是閏月，俟
考。”按，《二十史朔閏表》青龍三年正月朔辛巳，二月朔庚戌，
則下面之“丁巳”，已是二月初八。或許本書漏書“二月”。

[2] 朔方郡：趙一清《注補》云：“建安二十年省朔方郡，而
此復置之。然《晋書·地理志》無之，蓋旋置而旋廢。”吳增僅
《三國郡縣表附考證》亦云：“《魏志》本紀青龍三年復置（朔方
郡），甘露中以并州諸郡封晋公，内無朔方。蓋旋立旋廢也。領縣
未詳。”

[3] 壽光縣：治所在今山東壽光縣東。

[4] 首陽陵：魏文帝陵。趙一清《注補》引《太平寰宇記》
卷五，謂魏文帝陵在河南偃師縣（今河南偃師市）首陽山南。

[5] 顧愷之：字長康，晋陵無錫（今江蘇無錫市）人，晋安
帝時爲散騎常侍。博學有才氣，特善畫。時人稱其有三絶：才絶、
畫絶、痴絶。著有文集及《啓蒙記》。沈家本云：“《隋志》小學類
《啓蒙記》三卷，晋散騎常侍顧愷之撰；又《啓疑傳》三卷，顧愷
之撰。《唐志》無《啓蒙》而有《啓疑》。……似《啓蒙》《啓疑》
爲一書而二名。故《唐志》但錄其一，《隋志》復見也。裴氏

‘記’作‘注’，或是傳寫之訛。”（《三國志注所引書目》）

[6]一年餘而死：趙一清《注補》云：“事亦見《博物志》，云是發前漢宮人冢。”

　　是時，大治洛陽宮，起昭陽、太極殿，[1]築總章觀。[2]百姓失農時，直臣楊阜、高堂隆等各數切諫，雖不能聽，常優容之。〔一〕[3]

　　〔一〕《魏略》曰：是年起太極諸殿，[4]築總章觀，高十餘丈，建翔鳳於其上；又於芳林園中起陂池，[5]楫櫂越歌；又於列殿之北，立八坊，諸才人以次序處其中，[6]貴人夫人以上，轉南附焉，其秩（石）〔名〕擬百官之數。[7]帝常游宴在內，乃選女子知書可付信者六人，[8]以爲女尚書，使典省外奏事，處當畫可，[9]自貴人以下至尚、保，[10]及給掖庭灑掃，[11]習伎歌者，各有千數。通引穀水過九龍前，[12]爲玉井綺欄，[13]蟾蜍含受，[14]神龍吐出。使博士馬均作司南車，[15]水轉百戲。[16]歲首建巨獸，魚龍曼延，[17]弄馬倒騎，備如漢西京之制，築閶闔諸門闕外罘罳。[18]太子舍人張茂以吳、蜀數動，[19]諸將出征，而帝盛興宮室，留意於玩飾，賜與無度，帑藏空竭；又錄奪士女前已嫁爲吏民妻者，[20]還以配士，既聽以生口自贖，又簡選其有姿首者內之掖庭，[21]乃上書諫曰：“臣伏見詔書，諸士女嫁非士者，一切錄奪，以配戰士，斯誠權時之宜，然非大化之善者也。臣請論之。[22]陛下，天之子也，百姓吏民，亦陛下之子也。禮，賜君子小人不同日，所以殊貴賤也。吏屬君子，士爲小人，今奪彼以與此，亦無以異於奪兄之妻妻弟也，於父母之恩偏矣。又詔書聽得以生口年紀、顏色與妻相當者自代，故富者則傾家盡產，貧者舉假貸貰，[23]貴買生口以贖其妻；縣官以配士爲名而實內之掖庭，[24]其醜惡者乃出與士。得婦者未必有懽心，而失妻者必有憂色，或窮或愁，皆不得志。夫君有天下而不得萬姓之懽心者，尠不危殆。且軍師在外數（千）〔十〕萬人，[25]一日之費非徒千金，舉天下之賦以奉此役，猶將不給，況復有宮庭非員無錄之女，[26]椒房母后之家，[27]賞賜橫興，[28]內外交引，其費半軍。[29]昔漢武帝好神仙，信方士，掘地爲海，封土爲山，[30]賴是時天下爲一，莫敢與爭者耳。自衰亂以來，四五十載，馬不捨鞍，士不釋甲，每一交戰，血流丹野，創痍號痛之聲，于今未已。猶彊寇在疆，圖危魏室。陛下不兢兢業業，念崇節約，思所以安天下者，而乃奢靡是務，中尚方純作玩弄之物，[31]炫燿後園，建承露之盤，[32]斯誠快耳目之觀，然亦足以騁寇讎之心矣。惜乎，舍堯舜之節儉，而爲漢武之侈事，臣竊爲陛下不取也。[33]願陛下沛然下詔，萬幾之事（有）無益而有損者悉除去之，[34]以所除無益之費，厚賜將士父母妻子之饑寒者，問民所疾而除其所惡，實倉廩，繕甲兵，恪恭以臨天下。如是，吳賊面縛，蜀虜輿櫬，[35]不待誅而自服，太平之路可計日而待也。陛下可無勞神思於海表，軍師高枕，戰士備員。今羣公皆結舌，而臣所以不敢不獻瞽言者，臣昔上《要言》，散騎奏臣書，[36]以《聽諫篇》爲善，詔曰‘是也’，擢臣爲太子舍人；且臣作書譏爲人臣不能諫諍，今有可諫之事而臣不諫，此爲作書虛妄而不能言也。臣年五十，常恐至死無以報國，是以投軀沒命，[37]冒昧以聞，惟陛下裁察。”書通，上顧左右曰：“張茂恃鄉里故也。”以事付散騎而已。茂字彥林，沛人。[38]

　　[1] 太極殿：侯康《補注續》引《水經·穀水注》：“魏明帝上法太極，於洛陽南宮起太極殿於漢崇德殿之故處。”

　　[2] 總章觀：胡三省云：“舜有總章之訪，相傳以爲總章，即明堂也。觀，闕也。總章觀蓋在太極殿前。”（《通鑑》卷七三魏明帝青龍三年注）

　　[3] 常：殿本作“帝”，百衲本、盧弼《集解》本、校點本作

"常"。今從百衲本等。

[4] 太極諸殿：趙一清《注補》云："《御覽》一百七十五引《魏略》曰：有卻非殿、銅馬殿、敬法殿、清凉殿、鳳皇殿、嘉德殿、黄龍殿、壽安殿、行殿。"

[5] 起陂池：趙一清《注補》謂《太平寰宇記》卷三引《魏書》云："明帝於宮西鑿濛汜池以通御溝，義取日入濛汜以爲名。"又《水經・穀水注》對芳林園中之山水景物有較詳的描繪。趙一清《注補》、盧弼《集解》均有轉錄，因文長，不再轉錄。

[6] 才人：宮中女官名，爲妃嬪稱號。《宋書・后妃傳》云："晋武帝采漢、魏之制，置貴嬪、夫人、貴人，是爲三夫人。位視三公。""其餘有美人、才人、中才人，爵視千石以下。"

[7] 秩名擬百官之數：秩名，各本皆作"秩石"。盧弼《集解》引沈家本曰："《御覽》'石'作'名'。"按，《太平御覽》卷九四引《魏書》作"名"。趙幼文《校箋》謂《太平御覽》卷一四五引作"石"，考《群書治要》（卷二五）引"石"作"名"。《金樓子》同。《吕氏春秋・務本篇》"其名無不榮者"高誘注："名者，爵位名也。"此言才人、貴人、夫人俸禄名位一準外庭百官之數，作"名"字是，"石"爲"名"之形誤。按，趙説有理，今從改。又本書卷五《后妃傳》云："自夫人以下爵凡十二等：貴嬪、夫人，位次皇后，爵無所視；淑妃位視相國，爵比諸侯王；淑媛位視御史大夫，爵比縣公；昭儀比縣侯；昭華比鄉侯；修容比亭侯；修儀比關内侯；倢伃視中二千石；容華視真二千石；美人視比二千石；良人視千石。"

[8] 可付信者：盧弼《集解》云："《御覽》二百四十五作'可傳信者'。"趙幼文則謂《太平御覽》卷二四五無此文。考《太平御覽》卷九四"付"字作"附"，卷一四五又卷二一二（趙文原作二一四亦誤）引仍作"付"。（《〈三國志集解〉辨證》）吴金華《校詁》謂"付信"不誤，西晋竺法護所譯《生經・佛説和難經》中即兩次使用"付信"一辭。"付信"猶言信賴，似亦當時俗語。

[9] 處當畫可：胡三省云：“漢東都之末，宮中有女尚書。處當，奏事有不合上意，區處其當而下之也。畫可，畫從其所奏。”（《通鑑》卷七三魏明帝青龍三年注）

[10] 尚保：指女尚書與保林。保林，宮內官名。漢元帝始置，秩視百石。（見《漢書》卷九七《外戚傳上》）

[11] 掖庭：妃嬪所住之宮中房舍。《後漢書》卷四○《班彪附固傳》載班固《兩都賦》有云：“後宮則有掖庭、椒房，后妃之室。”李賢注引《漢官儀》曰：“婕妤以下皆居掖庭。”

[12] 九龍：百衲本、盧弼《集解》本作“九龍”，殿本、校點本作“九龍殿”。今從百衲本等。

[13] 玉井：趙一清《注補》謂《太平寰宇記》卷三引《洛陽記》云：“璇華宮有玉井，皆以白玉壘飾。” 綺欄：雕飾精工的圍欄。

[14] 蟾蜍：即今所說的癩蝦蟆。芳林園中的蟾蜍、神龍，乃石製。

[15] 馬均：殿本《考證》謂本書卷二九《杜夔傳》注，“馬均”作“馬鈞”，此“均”字疑誤。 司南車：胡三省云：“司南車即指南車也。崔豹《古今注》曰：‘黃帝與蚩尤戰於涿鹿，蚩尤作大霧，士皆迷路，乃作指南車以正四方。’《述征記》曰：‘指南車上有木僊人持信幡，車轉而人常指南。’”（同前《通鑑》注）

[16] 水轉百戲：詳情見本書卷二九《杜夔傳》裴注引傅玄《序》。

[17] 魚龍曼延：古代百戲之一。《後漢書》卷五《安帝紀》延平元年十二月“乙酉，罷魚龍曼延百戲”。李賢注：“曼延者，獸名也。張衡《西京賦》所云‘巨獸百尋，是爲曼延’。”

[18] 罘（fú）罳（sī）：門外之屏。《釋名·釋宮室》云：“罘罳，在門外。罘，復也；罳，思也；臣將入請事，於此復重思之也。”

[19] 太子舍人：官名。秩二百石，第七品，更直宿衛如三署

郎中。無定員。趙一清《注補》云："《宋志》謂魏世無東宮，此太子舍人蓋虛置也。"按《通典·職官十二》云："舍人，秦官也。漢因之，比郎中，選良家子孫。後漢無員，更直宿衞，如三署郎中。凡帝初即位，未有太子，太子官屬皆罷，唯舍人不省，屬少府。魏因之。"則太子舍人乃常置，非虛置。

［20］錄奪：胡三省云："錄，收也。"（《通鑑》卷七三魏明帝景初元年注）吳金華又舉本書《杜畿傳》注引《魏略》和本書《王觀傳》及《張溫傳》注引《文士傳》中，皆有"錄奪"一辭，謂"錄奪"爲政法術語，指強行收取而言。　士女：士家之女。士家即士兵之家。按，曹魏實行士家制（又稱世兵制）。士家有單獨的兵籍，不與民籍相混，社會地位低下。士家子弟世代爲兵，其婚配也在士家範圍内，即士家子弟祇能娶士家之女，士家之女也祇能嫁士家子弟。甚至寡婦也要由政府支配。

［21］姿首：殿本、盧弼《集解》本、校點本作"姿色"。《集解》云："《文類》'色'作'首'，《通鑑》同。胡三省注曰：姿謂有色，首謂鬢髮者。"而百衲本正作"姿首"。今從百衲本。

［22］論：趙幼文《校箋》謂《册府元龜》卷五三九引作"議"。

［23］舉假貸貰（shì）：盧弼《集解》謂《册府元龜》"舉"作"則"。吳金華《校詁》則謂作"則"不可從。"舉假貸貰"猶言借貸賒欠，"舉"與假、貸等同義之字並列，漢魏六朝習見。

［24］縣官：指皇帝。

［25］數十萬人：各本皆作"數千萬人"。盧弼《集解》云："元本'千'作十。"吳金華《校詁》謂《群書治要》卷二五正作"數十萬人"。今從盧、吳説改。

［26］非員無錄之女：胡三省云："非員，謂出於員數之外者，無錄，謂宮中錄籍無其名者。"（《通鑑》卷七三魏明帝景初元年注）

［27］椒房：本爲皇后所居宮殿，後世遂以椒房爲后妃之代稱。

［28］橫興：《通鑑》卷七三魏明帝景初元年"興"作"與"。

[29]其費半軍:胡三省云:"謂其費與給軍之費相半也。"(《通鑑》卷七三魏明帝景初元年注)

[30]掘地爲海封土爲山:胡三省云:"掘地爲海,謂開昆明池。封土爲山,謂作三神山、漸臺也。"(《通鑑》卷七三魏明帝景初元年注)而據《漢書》卷六《武帝紀》及注所言,漢武帝於元狩三年掘昆明池,是爲通西南夷、習水戰而作,與信神仙方士無關。《史記》卷一二《武帝紀》則謂武帝信方士之言,作通天臺以候神人,又作建章宮,在"其北治大池,漸臺高二十餘丈,名曰泰液池,中有蓬萊、方丈、瀛洲、壺梁、象海中神山龜魚之屬"。

[31]中尚方:官署名。魏以中尚書令主之。令秩六百石,第七品,屬少府。主製作皇宮所用刀劍及其他貴重器物。

[32]承露之盤:漢武帝曾建承露盤,"以銅爲之,上有僊人掌承露,和玉屑飲之"。(《漢書》卷六《武帝紀》注引《三輔故事》)魏文帝仿漢武帝製作。曹植《承露盤銘》序云:"皇帝乃詔有司鑄銅建承露盤在芳林園中。莖長十二丈,大十圍,上盤徑四尺九寸,下盤徑五尺。銅龍繞其根。龍身長一丈,背負兩子。自立於芳林園,甘露乃降。"(《曹植集校注》)

[33]不取:百衲本作"不服",殿本等皆作"不取"。《中華再造善本》影印宋刻本亦作"不取"。今從殿本等。

[34]無益:各本作"有無益"。趙幼文《校箋》謂《册府元龜》卷五三九、《群書治要》卷二五引無"有"字,是也。今從趙説删"有"字。

[35]面縛:兩手反綁於身後而面向前,表示投降。輿櫬:車載棺材。《説文》:"輿:車輿也。""櫬:棺也。"《左傳·僖公六年》:"許男面縛銜璧,大夫衰絰,士輿櫬。"

[36]散騎:當指散騎常侍。

[37]没命:百衲本、殿本、盧弼《集解》本均作"没身"。盧氏云:"《册府元龜》'身'作'命'。"校點本作"没命"。今從之。又按,趙幼文所據同治十年成都書局翻刻殿本亦作"没命"。

〔38〕沛：王國名。太和六年鄄城王林改封沛王。治所沛縣，在今江蘇沛縣東。

秋七月，洛陽崇華殿災。八月庚午，立皇子芳爲齊王，[1]詢爲秦王。丁巳，行還洛陽宮。命有司復崇華，[2]改名九龍殿。冬十月己酉，中山王袞薨。壬申，太白晝見。十一月丁酉，行幸許昌宮。〔一〕

〔一〕《魏氏春秋》曰：是歲張掖郡删丹縣金山玄川溢涌，[3]寶石負圖，狀象靈龜，廣一丈六尺，長一丈七尺一寸，圍五丈八寸，立于川西。有石馬七，[4]其一仙人騎之，其一羈絆，[5]其五有形而不善成。[6]有玉匣（關）〔開〕蓋於前，[7]上有玉字，玉玦二，璜一。[8]麒麟在東，[9]鳳鳥在南，[10]白虎在西，犧牛在北，馬自中布列四面，色皆蒼白。其南有五字，[11]曰“上上三天王”；又曰“述大金，大討曹，金但取之，[12]金立中，大金馬一匹在中，大（告）〔吉〕開壽，[13]此馬甲寅述水”。凡“中”字六，“金”字十；又有若八卦及列宿孛彗之象焉。[14]

《世語》曰：又有一難象。

《搜神記》曰：初，漢元、成之世，先識之士有言曰，魏年有和，當有開石於西三千餘里，[15]繫五馬，文曰“大討曹”。及魏之初興也，張掖之柳谷，[16]有開石焉，[17]始見於建安，形成於黄初，文備於太和，周圍七尋，[18]中高一仞，[19]蒼質素章，龍馬、麟鹿、鳳皇、仙人之象，粲然咸著，[20]此一事者，魏、晋代興之符也。至晋泰始三年，[21]張掖太守焦勝上言，[22]以留郡本國圖校今石文，[23]文字多少不同，謹具圖上。按其文有五馬象，其一有人平上幘，執戟而乘之，其一有若馬形而不成，其字有“金”，有“中”，有“大司馬”，有“王”，有“大吉”，有“正”，有“開壽”，其一成行，曰“金當取之”。

《漢晉春秋》曰：氐池縣大柳谷口夜激波涌溢，[24]其聲如雷，曉而有蒼石立水中，長一丈六尺，高八尺，白石畫之，[25]爲十三馬，一牛，一鳥，八卦玉玦之象，皆隆起，其文曰"大討曹，適水中，甲寅"。帝惡其"討"也，使鑿去爲"計"，以蒼石窒之，[26]宿昔而白石滿焉。[27]至晉初，其文愈明，馬象皆煥徹如玉焉。[28]

[1]皇子：本書卷四《齊王芳紀》云："明帝無子，養王及秦王詢；宮省事秘，莫有知其所由來者。"

[2]復崇華：趙幼文《校箋》謂《太平御覽》卷一七五引"華"下有"殿"字。《册府元龜》卷一三"復"下有"築"字，"華"下亦有"殿"字。

[3]張掖郡：治所觻（lù）得縣，在今甘肅張掖市西北。　　删丹縣：治所在今甘肅山丹縣。　　金山：在今山丹縣西南。

[4]石馬七：趙一清《注補》謂《宋書·符瑞志》作"石馬十二"，與此不同，其餘文亦稍異。又《隋書·經籍志》高堂隆、孟康俱有《張掖郡玄石圖》一卷。

[5]羈絆：趙幼文《校箋》謂《藝文類聚》卷一〇引"絆"下有"之"字。

[6]不善成：《宋書·符瑞志上》"不善成"下有"其五成形"四字。

[7]開蓋：各本皆作"關蓋"。盧弼《集解》謂《宋書·符瑞志上》作"開蓋"。趙幼文《校箋》又謂《藝文類聚》卷一〇、《太平御覽》卷六九一引"關"字俱作"開"。今從盧、趙説改。

於前：趙幼文《校箋》謂《册府元龜》卷二一引"於"下有"其"字。

[8]璜一：趙幼文《校箋》謂《藝文類聚》卷一〇、《太平御覽》卷八七三引"璜"上俱有"玉"字。

［9］麒麟：趙幼文《校箋》謂《藝文類聚》《太平御覽》引“麒”上有“又有”二字。

［10］鳳鳥：趙幼文《校箋》謂《藝文類聚》引“鳥”字作“皇”，《太平御覽》引作“凰”。

［11］其南：趙幼文《校箋》謂《藝文類聚》《太平御覽》引“南”下俱有“方”字。

［12］金但取之：趙幼文《校箋》謂《藝文類聚》《太平御覽》引句下俱有“此司馬氏革運之徵”八字。

［13］大吉：各本皆作“大告”。盧弼《集解》云：“何焯曰：據《搜神記》，‘大金馬’當作‘大司馬’，‘大告’當作‘大吉’。”校點本即據何焯説改“大告”爲“大吉”。今從之。

［14］孛（bèi）彗：彗星。

［15］三千餘里：殿本、盧弼《集解》本作“三十餘里”，百衲本、校點本作“三千餘里”。今從百衲本等。

［16］柳谷：山谷名。在今甘肅張掖市東南，與山丹縣接界。

［17］焉：殿本無“焉”字，百衲本、盧弼《集解》本、校點本有。今從百衲本等。

［18］尋：古長度單位。八尺爲一尋。

［19］仞：古長度單位。説法不一。《説文》、《孟子》趙岐注、《漢書》顏師古注等，謂一仞爲八尺。

［20］粲然咸著：吳金華《〈三國志〉待質録》謂何亞南援引《水經注》“粲然成著”“自然成著”，謂“咸”應是“成”字之誤。吳謂何説可取，“成”與“著”連文，本指事物的形象從隱而未顯發展到顯著階段。按，此可備一説。

［21］泰始：晋武帝司馬炎年號（265—274）。

［22］焦勝上言：《晋書》卷三《武帝紀》泰始三年亦載：“夏四月戊午，張掖太守焦勝上言，氐池縣大柳谷有玄石一所，白晝畫成文，實大晋之休祥，圖之以獻。”

［23］留郡本國圖：《隋書·經籍志》謂“梁有《晋玄石圖》

一卷、《晉德易天圖》二卷，亡"。並未著撰人。姚振宗《隋書經籍志考證》則謂："張氏《名畫記》叙古來秘畫珍圖，有《靈命本圖》一卷，即此所載《晉玄石圖》，亦即焦勝所謂'留郡本國圖'（國字似衍）。《名畫記》又有《易狀圖》一卷，似即此《晉德易天圖》，'天'當爲'狀'字之誤，皆焦勝所並上者。"

[24] 氐池：縣名。治所在今甘肅山丹縣西南。吳增僅謂《明帝紀》青龍三年注引《魏氏春秋》"是歲張掖郡删丹縣金山玄川溢涌"；又引《漢晉春秋》"氐池縣大柳谷口夜激波涌溢"。此與《魏氏春秋》所云玄川涌溢即是一事，或云删丹，或云氐池，蓋二縣境地相接，同屬張掖。（《三國郡縣表附考證》） 大柳谷口：趙幼文《校箋》謂《初學記》卷八引"谷"下無"口"字。 涌溢：百衲本作"踊溢"，殿本等作"涌溢"。今從殿本等。趙幼文《校箋》謂《初學記》引"涌"作"滿"。

[25] 畫之：盧弼《集解》："'之'疑作'文'。"

[26] 窒之：《宋書·符瑞志上》作"塞之"。

[27] 宿昔：盧弼《集解》云："'昔'疑作'夕'。"趙幼文則謂《莊子·齊物論》"今日適我而昔至也"《釋文》引崔譔曰："昔，夕也。""昔""夕"古通，非誤字。（詳《〈三國志集解〉辨證》）又"宿昔而白石滿焉"下，《宋書·符瑞志上》尚有："當時稱爲祥瑞，班下天下。處士張骼曰：'夫神兆未然，不追往事，此蓋將來之休徵，當今之怪異也。'既而晉以司馬氏受禪。"

[28] 馬象：趙幼文《校箋》謂《册府元龜》卷二一引無"馬"字。

四年春二月，[1] 太白復晝見，月犯太白，又犯軒轅一星，入太微而出。夏四月，置崇文觀，徵善屬文者以充之。五月乙卯，司徒董昭薨。丁巳，肅慎氏獻楛矢。[2]

六月壬申，詔曰：“有虞氏畫象而民弗犯，[3]周人刑錯而不用。[4]朕從百王之末，追望上世之風，邈乎何相去之遠？法令滋章，犯者彌多，刑罰愈衆，而姦不可止。往者按大辟之條，多所蠲除，思濟生民之命，此朕之至意也。而郡國蔽獄，[5]一歲之中尚過數百，豈朕訓導不醇，俾民輕罪，將苛法猶存，爲之陷穽乎？有司其議獄緩死，務從寬簡，及乞恩者，或辭未出而獄以報斷，非所以究理盡情也。其令廷尉及天下獄官，諸有死罪具獄以定，[6]非謀反及手殺人，亟語其親治，有乞恩者，使與奏當文書俱上，朕將思所以全之。其布告天下，使明朕意。”[7]

秋七月，高句驪王宮斬送孫權使胡衞等首，[8]詣幽州。甲寅，太白犯軒轅大星。冬十月己卯，行還洛陽宮。甲申，有星孛于大辰，[9]乙酉，又孛于東方。十一月己亥，彗星見，[10]犯宦者天紀星。[11]十二月癸巳，司空陳羣薨。乙未，行幸許昌宮。

〔1〕二月：盧弼《集解》引盧文弨說，謂《宋書·天文志》作“三月己巳”。

〔2〕肅慎氏：東北古部族名。分佈於今牡丹江、東流松花江及黑龍江下游流域。（本《〈中國歷史地圖集〉釋文匯編（東北卷)》）　楛（hù）矢：爲荆一類植物，莖爲赤色，用以製箭杆，稱爲楛矢。

〔3〕畫象而民弗犯：《漢書》卷六《武帝紀》元光元年詔：“昔在唐虞，畫象而民不犯。”顏師古注：“《白虎通》云：‘畫象者，其衣服象五刑也。犯墨者蒙巾，犯劓者以赭著其衣，犯髕者以

墨蒙其髕，象而畫之，犯宮者扉，犯大辟者布衣無領。'墨謂以墨黥其面也。劓（yì），截其鼻也。髕（bìn），去膝蓋骨也。宮，割其陰也。扉（fèi），草屩也。"

［4］刑錯而不用：《史記》卷四《周本紀》："成、康之際，天下安寧，刑錯四十餘年不用。"《集解》引應劭曰："錯，置也。民不犯法，無所置刑。"

［5］蔽：百衲本、校點本1959年12月第1版作"斃"，殿本、盧弼《集解》本、校點本1982年7月第2版均作"蔽"。《中華再造善本》影印宋刻本亦作"蔽"。今從殿本等。蔽獄，即斷獄。《小爾雅·廣言》："蔽，斷也。"

［6］具獄：定案或據以定罪的全部案卷。《漢書》卷七一《于定國傳》"乃抱其具獄"顏師古注："具獄者，獄案已成，其文備具也。"

［7］使明朕意：趙幼文《校箋》謂《册府元龜》卷五二引作"使民知朕意"。

［8］高句驪：即高句麗，見本書卷三〇《東夷傳》。高句麗當時之國都在丸都城，在今吉林集安市西側之山成子。（本《〈中國歷史地圖集〉釋文匯編（東北卷）》） 宮：本書卷三〇《東夷傳》作"位宮"。

［9］大辰：星名。即蒼龍七宿中心宿三星的第二星，亦即中星。《晉書·天文志上》："心三星，天王正位也。中星曰明堂，天子位，爲大辰，主天下之賞罰。"又《晉書·天文志下》載："青龍四年十月甲申，有星孛於大辰，長三尺。"

［10］彗星：又稱孛星、長星。俗稱掃帚星。

［11］宦者：星名。《晉書·天文志上》："宦者四星，在帝坐西南，侍主刑餘之人也。" 天紀：星名。《晉書·天文志上》："天紀九星，在貫索東，九卿也，主萬事之紀，理怨訟也。"又《晉書·天文志下》亦載："（青龍四年）十一月己亥，彗星見，犯宦者天紀星。"

　　景初元年春（正）〔二〕月壬辰，[1]山茌縣言黃龍見。[2]茌音仕狸反。於是有司奏，以爲魏得地統，[3]宜以建丑之月爲正。三月，定曆改年爲孟夏四月。〔一〕服色尚黃，犧牲用白，戎事乘黑首白馬，建大赤之旂，[4]朝會建大白之旗。〔二〕改太和曆曰景初曆。[5]其春夏秋冬孟仲季月雖與正歲不同，至於郊祀、迎氣、祠祀、蒸嘗、巡狩、蒐田、分至啓閉、班宣時令、中氣早晚、敬授民事，[6]皆以正歲斗建爲曆數之序。[7]

　　〔一〕《魏書》曰：初，文皇帝即位，以受禪于漢，因循漢正朔弗改。[8]帝在東宮著論，以爲五帝三王雖同氣共祖，禮不相襲，正朔自宜改變，以明受命之運。及即位，優游者久之，[9]史官復著言宜改，乃詔三公、特進、九卿、中郎將、大夫、博士、議郎、千石、六百石博議，議者或不同。[10]帝據古典，甲子詔曰：“夫太極運三辰五星於上，[11]元氣轉三統五行於下，[12]登降周旋，終則又始。故仲尼作《春秋》，於三微之月，[13]每月稱王，以明三正迭相爲首。今推三統之次，魏得地統，當以建丑之月爲正月。考之羣藝，[14]厥義章矣。其改青龍五年三月爲景初元年四月。”

　　〔二〕臣松之按：魏爲土行，故服色尚黃。行殷之時，以建丑爲正，故犧牲旂旗一用殷禮。[15]《禮記》云：[16]“夏后氏尚黑，故戎事乘驪，[17]牲用玄；殷人尚白，戎事乘翰，牲用白；周人尚赤，戎事乘騵，[18]牲用騂。”[19]鄭玄云：“夏后氏以建寅爲正，物生色黑；殷以建丑爲正，物牙色白；周以建子爲正，物萌色赤。翰，白色馬也，《易》曰‘白馬翰如’。”[20]《周禮·巾車職》“建大赤以朝”，大白以即戎，此則周以正色之旗以朝，先代之旗即戎。今魏用殷禮，變周之制，故建大白以朝，大赤即戎。

[1] 景初：魏明帝曹叡年號（237—239）。　二月壬辰：各本皆作“正月壬辰”。潘眉《考證》云：“是年正月無壬辰，當作二月。”按《宋書·符瑞志中》正作“二月壬辰”。今從潘説改。

[2] 山茌（chí）縣：治所在今山東長清縣東南。吳增僅則謂“山茌”當作“山茬（chí）”，楊守敬《補正》亦謂楊叔恭殘碑作“山茬”。（俱見吳增僅《三國郡縣表附考證》）趙幼文《校箋》又謂《太平御覽》卷九四引“山”上有“泰”字，“茌”作“茬”。

[3] 地統：漢成帝時，劉歆作《三統曆》，認爲夏正建寅爲人統，商正建丑爲地統，周正建子爲天統。（見《漢書·律曆志》）又《白虎通·三正》：“《尚書大傳》曰：夏以孟春月爲正，殷以季冬月爲正，周以仲冬月爲正。”

[4] 旂：殿本作“旗”，百衲本、盧弼《集解》本、校點本作“旂”。盧氏引盧文弨説：“旗”當作“旂”。下“旗”字亦同。今從百衲本等。

[5] 改太和曆曰景初曆：本書卷二五《高堂隆傳》注引《魏略》云：“太史上漢曆不及天時，因更推步弦望朔晦，爲《太和曆》。”是太和中曾用《太和曆》。《宋書·律曆志中》又載：“明帝時，尚書郎楊偉制《景初曆》，施用至於晉、宋。”其後又云：“魏明帝景初元年，改定曆數，以建丑之月爲正，改其年三月爲孟夏四月。其孟仲季月，雖與正歲不同，至於郊祀、迎氣、祭祠、烝嘗、巡狩、蒐田、分至啓閉、班宣時令，皆以建寅爲正。三年正月，帝崩，復用夏正。”其後還有一篇楊偉《上景初曆表》。

[6] 迎氣：在立春、立夏、立秋、立冬及立秋前十八日迎祭五帝，祈求豐年之祭祀。　礿（yuè）祠：古代宗廟四時祭祀之一。《禮記·王制》：“天子諸侯宗廟之祭，春曰礿，夏曰禘，秋曰嘗，冬曰烝。”鄭玄注：“此蓋夏殷之祭名，周則改之，春曰祠，夏曰礿。”　巡狩：帝王離開國都巡行境内。　蒐（sōu）田：帝王打獵習武。《左傳·隱公五年》：“故春蒐、夏苗、秋獮（xiǎn）、冬狩，皆于農隙以講事也。”　分至啓閉：《左傳·僖公五年》：“凡

分、至、啓、閉，必書雲物，爲備故也。”杜預注：“分，春、秋分也。至，冬、夏至也。啓，立春、立夏。閉，立秋、立冬。” 班宣時令：頒布宣告按季節制定的政令。 中氣：古人將一年分爲二十四氣，每月兩氣，節氣在前，中氣在後。《周禮‧春官‧大史》“正歲年以序事”賈公彥疏：“一年之內有二十四氣：正月，立春節，啓蟄中。二月，雨水節，春分中。三月，清明節，穀雨中。四月，立夏節，小滿中。五月，芒種節，夏至中。六月，小暑節，大暑中。七月，立秋節，處暑中。八月，白露節，秋分中。九月，寒露節，霜降中。十月，立冬節，小雪中。十一月，大雪節，冬至中。十二月，小寒節，大寒中。皆節氣在前，中氣在後。”阮元校勘記云：“閩本同，監、毛本‘啓蟄’‘雨水’互改，非。按古歷‘啓蟄’在‘雨水’前，不得以後世法改之。”

〔7〕斗建：古代以北斗星斗柄的運轉計算月分，斗柄所指之辰謂之斗建。如正月指寅，爲建寅之月。二月指卯，爲建卯之月。《漢書‧律曆志上》云：“斗建下爲十二辰，視其建而知其次。”

〔8〕正（zhēng）朔：正，一年的第一月；朔，一月的第一日。正朔，即正月初一。古時改朝換代，新王朝表示應天受命，須重定正朔。《禮記‧大傳》“改正朔”孔穎達疏：“正謂年始，朔謂月初。言王者得政，示從我始，改故用新。”

〔9〕優游：猶豫不決。

〔10〕議者或不同：《宋書‧禮志一》載有此次改曆之詳議。

〔11〕太極：指天地未分之前的混沌之氣。《易‧繫辭上》：“易有太極，是生兩儀，兩儀生四象，四象生八卦。” 三辰：指日、月、星。《左傳‧桓公二年》：“三辰旂旗。”楊伯峻注：“三辰，日、月、星。” 五星：指金、木、水、火、土五大行星。《史記‧天官書》：“天有五星，地有五行。”又云：“水、火、金、木、填星，此五星者，天之五佐。”填星即土星。

〔12〕元氣：指天地未分前混一之氣，亦即太極。《漢書‧律曆志上》：“太極元氣，函三爲一。”

[13] 三微之月：即三正之月。夏以正月爲正，殷以十二月爲正，周以十一月爲正，是爲三正。三正之月，萬物始動，微而未著，故又稱三微之月。《後漢書》卷三《章帝紀》"重三正，慎三微"李賢注引《禮緯》曰："正朔三而改，文質再而復。三微者，三正之始，萬物皆微，物色不同，故王者取法焉。"

[14] 羣藝：趙幼文《校箋》謂《册府元龜》卷一五引"藝"字作"議"。

[15] 旍旗：殿本作"旌旗"，百衲本、盧弼《集解》本、校點本作"旂旗"。今從百衲本等。《左傳・桓公二年》"三辰旍旗"孔穎達疏："旍旗，是九旗之總名。"

[16] 禮記云：此《禮記・檀弓上》之文，文字稍有省略。

[17] 驪：黑色馬。

[18] 騵（yuán）：赤毛白腹馬。

[19] 騂（xīng）：本指赤色馬、牛。又泛指赤色。《楚辭》王褒《九懷・通路》："紅采兮騂衣，翠縹兮爲裳。"

[20] 白馬翰如：此《易・賁卦》六四爻辭。

　　五月己巳，行還洛陽宮。己丑，大赦。六月戊申，京都地震。己亥，以尚書令陳矯爲司徒，[1]尚書（左）［右］僕射衛臻爲司空。[2]丁未，分魏興之魏陽、錫郡之安富、上庸爲上庸郡。[3]省錫郡，以錫縣屬魏興郡。

　　有司奏：[4]武皇帝撥亂反正，爲魏太祖，樂用《武始之舞》。[5]文皇帝應天受命，爲魏高祖，樂用《咸熙之舞》。[6]帝制作興治，爲魏烈祖，樂用《章（武）［斌］之舞》。[7]三祖之廟，萬世不毀。其餘四廟，[8]親盡迭毀，如周后稷、文、武廟祧之制。〔一〕[9]

〔一〕孫盛曰：夫謚以表行，廟以存容，皆於既没然後著焉，所以原始要終，以示百世也。未有當年而逆制祖宗，未終而豫自尊顯。昔華、樂以厚斂致譏，[10]周人以豫凶違禮，[11]魏之羣司，於是乎失正。

[1] 尚書令：官名。曹魏時仍爲尚書臺長官，第三品，不再隸屬少府。仍掌奏、下尚書曹文書衆事，選用署置官吏；總典臺中綱紀法度，無所不統。後又綜理萬機，決策出令。

[2] 尚書右僕射（yè）：各本作“左僕射”。趙一清《注補》據本書《衛臻傳》及《宋書・百官志》，謂“左”當作“右”。校點本即據趙説改。今從之。尚書僕射，魏、晋時爲尚書省次官，秩六百石，第三品。或單置，或並置左、右。左、右並置時，左僕射居右僕射上。輔助尚書令執行政務，參議大政，諫諍得失，監察糾彈百官，可封還詔旨，常受命主管官吏選舉。

[3] 魏陽：縣名。趙一清《注補》謂“魏陽”當是“魏昌”之訛；又新城郡有昌魏縣，則“昌魏”亦即“魏昌”。據《讀史方輿紀要》，在房陵縣西南。盧弼《集解》則認爲，《宋書・州郡志》亦言景初元年分魏興之魏陽，與本書所言同，“魏陽”不誤，只是未詳今地而已。　安富：縣名。盧弼《集解》引李兆洛説，安富當在湖北鄖陽府境。亦即今湖北鄖陽縣境。　上庸郡：《宋書・州郡志三》：“魏明帝太和二年，分新城之上庸、武陵、北巫爲上庸郡。景初元年，又分魏興之魏陽，錫郡之安富、上庸爲郡。疑是太和後省，景初又立也。”

[4] 有司：趙幼文《校箋》謂《北堂書鈔》卷一〇六、《太平御覽》卷五六六引“有”上俱有“時”字。

[5] 武始之舞：《宋書・樂志一》載魏公卿奏：“今太祖武皇帝樂，宜曰《武始之樂》。武，神武也。武，又迹也。言神武之始，又王迹所起也。”又按“樂用”百衲本無“樂”字，殿本等皆有。

[6] 咸熙之舞：《宋書·樂志一》載魏公卿奏：“高祖文皇帝樂，宜曰《咸熙之舞》。咸，皆也。熙，興也。言應受命之運，天下由之皆興起也。”

[7] 章斌之舞：各本皆作“章武之舞”。周壽昌《注證遺》謂“章武”爲蜀漢昭烈帝之年號，魏臣豈敢以此二字作舞名？可斷定“武”爲“斌”字之誤。侯康《補注續》則引《宋書·樂志一》作“章斌”。又趙幼文《校箋》謂《初學記》卷一五、《太平御覽》卷五六六、《册府元龜》卷五二五（按，宋本《册府元龜》無）引“武”字俱作“斌”。校點本則從周、侯之説改。今從之。《宋書·樂志一》云：“夫哥以咏德，舞以象事。於文，文武爲斌，兼秉文武，聖德所以章明也。臣等謹制樂舞名《章斌之舞》。”

[8] 四廟：《禮記·王制》：“天子七廟，三昭三穆，與太祖之廟而七。”按周代七廟之制，始祖之廟居中，二世、四世、六世，位於始祖的左方，稱昭；三世、五世、七世，位於右方，稱穆。是爲三昭三穆。《宋書·禮志三》載魏景初元年六月群公有司更奏定七廟，以武皇帝爲魏太祖、文皇帝爲魏高祖，明帝爲魏烈祖。則太祖廟居中，“其左爲文帝廟，號曰高祖昭祧，其右擬明帝，號曰烈祖穆祧。三祖之廟，萬世不毁，其餘四廟，親盡迭遷”。

[9] 后稷：周始祖，名弃。堯、舜時爲農官，封於邰（今陝西武功縣西），號后稷。（見《史記》卷四《周本紀》） 祧（tiāo）：遠祖之廟稱祧。《周禮·春官·守祧》“掌守先王先公之廟祧”注：“遷主所藏曰祧。”

[10] 華樂：指華元、樂舉，春秋宋文公時的執政。《左傳·成公二年》載：“宋文公卒，始厚葬，用蜃炭，益車馬，始用殉，重器備。椁有四阿，棺有翰、檜。君子謂華元、樂舉‘于是乎不臣。臣，治煩去惑者也，是以伏死而争。今二子者，君生則縱其惑，死又益其侈，是棄君于惡也，何臣之爲’？”

[11] 周人以豫凶違禮：春秋時，魯惠公夫人仲子，生桓公不久，惠公即卒，隱公遂攝政奉戴桓公。一年後，周天子方派宰咺

（xuān）饋贈惠公和仲子助喪之物。對已死的惠公而言，是太晚了；對尚存的仲子，則尤不合理。故《左傳·隱公元年》云："贈死不及尸，弔生不及哀，豫凶事，非禮也。"

　　秋七月丁卯，司徒陳矯薨。孫權遣將朱然等二萬人圍江夏郡，荊州刺史胡質等擊之，[1]然退走。初，權遣使浮海與高句驪通，欲襲遼東。遣幽州刺史毌丘儉率諸軍及鮮卑、烏丸屯遼東南界，璽書徵公孫淵。淵發兵反，儉進軍討之，會連雨十日，遼水大漲，[2]詔儉引軍還。右北平烏丸單于寇婁敦、遼西烏丸都督王護留等居遼東，[3]率部衆隨儉內附。己卯，詔遼東將吏士民爲淵所脅略不得降者，一切赦之。辛卯，太白晝見。淵自儉還，遂自立爲燕王，置百官，稱紹漢元年。

　　詔青、兗、幽、冀四州大作海船。[4]九月，冀、兗、徐、豫四州民遇水，[5]遣侍御史循行沒溺死亡及失財産者，[6]在所開倉振救之。[7]庚辰，皇后毛氏卒。[8]冬十月丁未，月犯熒惑。癸丑，葬悼毛后于愍陵。[9]乙卯，營洛陽南委粟山爲圜丘。〔一〕[10]十二月壬子冬至，始祀。[11]丁巳，分襄陽臨沮、宜城、旍陽、邔邔音其己反。四縣，[12]置襄陽南部都尉。己未，有司奏文昭皇后立廟京都。分襄陽郡之鄀、葉縣屬義陽郡。〔二〕[13]

　　〔一〕《魏書》載詔曰："蓋帝王受命，莫不恭承天地以章神明，尊祀世統以昭功德，[14]故先代之典既著，則禘郊祖宗之制備也。[15]昔漢氏之初，承秦滅學之後，采摭殘缺，以備郊祀，自甘泉后土、雍宮五畤，[16]神祇兆位，多不見經，是以制度無常，[17]

一彼一此，四百餘年，廢無禘（祀）〔禮〕。[18]古代之所更立者，遂有闕焉。曹氏系世，[19]出自有虞氏，今祀圓丘，以始祖帝舜配，號圓丘曰皇皇帝天；方丘所祭曰皇皇后地，[20]以舜妃伊氏配；[21]天郊所祭曰皇天之神，以太祖武皇帝配；地郊所祭曰皇地之祇，[22]以武宣后配；[23]宗祀皇考高祖文皇帝於明堂，以配上帝。"至晋泰始二年，并圜丘、方丘二至之祀於南北郊。

〔二〕《魏略》曰：是歲，徙長安諸鐘簴、駱駝、銅人、承露盤。[24]盤折，銅人重不可致，留于霸城。[25]大發銅鑄作銅人二，號曰翁仲，[26]列坐於司馬門外。又鑄黃龍、鳳皇各一，[27]龍高四丈，鳳高三丈餘，[28]置內殿前。起土山于芳林園西北陬，使公卿羣僚皆負土成山，[29]樹松竹雜木善草於其上，捕山禽雜獸置其中。

《漢晋春秋》曰：帝徙盤，盤折，聲聞數十里，金狄或泣，[30]因留霸城。

《魏略》載司徒軍議掾河東董尋上書諫曰：[31]"臣聞古之直士，[32]盡言于國，不避死亡。故周昌比高祖於桀、紂，[33]劉輔譬趙后於人婢。[34]天生忠直，雖白刃沸湯，往而不顧者，誠爲時主愛惜天下也。建安以來，野戰死亡，或門殫户盡，雖有存者，遺孤老弱。若今宮室狹小，當廣大之，猶宜隨時，不妨農務，況乃作無益之物，黃龍、鳳皇，九龍、承露盤、土山、淵池，此皆聖明之所不興也，[35]其功參倍於殿舍。三公九卿侍中尚書，天下至德，皆知非道而不敢言者，以陛下春秋方剛，心畏雷霆。今陛下既尊羣臣，顯以冠冕，被以文繡，載以華輿，所以異于小人；而使穿方舉土，[36]面目垢黑，沾體塗足，衣冠了鳥，[37]毀國之光以崇無益，甚非謂也。孔子曰：[38]'君使臣以禮，臣事君以忠。'無忠無禮，國何以立！故有君不君，臣不臣，上下不通，心懷鬱結，使陰陽不和，災害屢降，凶惡之徒，因間而起，誰當爲陛下盡言事者乎？[39]又誰當干萬乘以死爲戲乎？[40]臣知言出必死，[41]而臣自比於牛之一毛，[42]生既無益，死亦何損？秉筆流涕，[43]心與世辭。臣有八子，臣死之後，累陛下矣！"將奏，沐浴。既通，帝曰："董尋不畏死邪！"主者奏收尋，有詔勿問。後爲貝丘令，[44]清省得民心。

[1] 荊州：魏刺史治所宛縣，在今河南南陽市。

[2] 遼水：即今遼寧中部之遼河。

[3] 右北平：郡名。治所土垠縣，在今河北豐潤縣東。 遼西：郡名。治所陽樂縣。東漢時，陽樂縣在今遼寧義縣西南古城子溝，曹魏時移至今河北盧龍縣東南。 都督王：本書卷三十《烏丸傳》裴注引《魏略》作"都督率衆王"，乃烏丸王之稱號。

[4] 青：州名。刺史治所臨淄縣，在今山東淄博市東北臨淄區北。 兗：州名。刺史治所廩丘縣，在今山東鄆城縣西北。 冀：州名。刺史治所信都縣，在今河北項城縣東北。

[5] 徐：州名。刺史治所下邳縣，在今江蘇睢寧縣西北。 豫：州名。刺史治所項縣，在今河南沈丘縣槐店。

[6] 侍御史：官名。秩六百石，第七品。掌察舉非法，受公卿群吏奏事，有違失者舉劾之。

[7] 振：殿本、盧弼《集解》本作"賑"。百衲本、校點本作"振"。今從百衲本等。

[8] 皇后毛氏卒：周壽昌《注證遺》云："既稱皇后，似應書崩。后雖賜死，未之廢也，置陵贈諡，全用后禮可見。"

[9] 悼毛后：胡三省云："《諡法》：中年早夭曰悼；肆行無禮曰悼。"（《通鑑》卷七三魏明帝景初元年注）

[10] 圜丘：又稱圓丘，古帝王祭天的圓形高壇。《周禮·春官·大司樂》："冬日至，於地上之圜丘奏之。"賈公彦疏："圜丘者，按《爾雅》，土之高者曰丘，取自然之丘。圜者，象天圜。"又《宋書·禮志三》："景初元年十月乙卯，始營洛陽南委粟山爲圜丘。"

[11] 始祀:《宋書·禮志三》載:"(景初)十二月壬子冬至,始祀皇皇帝天於圓丘,以始祖有虞帝舜配。"

[12] 襄陽:郡名。治所襄陽縣,在今湖北襄陽市襄城區。臨沮:盧弼《集解》云:"'臨沮'上當有'之'字。"臨沮縣治所在今湖北安遠縣西北。　宜城:縣名。治所在今湖北宜城市南。旍陽:縣名。即旌陽,"旍"與"旌"同。治所在今湖北枝江市北。　邔(qǐ):縣名。治所在今湖北宜城市北。

[13] 鄀(ruò):縣名。治所在今湖北宜城市東南。　葉(shè):縣名。治所在今河南葉縣。謝鍾英云:"襄陽郡不能越南陽而有葉縣;義陽在襄陽之東,亦不能越南陽而有葉縣,是葉縣無緣自襄陽來屬。疑衍'葉'字。"(《補三國疆域志補注》)　義陽郡:治所安昌縣,在今湖北棗陽市南。

[14] 世統:家族世代相承的系統。

[15] 禘郊祖宗:均祭名。《禮記·祭法》:"祭法:有虞氏禘黄帝而郊嚳,祖顓頊而宗堯。夏后氏亦禘黄帝而郊鯀,祖顓頊而宗禹。殷人禘嚳而郊冥,祖契而宗湯。周人禘嚳而郊稷,祖文王而宗武王。"鄭玄注:"禘郊祖宗,謂祭祀以配食也。此禘,謂祭昊天於圓丘也。祭上帝於南郊曰郊。祭五帝五神於明堂曰祖宗。祖宗通言爾。"

[16] 甘泉:宮名。又名雲陽宮。秦始皇二十七年作甘泉前殿,漢武帝建元中又增建通天、高光、迎風諸殿。在今陝西淳化縣西北甘泉山。　后土:漢武帝曾在汾陰立后土祠以祭后土。(見《史記》卷一二《孝武本紀》)　雍宮五畤(zhì):爲漢帝祭五帝之處所。《史記·孝武本紀》:"上初至雍,郊見五畤。"《正義》:"《括地志》云:'漢五帝畤在岐州雍縣南。孟康云:畤者,神靈之所止。'案:五畤者,鄜畤、密畤、吳陽畤、北畤。先是(秦)文公作鄜畤,祭白帝;秦宣公作密畤,祭青帝;秦靈公作吳陽上畤、下畤,祭赤帝、黄帝;漢高祖作北畤,祭黑帝。是五畤也。"漢武帝又在甘泉宮以南立泰畤祭祀。

　　〔17〕多不見經是以制度無常：梁章鉅《旁證》謂《宋書·禮志三》作："多不經見，並以興廢無常。"

　　〔18〕禘禮：各本皆作"禘祀"。趙幼文《校箋》謂《太平御覽》卷五二七、《册府元龜》卷三二引"祀"字作"禮"。又按，《宋書·禮志三》《晉書·禮志上》《通鑑》皆作"禘禮"。今從諸書改。胡三省云："禮，五年一禘，禘其祖之所自出，以其祖配之。"又云："以下文觀之，則此乃《禮記·祭法》所謂郊禘之禘。鄭氏注曰：'禘郊祖宗，謂祭祀以配食也，此禘謂祭昊天於圜丘也。'"（《通鑑》卷七三魏明帝景初元年注）

　　〔19〕系世：百衲本作"繫世"，殿本、盧弼《集解》本、校點本俱作"系世"，《宋書·禮志三》亦作"世系"。今從殿本等。

　　〔20〕方丘：古帝王夏至日祭地之壇。《周禮·春官·大司樂》："夏日至，於澤中之方丘奏之。"賈公彥疏："地言澤中方丘者，因高以事天，故於地上，因下以事地，故於澤中。取方丘者，水鍾曰澤，不可以水中設祭，故亦取自然之方丘，象地方故也。"

　　〔21〕伊氏：《史記·五帝本紀》謂堯女爲舜妃。女從父姓。又《集解》引皇甫謐《帝王世紀》云："堯初生時，其母在三阿之南，寄於伊長孺之家，故從母所居爲姓也。"故爲伊姓。

　　〔22〕祇（qí）：地神。

　　〔23〕以武宣后配：《宋書·禮志三》作"以武宣皇后配"。趙幼文《校箋》亦謂《太平御覽》卷五二七、《册府元龜》卷二九引"宣"下有"皇"字。侯康《補注續》引《通典》所錄魏臣高堂隆之上表，謂古無以后妃郊祀者。后妃配郊祀始於王莽，不當效之。

　　〔24〕簴（jù）：又作"虡"。懸挂鐘磬之架，直者稱簴，橫者稱簨（sǔn），又作"栒"，架上刻飾猛獸。按，鐘簴、銅人爲秦始皇所鑄，銅人共十二，每個重二十四萬斤。漢代在長安長樂宮門前。漢末董卓入長安，銷毀十個以鑄錢，尚餘二個（見《史記》卷六《秦始皇本紀》及《正義》）。魏明帝所徙之銅人，即此二個。又按，承露盤乃漢武帝所鑄（見《史記》卷一二《孝武本紀》）。

[25] 霸城：縣名。即漢之霸陵縣，治所在今陝西西安市東北。

[26] 翁仲：梁章鉅《旁證》引沈欽韓曰：“《山堂肆考》載，翁仲姓阮，身長一丈二尺。秦始皇并天下，使翁仲將兵守臨洮，聲振匈奴，秦人以爲瑞。翁仲死，遂鑄銅象置咸陽司馬門外。”

[27] 各一：盧弼《集解》云：“盧文弨曰《文類》‘一’作‘二’。”

[28] 三丈餘：盧弼《集解》云：“《事類賦》卷五十八作‘五丈’。”

[29] 山：此山即本書卷二五《高堂隆傳》所說的景陽山。

[30] 金狄：即秦始皇所鑄銅人。《文選》張平子《西京賦》：“高門有閌，列坐金狄。”李善注：“金狄，金人也。《史記》曰：始皇收天下兵，銷以爲金人十二。”

[31] 司徒軍議掾：官名。司徒府之屬吏，秩比三百石，第七品。趙幼文《校箋》又謂《太平御覽》卷二四九引“軍議”作“軍謀”。按，《太平御覽》卷四五三引亦作“軍議”。

[32] 直士：盧弼《集解》謂：“《太平御覽》卷四五三引《魏略》作‘貞士’。”

[33] 周昌：漢高祖劉邦之同鄉。隨劉邦入關破秦後，爲中尉，御史大夫。《史記》卷九六《張丞相列傳》載：“昌爲人强力，敢直言，自蕭、曹等皆卑下之。昌嘗燕時入奏事，高帝方擁戚姬，昌還走。高帝逐得，騎周昌項，問曰：‘我何主也？’昌仰曰：‘陛下即桀、紂之主也。’於是上笑之，然尤憚周昌。”

[34] 劉輔：漢宗室子弟，曾爲縣令，又爲諫大夫。當時漢成帝欲立趙倢伃爲皇后，先封其父爲列侯。劉輔因上書諫阻。書中有言：“今乃觸情縱欲，傾於卑賤之女，欲以母天下，不畏於天，不媿於人，惑莫大焉。里語曰：‘腐木不可以爲柱，卑人不可以爲主。’”（《漢書》卷七七《劉輔傳》）

[35] 所不興也：趙幼文《校箋》謂《太平御覽》卷四五三引無“不”字、“也”字。

　　〔36〕穿方：挖土之意。胡三省云："方，穴土爲方也。"（《通
鑑》卷七三魏明帝景初元年注）

　　〔37〕了鳥：形容破爛。胡三省云："了鳥，衣冠摧敝之貌。"
（《通鑑》卷七三魏明帝景初元年注）

　　〔38〕孔子曰：孔子此語見《論語·八佾》。

　　〔39〕言事：百衲本作"言是"，殿本、盧弼《集解》本、校
點本作"言事"。今從殿本等。

　　〔40〕干：殿本、盧弼《集解》本作"千"。百衲本、校點本
作"干"。今從百衲本等。

　　〔41〕臣知言出必死：趙幼文《校箋》謂《太平御覽》卷二四
九引"臣知"作"今知"。《册府元龜》卷五三九引亦有"今"字。
按，《太平御覽》所引題曰《魏志》，文句爲"今臣自知言必死"。

　　〔42〕牛之一毛：趙幼文《校箋》謂《册府元龜》卷五三九引
"牛"上有"九"字。蓋本司馬遷語（《報任安書》），則當有
"九"字爲是。

　　〔43〕秉筆：趙幼文《校箋》謂《太平御覽》卷二四九、卷四
五三引"秉"字作"發"。

　　〔44〕貝丘：縣名。治所在今山東臨清市東南。

　　二年春正月，詔太尉司馬宣王帥衆討遼東。〔一〕

　　〔一〕干寶《晋紀》曰：帝問宣王："度淵將何計以待君？"[1]
宣王對曰："淵棄城預走，上計也；據遼水拒大軍，其次也；坐守
襄平，此爲成禽耳。"帝曰："然則三者何出？"對曰："唯明智審
量彼我，乃預有所割棄，此既非淵所及；又謂今往縣遠，不能持
久，必先拒遼水，後守也。"帝曰："往還幾日？"對曰："往百
日，攻百日，還百日，以六十日爲休息，如此，一年足矣。"

　　《魏名臣奏》載散騎常侍何曾表曰：[2]"臣聞先王制法，必於

全愼，[3]故建官授任，則置假輔，[4]陳師命將，則立監貳，[5]宣命遣使，則設介副，[6]臨敵交刃，則參御右，[7]蓋以盡謀思之功，防安危之變也。是以在險當難，則權足相濟，隕缺不預，則才足相代，[8]其爲固防，至深至遠。及至漢氏，亦循舊章。韓信伐趙，張耳爲貳；[9]馬援討越，劉隆副軍。[10]前世之迹，著在篇志。今懿奉辭誅罪，[11]步騎數萬，[12]道路迴阻，[13]四千餘里，[14]雖假天威，有征無戰，寇或潛遁，消散日月，[15]命無常期，人非金石，遠慮詳備，誠宜有副。今北邊諸將及懿所督，[16]皆爲僚屬，名位不殊，素無定分，[17]卒有變急，不相鎮攝。存不忘亡，聖達所戒，[18]宜選大臣名將威重宿著者，[19]盛其禮秩，[20]遣詣懿軍，[21]進同謀略，退爲副佐。雖有萬一不虞之災，[22]軍主有儲，則無患矣。"《毋丘儉志記》云，[23]時以儉爲宣王副也。

［1］度淵：校點本作"度公孫淵"，百衲本、殿本、盧弼《集解》本皆作"度淵"。盧氏云："陳本作'卿度公孫淵'，妄增三字，實則無此三字文義自明。於此益知明人自增删古書。"今從百衲本等。

［2］魏名臣奏：《隋書·經籍志》刑法類著録《魏名臣奏事》四十卷，目一卷，陳壽撰。而總集類注又謂梁有《魏名臣奏》三十卷，陳長壽撰。又《新唐書·藝文志》故事類著録《魏名臣奏事》三十卷，不著撰人。章宗源《隋書經籍志考證》謂《新唐書》脱陳壽之名，《隋書》總集類之《魏名臣奏》乃重出，又誤增"長"字。是《魏名臣奏》三十卷乃陳壽所撰，於唐時又重出。而本書卷二二《陳群傳》注引《魏書》又謂"正始中詔撰群臣上書，以爲《名臣奏議》"。盧弼《集解》則謂正始所撰之本或爲官書未成，陳壽撰《魏志》遂編定此書，即《隋書·經籍志》所著録者。　何曾：何夔子，字穎考。見本書卷一二《何夔傳》注引干寶《晋紀》。《晋書》卷三三有傳。

〔3〕必於全慎：《晉書》卷三三《何曾傳》（以下簡稱《何曾傳》）引此表作“必全於慎”。

〔4〕授任：《何曾傳》作“受任”。　假輔：《何曾傳》作“副佐”。

〔5〕監貳：監軍副貳之職。

〔6〕介副：副手，副職。

〔7〕御右：即戎右、車右，古時乘車位於車右的武士。

〔8〕則才足相代：百衲本、殿本作“則手足相代”。殿本《考證》朱良裘云：“按《晉書·何曾傳》作‘則才足相代’，以上句文義諧之，似當作‘才’。”盧弼《集解》本、校點本正作“才”。今從《集解》本等。

〔9〕張耳爲貳：《史記》卷九二《淮陰侯列傳》：“漢王遣張耳以信俱，引兵東，北擊趙、代。”又廣武君李左車説成安君曰：“聞漢將韓信涉西河，虜魏王，禽夏説，新喋血閼與，今乃輔以張耳，議欲下趙，此乘勝而去國遠鬭，其鋒不可當。”

〔10〕劉隆副軍：《後漢書》卷二四《馬援傳》：“交阯女子徵側及女弟徵貳反，攻没其郡，九真、日南、合浦蠻夷皆應之，寇略嶺外六十餘城，側自立爲王。於是璽書拜援伏波將軍，以扶樂侯劉隆爲副，督樓船將軍段志等南擊交阯。”

〔11〕懿：《何曾傳》作“太尉”，以下皆同。

〔12〕步騎數萬：在此四字上《何曾傳》尚有“精甲鋭鋒”四字。

〔13〕迴阻：《何曾傳》作“迥阻”。

〔14〕四千餘里：《何曾傳》作“且四千里”。

〔15〕消散：《何曾傳》作“消引”。

〔16〕北邊：《何曾傳》作“北軍”。

〔17〕素無定分：在此四字下《何曾傳》尚有“統御之尊”四字。

〔18〕戒：《何曾傳》作“裁”。

[19] 宜選："宜選"之上《何曾傳》有"臣愚以爲"四字。

[20] 盛：《何曾傳》作"成"。

[21] 懿軍：《何曾傳》作"北軍"。

[22] 災：《何曾傳》作"變"。

[23] 毌（guàn）丘儉志記：《隋書·經籍志》雜傳類著録《毌丘儉記》三卷，無撰人。又少"志"字。

二月癸卯，以大中大夫韓暨爲司徒。[1]癸丑，月犯心距星，[2]又犯心中央大星。[3]夏四月庚子，司徒韓暨薨。壬寅，分沛國蕭、相、竹邑、符離、蘄、銍、龍亢、山桑、洨、虹洨音胡交反。虹音絳。十縣，[4]（爲）汝陰郡宋縣、[5]陳郡苦縣皆屬譙郡。[6]以沛、杼秋、公丘、彭城豐國、廣戚，[7]并五縣爲沛王國。庚戌，大赦。五月乙亥，月犯心距星，又犯中央大星。〔一〕六月，省漁陽郡之狐奴縣，[8]復置安樂縣。[9]

〔一〕《魏書》載戊子詔曰："昔漢高祖創業，光武中興，謀除殘暴，功昭四海，而墳陵崩頹，童兒牧豎踐蹋其上，非大魏尊崇所承代之意也。其表高祖、光武陵四面百步，不得使民耕牧樵採。"

[1] 大中大夫：官名。秩千石，第七品。掌顧問應對，參謀議政。

[2] 心距星：即心宿。心爲二十八宿之一，蒼龍七宿的第五宿，有星三顆。

[3] 心中央大星：心宿三星中，中間一顆稱大星，又稱大辰。《晉書·天文志上》："心三星，天王正位也。中星曰明堂，天子

位，爲大辰，主天下之賞罰。天下變動，心星見祥。星明大，天下同。前星爲太子，後星爲庶子。”

〔4〕蕭：縣名。治所在今安徽蕭縣西北。　相：縣名。治所在今安徽淮北市西北。　竹邑：縣名。治所在今安徽宿州市北。　符離：縣名。治所在今安徽宿州市東。　蘄：縣名。治所在今安徽宿州市南。　銍：縣名。治所在今安徽宿州市西南。　龍亢：縣名。治所在今安徽懷遠縣西北。　山桑：縣名。治所在今安徽蒙城縣北。　洨（xiáo）：縣名。治所在今安徽固鎮縣東。　虹（gòng）：縣名。治所在今安徽五河縣西北。

〔5〕汝陰郡：“汝陰郡”上各本皆有“爲”字。錢大昕謂《晋書·地理志》汝陰郡所統八縣，與此無一同者，疑此有誤。（見《廿二史考異》卷一五）吳增僅亦力證此誤，謂“爲”字衍文；以上所言沛國十縣及汝陰郡之宋縣、陳郡之苦縣，在此年皆劃屬譙郡，因“譙爲曹氏豐、鎬，名列五都，故割度多縣，蔚成大郡。晋受禪後，徙其屬縣，所以削其本根也”（詳《三國郡縣表附考證》）。吳氏所考精審，今據以删“爲”字，並改正校點本之標點。宋縣：治所在今安徽太和縣北。

〔6〕苦縣：治所在今河南鹿邑縣東。　譙郡：治所譙縣，在今安徽亳州市。

〔7〕沛：縣名。治所在今江蘇沛縣。　杼秋：縣名。治所在今安徽碭山縣東。　公丘：縣名。治所在今山東滕州市西南。　豐國：縣王國。治所在今江蘇豐縣。盧弼《集解》云：“豐爲王國，在嘉平六年（254）曹琬承襲之後，此時不當稱國。”　廣戚：縣名。治所在今江蘇沛縣東。

〔8〕漁陽郡：治所漁陽縣，在今北京密雲縣西南。　狐奴縣：治所在今北京順義區東北。

〔9〕復置：百衲本作“復致”，殿本、盧弼《集解》本、校點本作“復置”。今從殿本等。　安樂縣：治所在今北京順義區西北。

秋八月，燒當羌王芒中、注詣等叛，[1]凉洲刺史率諸郡攻討，斬注詣首。癸丑，有彗星見張宿。〔一〕[2]

〔一〕《漢晉春秋》曰：史官言於帝曰："此周之分野也，[3]洛邑惡之。"於是大脩禳禱之術以厭焉。

《魏書》曰：九月，蜀陰平太守廖（惇）〔淳〕反，[4]攻守善羌侯宕蕈營。[5]雍州刺史郭淮遣廣魏太守王贇、[6]南安太守游奕將兵討（惇）〔淳〕。淮上書："贇、奕等分兵夾山東西，圍落賊表，破在旦夕。"帝曰："兵勢惡離。"促詔淮敕奕諸別營非要處者，還令據便地。詔敕未到，奕軍爲（惇）〔淳〕所破；贇爲流矢所中死。

[1] 燒當：漢魏時西羌部族名。《後漢書》卷八七《西羌傳》："從爰劍種五世至研，研最豪健，自後以研爲種號。十三世至燒當，復豪健，其子孫更以燒當爲種號。"

[2] 張宿：二十八宿之一，亦稱鶉尾。在天之南方，朱雀七宿之第五宿，有六星。

[3] 周：指以洛陽爲中心的東周王朝所在地一帶。　分野：古代星象家將十二星辰的位置與地上州、國的位置相對應，稱爲分野。

[4] 陰平：郡名。治所陰平縣，在今甘肅文縣西北。　廖淳：各本皆作"廖惇"。潘眉《考證》謂"惇"乃"淳"字之訛，廖化本名淳，見本書卷四四《蔣琬傳》與卷四五《宗預傳》。今從潘說改。下同。

[5] 宕（dàng）蕈（xùn）：趙一清《注補》："宕蕈，羌胡號也。宕即石宕水，蕈即蕈壋川，見《水經·河水二注》洮水下。《魏書·地形志》洪和郡有蕈川縣，此羌蓋即地名以立號。"

[6] 雍州：刺史治所長安縣，在今陝西西安市西北。　廣魏：郡名。治所臨渭縣，在今甘肅秦安縣東南。

丙寅，司馬宣王圍公孫淵於襄平，[1]大破之，傳淵首于京都，海東諸郡平。冬十一月，録討淵功，太尉宣王以下增邑封爵各有差。初，帝議遣宣王討淵，發卒四萬人。議臣皆以爲四萬兵多，役費難供。帝曰：“四千里征伐，雖云用奇，亦當任力，不當稍計役費。”遂以四萬人行。及宣王至遼東，霖雨不得時攻，[2]羣臣或以爲淵未可卒破，宜詔宣王還。帝曰：“司馬懿臨危制變，[3]擒淵可計日待也。”卒皆如所策。

壬午，以司空衛臻爲司徒，司隸校尉崔林爲司空。閏月，月犯心中央大星。十二月乙丑，帝寢疾不豫。辛巳，立皇后。[4]賜天下男子爵人二級，鰥寡孤獨穀。以燕王宇爲大將軍，甲申免，以武衛將軍曹爽代之。〔一〕[5]

〔一〕《漢晉春秋》曰：帝以燕王宇爲大將軍，使與領軍將軍夏侯獻、武衛將軍曹爽、屯騎校尉曹肇、驍騎將軍秦朗等對輔政。[6]中書監劉放、令孫資久專權寵，[7]爲朗等素所不善，懼有後害，陰圖間之，[8]而宇常在帝側，故未得有言。甲申，帝氣微，宇下殿呼曹肇有所議，未還，而帝少間，惟曹爽獨在。放知之，呼資與謀。資曰：“不可動也。”放曰：“俱入鼎鑊，何不可之有？”乃突前見帝，[9]垂泣曰：“陛下氣微，若有不諱，將以天下付誰？”帝曰：“卿不聞用燕王耶？”放曰：“陛下忘先帝詔敕，藩王不得輔政。且陛下方病，而曹肇、秦朗等便與才人侍疾者言戲。燕王擁兵南面，不聽臣等入，此即豎刁、趙高也。[10]今皇太子幼弱，未能統政，外有彊暴之寇，內有勞怨之民，陛下不遠慮存亡，而近係恩舊。委祖宗之業，[11]付二三凡士，寢疾數日，外內壅隔，[12]社稷危殆，而己不知，此臣等所以痛心也。”帝得放言，大怒曰：“誰可任者?”放、資乃舉爽代宇，又白“宜詔司馬宣王使相參”，[13]帝從之。放、資出，曹肇入，泣涕固諫，帝使肇敕停。肇出戶，放、資趨而往，復說止帝，帝又從其言。放曰：“宜爲手詔。”帝曰：“我困篤，不能。”放即上牀，執帝手强作之，遂齎出，大言曰：“有詔免燕王宇等官，不得停省中。”於是宇、肇、獻、朗相與泣而歸第。[14]

[1] 襄平：縣名。治所在今遼寧遼陽市老城區。

[2] 不得時攻：吳金華《〈三國志〉待質録》疑當作“不時得攻”。

[3] 司馬懿：錢大昕《廿二史考異》、錢大昭《辨疑》均謂此“司馬懿”爲後人所改。陳壽爲晋臣，書中凡涉及晋帝，皆稱官名或爵名，如齊王芳詔中稱司馬懿爲太尉，其他叙述中則稱宣王。凡本書中稱晋帝名者，皆後人所改。

[4] 立皇后：周壽昌《注證遺》謂“立皇后”下，疑脱“郭氏”二字。

[5] 武衛將軍：官名。第四品，掌禁軍。曹操時始置武衛中郎將，魏文帝代漢後改爲武衛將軍。

[6] 領軍將軍：官名。第三品，掌禁軍，主五校、中壘、武衛三營。曹操爲丞相時，自置領軍，後又改稱中領軍。魏文帝代漢，始置領軍將軍，以資重者爲之；資輕者則爲中領軍。　屯騎校尉：官名。秩比二千石，第四品，掌宿衛軍。

[7] 中書監：官名。秩千石，第三品。曹操爲魏王時置秘書令，典尚書奏事。魏文帝黃初中改秘書令爲中書令；又置中書監，並高於令，掌贊詔命，作書文，典尚書奏事。若密詔下州郡及邊將，則不由尚書。與中書令並掌機密。

[8] 陰圖：盧弼《集解》本作“因圖”。百衲本等作“陰圖”。

今從之。

[9] 突前見帝：本書卷一四《劉放傳》作“帝引見放、資，
入臥內”。盧弼《集解》云：“魏明病已氣微，安能從容引見放、
資？‘突前’於事實當爲近之。”

[10] 豎刁：《史記》作“豎刀”（亦音 diāo）。春秋齊桓公時
的宦者。管仲去世前曾告誡桓公，豎刁、開方、易牙不可用。桓公
未采納，管仲死後，三人均被重用。桓公在世時，因三夫人無子，
遂立鄭姬之子爲太子，並屬托於宋襄公；其餘姬妾之子尚有五人。
桓公死後，豎刁、易牙即殺群吏而立公子無詭爲君；其餘諸公子亦
爭立相攻，因而宮中無人，桓公屍在床上六十七日未入棺，致使
“屍蟲出於戶”。（見《史記》卷三二《齊世家》） 趙高：秦始皇
時之宦者，任中車府令，兼行符璽令事。與始皇少子胡亥親近。始
皇死，趙高與李斯僞造遺詔殺始皇長子扶蘇，立胡亥爲二世皇帝。
趙高任郎中令，專斷朝政。後又殺李斯，任中丞相；不久又殺二
世。（見《史記》卷六《秦始皇本紀》）

[11] 祖宗：百衲本作“祖考”，殿本、盧弼《集解》本、校
點本作“祖宗”。今從殿本等。

[12] 壅隔：百衲本、殿本、盧弼《集解》本皆作“擁隔”。
盧氏云：“‘擁’，一作‘壅’。盧文弨曰當作‘壅’。”校點本即作
“壅隔”，今從之。

[13] 司馬宣王：司馬懿被追尊爲宣王在魏元帝時，劉放此時
向明帝稱其官職，也祇能稱太尉，不應稱宣王。

[14] 相與泣而歸第：《漢晉春秋》此段所載，與本書卷一四
《劉放傳》多有不同。《通鑑考異》則云：“按陳壽當晉世作《魏
志》，若言放、資本情，則於時非美，故遷就而爲之諱也。今依習
鑿齒《漢晉春秋》、郭頒《世語》似得其實。”（見《通鑑》卷七四
魏明帝景初二年）

　　初，青龍三年中，壽春農民妻自言爲天神所下，命爲登女，[1]當營衛帝室，蠲邪納福。飲人以水，及以洗瘡，[2]或多愈者。於是立館後宮，下詔稱揚，甚見優寵。及帝疾，飲水無驗，於是殺焉。[3]

　　[1] 命爲登女：牛震運《讀史糾謬》云："此句未明，'登'疑是人名。"

　　[2] 瘡：百衲本作"創"，殿本、盧弼《集解》本、校點本作"瘡"。今從殿本等。

　　[3] 於是殺焉：盧弼《集解補》："《水經·河水注》：自砥柱以下合有十九灘，自古爲患。魏景初二年二月帝遣都督沙丘部監運諫議大夫寇慈帥工五千人，歲常修治，以平河阻。今録是年末，可補史闕。"

　　三年春正月丁亥，太尉宣王還至河內，[1]帝驛馬召到，引入卧內，執其手謂曰："吾疾甚，以後事屬君，君其與爽輔少子。吾得見君，無所恨！"[2]宣王頓首流涕。〔一〕即日，帝崩于嘉福殿，〔二〕時年三十六。〔三〕癸丑，葬高平陵。[3]〔四〕

　　〔一〕《魏略》曰：帝既從劉放計，召司馬宣王，自力爲詔，既封，顧呼宮中常所給使者曰："辟邪來！[4]汝持我此詔授太尉也。"辟邪馳去。先是，燕王爲帝畫計，以爲關中事重，宜便道遣宣王從河內西還，事以施行。[5]宣王得前詔，斯須復得後手筆，疑京師有變，乃馳到入見。帝勞問訖，乃召齊、秦二王以示宣王，別指齊王謂宣王曰："此是也，君諦視之，勿誤也！"又教齊王令前抱宣王頸。

《魏氏春秋》曰：時太子芳年八歲，秦王九歲，在于御側。帝執宣王手，目太子曰："死乃復可忍，朕忍死待君，君其與爽輔此。"宣王曰："陛下不見先帝屬臣以陛下乎？"

〔二〕《魏書》曰：殯于九龍前殿。

〔三〕臣松之按：魏武以建安九年八月定鄴，文帝始納甄后，明帝應以十年生，計至此年正月，整三十四年耳。時改正朔，以故年十二月爲今年正月，可彊名三十五年，不得三十六也。[6]

〔四〕《魏書》曰：帝容止可觀，望之儼然。[7]自在東宮，不交朝臣，不問政事，唯潛思書籍而已。即位之後，褒禮大臣，料簡功能，真偽不得相貿，務絕浮華譖毀之端，行師動衆，論決大事，謀臣將相，咸服帝之大略。性特彊識，雖左右小臣官簿性行，名跡所履，及其父兄子弟，一經耳目，終不遺忘。含垢藏疾，容受直言，聽受吏民士庶上書，一月之中至數十百封，雖文辭鄙陋，猶覽省究竟，意無厭倦。

孫盛曰：[8]聞之長老，魏明帝天姿秀出，立髮（垂）〔委〕地，[9]口吃少言，而沉毅好斷。初，諸公受遺輔導，帝皆以方任處之，[10]政自己出。而優禮大臣，開容善直，雖犯顏極諫，無所摧戮，其君人之量如此之偉也。然不思建德垂風，不固維城之基，[11]至使大權偏據，社稷無衞，悲夫！

[1] 河内：郡名。治所懷縣，在今河南武陟縣西南。《晋書》卷一《宣帝紀》及《通鑑》卷七四魏明帝景初三年叙此事有較詳之情節。

[2] 恨：趙幼文《校箋》謂《太平御覽》卷九四引"恨"下有"矣"字。

[3] 高平陵：本書卷四《齊王紀》注引孫盛《魏世譜》："高平陵在洛水南大石山，去洛城九十里。"

[4] 辟邪：胡三省云："辟邪，給使之名。"（《通鑑》卷七四魏明

帝景初二注）

　　［5］以：同“已”。

　　［6］不得三十六：按本書卷二《文帝紀》延康元年（220）五月，有“封王子叡爲武德侯”之記載，而《明帝紀》又謂明帝“年十五，封武德侯”，則延康元年明帝爲十五歲。而盧弼《集解》謂《文帝紀》黄初元年（220）以前多追述往事，不盡爲延康元年之事；又本書卷二三《常林傳》裴注引《魏略》謂建安二十三年（218）吉茂已爲武德侯庶子，則明帝爲武德侯至遲也在建安二十三年。而當時年已十五，至景初三年（239）去世，正是三十六歲，陳壽所載不誤。衹不過陳壽於此“實爲曲筆，讀史者逆推年月，證以甄夫人之賜死，魏明之久不得立爲嗣，則元仲（明帝）究爲誰氏之子，可不言而喻矣”。

　　［7］儼然：趙幼文《校箋》謂《太平御覽》卷九四引“然”字作“恪”。

　　［8］孫盛：趙幼文《校箋》謂《北堂書鈔》卷一、《太平御覽》卷九四引俱作《魏氏春秋》。

　　［9］委地：各本作“垂地”。趙幼文《校箋》謂《太平御覽》卷九四、卷三七三引“垂”字作“委”。今從《太平御覽》改。

　　［10］方任：一方重任。胡三省云：“謂使曹休鎮淮南，曹真鎮關中，司馬懿屯宛也。”（《通鑑》卷七四魏明帝景初三年注）

　　［11］維城之基：指任用宗室以衛國。《詩·大雅·板》：“懷德維寧，宗子維城。”

　　評曰：明帝沉毅斷識，任心而行，蓋有君人之至概焉。于時百姓彫弊，四海分崩，不先聿脩顯祖，闡拓洪基，而遽追秦皇、漢武，宮館是營，格之遠猷，其殆疾乎！

三國志 卷四

魏書四

三少帝紀第四

　　齊王諱芳，字蘭卿。明帝無子，養王及秦王詢；宮省事秘，莫有知其所由來者。〔一〕青龍三年，[1]立爲齊王。[2]景初三年正月丁亥朔，[3]帝病甚，乃立爲皇太子。是日，即皇帝位，大赦。尊皇后曰皇太后。[4]大將軍曹爽、太尉司馬宣王輔政。[5]詔曰：“朕以眇身，[6]繼承洪業，[7]煢煢在疚，[8]靡所控告。[9]大將軍、太尉奉受末命，夾輔朕躬，司徒、司空、冢宰、元輔總率百寮，[10]以寧社稷，其與羣卿大夫勉勗乃心，稱朕意焉。諸所興作宮室之役，皆以遺詔罷之。[11]官奴婢六十已上，免爲良人。”二月，西域重譯獻火浣布，[12]詔大將軍、太尉臨試以示百寮。〔二〕

〔一〕《魏氏春秋》曰：或云任城王楷子。[13]
〔二〕《異物志》曰：[14]斯調國有火州，[15]在南海中。其上有野火，春夏自生，秋冬自死。有木生于其中而不消也，枝皮更活，[16]秋冬火死則皆枯瘁。其俗常冬采其皮以爲布，[17]色小青黑；若塵垢汙之，便投火中，則更鮮明也。

《傅子》曰：[18]漢桓帝時，大將軍梁冀以火浣布爲單衣，[19]常大會賓客，[20]冀陽爭酒，失杯而汙之，僞怒，解衣曰：[21]“燒之。”布得火，煒曄赫然，[22]如燒凡布，垢盡火滅，粲然潔白，若用灰水焉。[23]

《搜神記》曰：崐崙之墟，有炎火之山，山上有鳥獸草木，皆生於炎火之中，故有火浣布，非此山草木之皮枲，[24]則其鳥獸之毛也。漢世西域舊獻此布，中間久絕；至魏初，時人疑其無有。[25]文帝以爲火性酷烈，無含生之氣，[26]著之《典論》，明其不然之事，[27]絕智者之聽。及明帝立，詔三公曰：“先帝昔著《典論》，不朽之格言，其刊石於廟門之外及太學，[28]與石經並，以永示來世。”[29]至是西域使至而獻火浣布焉，於是刊滅此論，而天下笑之。

臣松之昔從征西至洛陽，[30]歷觀舊物，見《典論》石在太學者尚存，而廟門外無之，問諸長老，云晉初受禪，即用魏廟，移此石于太學，非兩處立也。竊謂此言爲不然。[31]

又東方朔《神異經》曰：[32]南荒之外有火山，[33]長（三）〔四〕十里，[34]廣五十里，其中皆生不燼之木，晝夜火（燒）〔然〕，[35]得暴風不猛，猛雨不滅。[36]火中有鼠，重百斤，毛長二尺餘，細如絲，[37]可以作布。常居火中，[38]色洞赤，時時出外而色白，[39]以水逐而沃之即死，績其毛，織以爲布。[40]

[1] 青龍：魏明帝曹叡年號（233—237）。

[2] 齊：王國名。治所臨菑縣，在今山東淄博市臨淄區北。

[3] 景初：魏明帝曹叡年號（237—239）。

[4] 皇太后：即郭太后。

　　[5]大將軍：官名。東漢時，常兼録尚書事，與太傅、太尉等共同主持政務。漢末，位在三公上。曹魏時，仍爲上公，第一品。本書卷九《曹真附爽傳》又謂明帝病危時，“乃引爽入卧內，拜大將軍、假節鉞、都督中外諸軍事、録尚書事，與太尉司馬宣王並受遺詔輔少主。明帝崩，齊王即位，加爽侍中”。則明帝已將軍政大權交與曹爽。　　太尉：官名。東漢時，與司徒、司空並爲三公，共同行使宰相職能，而位列三公之首，名位甚重。或與太傅並録尚書事，綜理全國軍政事務。曹魏前期基本如此。第一品。　　司馬宣王：即司馬懿。魏元帝時，其子司馬昭爲晉王，追尊他爲宣王。《晉書》卷一《宣帝紀》云：“齊王即帝位，遷侍中、持節、都督中外諸軍、録尚書事，與爽各統兵三千人，共執朝政。”據此，司馬懿有職與曹爽共掌軍政大權，乃齊王即帝位以後之事。

　　[6]眇（miǎo）身：帝王之自我謙稱。

　　[7]洪業：校點本作“鴻業”，百衲本、殿本、盧弼《集解》本皆作“洪業”。“鴻”“洪”雖通，今仍從百衲本等。

　　[8]煢（qióng）煢：形容孤零，孤單。　　在疚：謂因喪事而悲痛憂病。《左傳·哀公十六年》：“俾屏余一人以在位，煢煢余在疚。”

　　[9]控告：赴告。《左傳·襄公八年》：“蔿焉傾覆，無所控告。”

　　[10]司徒：官名。曹魏前期，仍與太尉、司空並爲三公，共同行使宰相職能，位次太尉，本職掌民政，第一品。　　司空：官名。除與太尉、司徒並爲三公，共同行使宰相職能外，仍掌土木營建及水利工程。第一品。　　冢宰：古官名。亦稱大宰，居六卿之首，主管宮廷供御，參掌大政，總領百官及財賦之政。　　元輔：即宰相。輔佐皇帝而居大臣之首，故稱元輔。

　　[11]以遺詔：以遺詔之名。胡三省云：“以者，非遺詔真有此指也。”（《通鑑》卷七四魏明帝景初三年注）

　　[12]火浣布：石綿織成之布。古代對石綿之性質不明，或謂

用木皮或獸毛或火鼠毛織成，詳見下裴注。

［13］子：趙幼文《校箋》謂《太平御覽》卷九四引"子"下有"也"字。

［14］異物志：《隋書·經籍志》地理類著録《異物志》一卷，後漢議郎楊孚撰；《交州異物志》一卷，楊孚撰；又有《南州異物志》一卷，吳丹陽太守萬震撰；此外尚有各地《異物志》多種，未知裴注所引究屬何種。

［15］火州：殿本、盧弼《集解》本作"火洲"，百衲本、校點本作"火州"。今從百衲本等。又按，《太平御覽》卷八二〇引作"大洲"。

［16］活：趙幼文《校箋》謂《太平御覽》卷八二〇引作"滑"。

［17］常冬：趙幼文《校箋》謂《太平御覽》引"常"下有"以"字。

［18］傅子曰：趙幼文《校箋》謂《太平御覽》引"曰"下有"長老説"三字。

［19］以火浣布爲單衣：趙幼文《校箋》謂《太平御覽》引"以"字作"作"，"布"下無"爲"字。

［20］賓客：趙幼文《校箋》謂《太平御覽》引"客"下有"行酒公卿朝臣前"七字，其下"陽"上無"冀"字。

［21］曰：趙幼文《校箋》謂《太平御覽》引"曰"字作"而"。

［22］赫然：趙幼文《校箋》謂《太平御覽》引"然"下有"而熾"二字。

［23］若用灰水焉：趙幼文《校箋》謂《太平御覽》引作"如水瀚焉"。按，《太平御覽》實引作"如冰瀚之"。又按，古人用草木灰澄水洗衣物，因水含碱性，能除油去污潔白衣物。

［24］枲（xǐ）：大麻的雄株，其皮用以織布。

［25］疑其無有：趙幼文《校箋》謂《太平御覽》引作"疑其

文無實”。按,《太平御覽》實作“疑其有文無實”。

[26] 含生之氣:趙幼文《校箋》謂《白孔六帖》卷八、《太平御覽》卷八二〇引“生”字俱作“育”。

[27] 明其不然之事:趙幼文《校箋》謂《太平御覽》引作“明其不然,曰不然之事”。此脱“曰不然”三字,語意不完。

[28] 刊石:《典論》刊於石,在魏明帝太和四年(230),見本書卷三《明帝紀》。

[29] 來世:趙幼文《校箋》謂《太平御覽》引作“後世”。下句“至是”作“至此”。

[30] 昔從征西至洛陽:指晋安帝義熙十二年(416)劉裕將北伐後秦,朝廷加劉裕征西將軍、司豫二州刺史。(見《宋書》卷二《武帝紀中》)裴松之則爲司州刺史主簿,又轉治中從事史,隨軍北上至洛陽。(見《宋書》卷六四《裴松之傳》)

[31] 爲不然:趙幼文《校箋》謂《太平御覽》引“爲”下無“不”字。

[32] 神異經:《隋書·經籍志》地理類著録《神異經》一卷,東方朔撰,張華注。《四庫全書總目提要》謂《神異經》所載共四十七條,皆荒外之言,怪誕不經。《漢書》卷六五《東方朔傳》除叙朔所撰述者外,又言後世好事者多託朔名以成書;《晋書》卷三六《張華傳》亦無注《神異經》之文。則《神異經》及注皆爲假託。

[33] 南荒之外有火山:趙幼文《校箋》謂《藝文類聚》卷八五引“南荒”作“南方”,無“之外”二字。又《水經·漯水注》引“火山”下有“焉”字。

[34] 四十里:各本“四”作“三”。趙幼文《校箋》謂《藝文類聚》卷八五、《太平御覽》卷八二〇、卷八六九引“三”俱作“四”。《水經·漯水注》引亦同。今從趙説改。

[35] 火然:各本“然”字作“燒”。趙幼文《校箋》謂《初學記》卷二〇、《藝文類聚》卷八五、《太平御覽》卷八六九引“燒”字俱作“然”,《水經·漯水注》引同。今從趙説改。

［36］得暴風不猛猛雨不滅：趙幼文《校箋》謂《藝文類聚》引上"猛"字作"熾"。《太平御覽》卷八二〇引無一"猛"字。《水經注》作"得雨狂風不滅"。

［37］細如絲：趙幼文《校箋》謂《水經注》"絲"下有"色白"二字，疑下文"而色白"當移於此。

［38］常居：趙幼文《校箋》謂《初學記》、《太平御覽》卷八二〇"常"字俱作"恒"。

［39］時時：吳金華《校詁》謂表示偶爾之義。

［40］續其毛織以爲布：趙幼文《校箋》謂《初學記》引作"取緝其毛織以爲布"。《藝文類聚》引"續"作"取"。《水經注》作"取其毛緝以爲布"。疑此"續"字當作"緝"，上脱"取"字。又按，盧弼《集解》引《後漢書》卷八六《南蠻西南夷列傳論》李賢注引《神異經》亦與此《神異經》稍異。

丁丑詔曰："太尉體道正直，盡忠三世，[1]南擒孟達，西破蜀虜，東滅公孫淵，功蓋海內。昔周成建保傅之官，[2]近漢顯宗崇寵鄧禹，[3]所以優隆儁乂，[4]必有尊也。其以太尉爲太傅，[5]持節統兵都督諸軍事如故。"三月，以征東將軍滿寵爲太尉。[6]夏六月，以遼東東沓縣吏民渡海居齊郡界，[7]以故縱城爲新沓縣以居徙民。[8]秋七月，上始親臨朝，聽公卿奏事。八月，大赦。冬十月，以鎮南將軍黃權爲車騎將軍。[9]

十二月，詔曰："烈祖明皇帝以正月棄背天下，臣子永惟忌日之哀，其復用夏正；[10]雖違先帝通三統之義，[11]斯亦禮制所由變改也。又夏正於數爲得天正，其以建寅之月爲正始元年正月，[12]以建丑月爲後十二月。"

［1］三世：指武帝、文帝、明帝三世。

［2］周成：周成王。　保傅之官：輔導天子之官員。《大戴禮·保傅》云：“保，保其身體；傅，傅其德義。”周成王時，“召公爲保，周公爲師”；至“成王將崩，懼太子釗之不任，乃命召公、畢公率諸侯以相太子而立之”。（《史記》卷四《周本紀》）

［3］漢顯宗：即漢明帝。　鄧禹：南陽新野（今河南新野縣）人，隨漢光武帝劉秀起兵，屢建戰功。光武帝即位後，爲大司徒，封酇侯，後又改封高密侯。《後漢書》卷一六《鄧禹傳》云：“顯宗即位，以禹先帝元功，拜爲太傅，進見東向，甚見尊寵。”

［4］雋乂（yì）：同“俊乂”，才德出衆之人。《尚書·皋陶謨》“俊乂在官”孔穎達疏：“馬、王、鄭皆云才德過千人爲俊，百人爲乂。”

［5］太傅：官名。上公，位在三公上，第一品，掌善導，無常職。不常設。

［6］征東將軍：官名。秩二千石，第二品。黃初中位次三公，資深者爲大將軍。

［7］東沓縣：《續漢書·郡國志》幽州遼東郡有沓氏縣，本書卷八《公孫度傳》裴注引《魏略》又有沓縣。吳增僅云：“東沓、沓氏似是一地，然《魏略》作‘沓’，不曰東沓，亦不曰沓氏，疑漢末去‘氏’爲‘沓’；魏以齊郡立有新沓，故於遼東之沓加‘東’以別之，承祚或由後言之耳。”（《三國郡縣表附考證》）東沓縣治所在今遼寧大連市金州區東南二十八里大嶺屯古城。

［8］新沓縣：治所在今山東淄博市西。（本謝鍾英《補三國疆域志補注》）

［9］車騎將軍：官名。東漢時位比三公，常以貴戚充任。出掌征伐，入參朝政，漢靈帝時常作贈官。魏、晉時位次驃騎將軍，在諸名號將軍上，多作爲軍府名號，加授大臣、重要州郡長官，無具

體職掌，二品，開府者位從公，一品。

[10] 復用夏正：魏文帝代漢後，仍沿襲漢正朔，用夏正，以建寅之月爲歲首（即今陰曆正月）。魏明帝景初元年，改用景初曆，以建丑之月爲正（即以今陰曆十二月爲正月）。而魏明帝於景初三年正月初一去世，其忌日正與朝廷每年一度正旦朝會相衝突，故復改用夏正。《宋書·禮志一》對此事記載較詳，可參考。

[11] 三統：詳見本書卷三《明帝紀》景初元年"地統"注。

[12] 正始：魏少帝齊王曹芳年號（240—249）。

正始元年春二月乙丑，[1]加侍中中書監劉放、侍中中書令孫資爲左右光禄大夫。[2]丙戌，以遼東汶、北豐縣民流徙渡海，[3]規齊郡之西安、臨菑、昌國縣界爲新汶、南豐縣，[4]以居流民。自去冬十二月至此月不雨。〔三月〕丙寅，[5]詔令獄官亟平寃枉，理出輕微；羣公卿士讜言嘉謀，各悉乃心。夏四月，車騎將軍黄權薨。秋七月，詔曰："《易》稱損上益下，[6]節以制度，不傷財，不害民。方今百姓不足而御府多作金銀雜物，將奚以爲？今出黄金銀物百五十種，千八百餘斤，銷冶以供軍用。"八月，車駕巡省洛陽界秋稼，賜高年、力田各有差。[7]

[1] 二月乙丑：按《二十史朔閏表》正始元年二月辛巳朔，不當有乙丑，故潘眉《考證》謂"二月"當作"正月"。而正月辛亥朔，則乙丑爲十五日（潘眉謂爲十六日誤）。而盧弼《集解》引沈家本說，又謂下文丙戌與乙丑相距二十一日，若乙丑爲正月十六日（依潘眉說），則與丙戌又不合。疑"二月"不誤，而"乙丑"爲"乙酉"之訛。

　　[2] 侍中：官名。曹魏時，第三品。爲門下侍中寺長官。職掌門下衆事，侍從左右，顧問應對，拾遺補闕，與散騎常侍、黄門侍郎等共平尚書奏事。光禄大夫：官名。秩比二千石，第三品，位次三公。無定員，無固定職守，相當於顧問。諸公告老及在朝重臣加此銜以示優重，青龍中分置左右，後又復舊。

　　[3] 汶：縣名。治所在今遼寧蓋州市西。　北豐縣：治所在今河北承德市西北。（並本謝鍾英《補三國疆域志補注》）

　　[4] 西安：縣名。治所在今山東淄博市桓臺縣東南。　昌國縣：治所在今山東淄博市東南。　新汶：縣名。治所在今山東淄博市南。　南豐縣：治所在今山東壽光縣西。

　　[5] 丙寅：按，《二十史朔閏表》正始元年二月無丙寅。盧弼《集解》引沈家本説，“丙寅”上奪“三月”二字。趙幼文《校箋》謂《册府元龜》卷一〇二引魏正始元年三月以歲旱云云；又卷一四三引齊王正始元年三月以歲旱詔令云云。則此“丙寅”上脱“三月”二字，沈説是。按，《册府元龜》卷一四三所載云：“齊王正始元年三月，以旱詔令獄官亟平冤枉，理出輕微，群公卿士讜言嘉謀，各悉乃心。”正是此紀丙寅詔令之文。今從沈、趙説，據《册府元龜》補“三月”二字。

　　[6] 易稱：此《易·益卦》之象辭。《象》曰：“益，損上益下，民説無疆。”

　　[7] 力田：盡力從事農業生産者。李賢以爲孝悌、力田皆鄉官。見《後漢書》卷二《明帝紀》中元二年注。

　　二年春二月，帝初通《論語》，使太常以太牢祭孔子於辟雍，[1]以顔淵配。夏五月，吴將朱然等圍襄陽之樊城，[2]太傅司馬宣王率衆拒之。[一]六月辛丑，退。己酉，[3]以征東將軍王淩爲車騎將軍。冬十二月，南安郡地震。[4]

〔一〕干寶《晋紀》曰：吳將全琮寇芍陂，[5]朱然、孫倫五萬人圍樊城，諸葛瑾、步騭寇柤中；[6]琮已破走而樊圍急。宣王曰："柤中民夷十萬，隔在水南，流離無主，樊城被攻，[7]歷月不解，此危事也，請自討之。"議者咸言："賊遠圍樊城不可拔，挫于堅城之下，有自破之勢，宜長策以御之。"宣王曰："軍志有之：將能而御之，此爲縻軍；[8]不能而任之，此爲覆軍。今疆埸騷動，[9]民心疑惑，是社稷之大憂也。"六月，督諸軍南征，車駕送津陽城門外。[10]宣王以南方暑溼，不宜持久，使輕騎挑之，然不敢動。於是乃令諸軍休息洗沐，簡精銳，募先登，申號令，示必攻之勢。然等聞之，乃夜遁。追至三州口，[11]大戮獲。

［1］太常：官名。秩中二千石，第三品。掌禮儀祭祀，選試博士。　太牢：古代祭祀，牛、羊、豕三牲俱全稱太牢。　辟雍：古代天子所設之太學。後世因稱太學爲辟雍。《禮記·王制》："大學在郊，天子曰辟雍，諸侯曰頖宮。"

［2］樊城：在當時襄陽縣北，與襄陽隔漢水相對，在今湖北襄陽市樊城區。

［3］己酉：百衲本、盧弼《集解》本、校點本作"己卯"，殿本作"己酉"。殿本《考證》李龍官云："按本月有辛丑，不得有己卯。據《王淩傳》，芍陂之戰，淩率諸軍爭塘，力戰連日，賊退，即封南鄉侯，遷車騎將軍。其非他月可知，是以從作己酉本（指監本）。"按，《二十史朔閏表》，正始二年六月癸酉朔，辛丑二十九日，己卯爲初七，己酉爲閏六月初七，蓋二"初七"相混。今從殿本作"己酉"。

［4］南安郡：治所獂（huán）道，在今甘肅隴西縣東南渭水東岸。

［5］干寶：百衲本誤作"于寶"。　芍陂：在今安徽壽縣南，因

潕水經白芍亭東與附近諸水積而成湖，故名。今安豐塘即其遺址。

[6] 柤（zū）中：在今湖北宜城縣與南漳縣之間，土地平敞，宜桑麻，有水陸良田，爲沔南之膏腴沃壤。（參王應麟《通鑑地理通釋》）

[7] 被攻：百衲本作“破攻”，殿本、盧弼《集解》本、校點本皆本“被攻”。今從殿本等。

[8] 縻軍：殿本、盧弼《集解》本作“糜軍”，百衲本、校點本作“縻軍”，今從百衲本等。縻軍，《孫子兵法·謀攻篇》云：“不知軍之不可以進而謂之進，不知軍之不可以退而謂之退，是謂縻軍。”縻軍，謂束縛牽制軍隊，使之不得相機而動。

[9] 疆場：殿本作“疆場”，百衲本、盧弼《集解》本、校點本作“疆場”。今從百衲本等。

[10] 津陽城門：洛陽城有十二門，南面之西門即津陽門。

[11] 三州口：又作“三洲口”。趙一清《注補》引《讀史方輿紀要》卷七九云：“白河在襄陽府（今湖北襄陽市）東北十里，其入漢（水）之處，名三洲口。”

三年春正月，東平王徽薨。三月，太尉滿寵薨。秋七月甲申，南安郡地震。乙酉，以領軍將軍蔣濟爲太尉。冬十二月，魏郡地震。[1]

[1] 魏郡：治所鄴縣，在今河北臨漳縣西南鄴鎮東一里半。

四年春正月，帝加元服，[1]賜羣臣各有差。夏四月乙卯，立皇后甄氏，[2]大赦。五月朔，日有食之，既。[3]秋七月，詔祀故大司馬曹真、曹休、征南大將軍夏侯尚、太常桓階、司空陳羣、太傅鍾繇、車騎將軍張郃、左將軍徐晃、前將軍張遼、右將軍樂進、太尉華歆、司徒王朗、驃騎將軍曹洪、征西將軍夏侯淵、後將軍朱靈、文聘、執金吾臧霸、破虜將軍李典、立義將軍龐德、武猛校尉典韋於太祖廟庭。冬十二月，倭國女王俾彌呼遣使奉獻。[4]

[1] 元服：冠。《漢書》卷七《昭帝紀》元鳳四年"帝加元服"顏師古注："元，首也。冠者，首之所著，故曰元服。"

[2] 甄氏：文昭甄皇后兄儼之孫女。（見本書《后妃傳》）

[3] 既：食盡，即日全蝕。《公羊傳·桓公三年》："秋七月壬辰朔，日有食之，既。既者何？盡也。"

[4] 倭國：在今日本島。詳見本書卷三〇《烏丸鮮卑東夷傳》。

五年春二月，詔大將軍曹爽率衆征蜀。夏四月朔，日有蝕之。五月癸巳，講《尚書》（經）通，[1]使太常以太牢祀孔子於辟雍，[2]以顏淵配；賜太傅、大將軍及侍講者各有差。丙午，大將軍曹爽引軍還。秋八月，秦王詢薨。九月，鮮卑內附，置遼東屬國，[3]立昌黎縣以居之。冬十一月癸卯，詔祀故尚書令荀攸于太祖廟庭。[一]己酉，復秦國爲京兆郡。[4]十二月，司空崔林薨。

〔一〕臣松之以爲故魏氏配饗不及荀彧，蓋以其末年異議，又位非魏臣故也。至于升程昱而遺郭嘉，[5]先鍾繇而後荀攸，則未詳厥趣也。徐他謀逆而許褚心動，[6]忠誠之至遠同于日磾，[7]且潼關之危，[8]非褚不濟，褚之功烈有過典韋，今祀韋而不及褚，又所未達也。

〔1〕通：各本“通”上有“經”字。趙幼文《校箋》云：
“《宋書·禮志》無‘經’字，下文正始七年‘冬十二月講《禮記》
通’，無‘經’字，此‘經’字爲衍文。”按，趙說是，今據《宋
書·禮志》删。

〔2〕祀：百衲本、殿本作“祠”。盧弼《集解》本、校點本作
“祀”。今從《集解》本等。

〔3〕遼東屬國：漢魏王朝在少數民族歸附之邊郡地區置屬國，
設都尉管理民政軍事。遼東屬國治所昌黎縣，在今遼寧義縣。

〔4〕京兆郡：治所長安，在今陝西西安市西北。秦王詢已卒，
故復改秦國爲京兆郡。

〔5〕升程昱而遺郭嘉：程昱之配祀，在明帝青龍元年，故可云
“升”。（見本書卷三《明帝紀》）郭嘉之配祀，在陳留王景元三年
（見後），則不可謂之“遺”。

〔6〕徐他：百衲本、殿本、盧弼《集解》本均作“徐佗”，而
本書《許褚傳》作“徐他”，校點本即據改。按，“佗”通“他”，
可統一作“他”。

〔7〕日磾（dī）：即金日磾。漢武帝時爲侍中、駙馬都尉。莽
何羅曾行刺武帝，因日磾覺察而擒之，武帝遂免於難。日磾因此以
忠誠著稱。（見《漢書》卷六八《金日磾傳》）

〔8〕潼關之危：詳見本書卷一八《許褚傳》。

六年春二月丁卯，南安郡地震。丙子，以驃騎將
軍趙儼爲司空；[1]夏六月，儼薨。〔秋〕八月丁卯，[2]
以太常高柔爲司空。癸巳，以左光禄大夫劉放爲驃騎
將軍，右光禄大夫孫資爲衛將軍。[3]冬十一月，祫祭太
祖廟，[4]始祀前所論佐命臣二十一人。十二月辛亥，詔
故司徒王朗所作《易傳》，[5]令學者得以課試。乙亥，

詔曰："明日大會羣臣，其令太傅乘輿上殿。"

[1] 驃（piào）騎將軍：官名。東漢時位比三公，地位尊崇。魏晉沿置，居諸名號將軍之首，僅作爲軍府名號，加授大臣、重要州郡長官，無具體職掌，二品。開府者位從公，一品。徐紹楨《質疑》謂《魏紀》對驃騎將軍除、免、薨皆書，本書《趙儼傳》謂儼正始四年爲驃騎將軍，紀卻未書，蓋闕漏也。

[2] 秋八月：各本"八"上無"秋"字。徐紹楨《質疑》云："此年上文無'秋七月'，則此八月上當有'秋'字。"今從徐説增。

[3] 衞將軍：官名。東漢時位次大將軍、驃騎將軍、車騎將軍，位亞三公。開府置官屬。魏、晉沿置，位在諸名號將軍之上，多作爲軍府名號，加授大臣、重要州郡長官，無具體職掌，二品。開府者位從公，一品。

[4] 祫（xiá）祭：合祭遠近祖之神主於太廟稱祫祭，通常三年一次。《禮記·曾子問》"祫祭於祖"孔穎達疏："祫，合祭；祖，大祖。三年一祫。"

[5] 易傳：本書卷一三《王朗傳》謂朗著有《易傳》《春秋傳》《孝經傳》《周官傳》。又《王朗附肅傳》謂朗子肅"善賈、馬之學，而不好鄭氏，采會同異，爲《尚書》《詩》《論語》《三禮》《左氏》解，及撰定朗所作《易傳》，皆列於學官"。則王朗《易傳》與王肅諸解，皆異於鄭玄之學。

七年春二月，幽州刺史毌丘儉討高句驪，[1] 夏五月，討濊貊，[2] 皆破之。韓那奚等數十國各率種落降。[3] 秋八月戊申，詔曰："屬到市觀見所斥賣官奴婢，年皆七十，或癃疾殘病，所謂天民之窮者也。[4] 且官以其力竭而復鬻之，進退無謂，其悉遣爲良民。若有不能自存者，郡縣振給之。"〔一〕

〔一〕臣松之案：帝初即位，有詔“官奴婢六十以上免爲良
人”。既有此詔，則宜遂爲永制。七八年間，而復貨年七十者，且
七十奴婢及癃疾殘病，並非可售之物，而鬻之於市，此皆事之難解。

[1] 幽州：刺史治所薊縣，在今北京城西南部。　高句驪：即
高句麗，見本書卷三〇《東夷傳》，當時之國都在丸都城，在今吉
林集安市西側之山成子。（本《〈中國歷史地圖集〉釋文匯編（東
北卷》）。王國維《觀堂集林·魏毌丘儉丸都山紀功石刻跋》謂此
載正始七年春二月討高句驪，誤。《魏志·高句麗傳》記爲五年，
獨得其實。按，其説詳見本書卷三〇《高句麗傳》注。

[2] 濊貊：古部族名。居地在今朝鮮江原道境内。（同上）

[3] 韓那奚：本書卷三〇《東夷韓傳》謂韓分爲馬韓、辰韓、
弁韓三種。僅馬韓就有小國五十餘，辰韓、弁韓亦各有十二國。那
奚當爲諸小國之一。

[4] 天民之窮者：《禮記·王制》：“少而無父者謂之孤，老而
無子者謂之獨，老而無妻者謂之矜（guān），老而無夫者謂之寡，
此四者，天民之窮而無告者也。”

己酉，詔曰：“吾乃當以十九日親祠，而昨出已見
治道，得雨當復更治，徒棄功夫。每念百姓力少役多，
夙夜存心。道路但當期于通利，聞乃撅捶老小，務崇
脩飾，疲困流離，以至哀歎，吾豈安乘此而行，致馨
德于宗廟邪？自今已後，明申勑之。”冬十二月，講
《禮記》通，使太常以太牢祀孔子於辟雍，以顏
淵配。〔一〕

〔一〕習鑿齒《漢晉春秋》曰：是年，吳將朱然入柤中，斬獲數千；柤中民吏萬餘家渡沔。[1]司馬宣王謂曹爽曰："若便令還，必復致寇，宜權留之。"爽曰："今不脩守沔南，[2]留民沔北，非長策也。"宣王曰："不然。凡物置之安地則安，危地則危，故兵書曰，成敗，形也，安危，勢也，形勢御衆之要，不可不審。設令賊二萬人斷沔水，三萬人與沔南諸軍相持，萬人陸鈔柤中，君將何以救之？"爽不聽，卒令還。然後襲破之。袁淮言于爽曰：[3]"吳楚之民脆弱寡能，英才大賢不出其土，比技量力，不足與中國相抗，然自上世以來常爲中國患者，蓋以江漢爲池，舟楫爲用，利則陸鈔，不利則入水，攻之道遠，中國之長技無所用之也。孫權自十數年以來，大畋江北，繕治甲兵，精其守禦，數出盜竊，敢遠其水，陸次平土，此中國所願聞也。夫用兵者，貴以飽待飢，以逸擊勞，師不欲久，行不欲遠，守少則固，力專則彊。當今宜捐淮、漢以南，[4]退卻避之。若賊能入居中央，來侵邊境，則隨其所短，中國之長技得用矣。若不敢來，則邊境得安，無鈔盜之憂矣。使我國富兵彊，政脩民一，陵其國不足爲遠矣。今襄陽孤在漢南，賊循漢而上，則斷而不通，一戰而勝，則不攻而自服，故置之無益于國，亡之不足爲辱。自江夏已東，[5]淮南諸郡，三后已來，[6]其所亡幾何，以近賊疆界易鈔掠之故哉！若徙之淮北，遠絕其間，則民人安樂，何鳴吠之驚乎？"遂不徙。

[1] 民吏：吳金華《〈三國志〉斠議》謂"民吏"不成話，上文注引干寶《晉紀》有司馬懿"柤中民夷十萬"之語，此"吏"字必屬"夷"之形誤。按，魏晉時雖然吏家是服役之户，地位還低於民户，民吏連稱亦可，但柤中實爲漢族與少數民族雜居地，稱"民夷"恰當。　沔：沔水。即漢水，古代又稱漢水爲沔水。

[2] 脩守：盧弼《集解》云："宋本'脩'作'備'。"趙幼文《校箋》謂《晉書》卷一《宣帝紀》"脩"字作"能"。吳金華

《〈三國志〉待質録》謂蘇傑推測，"脩"字應是"備"的形誤，"備守"與"守備"同義。蘇説可從。

[3] 袁淮：盧弼《集解》引姚範曰："淮"疑作"準"，見《袁涣傳》。趙幼文《校箋》亦謂"淮"字當作"準"，袁涣之第四子，"淮""準"形近易誤。

[4] 捐：殿本作"損"，百衲本、盧弼《集解》本、校點本皆作"捐"。今從百衲本等。

[5] 江夏：郡名。自曹操得荊州後以文聘爲江夏太守，治所石陽，在今湖北黃陂縣西。（本吳增僅《三國郡縣表附考證》）

[6] 三后：三君。指魏武帝、文帝、明帝。

八年春二月〔庚午〕朔，[1]日有蝕之。夏五月，分河東之汾北十縣爲平陽郡。[2]

秋七月，尚書何晏奏曰：[3]"善爲國者必先治其身，治其身者慎其所習。所習正則其身正，其身正則不令而行；所習不正則其身不正，其身不正則雖令不從。[4]是故爲人君者，所與游必擇正人，所觀覽必察正象，放鄭聲而弗聽，[5]遠佞人而弗近，然後邪心不生而正道可弘也。季末闇主，不知損益，斥遠君子，引近小人，忠良疏遠，便辟褻狎，亂生近暱，譬之社鼠；[6]考其昏明，所積以然，故聖賢諄諄以爲至慮。舜戒禹曰'鄰哉鄰哉'，[7]言慎所近也，周公戒成王曰'其朋其朋'，[8]言慎所與也。（《詩》）〔《書》〕云：[9]'一人有慶，兆民賴之。'可自今以後，御幸式乾殿及游豫後園，[10]皆大臣侍從，因從容戲宴，兼省文書，詢謀政事，講論經義，爲萬世法。"[11]冬十二月，散騎常侍、諫議大夫孔乂奏曰：[12]"禮，天子之宮，有斲礱之制，[13]無朱丹之飾，宜循禮復古。今天下已平，君臣之分明，陛下但當不懈于位，平公正之心，審賞罰以使之。可絕後園習騎乘馬，出必御輦乘車，天下之福，臣子之願也。"晏、又咸因闕以進規諫。

[1] 二月庚午朔：各本無"庚午"二字。《晋書・天文志》作"二月庚午朔"。錢大昭《辨疑》云："當據《晋志》補'庚午'二字。"今從錢説補。

[2] 汾北：地區名。汾水即今山西汾河。汾河自北向南流，流至今山西新絳縣，又折而西流，至河津縣西入黄河。古代遂稱這段河道以北之地爲汾北。　平陽郡：治所平陽縣，在今山西臨汾市西南。

[3] 尚書：官名。魏置吏部、左民、客曹、五兵、度支等五曹尚書，秩皆六百石，第三品。其中吏部職任要重，徑稱吏部尚書，其餘諸曹均稱尚書。　何晏：事見本書卷九《曹爽傳》及裴注。

[4] 雖令不從：《論語・子路》子曰："其身正，不令而行；其身不正，雖令不從。"

[5] 鄭聲：周代鄭地之樂歌。《論語・衛靈公》孔子曰："放鄭聲，遠佞人。鄭聲淫，佞人殆。"後世遂以鄭聲爲淫穢之音的代辭。

[6] 社鼠：《晏子春秋・内篇問上》："景公問于晏子曰：'治國何患？'晏子對曰：'患夫社鼠。'公曰：'何謂也？'對曰：'夫社，束木而塗之，鼠因往托焉。熏之則恐燒其木，灌之則恐敗其塗。此鼠所以不可得殺者，以社故也。夫國亦有焉，人主左右是也。内則蔽善惡於君上，外則賣權重於百姓，不誅之則亂，誅之則爲人主所案據，腹而有之，此亦國之社鼠也。'"

[7] 鄰哉：《尚書・益稷》："帝曰：'吁！臣哉鄰哉！鄰哉臣哉！'"孔傳："鄰，近也。言君臣道近，相須而成。"孔穎達疏："言君臣當相親近，其與成政道也。"

　　[8] 其朋：《尚書·洛誥》：周公戒成王曰：“孺子，其朋！孺子，其朋！其往。”孔傳：“少子慎其朋黨，少子慎朋黨！戒其自今已往。”孔穎達疏：“以朋黨害政，尤宜禁絕，故丁寧戒之：少子慎其朋黨，少子慎其朋黨！”

　　[9] 書云：各本皆作“詩云”，而下所引，乃《尚書·呂刑》之言。盧弼《集解》：“‘詩云’當作‘書云’，《吳志·孫權傳》嘉禾二年詔引此亦作‘書云’。”校點本遂改爲“書云”。今從之。一人：指天子。

　　[10] 可自今以後御幸式乾殿：《群書治要》卷二五引“可”字在“御”字上。　游豫：游樂。

　　[11] 爲萬世法：後人對何晏此奏，多有好評。清人錢大昕和陳澧都認爲《三國志》作者迫於壓力，對何晏“不無誣辭”，卻巧妙地在《齊王紀》中載何晏此奏議，有意讓後人窺知何晏的一點真貌。何晏乃是一個“有大儒之風”的能人。（見錢大昕《潛研堂文集》卷二《何晏論》、陳澧《東塾讀書記》卷一四《三國》）

　　[12] 散騎常侍：官名。秩比二千石，第三品。爲門下重職，侍從皇帝左右，諫諍得失，應對顧問，與侍中等共平尚書奏事，有異議得駁奏。　諫議大夫：官名。秩六百石，第七品。掌議論，無定員。　孔乂：各本皆作“孔晏乂”。殿本《考證》陳浩云：“孔乂字元儁，見後《倉慈傳》注中，下文‘晏、乂咸闕以進規諫’，謂何晏及儁也。此‘晏’字疑衍。”故盧弼《集解》本、校點本皆刪“晏”字。今從之。

　　[13] 斲礱之制：斲（zhuó），砍削。礱（lóng），打磨。古代禮制，屋椽的製作，按人之不同等級有所差異。《國語·晉語八》：“趙文子爲室，斲其椽而礱之，張老夕焉而見之，不謁而歸。文子聞之，駕而往，曰：‘吾不善，子亦告我，何其速也？’對曰：‘天子之室，斲其椽而礱之，加密石焉；諸侯礱之；大夫斲之；士首之。備其物，義也；從其等，禮也。今子貴而忘義，富而忘禮，吾懼不免，何敢以告。’文子歸，令之勿礱也。”

九年春二月，衞將軍、中書令孫資，癸巳，[1]驃騎將軍、中書監劉放，三月甲午，司徒衞臻，各遜位，以侯就第，位特進。[2]四月，以司空高柔爲司徒；光禄大夫徐邈爲司空，固辭不受。秋九月，以車騎將軍王淩爲司空。冬十月，大風發屋折樹。

[1] 癸巳：盧弼《集解》謂“癸巳”二字疑在“二月”之下。吳金華《校詁》則據本書《劉放傳》裴注引《資別傳》，言孫資在正始九年二月前，已固稱疾求退。至九年二月乃下詔聽其所請。則孫資獨自稱疾求退而詔書許之，當在劉放“癸巳”日遜位前。又按古曆，正始九年二月甲子朔，癸巳乃晦日，則二月下所奪字，當在甲子後壬辰前求之。

[2] 特進：官名。漢制，凡諸侯大臣功德優盛，朝廷所敬異者，加位特進，朝會時位在三公下，車服俸禄仍從本官。魏晋沿襲之。

嘉平元年春正月甲午，[1]車駕謁高平陵。〔一〕[2]太傅司馬宣王奏免大將軍曹爽、爽弟中領軍羲、武衞將軍訓、散騎常侍彦官，[3]以侯就第。戊戌，有司奏收黄門張當付廷尉，[4]考實其辭，爽與謀不軌。又尚書丁謐、鄧颺、何晏、司隸校尉畢軌、荆州刺史李勝、大司農桓範皆與爽通姦謀，[5]夷三族。[6]語在《爽傳》。丙午，大赦。丁未，以太傅司馬宣王爲丞相，固讓乃止。〔二〕

〔一〕孫盛《魏世譜》曰：[7]高平陵在洛水南大石山，去洛城九十里。

〔二〕孔衍《漢魏春秋》曰：詔使太常王肅册命太傅爲丞相，

增邑萬户，羣臣奏事不得稱名，如漢霍光故事。[8] 太傅上書辭讓曰：「臣親受顧命，[9] 憂深責重，憑賴天威，摧弊姦凶，贖罪爲幸，功不足論。又三公之官，聖王所制，著之典禮。至于丞相，始自秦政。[10] 漢氏因之，無復變改。今三公之官皆備，橫復寵臣，違越先典，革聖明之經，襲秦漢之路，雖在異人，臣所宜正，況當臣身而不固争，四方議者將謂臣何！」書十餘上，詔乃許之，復加九錫之禮。[11] 太傅又言：「太祖有大功大德，漢氏崇重，故加九錫，此乃歷代異事，非後代之君臣所得議也。」又辭不受。

[1] 嘉平：魏少帝齊王曹芳年號（249—254）。

[2] 高平陵：魏明帝之陵。

[3] 中領軍：官名。第三品，掌禁軍，主五校、中壘、武衛三營。 武衛將軍：官名。第四品，掌禁軍。

[4] 黄門：官名。此指小黄門，無定員，秩六百石，第七品。掌侍左右，受尚書奏事，上在内宫，關通中外及中宫以下衆事。廷尉：官名。秩中二千石，第三品。掌司法刑獄。

[5] 司隸校尉：官名。秩比二千石，第三品。掌糾察京師百官違法者，並治所轄各郡，相當於州刺史。 大司農：官名。秩中二千石，第三品。管理國家財政收支。曹魏時郡縣管理屯田的典農官亦屬之。

[6] 三族：一般指父族、母族、妻族。《史記》卷五《秦本紀》「法初有三族之罪」《集解》引如淳曰：「父族、母族、妻族也。」

[7] 魏世譜：百衲本、殿本、盧弼《集解》本皆作「魏世籍」，校點本作「魏世譜」。今從校點本。盧弼《集解》引沈家本曰：孫盛《魏世譜》，隋、唐《志》不著録，此紀所引三條，嘉平元年一條作「魏世籍」，「籍」爲「譜」字之譌，餘二條不稱孫盛，省文也。《文選注》引之，首見《魏都賦》，又見陸機《答賈謐

詩》，不及此紀所引之詳。《太平御覽》皇王部亦引《魏世譜》，皆不著撰人。

　　[8] 霍光故事：《漢書》卷八《宣帝紀》載，霍光於地節二年三月卒，詔書稱他爲“大司馬、大將軍、博陸侯”。顏師古注：“尊之，故不名。”

　　[9] 顧命：帝王臨終之遺命。《尚書·顧命序》孔傳：“臨終之命曰顧命。”

　　[10] 秦政：秦始皇名政。

　　[11] 九錫之禮：古代天子賜給大臣的最高禮遇。《漢書》卷六《武帝紀》注引應劭説：“九錫者，一曰車馬，二曰衣服，三曰樂器，四曰朱户，五曰納陛，六曰虎賁百人，七曰鈇鉞，八曰弓矢，九曰秬鬯。”（音義皆見本書卷一《武帝紀》建安十八年“九錫”注）

　　夏四月乙丑，改年。丙子，太尉蔣濟薨。冬十二月辛卯，以司空王淩爲太尉。庚子，以司隸校尉孫禮爲司空。

　　二年夏五月，以征西將軍郭淮爲車騎將軍。冬十月，以特進孫資爲驃騎將軍。十一月，司空孫禮薨。十二月甲辰，東海王霖薨。[1]乙未，征南將軍王昶渡江，[2]掩攻吳，破之。

　　[1] 東海：王國名。治所郯縣，在今山東郯城縣北。

　　[2] 征南將軍：官名。秩二千石，第二品。黃初中位次三公。領兵屯新野，統荆、豫二州刺史。資深者爲大將軍。　渡江：盧弼《集解》云：“王昶渡江，指渡漢水言，非渡大江也。吳荆州南郡江陵在江北可證。”

三年春正月，荆州刺史王基、新城太守（陳泰）〔州泰〕攻吳，[1]破之，降者數千口。二月，置南郡之夷陵縣以居降附。[2]三月，以尚書令司馬孚爲司空。[3]四月甲申，以征南將軍王昶爲征南大將軍。壬辰，大赦。丙午，聞太尉王淩謀廢帝，立楚王彪，[4]太傅司馬宣王東征淩。五月甲寅，淩自殺。六月，彪賜死。秋七月壬戌，皇后甄氏崩。辛未，以司空司馬孚爲太尉。〔八月〕戊寅，[5]太傅司馬宣王薨，以衛將軍司馬景王爲撫軍大將軍，[6]録尚書事。[7]乙未，葬懷甄后於太清陵。庚子，驃騎將軍孫資薨。十一月，有司奏諸功臣應饗食於太祖廟者，更以官爲次，太傅司馬宣王功高爵尊，最在上。十二月，以光禄勳鄭沖爲司空。[8]

[1] 荆州：魏黄初中，刺史治所在宛縣，正始中移至新野，在今河南新野縣。　新城：郡名。治所房陵縣，在今湖北房陵縣。州泰：各本皆作“陳泰”。趙一清《注補》：“何（焯）云陳少章云：‘陳泰’是‘州泰’之誤。元伯（陳泰）本傳具載前後歷官，未嘗典郡；又嘉平中方代郭淮爲雍州刺史，安得與基同建破吳之功？”校點本即據陳景雲（字少章）説，改“陳泰”爲“州泰”。今從之。殿本《考證》亦有同説。州泰事見本書卷二八《鄧艾傳》及裴注引《世語》。

[2] 置：百衲本作“致”，殿本、盧弼《集解》本、校點本作“置”。今從殿本等。　夷陵：縣名。治所在今湖北宜昌市東南。吳增僅云：“夷陵之置，蓋亦虛置以處南郡之降民，非有實土。南郡在吳，而曰南郡之夷陵者，魏以南郡爲中國土地，暫淪異域，不以敵國視吳也。”楊守敬則云：“此夷陵即漢南郡之夷陵，吳黄武元年（222）改爲西陵，嘉平三年（251）爲魏所破，仍稱夷陵，以夷陵

本屬南郡，即就舊屬言之，非不以敵國視吳也。若就新制言之，當曰宜都之西陵。"（見吳增僅《三國郡縣表附考證》及楊守敬《補正》）

[3] 尚書令：官名。曹魏時仍爲尚書臺長官，第三品，不再隸屬少府。仍掌奏、下尚書曹文書衆事，選用署置官吏；總典臺中綱紀法度，無所不統。後又綜理萬機，決策出令。

[4] 楚：王國名。治所壽春，在今安徽壽縣。錢大昕云："漢之楚國治彭城，魏之楚國蓋治壽春，即漢九江郡也。"（《廿二史考異》卷一五）

[5] 戊寅：梁章鉅《旁證》引潘眉説："戊寅"上當有"八月"，此闕文。按《二十史朔閏表》，嘉平三年七月甲辰朔，辛未爲七月二十八日，戊寅爲八月初五。而《晉書》卷一《宣帝紀》正作"八月戊寅"。今從潘説據《晉書》補。

[6] 司馬景王：即司馬師。魏元帝時，其弟司馬昭爲晉王後，追尊他爲景王。　撫軍大將軍：官名。第二品。司馬懿於黄初中曾任此職。

[7] 録尚書事：録爲總領之意。東漢以來，政歸尚書，録尚書事，則總攬朝政，位上公，在三公上。自魏晉以後，公卿權重者亦爲之。

[8] 光禄勳：官名。秩中二千石，第三品。掌宿衞宫殿門户，朝會則皆禁止，及主諸郎之在殿中侍衞者。

　　四年春正月癸卯，以撫軍大將軍司馬景王爲大將軍。二月，立皇后張氏，大赦。夏五月，魚二，見於武庫屋上。〔一〕冬十一月，詔征南大將軍王昶、征東將軍胡遵、鎮南將軍毌丘儉等征吳。[1] 十二月，吳大將軍諸葛恪拒戰，大破衆軍于東關。[2] 不利而還。〔二〕

〔一〕《漢晋春秋》曰：初，孫權築東興隄以遏巢湖。[3]後征淮南，壞不復修。是歲諸葛恪帥軍更于隄左右結山挾築兩城，[4]使全端、留略守之，引軍而還。諸葛誕言於司馬景王曰：“致人而不致於人者，[5]此之謂也。今因其内侵，使文舒逼江陵，[6]仲恭向武昌，[7]以羈吳之上流，然後簡精卒攻兩城，比救至，可大獲也。”景王從之。

〔二〕《漢晋春秋》曰：毌丘儉、王昶聞東軍敗，[8]各燒屯走。朝議欲貶黜諸將，景王曰：“我不聽公休，[9]以至於此。此我過也，諸將何罪？”悉原之。時司馬文王爲監軍，[10]統諸軍，唯削文王爵而已。是歲，雍州刺史陳泰求敕并州併力討胡，[11]景王從之。未集，而雁門、新興二郡人爲將遠役，[12]遂驚反。景王又謝朝士曰：“此我過也，非玄伯之責！”[13]於是魏人愧悦，[14]人思其報。

習鑿齒曰：司馬大將軍引二敗以爲己過，過消而業隆，可謂智矣。夫民忘其敗，而下思其報，雖欲不康，其可得邪？若乃諱敗推過，歸咎萬物，常執其功而隱其喪，上下離心，賢愚解體，是楚再敗而晋再克也，謬之甚矣！君人者，苟統斯理而以御國，則朝無秕政，身靡留怨，行失而名揚，兵挫而戰勝，雖百敗可也，況於再乎！

[1] 鎮南將軍：官名。第二品，位次四征將軍，領兵如征南將軍。多爲持節都督，出鎮方面。

[2] 東關：地名。在今安徽巢湖市東南裕溪河東岸。胡三省云：“東關即濡須口，亦謂之栅江口，有東西關。東關之南岸吳築城，西關之北岸魏置栅。後諸葛恪於東關作大堤，以遏巢湖，謂之東興堤，即其地也。”（《通鑑》卷七一魏明帝太和二年注）《通鑑地理通釋》亦謂東關在巢縣東南四十里，接巢湖。又按，本書卷二八《諸葛誕傳》此次魏與諸葛恪交戰，督諸軍者乃諸葛誕。盧弼《集解》云：“是役諸葛誕實督諸軍，而紀文不書誕者，或以誕爲

鎮東（將軍）在征東（將軍）胡遵之下耶?"

[3] 東興隄：在東關。本書卷六四《諸葛恪傳》謂孫權於黃
龍二年（230）築東興堤以遏巢湖水，"後征淮南，敗以內船，由是
廢不復修"。

[4] 結山：依山。（本《通鑑地理通釋》）山，指濡須山與七
寶山。胡三省云："今柵江口（即濡須口）有兩山，濡須山在和州
界，謂之東關，七寶山在無爲軍界，謂之西關，兩山對峙，中爲石
梁，鑿石通水。"（《通鑑》卷七五魏邵陵厲公嘉平四年注）和州，
在今安徽和縣。無爲軍，在今安徽無爲縣。

[5] 致人而不致於人：《孫子兵法・虛實篇》云："善戰者，
致人而不致於人。能使敵人自至者，利之也。"又按，"致於人"
百衲本作"至於人"，殿本等皆作"致於人"。今從殿本等。

[6] 文舒：王昶字文舒。　江陵：縣名。治所在今湖北荆州市
江陵區。

[7] 仲恭：毌丘儉字仲恭。　武昌：縣名。治所在今湖北
鄂州市。

[8] 東軍：指攻東關之軍。當時王昶攻南郡江陵，毌丘儉向武
昌，胡遵、諸葛誕攻東關。（見《通鑑》卷七五魏邵陵厲公嘉平四
年）胡三省云："時三道伐吳，東關最在東，故曰東軍。"（《通鑑》
卷七六魏邵陵厲公嘉平五年注）

[9] 公休：諸葛誕字公休。盧弼《集解》云："三道進兵，本
用公休之策，所謂不聽公休者，或別有兵略也。"按，此或司馬師
有意籠絡人心而假設之辭。

[10] 司馬文王：即司馬昭。魏元帝咸熙元年（264）司馬昭爲
晋王，咸熙二年死後謚爲文王。（見《晋書》卷二《文帝紀》）　監
軍：官名。三國時期，諸軍出征，多置監軍監視將帥，權勢頗重。

[11] 雍州：刺史治所長安縣，在今陝西西安市西北。　并州：
刺史治所晋陽，在今山西太原市西南古城營西古城。　胡：殿本作
"恪"，百衲本、盧弼《集解》本、校點本作"胡"，今從百

衲本等。

[12]雁門：郡名。治所廣武縣，在今山西代縣西南古城。
新興：郡名。治所九原縣，在今山西忻州市。

[13]玄伯：陳泰字玄伯。

[14]魏人愧悦：胡三省云："司馬師承父懿之後，大臣未附，
引咎責躬，所以愧服天下之心而固其權耳。"（《通鑑》卷七六魏邵
陵厲公嘉平五年注）

　　五年夏四月，大赦。五月，吳太傅諸葛恪圍合肥新
城，[1]詔太尉司馬孚拒之。〔一〕秋七月，恪退還。〔二〕

〔一〕《漢晉春秋》曰：是時姜維亦出圍狄道。[2]司馬景王問
虞松曰：[3]"今東西有事，二方皆急，[4]而諸將意沮，若之何？"
松曰："昔周亞夫堅壁昌邑而吳楚自敗，[5]事有似弱而彊，或似彊
而弱，不可不察也。今恪悉其銳衆，足以肆暴，而坐守新城，欲
以致一戰耳。若攻城不拔，請戰不得，師老衆疲，[6]勢將自走，
諸將之不徑進，乃公之利也。姜維有重兵而縣軍應恪，投食我麥，
非深根之寇也。且謂我并力于東，西方必虛，是以徑進。今若使
關中諸軍倍道急赴，[7]出其不意，殆將走矣。"景王曰："善！"乃
使郭淮、陳泰悉關中之衆，解狄道之圍；敕毌丘儉等案兵自守，
以新城委吳。姜維聞淮進兵，軍食少，乃退屯隴西界。[8]

〔二〕是時，張特守新城。

《魏略》曰：特字子產，涿郡人。[9]先時領牙門，[10]給事鎮東
諸葛誕，[11]誕不以爲能也，欲遣還護軍。[12]會毌丘儉代誕，遂使
特屯守合肥新城。及諸葛恪圍城，特與將軍樂方等三軍衆合有三
千人，吏兵疾病及戰死者過半，[13]而恪起土山急攻，[14]城將陷，
不可護。特乃謂吳人曰："今我無心復戰也。然魏法，被攻過百日
而救不至者，雖降，家不坐也。自受敵以來，已九十餘日矣。此

城中本有四千餘人，而戰死者已過半，城雖陷，尚有半人不欲降，我當還爲相語之，條名別善惡，[15]明日早送名，且持我印綬去以爲信。"乃投其印綬以與之。吳人聽其辭而不取印綬，不攻。頃之，特還，乃夜徹諸屋材柵，補其缺爲二重。明日，謂吳人曰："我但有鬬死耳！"吳人大怒，進攻之，不能拔，遂引去。朝廷嘉之，加雜號將軍，[16]封列侯，[17]又遷安豐太守。[18]

[1] 合肥新城：魏於青龍元年（233）新築之城，在今安徽合肥市西北。

[2] 狄道：少數民族聚居之縣稱道。狄道，治所在今甘肅臨洮縣。

[3] 虞松：曾爲中書郎、中書令。事主要見本書卷二八《鍾會傳》裴注引《世語》。

[4] 二方皆急：胡三省云："謂吳攻淮南，蜀攻隴西也。"（《通鑑》卷七六魏邵陵厲公嘉平五年注）

[5] 周亞夫：漢文帝、景帝時之名將。景帝初，吳楚七國反叛，景帝以亞夫爲太尉，率軍東擊吳楚。亞夫集兵於滎陽（今河南滎陽東北），而吳卻攻梁國（治所睢陽縣，在今河南商丘縣南），梁王請亞夫援救，亞夫卻率軍至昌邑（今山東金鄉縣西北），深壁堅守。梁王又上書景帝，景帝亦命亞夫救梁。亞夫卻不奉詔，堅壁不出。而使輕騎兵斷絕吳楚軍後方糧道。吳楚軍糧缺，多次挑戰，亞夫終不出戰。吳楚軍飢甚，不得已退軍。亞夫遂出精兵追擊，大破吳軍。前後凡守攻三月，吳楚悉平。（見《漢書》卷四〇《周勃附亞夫傳》）

[6] 師老：軍隊士氣衰落。《左傳·宣公二十八年》："師直爲壯，曲爲老。"

[7] 關中：指函谷關以內之地。

[8] 隴西：郡名。治所襄武縣，在今甘肅隴西縣東南。隴西

界，蓋即與蜀漢益州接近之隴西地。

〔9〕涿郡：治所涿縣，在今河北涿州市。

〔10〕牙門：官名。即牙門將軍，第五品。魏文帝黃初初置，無定員。（本洪飴孫《三國職官表》）

〔11〕鎮東：官名。即鎮東將軍，第二品，位次四征將軍，領兵如征東將軍。多爲持節都督，出鎮方面。

〔12〕護軍：官名。即護軍將軍，第四品。掌禁兵，總統諸將任，主武官選舉，隸領軍。

〔13〕吏兵：趙幼文《校箋》謂《册府元龜》卷三九九引“吏”上有“是時”二字。按，宋本《册府元龜》無“是時”二字。又按，《校箋》以明本《册府元龜》所校下文諸處，亦與宋本《册府元龜》不符。按，宋本《册府元龜》，下文“尚有半人不欲降”下亦無“者”字；“條名別善惡”之“別”下亦無“著”字；“不攻”作“亦復不攻”，不作“而不攻，印綬亦不復取”。由此尚可爲前賢謂明本《册府元龜》有脫漏增改之説提供例證。

〔14〕土山：百衲本作“士止”，殿本、盧弼《集解》本、校點本作“土山”。今從殿本等。

〔15〕條名：盧弼《集解》云：“《通鑑》無‘名’字。”（見《通鑑》卷七六魏邵陵厲公嘉平五年）

〔16〕雜號將軍：官名。魏雜號將軍無常員，第五品。《官品》云：諸雜號，宣威將軍以下皆第五品，蓋將軍之無名號者。

〔17〕列侯：爵名。漢代二十級爵之最高者。金印紫綬，有封邑，食租税。功大者食縣，小者食鄉亭。魏初亦沿襲有列侯。

〔18〕安豐：郡名。魏文帝黃初初分廬江郡置，治所安風縣，在今安徽霍邱縣西南。（本吳增僅《三國郡縣表》）

八月，詔曰：“故中郎西平郭脩，[1]砥節屬行，秉心不回。乃者蜀將姜維寇鈔脩郡，爲所執略。往歲偽

大將軍費禕驅率羣衆，陰圖闚窬，[2] 道經漢壽，[3] 請會
衆賓，脩於廣坐之中手刃擊禕，勇過聶政，[4] 功逾介
子，[5] 可謂殺身成仁，[6] 釋生取義者矣。[7] 夫追加褒寵，
所以表揚忠義；祚及後胤，所以獎勸將來。其追封脩
爲長樂鄉侯，食邑千戶，謐曰威侯；子襲爵，加拜奉
車都尉；[8] 賜銀千鉼，[9] 絹千匹，以光寵存亡，永垂來
世焉。"〔一〕

〔一〕《魏氏春秋》曰：脩字孝先，素有業行，著名西州。[10]
姜維劫之，脩不爲屈。劉禪以爲左將軍，[11] 脩欲刺禪而不得親近，
每因慶賀，且拜且前，爲禪左右所遏，事輒不克，故殺禕焉。

臣松之以爲古之舍生取義者，必有理存焉，或感恩懷德，投
命無悔，或利害有機，奮發以應會，詔所稱聶政、介子是也。事
非斯類，則陷乎妄作矣。魏之與蜀，雖爲敵國，非有趙襄滅智之
仇，[12] 燕丹危亡之急；[13] 且劉禪凡下之主，費禕中才之相，二人
存亡，固無關于興喪。郭脩在魏，西州之男子耳，始獲于蜀，既
不能抗節不辱，于魏又無食祿之責，不爲時主所使，[14] 而無故規
規然糜身于非所，[15] 義無所加，功無所立，可謂"折柳樊
圃"，[16] 其狂也且，[17] 此之謂也。

[1] 中郎：官名。秩比六百石，第八品。無定員，未知所屬何
署。　西平：郡名。治所西都縣，在今青海西寧市。　郭脩：本書
《費禕傳》作"郭循"。潘眉《考證》謂脩、循二字，形近易誤，
古籍中例證甚多。

[2] 闚（kuī）窬（yú）：同"窺窬"。窺伺間隙。

[3] 漢壽：縣名。本漢葭萌，劉備改名漢壽，治所在今四川廣
元市西南。

〔4〕聶政：戰國人。因殺人避仇，逃至齊國以屠爲業。韓國嚴仲子與韓相俠累有隙，求政刺殺俠累，政以母在未許。母亡後，政乃持劍獨行，入韓刺殺俠累，然後毀形自殺。（詳《史記》卷八六《刺客列傳》）

〔5〕介子：指傅介子。漢武帝後期，西域樓蘭既降服漢朝，又親附匈奴。後在匈奴爲質子者回國爲王，與匈奴更爲親善，數截殺漢使。漢昭帝元鳳中，介子受大將軍霍光之命，往樓蘭刺殺其王，並斬王首以歸。漢因封介子爲義陽侯。（見《漢書》卷九六《西域傳上》）

〔6〕殺身成仁：《論語·衛靈公》子曰：“志士仁人，無求生以害仁，有殺身以成仁。”

〔7〕釋生取義：《孟子·告子上》孟子曰：“生，亦我所欲也；義，亦我所欲也。二者不可得兼，捨生而取義者也。”

〔8〕奉車都尉：官名。秩比二千石，第六品，掌皇帝車輿，無定員，或爲加官。

〔9〕鉼（bǐng）：塊狀金銀。

〔10〕西州：指涼州。刺史治所姑臧，在今甘肅武威市。

〔11〕左將軍：官名。東漢時位如上卿，與前、後、右將軍掌京師兵衛和邊防屯警。魏晉亦置，第三品。權位漸低，略高於一般雜號將軍，不典禁兵，不與朝政，僅領兵征戰。蜀漢亦置。

〔12〕趙襄滅智之仇：春秋末，晉國智伯伐趙襄子，趙襄子乃與韓、魏合謀滅智伯，並三分其地。趙襄子最怨智伯，遂漆其頭以爲溲器。智伯曾尊寵下屬豫讓，趙襄子滅智伯後，豫讓自爲刑人，入宮塗厠行刺趙襄子，襄子義而釋之。豫讓又漆身變形，再次行刺，又爲襄子所獲。豫讓自知再無法行刺，乃請戮襄子之衣以報智伯，襄子義而與衣。豫讓拔劍三躍而擊之曰：“吾可以下報智伯矣！”遂自殺。（見《史記》卷八六《刺客列傳》）

〔13〕燕丹危亡之急：戰國末期，秦國强盛，逐漸吞并六國。燕太子丹質秦亡歸燕後，即積極謀劃救國對秦之策，廣交收養謀士

與壯士。至秦滅韓、趙、魏後，兵已至於易水，燕國面臨危亡之禍。太子丹遂使荊軻入秦刺殺秦王。刺殺未果，荊軻被殺。後秦伐燕，燕王遂斬太子丹以獻秦，而秦終滅燕。（見《史記》卷三四《燕世家》與卷八六《刺客列傳》）

〔14〕時主：百衲本作"時王"，殿本、盧弼《集解》本、校點本作"時主"。今從殿本等。

〔15〕規規：形容惘然自失。　糜身：謂喪身，喪命。

〔16〕折柳樊圃：《詩·齊風·東方未明》："折柳樊圃，狂夫瞿瞿。"毛傳："柳，柔脆之木。樊，藩也。圃，菜園也。折柳以爲藩園，無益於禁矣。"

〔17〕狂也且（jū）：《詩·鄭風·褰裳》："狂童之狂也且！"鄭箋："狂童之人，日爲狂行，故使我言此也。"

　　自帝即位至于是歲，郡國縣道多所置省，[1]俄或還復，不可勝紀。

〔1〕道：少數民族聚居之縣稱爲道。

　　六年春二月己丑，鎮東將軍毌丘儉上言："昔諸葛恪圍合肥新城，城中遣士劉整出圍傳消息，爲賊所得，考問所傳，語整曰：[1]'諸葛公欲活汝，汝可具服。'整罵曰：'死狗，此何言也！我當必死爲魏國鬼，不苟求活，逐汝去也。欲殺我者，便速殺之。'終無他辭。又遣士鄭像出城傳消息，或以語恪，恪遣（馬）騎尋圍跡索，[2]得像還。四五人的頭面縛，[3]將繞城表，勑語像，使大呼，言'大軍已還洛，不如早降'。像不從其言，更大呼城中曰：'大軍近在圍外，壯士努

力！'賊以刀築其口，[4]使不得言，[5]像遂大呼，令城
中聞知。整、像爲兵，能守義執節，子弟宜有差異。"
詔曰："夫顯爵所以褒元功，重賞所以寵烈士。整、像
召募通使，越蹈重圍。冒突白刃，輕身守信，不幸見
獲，抗節彌厲，揚六軍之大勢，安城守之懼心，臨難
不顧，畢志傳命。昔解楊執楚，[6]有隕無貳，齊路中大
夫以死成命，[7]方之整、像，所不能加。[8]今追賜整、
像爵關中侯，[9]各除士名，[10]使子襲爵，如部曲將死
事科。"[11]

　　庚戌，中書令李豐與皇后父光禄大夫張緝等謀廢
易大臣，[12]以太常夏侯玄爲大將軍。事覺，諸所連及
者皆伏誅。辛亥，大赦。三月，廢皇后張氏。[13]夏四
月，立皇后王氏，大赦。五月，封后父奉車都尉王夔
爲廣明鄉侯、光禄大夫，位特進，妻田氏爲宣陽鄉君。
秋九月，大將軍司馬景王將謀廢帝，以聞皇太后。〔一〕
甲戌，太后令曰："皇帝芳春秋已長，不親萬機，[14]耽
淫内寵，沈漫女德，[15]日延倡優，縱其醜謔；迎六宮
家人留止内房，[16]毀人倫之敘，亂男女之節；恭孝日
虧，悖慢滋甚，不可以承天緒，奉宗廟。使兼太尉高
柔奉策，用一元大武告于宗廟，[17]遣芳歸藩于齊，以
避皇位。"[18]〔二〕是日遷居別宮，年二十三。使者持節
送衞，營齊王宮於河内〔之〕重門，[19]制度皆如藩國
之禮。〔三〕

　　〔一〕《世語》及《魏氏春秋》並云：此秋，姜維寇隴右。[20]

時安東將軍司馬文王鎮許昌，[21]徵還擊維，至京師，帝於平樂觀以臨軍過。[22]中領軍許允與左右小臣謀，[23]因文王辭，殺之，勒其衆以退大將軍。已書詔于前。文王入，帝方食栗，優人雲午等唱曰："青頭雞，青頭雞。"青頭雞者，鴨也。[24]帝懼不敢發。文王引兵入城，景王因是謀廢帝。

臣松之案《夏侯玄傳》及《魏略》，許允此年春與李豐事相連。豐既誅，即出允爲鎮北將軍，[25]未發，以放散官物收付廷尉，徙樂浪，[26]追殺之。允此秋不得故爲領軍而建此謀。[27]

〔二〕《魏書》曰：是日，景王承皇太后令，詔公卿中朝大臣會議，羣臣失色。景王流涕曰："皇太后令如是，諸君其若王室何！"咸曰："昔伊尹放太甲以寧殷，[28]霍光廢昌邑以安漢，[29]夫權定社稷以濟四海，二代行之于古，明公當之於今，今日之事，亦唯公命。"景王曰："諸君所以望師者重，師安所避之？"於是乃與羣臣共馳奏永寧宮曰：[30]"守尚書令太尉長社侯臣孚、[31]大將軍武陽侯臣師、司徒萬歲亭侯臣柔、司空文陽亭侯臣沖、[32]行征西安東將軍新城侯臣昭、[33]光禄大夫關内侯臣邕、[34]太常臣晏、[35]衞尉昌邑侯臣偉、太僕臣嶷、[36]廷尉定陵侯臣（繁）〔毓〕、[37]大鴻臚臣芝、大司農臣祥、[38]少府臣（褒）〔袤〕、[39]永寧衞尉臣（禎）〔楨〕、[40]永寧太僕臣（閎）〔閣〕、[41]大長秋臣模、[42]司隸校尉潁昌侯臣曾、河南尹蘭陵侯臣肅、[43]城門校尉臣慮、[44]中護軍永安亭侯臣望、武衞將軍安壽亭侯臣演、[45]中堅將軍平原侯臣德、[46]中壘將軍昌武亭侯臣廙、[47]屯騎校尉關内侯臣陔、步兵校尉臨晉侯臣建、射聲校尉安陽鄉侯臣温、越騎校尉睢陽侯臣初、長水校尉關内侯臣超、[48]侍中小同、臣顗、臣鄄、博平侯臣表、[49]侍中中書監安陽亭侯臣誕、散騎常侍臣瓌、臣儀、關内侯臣芝、[50]尚書僕射光禄大夫高樂亭侯臣毓、尚書關内侯臣觀、臣嘏、長合鄉侯臣亮、臣贊、臣騫、中書令臣康、[51]御史中丞臣鈴、博士臣範、臣峻等稽首言：[52]"臣等聞天子者，所以濟育羣生，永安萬國，三祖勳烈，[53]光被六合。皇帝即位，纂繼洪業，春秋已長，未親萬機，耽淫內寵，沈漫女色，廢捐講學，[54]棄辱儒士，日延小優郭懷、袁信等於建始、芙蓉殿前裸袒游戲，使與保林、女尚等為亂，[55]親將後宮瞻觀。又於廣望觀上，使懷、信等於觀下作遼東妖婦，嬉褻過度，道路行人掩目，帝於觀上以為讌笑。於陵雲臺曲中施帷，見九親婦女，[56]帝臨宣曲觀，呼懷、信使入帷共飲酒。懷、信等更行酒，婦女皆醉，戲侮無別。使保林李華、劉勳等與懷、信等戲，[57]清商令令狐景呵華、勳曰：[58]‘諸女，上左右人，各有官職，何以得爾？’華、勳數讒毀景。帝常喜以彈彈人，以此恚景，彈景不避首目。景語帝曰：‘先帝持門戶急，今陛下日將妃后游戲無度，至乃共觀倡優，裸袒為亂，不可令皇太后聞。景不愛死，為陛下計耳。’帝言：‘我作天子，不得自在邪？太后何與我事！’使人燒鐵灼景，身體皆爛。甄后崩後，帝欲立王貴人為皇后。太后更欲外求，帝恚語景等：‘魏家前後立皇后，皆從所愛耳，太后必違我意，知我當往不也？’後卒待張皇后疏薄。太后遭（合）〔郃〕陽君喪，[59]帝日在後園，倡優音樂自若，不數往定省。清商丞龐熙諫帝：[60]‘皇太后至孝，今遭重憂，水漿不入口，陛下當數往寬慰，不可但在此作樂。’帝言：‘我自爾，誰能奈我何？’皇太后還北宮，殺張美人及禺婉，帝恚望，語景等：‘太后橫殺我所寵愛，此無復母子恩。’數往至故處啼哭，私使暴室厚殯棺，[61]不令太后知也。每見九親婦女有美色，或留以付清商。帝至後園竹間戲，或與從官攜手共行。熙曰：[62]‘從官不宜與至尊相提挈。’帝怒，復以彈彈熙。日游後園，每有外文書入，帝不省，左右曰‘出’，帝亦不索視。太后令帝常在式乾殿上講學，不欲使行來，[63]帝徑去；太后來問，輒詐令黃門答言‘在’耳。景、熙等畏恐，不敢復止，更共諂媚。帝肆行昏淫，敗人倫之敘，亂男女之節，恭孝彌顇，凶德寖盛。臣等憂懼傾覆天下，危墜社稷，雖殺身斃命不足以塞責。今帝不可以承天緒，臣請依漢霍光故事，收帝璽綬。帝本以齊王踐祚，宜歸藩于齊。使司徒臣柔持節，[64]與有司以太牢告祀宗廟。臣謹昧死以聞。”奏可。

〔三〕《魏略》曰：景王將廢帝，遣郭芝入白太后，[65]太后與帝對坐。芝謂帝曰：“大將軍欲廢陛下，立彭城王據。”[66]帝乃起去。太后不悦。芝曰：“太后有子不能教，今大將軍意已成，又勒兵于外以備非常，[67]但當順旨，[68]將復何言！”太后曰：“我欲見大將軍，口有所説。”芝曰：“何可見邪？但當速取璽綬。”太后意折，乃遣傍侍御取璽綬著坐側。[69]芝出報景王，景王甚歡。又遣使者授齊王印綬，當出就西宮。帝受命，遂載王車，與太后別，垂涕，始從太極殿南出，羣臣送者數十人，太尉司馬孚悲不自勝，餘多流涕。王出後，景王又使使者請璽綬。太后曰：“彭城王，我之季叔也，今來立，我當何之！且明皇帝當絶嗣乎？[70]吾以爲高貴鄉公者，文皇帝之長孫，明皇帝之弟子，於禮，小宗有後大宗之義，[71]其詳議之。”景王乃更召羣臣，以皇太后令示之，乃定迎高貴鄉公。是時太常已發二日，待璽綬於溫。[72]事定，又請璽綬。太后令曰：“我見高貴鄉公，小時識之，明日我自欲以璽綬手授之。”[73]

[1] 整曰：趙幼文《校箋》謂《太平御覽》卷四一七引“整”上有“賊謂”二字。

[2] 騎：各本“騎”上有“馬”字。趙幼文《校箋》謂《太平御覽》卷四一七、卷六三三引“騎”上無“馬”字。今據《太平御覽》删。

[3] 的：百衲本、殿本作“的”，盧弼《集解》本作“旳”。潘眉《考證》云：“旳頭之旳，似當作靮，言羈靮其頭。”校點本即據潘説改“的”爲“靮”。吳金華《校詁》則云：“‘的頭’可讀爲‘靮頭’，無煩改字。何超《晋書音義》卷下載記二十六：

'羈靮，音的，馬繮也。'是'的''靮'同音，例得通假。"趙幼文《校箋》則云："《文選·七發》'九寡之珥以爲約'李善注：'《字書》曰：約亦的也，都狄切。'是'的''約'古通。《説文》：'約，纏束也。'則'的頭'謂以繩聯繫其首。"按，趙、吳説有理。今從百衲本等。

［4］刀：殿本作"刄"，百衲本、盧弼《集解》本、校點本作"刀"。今從百衲本等。

［5］言：趙幼文《校箋》謂《太平御覽》卷四一七、卷六三三引作"語"。

［6］解楊：《左傳》作"解揚"。春秋時晋大夫。魯宣公十四年（前595），楚圍攻宋，宋遣樂嬰齊至晋求救。晋侯使解揚去宋，告宋勿降楚，晋之救兵將至。解揚途經鄭，鄭人囚而獻楚。楚王厚賂之，使向宋言晋無救兵。解揚雖被迫許諾，而登樓車告宋時，卻直宣晋君之言。楚王將殺之，遣人詰問，何故出爾反爾？解揚答言：受君命出使，寧可一死而不能廢命。之所以許諾楚君，是爲借機完成君命。現君命已完成，下臣死得其所矣。楚王乃釋之。（本《左傳》宣公十四年、十五年）

［7］齊路中大夫：齊國姓路之中大夫。漢景帝初，吳楚七國反叛，"欲與齊，齊孝王狐疑，城守不聽，三國（《集解》張晏曰："膠西、菑川、濟南也。"）兵共圍齊。齊王使路中大夫告於天子。天子復令路中大夫還告齊王：'善堅守，吾今破吳楚矣。'路中大夫至，三國兵圍臨菑數重，無從入。三國將劫與路中大夫盟，曰：'若反言漢已破矣，齊趣下三國，不且見屠。'路中大夫既許之，至城下，望見齊王，曰：'漢已發兵百萬，使太尉周亞夫擊破吳楚，方引兵救齊，齊必堅守無下！'三國將誅路中大夫"。（見《史記》卷五二《齊悼惠王世家》）

［8］所不能加：百衲本、盧弼《集解》本、校點本皆如此，殿本作"所能不加"，似非。今從百衲本等。

［9］關中侯：爵名。魏名號侯爵十八級，關中侯爵十七級，皆

金印紫綬，不食租税。（見本書卷一《武帝紀》建安二十年裴注引《魏書》）

[10] 除士名：從士兵籍上除名。曹魏實行士家制（又稱世兵制）。士家有單獨的兵籍，不與民籍相混，社會地位低下。士家子弟世代爲兵，若無政府的特許，不能脱離兵籍。今劉整、鄭像已立功，賜爵關中侯，故將二人從兵籍上除名，其後代就不再爲士家。

[11] 部曲將：官名。第八品。屬部曲督，軍中及州郡皆設置。

[12] 中書令：官名。秩千石，第三品。魏文帝黄初初，改秘書令置，與中書監並掌樞密。　李豐：字安國。其事迹主要見本書卷九《夏侯尚附玄傳》裴注引《魏略》等。　光禄大夫：官名。秩比二千石，第三品，位次三公。無定員，無固定職守，相當於顧問。諸公告老及在朝重臣加此銜以示優重。　張緝：字敬仲。其事迹主要見本書卷一五《張既傳》及注引《魏略》。又"謀廢易大臣"之詳情，見本書《夏侯尚附玄傳》及裴注。

[13] 廢皇后張氏：盧弼《集解》引《通鑑》胡三省注，謂"曹操殺漢后伏氏，而司馬師殺魏后張氏"。盧弼云："廢與殺異，不能謂廢即殺也。胡注'殺魏后張氏'，'殺'字疑誤。"趙幼文《校箋》則引洪亮吉《三國志發伏》云："文欽與郭淮書言師放主弑后，則后蓋因廢而死。《毌丘儉傳》注載儉表亦云'張緝無罪而誅夷其妻子並及母后'。是張氏實爲師所殺而史諱之也。"《校箋》云："胡注不誤，盧君考未及也。"

[14] 萬機：殿本作"萬幾"，百衲本、盧弼《集解》本、校點本作"萬機"。今從百衲本等。

[15] 女德：女色。

[16] 迎：趙幼文《校箋》謂《太平御覽》卷九四引作"延"。

[17] 一元大武：指祭祀用的大牛。《禮記·曲禮下》："凡祭宗廟之禮，牛曰一元大武。"鄭玄注："元，頭也。武，迹也。"孔穎達疏："牛若肥，則脚大，脚大則迹痕大，故云一元大武。"

[18] 以避皇位：後世多認爲此令出於司馬師，祇是假太后之

名而已。可參見趙翼《廿二史劄記》卷六《三國志多迴護》。

[19] 河内之重門：各本無"之"字。潘眉《考證》云："重門，地名，在河内共縣西北二十里。《晋書·景帝紀》云'舍河内之重門'，有之字。《太平御覽》九十四引《魏志》作'營齊王宫於河内之重門'，宋本有之字，今本脱。"校點本即據潘説增"之"字。今從之。河内共縣，即今河南輝縣市。

[20] 隴右：指隴山以西之地。約當今甘肅隴山、六盤山以西和黄河以東一帶。

[21] 安東將軍：官名。爲出鎮地方的軍事長官，或爲州刺史兼理軍務的加官。魏、晋皆三品。　許昌：縣名。治所在今河南許昌縣東。

[22] 平樂觀：在當時洛陽城西。（見《後漢書》卷八《靈帝紀》中平五年李賢注）

[23] 許允：字士宗。其事迹主要見本書卷九《夏侯尚附玄傳》裴注引《魏略》。

[24] 鴨：潘眉《考證》云："鴨謂畫押。見《日知録》。"《日知録》卷二八"押字"條云："鴨者，勑帝押詔書耳。是則以親署爲押，已見於三國時矣。"

[25] 鎮北將軍：官名。第二品，黄初、太和中置。位次四征將軍，領兵如征北將軍。多爲持節都督，出鎮方面。

[26] 樂浪：郡名。治所朝鮮縣，在今朝鮮平壤市西南。

[27] 允此秋不得故爲領軍而建此謀：盧弼《集解》謂裴説甚是，《世語》《魏氏春秋》不足據。

[28] 伊尹：名摯。因助湯伐桀有功，商朝建立後，爲湯相。湯死後，其孫太甲繼位爲商王。太甲縱欲無道，伊尹放之桐。居三年，太甲悔過從善，伊尹又迎歸，復爲商王。（見《史記》卷三《殷本紀》及《集解》引《帝王世紀》）

[29] 霍光：字子孟。受漢武帝遺命輔佐昭帝。昭帝卒，無子，霍光迎立昌邑王劉賀。而昌邑王淫亂無道，霍光又將他廢棄，另立

武帝曾孫劉詢，是爲宣帝。（本《漢書》卷六八《霍光傳》）

［30］永寧宮：指郭太后。本書卷五《明元郭皇后傳》：“齊王即位，尊后爲皇太后，稱永寧宮。”

［31］孚：錢大昕《廿二史考異》據本書及《晋書》考訂，“孚者，司馬孚也”。（以下45人之注，如未注出處者，均據《廿二史考異》，不再一一注明）

［32］師：司馬師。　柔：高柔。　沖：鄭沖。

［33］征西：即征西將軍，秩二千石，第二品，位次三公。多授予都督雍、凉二州諸軍事，領兵屯駐長安。資深者爲大將軍。昭：司馬昭。潘眉《考證》據《晋書》卷二《文帝紀》，謂當時司馬昭之封爵是新城鄉侯，非邑侯。此“新城”下脱“鄉”字。

［34］邑：潘眉《考證》云：　“孫邑也。管寧、鮑勛等傳屢見。”

［35］晏：《晋書》卷四五《任愷傳》謂父昊，魏太常。疑即此人，因“晏”與“昊”字相似。

［36］衛尉：官名。秩中二千石，第三品，掌宮門及宮中警衛。偉：滿偉。　嶷：庾嶷。

［37］毓：各本皆作“繁”。陳景雲《辨誤》謂“繁”當作“毓”。此乃鍾毓，《鍾毓傳》可考。校點本即從陳説改。今從之。

［38］大鴻臚：官名。漢列卿之一，秩中二千石。掌少數民族君長、諸侯王、列侯之迎送、接待、安排朝會、封授、襲爵及奪爵削土之典禮；諸侯王死，則奉詔護理喪事，宣讀誄策謚號；百官朝會，掌贊襄引導；兼管京都之郡國邸舍及郡國上計吏之接待；又兼管少數民族之朝貢使節及侍子。三國沿之，魏爲三品。　芝：魯芝。　祥：王祥。

［39］袤（mào）：各本作“褒”。陳景雲《辨誤》謂“褒”當作“袤”，鄭渾之從子，見《鄭渾傳》注。校點本即從陳説改。今從之。

［40］永寧衛尉：官名。漢太后置衛尉、太僕、少府三卿，皆

隨太后宮爲官號，在九卿上，魏改漢制，在九卿下。衛尉掌太后宮禁。　楨：各本作“禎”。潘眉《考證》云：“何楨也。永寧，太后宮名。甘露二年司馬昭奉天子及皇太后征諸葛誕，假廷尉何楨節。按，‘禎’字誤，當從木旁。”校點本即從潘說改。今從之。

［41］閣：各本作“閎”。潘眉《考證》謂此乃張閣，“閎”字訛。“《邴原傳》稱永寧太僕東郡張閣，即是此人。閣字子臺，臺閣字相應，知閎字誤。”翁同書亦有同説。校點本即從潘、翁之説改。今從之。

［42］大長秋：官名。秩二千石，第三品。皇后之近侍，掌傳皇后旨意，管理宮中事務。或用宦者或用士人。　模：潘眉《考證》謂疑是尹模，《晉書》卷三三《何曾傳》有撫軍校事尹模，亦見本書《程昱附曉傳》。

［43］曾：何曾。　河南尹：官名。秩二千石，第三品。東漢建都洛陽，將京都附近二十一縣合爲一行政區，稱河南尹，相當於一郡；河南尹的長官亦名河南尹，地區名與官名相同。曹魏因之。肅：王肅。

［44］城門校尉：官名。秩比二千石，第四品，掌洛陽十二城門。

［45］望：司馬望。　演：曹演。

［46］中堅將軍：官名。第四品。　德：甄德。

［47］中壘將軍：官名。第四品，掌宿衛兵。　廙：潘眉《考證》：“荀廙也。荀彧孫，官至中領軍。”

［48］屯騎校尉、步兵校尉、射聲校尉、越騎校尉、長水校尉：皆官名。秩比二千石，第四品，均掌宿衛兵。　陔：武陔。　建：郭建。　溫：甄溫。　初：潘眉《考證》：“疑是曹初，曹仁孫。”超：潘眉《考證》：“疑是徐超。《唐宰相世系表》徐超魏散騎常侍。”

［49］小同：鄭小同。　顗：荀顗。　酆：趙酆。　表：華表。吳士鑒《晉書斠注》疑“博平侯”應爲鄉侯或亭侯，“博平”下有

脱字。

　　［50］中書監：官名。秩千石，第三品。黃初中改秘書令爲中書令；又置中書監，並高於令，掌贊詔命，作文書，典尚書奏事。若密詔下州郡及邊將，則不由尚書。與中書令並掌機密。　誕：韋誕。　瓌：司馬瓌，司馬孚之子。　儀：未詳。　芝：郭芝。

　　［51］尚書僕射（yè）：官名。魏、晋時爲尚書省次官，秩六百石，第三品。或單置，或並置左、右。左、右並置時，左僕射居右僕射上。輔助尚書令執行政務，參議大政，諫諍得失，監察糾彈百官，可封還詔旨，常受命主管官吏選舉。　毓：盧毓。　觀：王觀。　嘏：傅嘏。　亮：袁亮。　贊：崔贊。　騫：陳騫。　康：孟康。

　　［52］御史中丞：官名。秩千石，第四品，爲御史臺長官，掌監察、執法。　鈐：潘眉《考證》謂爲石鑒，“鈐”字誤。《晋書》卷四四《石鑒傳》即謂仕魏至御史中丞。　範：未詳。　峻：庾峻。

　　［53］三祖：指太祖武帝、高祖文帝、烈祖明帝。

　　［54］捐：殿本作“損”，百衲本、盧弼《集解》本、校點本作“捐”。今從百衲本等。

　　［55］保林：漢代宮庭女官名，禄位比照百石。（見《漢書》卷九七《外戚傳上》）　女尚：即女尚書。宮内官，掌管宮中事務，魏明帝又使典省外奏事，處當畫可。

　　［56］九親：即九族。《白虎通·宗族》：“《尚書》曰以親九族。族所以九何？九之爲言究也。親疏恩愛究竟也。謂父族四、母族三、妻族二。”

　　［57］使：百衲本無“使”字，殿本、盧弼《集解》本、校點本皆有。今從殿本等。

　　［58］清商令：官名。曹魏置，管理後宮門户及宮女事。第七品。

　　［59］郃陽君：各本作“合陽君”。錢大昕《廿二史考異》云：“太后母杜氏也。《后妃傳》作‘郃陽’。”校點本即據《后妃傳》

改。今從之。

　　［60］清商丞：官名。第九品。清商令之副佐。

　　［61］暴（pù）室：漢官署名。在掖庭内，屬掖庭令，主織作染練，取暴曬爲名。宮中婦女有病及皇后、貴人有罪，亦就此室。（見《漢書》卷八《宣帝紀》顔師古注及《後漢書》卷一〇下《桓帝鄧皇后紀》注引《漢官儀》）

　　［62］曰：殿本、盧弼《集解》本作“白”，百衲本、校點本作“曰”。今從百衲本等。

　　［63］行來：吴金華《校詁》云：“行來，猶言出行，亦魏晋常語。”

　　［64］持節：漢朝官吏奉使外出時，由皇帝授予節杖，以提高其威權。漢末三國，則爲皇帝授予出征或出鎮的軍事長官的一種權力。至晋代，此種權力明確爲可殺無官位人，若軍事，可殺二千石以下官員。如皇帝派遣大臣出巡或祭吊等事務時，加持節，則表示權力和尊崇。

　　［65］郭芝：胡三省云：“芝，太后之從父也。故使之入脅太后。”（《通鑑》卷七六魏高貴鄉公正元元年注）

　　［66］彭城王據：魏文帝子，明帝弟。

　　［67］于：趙幼文《校箋》謂《太平御覽》卷九四引作“在”。

　　［68］順：趙幼文《校箋》謂《太平御覽》引作“從”。

　　［69］傍侍御：胡三省云：“太后侍御非止一人，旁侍御謂當時侍御之在旁側者。”（《通鑑》卷七六魏高貴鄉公正元元年注）

　　［70］絶嗣：胡三省云：“蓋謂以據爲後，則兄死弟及。又禮，兄弟不得入廟也。”（《通鑑》卷七六魏高貴鄉公正元元年注）

　　［71］大宗：胡三省云：“世嫡爲大宗，支子之子各宗其父爲小宗。禮，王后無嗣，擇建支子以繼大宗。”（《通鑑》卷七六魏高貴鄉公正元元年注）

　　［72］温：縣名。治所在今河南温縣西南。

　　［73］授之：百衲本“之”下有“也”字，殿本、盧弼《集

解》本、校點本無。今從殿本等。又趙幼文《校箋》謂《太平御覽》卷六八二引"授"字作"付"。

丁丑，令曰："東海王霖，高祖文皇帝之子。霖之諸子，與國至親，高貴鄉公髦有大成之量，其以爲明皇帝嗣。"[一]

〔一〕《魏書》曰：景王復與羣臣共奏永寧宮曰："臣等聞人道親親故尊祖，尊祖故敬宗。禮，大宗無嗣，則擇支子之賢者；爲人後者，爲之子也。東海定王子高貴鄉公，文皇帝之孫，宜承正統，以嗣烈祖明皇帝後。率土有賴，萬邦幸甚，臣請徵公詣洛陽宮。"奏可。使中護軍望、兼太常河南尹肅持節，與少府（褒）〔袤〕、尚書亮、侍中表等奉法駕，[1]迎公于元城。[2]

《魏世譜》曰：晋受禪，封齊王爲邵陵縣公。[3]年四十三，泰始十年薨，[4]謚曰厲公。

[1] 袤：各本作"褒"。潘眉《考證》謂"褒"字誤，當作"袤"。《晋書》卷四四《鄭袤傳》謂拜侍中，遷少府，迎高貴鄉公於元城。校點本即從潘説改。今從之。
[2] 元城：縣名。治所在今河北大名縣東。
[3] 邵陵縣：治所在今河南漯河市郾城區東。
[4] 泰始：晋武帝司馬炎年號（265—274）。

高貴鄉公諱髦，字彦士，文帝孫，東海定王霖子也。正始五年，封郯縣高貴鄉公。[1]少好學，夙成。齊王廢，公卿議迎立公。十月己丑，公至于玄武館，[2]羣臣奏請舍前殿，[3]公以先帝舊處，避止西廂；羣臣又請

以法駕迎，[4]公不聽。庚寅，[5]公入于洛陽，羣臣迎拜
西掖門南，公下輿將答拜，儐者請曰：[6]“儀不拜。”
公曰：“吾人臣也。”遂答拜。至止車門下輿。左右
曰：“舊乘輿入。”公曰：“吾被皇太后徵，未知所
爲。”遂步至太極東堂，見于太后。其日即皇帝位於太
極前殿，百僚陪位者欣欣焉。[一]詔曰：“昔三祖神武聖
德，應天受祚。齊王嗣位，肆行非度，顛覆厥德。皇
太后深惟社稷之重，延納宰輔之謀，用替厥位，集大
命于余一人。以眇眇之身，託于王公之上，夙夜祇
畏，[7]懼不能嗣守祖宗之大訓，恢中興之弘業，戰戰兢
兢，如臨于谷。今羣公卿士股肱之輔，四方征鎮宣力
之佐，[8]皆積德累功，忠勤帝室；庶憑先祖先父有德之
臣，左右小子，[9]用保乂皇家，[10]俾朕蒙闇，[11]垂拱而
治。蓋聞人君之道，德厚侔天地，潤澤施四海，先之
以慈愛，示之以好惡，然後教化行於上，兆民聽於下。
朕雖不德，昧於大道，思與宇內共臻兹路。《書》不
云乎：[12]‘安民則惠，黎民懷之。’”大赦，改元。減
乘輿服御，後宮用度，及罷尚方御府百工技巧靡麗無
益之物。[13]

〔一〕《魏氏春秋》曰：公神明爽儁，[14]德音宣朗。罷朝，景
王私曰：“上何如主也？”鍾會對曰：“才同陳思，[15]武類太祖。”
景王曰：“若如卿言，社稷之福也。”

[1] 郯縣：百衲本作“歡縣”，殿本、盧弼《集解》本、校點
本皆作“郯縣”。今從殿本等。郯縣治所在今山東郯城縣北。高貴鄉

在其境内。　鄉公：爵名。魏文帝黃初三年，制封王之庶子爲鄉公。

　　[2] 玄武館：趙一清《注補》："《方輿紀要》四十八，玄武館在北芒之尾，直故洛城北。"

　　[3] 前殿：胡三省云："玄武館之前殿。"（《通鑑》卷七六魏高貴鄉公正元元年注）

　　[4] 法駕：皇帝車駕。《史記》卷九《呂太后本紀》裴駰《集解》引蔡邕云："天子有大駕、小駕、法駕。法駕上所乘，曰金根車，駕六馬。"

　　[5] 庚寅：趙幼文《校箋》謂《太平御覽》卷九四引作"丙寅"。

　　[6] 儐（bìn）者：引導，贊禮者。

　　[7] 夙夜：百衲本無"夜"字，殿本、盧弼《集解》本、校點本皆有。今從殿本等。　祗（zhī）畏：敬畏。《漢書》卷八一《匡衡傳》："陛下祗畏天戒，哀閔元元。"

　　[8] 四方征鎮：魏設有四征將軍（即征東、征南、征西、征北）與四鎮將軍（即鎮東、鎮南、鎮西、鎮北）。

　　[9] 左右：即佐佑，輔助、輔翼。　小子：古帝王對先王或神自稱之謙詞。《尚書·金滕》："予小子新命于三王。"

　　[10] 保乂（yì）：安定治理。《尚書·康王之誥》"保乂王家"孔傳："安治王家。"

　　[11] 蒙闇（àn）：幼稚無知。《尚書·洪範》"曰蒙，恒風若"孔傳："君行蒙闇，則常風順之。"孔穎達疏："性不通曉，則行必蒙闇。"

　　[12] 書：指《尚書·皋陶謨》。

　　[13] 尚方：官署名。有中、左、右三尚方，各置令一人，秩皆六百石，第七品。掌管製造供應帝王所用器物。　御府：官署名。置令一人，六百石，第七品。典官奴婢製作及補浣皇宮所用衣服。

　　[14] 爽儁：才識高邁。

　　[15] 陳思：陳思王曹植。

正元元年冬十月壬辰，[1]遣侍中持節分適四方，觀
風俗，勞士民，察寃枉失職者。癸巳，假大將軍司馬
景王黃鉞，[2]入朝不趨，[3]奏事不名，劍履上殿。戊
戌，黃龍見于鄴井中。[4]甲辰，命有司論廢立定策之
功，封爵、增邑、進位、班賜各有差。

[1] 正元：魏少帝高貴鄉公曹髦年號（254—256）。
[2] 假黃鉞：假，借，授予之意。黃鉞，以黃金爲飾之鉞（形
如大斧），本用於天子儀仗。魏晉時授予重臣，以示威重。
[3] 趨：指小步快走，以示恭敬。
[4] 鄴：縣名。治所在今河北臨漳縣西南鄴鎮東一里半。

二年春正月乙丑，鎮東將軍毌丘儉、揚州刺史文
欽反。[1]（戊戌）〔戊寅〕，[2]大將軍司馬景王征之。癸
未，車騎將軍郭淮薨。閏月己亥，破欽于樂嘉。[3]欽遁
走，遂奔吳。甲辰，（安風淮津）〔安風津〕都尉斬
儉，[4]傳首京都。[一][5]壬子，復特赦淮南士民諸爲儉、
欽所詿誤者。以鎮南將軍諸葛誕爲鎮東大將軍。司馬
景王薨于許昌。二月丁巳，以衛將軍司馬文王爲大將
軍，錄尚書事。

〔一〕《世語》曰：大將軍奉天子征儉，至項；[6]儉既破，天
子先還。
臣松之檢諸書都無此事，至諸葛誕反，司馬文王始挾太后及
帝與俱行耳。故發詔引漢二祖及明帝親征以爲前比，知明帝已後
始有此行也。案張璠、虞溥、郭頒皆晉之令史，[7]璠、頒出爲官

長, 溥, 鄱陽内史。[8] 璠撰《後漢紀》, 雖似未成,[9] 辭藻可觀。溥著《江表傳》, 亦粗有條貫。惟頒撰《魏晋世語》, 蹇乏全無宮商,[10] 最爲鄙劣, 以時有異事, 故頗行於世。干寶、孫盛等多采其言以爲《晋書》, 其中虛錯如此者, 往往而有之。

[1] 揚州: 刺史治所壽春, 在今安徽壽縣。

[2] 戊寅: 各本作"戊戌",《晋書》卷二《景帝紀》作"戊午"。沈家本《瑣言》謂"戊戌""戊午"皆誤, 當作"戊寅"。戊寅在癸未前, 距乙丑十四日。十四日而出師, 已云神速; 且《晋書·景帝紀》下文云"倍道兼行", "甲申次於㶟橋", 甲申在戊寅後七日, 可謂之倍道兼行。校點本即據沈説改。今從之。

[3] 樂嘉: 西漢時爲汝南郡之博陽侯國, 王莽時改名樂嘉(今本《漢書》作"樂家")。東漢時雖未設縣, 樂嘉之名卻一直保存。其地在今河南商水縣東南。

[4] 安風津: 各本作"安風淮津"。趙一清《注補》謂"淮"字衍。潘眉《考證》亦謂《毌丘儉傳》《諸葛誕傳》多次提到安風津, 皆無"淮"字。校點本即從趙、潘二説删"淮"字。今從之。安風津在今安徽霍邱縣北之淮河邊。

[5] 傳首京都: 毌丘儉、文欽之起兵事, 詳見本書卷二八《毌丘儉傳》。

[6] 項: 縣名。治所在今河南沈丘縣。

[7] 令史: 官名。晋代諸公及開府位從公者, 其屬官有閤下令史、門吏史、記室省事令史、閤下記室令史及各曹令史等。

[8] 鄱陽: 晋王國名。治所鄱陽縣, 在今江西波陽縣。 内史: 官名。晋代王國相稱内史, 職掌相當於郡太守。

[9] 似: 殿本作"以", 百衲本、盧弼《集解》本、校點本作"似"。今從百衲本等。

[10] 蹇(jiǎn)乏: 不通暢, 雜亂。 宮商: 古代音樂宮、

商、角、徵、羽五音中之二音。引申指音樂、音律。此指條理。

甲子，吳大將孫峻等衆號十萬至壽春，諸葛誕拒擊破之，斬吳左將軍留贊，獻捷于京都。三月，立皇后卞氏，[1]大赦。夏四月甲寅，封后父卞隆爲列侯。[2]甲戌，以征南大將軍王昶爲驃騎將軍。秋七月，以征東大將軍胡遵爲衞將軍，鎮東大將軍諸葛誕爲征東大將軍。

八月辛亥，蜀大將軍姜維寇狄道，雍州刺史王經與戰洮西，[3]經大敗，還保狄道城。辛未，以長水校尉鄧艾行安西將軍，[4]與征西將軍陳泰并力拒維。戊辰，復遣太尉司馬孚爲後繼。九月庚子，講《尚書》業終，賜執經親授者司空鄭沖、侍中鄭小同等各有差。甲辰，姜維退還。冬十月，詔曰：“朕以寡德，不能式遏寇虐，[5]乃令蜀賊陸梁邊陲。[6]洮西之戰，至取負敗，將士死亡，計以千數，或没命戰場，寃魂不反，或牽掣虜手，流離異域，吾深痛愍，爲之悼心。其令所在郡典農及安、撫夷二護軍各部大吏慰恤其門户，[7]無差賦役一年；其力戰死事者，皆如舊科，勿有所漏。”

十一月甲午，以隴右四郡及金城，[8]連年受敵，或亡叛投賊，其親戚留在本土者不安，皆特赦之。癸丑，詔曰：“往者洮西之戰，將吏士民或臨陣戰亡，或沈溺洮水，骸骨不收，棄於原野，吾常痛之。其告征西、安西將軍，[9]各令部人於戰處及水次鈎求屍喪，收斂藏埋，以慰存亡。”

[1] 卞氏：盧弼《集解》云："武宣卞皇后弟秉之曾孫女也。"（見本書卷五《武宣卞皇后傳》）

[2] 列侯：本書卷五《武宣卞皇后傳》作"睢陽鄉侯"。

[3] 雍州：刺史治所長安，在今陝西西安市西北。　洮西：地區名。洮水爲黃河上游支流，源出於今甘肅、青海兩省交界之西傾山，東流至今甘肅岷縣，又折向北流，至永靖縣入黃河。古稱這段洮水以西之地爲洮西。

[4] 安西將軍：官名。爲出鎮地方之軍事長官，或爲州刺史兼理軍務的加官。魏、晉皆爲三品。

[5] 式遏寇虐：使惡人不得爲虐作惡。《詩·大雅·民勞》："式遏寇虐，憯不畏明，柔遠能邇，以定我王。"

[6] 陸梁：囂張，猖獗。《後漢書》卷八七《西羌傳論》："觳馬揚埃，陸梁於三輔；建號稱制，恣睢於北地。"

[7] 典農：曹魏施行屯田制，在郡國設置典農中郎將或典農校尉，諸縣則置典農都尉，管理該屯田區的農業生產、民政和田租，地位相當於郡太守和縣令長，並直屬中央大司農。　安撫夷二護軍：曹魏置有安夷護軍一人，第五品，治所美陽（今陝西武功縣西北），主管歸附氐人。又有撫夷護軍一人，亦第五品，治所雲陽（今陝西淳化縣西北），亦主管歸附氐人。（本洪飴孫《三國職官表》）

[8] 四郡：指隴西、南安、天水、廣魏四郡。隴西、南安二郡治所已見前注。天水郡治所冀縣，在今甘肅甘谷縣東。廣魏郡治所臨渭，在今甘肅秦安縣東南。　金城：郡名。曹魏時治所在榆中縣，在今甘肅榆中縣西北黃河南岸。

[9] 征西：殿本作"征西將軍"，百衲本、盧弼《集解》本、校點本皆作"征西"。今從百衲本等。

甘露元年春正月辛丑，^[1]青龍見軹縣井中。^[2]乙巳，沛王林薨。^{[3]〔一〕}

〔一〕《魏氏春秋》曰：二月丙辰，帝宴羣臣於太極東堂，與侍中荀顗、尚書崔贊、袁亮、鍾毓、給事中中書令虞松等並講述禮典，^[4]遂言帝王優劣之差。帝慕夏少康，因問顗等曰：“有夏既衰，后相（殆）〔殞〕滅，^[5]少康收集夏衆，復禹之績，^[6]高祖拔起隴畝，^[7]驅帥豪儁，芟夷秦、項，^[8]包舉寓內，^[9]斯二主可謂殊才異略，命世大賢者也。考其功德，誰宜爲先？”^[10]顗等對曰：“夫天下重器，^[11]王者天授，聖德應期，^[12]然後能受命創業。至於階緣前緒，興復舊績，造之與因，難易不同。少康功德雖美，猶爲中興之君，與世祖同流可也。^[13]至如高祖，臣等以爲優。”帝曰：“自古帝王，功德言行，互有高下，未必創業者皆優，紹繼者咸劣也。湯、武、高祖雖俱受命，^[14]賢聖之分，所覺縣殊。^[15]少康、殷宗中興之美，^[16]夏啓、周成守文之盛，論德校實，^[17]方諸漢祖，吾見其優，未聞其劣；顧所遇之時殊，故所名之功異耳。少康生於滅亡之後，^[18]降爲諸侯之隸，崎嶇逃難，僅以身免，能布其德而兆其謀，卒滅過、戈，克復禹績，^[19]祀夏配天，不失舊物，非至德弘仁，豈濟斯勳？漢祖因土崩之勢，仗一時之權，專任智力以成功業，行事動靜，多違聖檢；爲人子則數危其親，^[20]爲人君則囚繫賢相，^[21]爲人父則不能衛子；身没之後，社稷幾傾，^[22]若與少康易時而處，或未能復大禹之績也。推此言之，宜高夏康而下漢祖矣。^[23]諸卿具論詳之。”^[24]翌日丁巳，講業既畢，顗、亮等議曰：“三代建國，^[25]列土而治，當其衰弊，無土崩之勢，可懷以德，難屈以力。逮至戰國，强弱相兼，去道德而任智力。故秦之弊可以力争。少康布德，仁者之英也；高祖任力，智者之儁也。仁智不同，二帝殊矣。《詩》、《書》述殷中宗、高宗，^[26]皆列大雅，^[27]少康功美過于二宗，其爲大雅明矣。少康爲優，宜如詔旨。"贊、毓、松等議曰："少康雖積德累仁，然上承大禹遺澤餘慶，內有虞、仍之援，[28]外有靡、艾之助，[29]寒浞讒慝，不德于民，澆、豷無親，外內棄之，以此有國，蓋有所因。至於漢祖，起自布衣，率烏合之士，[30]以成帝者之業。論德則少康優，課功則高祖多，語資則少康易，校時則高祖難。"帝曰："諸卿論少康因資，高祖創造，誠有之矣，然未知三代之世，任德濟勳如彼之難，秦、項之際，任力成功如此之易。且太上立德，其次立功，漢祖功高，未若少康盛德之茂也。且夫仁者必有勇，誅暴必用武，少康武烈之威，豈必降于高祖哉？但夏書淪亡，舊文殘缺，故勳美闕而罔載，唯有伍員粗述大略，其言復禹之績，不失舊物，祖述聖業，舊章不愆，[31]自非大雅兼才，孰能與於此，向令墳、典具存，[32]行事詳備，亦豈有異同之論哉？"於是羣臣咸悅服。中書令松進曰："少康之事，[33]去世久遠，其文昧如，[34]是以自古及今，議論之士莫有言者，德美隱而不宣。陛下既垂心遠鑒，考詳古昔，又發德音，贊明少康之美，使顯於千載之上，宜錄以成篇，永垂于後。"帝曰："吾學不博，所聞淺狹，懼於所論，未獲其宜；縱有可采，億則屢中，[35]又不足貴，無乃致笑後賢，彰吾闇昧乎！"於是侍郎鍾會退論次焉。[36]

[1] 甘露：魏少帝高貴鄉公曹髦年號（256—260）。

[2] 軹縣：治所在今河南濟源市東南。

[3] 沛：王國名。治所沛縣，在今江蘇沛縣。

[4] 給事中：官名。魏爲第五品，位在散騎常待下，給事黃門侍郎上，或爲加官，或爲正官，無定員。

[5] 殄滅：各本皆作"殆滅"。趙幼文《校箋》謂《藝文類聚》卷一二、《太平御覽》卷四四五引"殆"字作"殄"，作"殄"字是。《詩·邶風·新臺》毛傳："殄，絕也。"今從趙說改"殆"爲"殄"。

〔6〕復禹之績：夏禹所開創的夏王朝，傳至其孫太康與仲康時，由於貪圖享受，不理民事；諸兄弟間又互相爭鬥，夏王朝遂分崩離析。居於黃河下游的夷人后羿，乘機而起，"因夏民以代夏政"，取代了夏王朝的統治。太康與仲康流亡至洛水附近，相繼死亡。仲康子相遂逃至帝丘（今河南濮陽縣）即位，依靠同姓諸侯斟尋氏。而后羿也"不修民事"，恃其善射，四出田狩，將大政交與伯明氏之讒子寒浞。寒浞終殺后羿而代之，又強占后羿之妻室，生子澆（ào）及豷（yì）。澆、豷皆勇猛。寒浞封澆於過，封豷於戈，並使澆率軍滅斟尋氏與斟灌氏，又殺夏帝相。其時正值相妃回歸有仍氏，得免於難，並生子少康。其後夏遺臣靡聚集斟尋、斟灌之餘衆，殺寒浞，立少康。少康又滅澆於過，滅豷於戈，復興了禹建立的夏王朝。（見《史記》卷二《夏本紀》司馬貞《索隱》引《左傳》及張守節《正義》引《帝王紀》）

〔7〕高祖：漢高帝劉邦之廟號。

〔8〕秦、項：指秦朝與項羽。

〔9〕包舉：統括，全部占有。　寓：同"宇"。《文選》賈誼《過秦論》："（秦孝公）有席捲天下，包舉宇內，囊括四海之意，并吞八荒之心。"

〔10〕先：趙幼文《校箋》謂《太平御覽》卷九四、卷四四五引"先"字作"優"。與下文"臣等以爲優"語正相應，疑作"優"者是。按宋本《太平御覽》卷九四引《魏志》作"優"，而卷四四五引《魏氏春秋》又作"先"。故不改原文。

〔11〕天下重器：指帝王之位。

〔12〕聖德應期：趙幼文《校箋》又謂《太平御覽》卷九四引作"德應期運"。

〔13〕世祖：東漢光武帝劉秀之廟號。趙幼文《校箋》謂《太平御覽》卷九四引"世祖"上有"漢"字。

〔14〕湯武：指商湯、周武王。

〔15〕覺：吳金華《校詁》謂"覺"與"校"同。如《續漢

書·律曆志中》：“日月宿度，相覺浸多。”説見錢大昕《三史拾遺》。

[16] 殷宗：趙幼文《校箋》謂《太平御覽》卷四四五引“殷”字作“中”。按，《太平御覽》卷九四引又作“殷”。故不改字。殷宗即指殷中宗帝太戊。殷商王朝傳至帝雍己時，因長期內部紛爭，政治不善，諸侯多有叛離。帝雍己死後，弟太戊立，是爲帝太戊。帝太戊以伊陟爲相，推行善政，叛離之諸侯復來歸附，殷遂復興。因稱帝太戊爲中宗。（見《史記》卷三《殷本紀》）

[17] 校：百衲本作“校”，殿本、盧弼《集解》本、校點本作“較”。趙幼文《校箋》謂《太平御覽》卷四四五引作“覈”。按，三字義同，今從百衲本。

[18] 後：殿本作“餘”，百衲本、盧弼《集解》本、校點本作“後”。今從百衲本等。

[19] 克復禹績：趙幼文《校箋》謂《藝文類聚》卷一二、《太平御覽》卷四四五引作“復禹之績”。按，以文而論，作“復禹之績”於義爲優，而《太平御覽》卷九四引又作“克復禹績”。故不改字。

[20] 數危其親：劉邦爲漢王後，爲義帝發喪，興兵下江漢，討楚王項羽。其時項羽正攻齊，欲破齊而後擊漢。劉邦遂攻入楚都彭城（今江蘇徐州）。項羽得知後，即率兵南下，大破漢軍於彭城南。劉邦率數十騎逃走，至沛縣（今江蘇沛縣南）尋求家人，家人已逃亡，未得見。後於途中方遇子女（即後之惠帝及魯元公主），遂載以同行。因楚兵追之甚急，劉邦竟數次推墮子女於車下，賴滕公收載，方得脱。其父太公及妻呂雉又被楚軍虜獲，項羽便置於軍中以爲人質。後劉邦與項羽相持於廣武，彭越斷楚軍糧。項羽遂置太公於高壇，告劉邦：“不急下，吾烹太公。”劉邦答：“吾與項羽俱北面受命懷王，曰‘約爲兄弟’，吾翁即若翁，必欲烹而（爾）翁，則幸分我一杯羹。”項羽怒，欲殺之，賴項伯勸説而免。後劉邦與項羽以鴻溝爲界，中分天下。項羽始釋劉邦父母妻子。（見

《史記》卷七《項羽本紀》）

[21] 囚繫賢相：漢高祖劉邦十一年，拜丞相蕭何爲相國。十二年劉邦擊黥布後還長安，民上書言相國蕭何强買民田宅。劉邦令蕭何自謝民，蕭何因請開放上林苑，令民得入耕種。劉邦大怒説："相國多受賈人財物，乃爲請吾苑！"遂"下相國廷尉，械繫之"。（見《史記》卷五三《蕭相國世家》）

[22] 社稷幾傾：指劉邦死後，吕后當政，重用諸吕，幾傾漢室。

[23] 宜高夏康而下漢祖：錢大昕《廿二史考異》云："少康之論，意常在司馬氏也。聰明太露，終爲權臣所忌，失颙貞自悔之義。能處此者，其後周武帝乎！"

[24] 具：趙幼文《校箋》謂《册府元龜》卷四〇引作"且"。

[25] 三代：指夏、商、周三代。

[26] 高宗：指殷王武丁。武丁即位後用傅説爲相，"修政行德，天下咸歡，殷道復興"。武丁死後，子祖庚即位，遂爲武丁立廟，稱之爲高宗。（見《史記》卷三《殷本紀》）

[27] 大雅：對才德高尚者之贊詞。劉劭《人物志·九徵》云："是故兼德而至，謂之中庸。中庸也者，聖人之目也。具體而微，謂之德行。德行也者，大雅之稱也。一至謂之偏材。偏材，小雅之質也。"又《文選》班固《西都賦》："大雅宏達，於兹爲群。"李善注："大雅，謂有大雅之才者。《詩》有《大雅》，故以立稱焉。"

[28] 虞仍：即有虞氏與有仍氏。夏少康之母后緡逃歸有仍氏後，生少康。少康後爲有仍氏牧正。澆又派其臣椒尋找少康。少康又逃奔有虞氏，爲庖正。有虞氏之首領虞思又將二女嫁與少康，並封少康於綸邑（今河南虞城縣東南）。少康遂以此爲基地，謀劃復國，先後遣臣女艾至澆處爲間諜，遣子季杼引誘豷；加之夏遺臣靡聚集斟尋、斟灌之餘衆，遂殺寒浞，滅澆、豷，復興夏朝。（見《左傳·哀公元年》）

　[29] 靡艾：即夏遺臣靡，少康臣女艾。

　[30] 士：百衲本作“事”，《中華再造善本》亦作“事”。殿本、盧弼《集解》本、校點本作“士”。趙幼文《校箋》謂《册府元龜》卷四〇引“士”作“衆”。按，宋本《册府元龜》無卷四〇，明本《册府元龜》又有明人臆改之字，不可全據，而古“事”字通“士”。《説文》：“事，職也。”段玉裁注：“古假借爲士。《鄭風》曰：‘子不我思，豈無他事。’毛傳：‘事，士也。’”故今從殿本等。

　[31] 不愆：百衲本作“不行”，殿本、盧弼《集解》本、校點本作“不愆”。殿本《考證》李良裘云：“此蓋本‘不愆不忘，率由舊章’之意，作‘不行’於文義未順。何焯校本亦曰‘行疑作愆’。今改正。”今從殿本等。

　[32] 墳典：指《三墳》《五典》。《左傳・昭公十二年》：“是能讀《三墳》《五典》《八索》《九丘》。”杜預注：“皆古書名。”

　[33] 事：百衲本、殿本、校點本皆作“事”；盧弼《集解》本作“時”。今從百衲本等。

　[34] 昧如：形容模糊不明。

　[35] 億則屢中：意思是猜想到的。《論語・先進》：“賜不受命，而貨殖焉，億則屢中。”

　[36] 侍郎：據本書卷二八《鍾會傳》，此指給事黄門侍郎，秩六百石，第五品。掌侍從左右，關通中外，與侍中俱出入宮中，近侍帷幄，省尚書奏事。

　　夏四月庚戌，賜大將軍司馬文王袞冕之服，[1]赤舄副焉。[2]

　　丙辰，帝幸太學，問諸儒曰：“聖人幽贊神明，[3]仰觀俯察，[4]始作八卦，[5]後聖重之爲六十四，[6]立爻以極數，[7]凡斯大義，罔有不備，而夏有《連山》，殷有《歸藏》，周曰《周易》，《易》之書，其故何也？"
《易》博士淳于俊對曰：[8]"包羲因燧皇之圖而制八
卦，神農演之爲六十四，黃帝、堯、舜通其變，三代
隨時，質文各繇其事。[9]故《易》者，變易也；名曰
《連山》，似山出内〔雲〕氣，[10]連天地也；《歸藏》
者，萬事莫不歸藏于其中也。"[11]帝又曰："若使包羲
因燧皇而作《易》，孔子何以不云燧人氏没包羲氏作
乎？"[12]俊不能答。帝又問曰："孔子作彖、象，[13]鄭
玄作注，[14]雖聖賢不同，其所釋經義一也。今彖、象
不與經文相連，而注連之，何也？"俊對曰："鄭玄合
彖、象于經者，欲使學者尋省易了也。"帝曰："若鄭
玄合之，於學誠便，則孔子曷爲不合以了學者乎？"俊
對曰："孔子恐其與文王相亂，[15]是以不合，此聖人以
不合爲謙。"帝曰："若聖人以不合爲謙，則鄭玄何獨
不謙邪？"俊對曰："古義弘深，聖問奧遠，非臣所能
詳盡。"帝又問曰："《繫辭》云'黃帝、堯、舜垂衣
裳而天下治'，[16]此包羲、神農之世爲無衣裳。但聖人
化天下，何殊異爾邪？"俊對曰："三皇之時，[17]人寡
而禽獸衆，故取其羽皮而天下用足，及至黃帝，人衆
而禽獸寡，是以作爲衣裳以濟時變也。"帝又問："乾
爲天，而復爲金，爲玉，爲老馬，與細物並邪？"[18]俊
對曰："聖人取象，或遠或近，近取諸物，遠則
天地。"

講《易》畢，復命講《尚書》。帝問曰："鄭玄曰
'稽古同天，[19]言堯同於天也'。王肅云'堯順考古道

而行之'。二義不同，[20]何者爲是？"博士庾峻對曰：
"先儒所執，各有乖異，臣不足以定之。然《洪範》
稱'三人占，[21]從二人之言'。賈、馬及肅皆以爲'順
考古道'。[22]以《洪範》言之，肅義爲長。"[23]帝曰：
"仲尼言'唯天爲大，[24]唯堯則之'。堯之大美，在乎
則天，順考古道，非其至也。今發篇開義以明聖德，
而舍其大，更稱其細，豈作者之意邪？"峻對曰："臣
奉遵師説，未喻大義，至于折中，[25]裁之聖思。"次及
四嶽舉鯀，[26]帝又問曰："夫大人者，與天地合其德，
與日月合其明，思無不周，明無不照，今王肅云'堯
意不能明鯀，是以試用'。如此，聖人之明有所未盡
邪？"峻對曰："雖聖人之弘，猶有所未盡，故禹曰
'知人則哲，惟帝難之'，[27]然卒能改授聖賢，緝熙庶
績，[28]亦所以成聖也。"帝曰："夫有始有卒，其唯聖
人。[29]若不能始，何以爲聖？其言'惟帝難之'，然卒
能改授，蓋謂知人，聖人所難，非不盡之言也。《經》
云：'知人則哲，能官人。'若堯疑鯀，試之九年，[30]
官人失敘，[31]何得謂之聖哲？"峻對曰："臣竊觀經傳，
聖人行事不能無失，是以堯失之四凶，[32]周公失之二
叔，[33]仲尼失之宰予。"[34]帝曰："堯之任鯀，九載無
成，汨陳五行，[35]民用昏墊。[36]至於仲尼失之宰予，
言行之間，輕重不同也。至于周公、管、蔡之事，亦
《尚書》所載，皆博士所當通也。"峻對曰："此皆先
賢所疑，非臣寡見所能究論。"次及"有鰥在下曰虞
舜"，[37]帝問曰："當堯之時，洪水爲害，四凶在朝，

宜速登賢聖濟斯民之時也。舜年在既立，聖德光明，而久不進用，何也？”峻對曰：“堯咨嗟求賢，欲遜己位，嶽曰‘否德忝帝位’。堯復使嶽揚舉仄陋，[38]然後薦舜。薦舜之本，實由於堯，此蓋聖人欲盡衆心也。”帝曰：“堯既聞舜而不登用，又時忠臣亦不進達，乃使嶽揚仄陋而後薦舉，非急於用聖恤民之謂也。”峻對曰：“非臣愚見所能逮及。”

於是復命講《禮記》。帝問曰：“‘太上立德，其次務施報。’[39]爲治何由而教化各異，皆脩何政而能致于立德，施而不報乎？”博士馬照對曰：[40]“太上立德，謂三皇五帝之世以德化民，[41]其次（報施）〔施報〕，[42]謂三王之世以禮爲治也。”[43]帝曰：“二者致化薄厚不同，將主有優劣邪？時使之然乎？”照對曰：“誠由時有樸文，故化有薄厚也。”〔一〕

〔一〕《帝集》載帝自敍始生禎祥曰：[44]“昔帝王之生，或有禎祥，蓋所以彰顯神異也。惟予小子，支胤末流，[45]謬爲靈祇之所相祐也，[46]豈敢自比于前喆，[47]聊記錄以示後世焉。其辭曰：惟正始（三）〔二〕年九月辛未朔，[48]二十五日乙未直成，[49]予生。于時也，天氣清明，日月輝光，爰有黄氣，[50]煙熅于堂，[51]照曜室宅，其色煌煌。相而論之曰：未者爲土，魏之行也；厥日直成，應嘉名也；烟熅之氣，神之精也；無災無害，蒙神靈也。齊王不弔，[52]顛覆厥度，[53]羣公受予，紹繼皇祚，[54]以眇眇之身，質性頑固，未能涉道，而遵大路，臨深履冰，[55]涕泗憂懼。古人有云，懼則不亡。伊予小子，[56]曷敢怠荒？庶不忝辱，永奉烝嘗。”[57]

　　傅暢《晉諸公贊》曰:[58]帝常與中護軍司馬望、侍中王沈、散騎常侍裴秀、黄門侍郎鍾會等講宴於東堂,[59]并屬文論。名秀爲儒林丈人,沈爲文籍先生,望、會亦各有名號。帝性急,請召欲速。秀等在内職,到得及時,以望在外,特給追鋒車,[60]虎賁卒五人,每有集會,望輒奔馳而至。

　　[1] 衮(gǔn):天子、上公所穿繡龍之禮服。　冕:天子、諸侯、卿大夫之禮冠。

　　[2] 舄(xì):複底鞋。《周禮·天官冢宰·屨人》鄭玄注:鄭司農云:"王吉服有九,舄有三等,赤舄爲上。"　副:相配。

　　[3] 聖人幽贊神明:《易·説卦》:"昔者聖人之作《易》也,幽贊於神明而生蓍。"韓康伯注:"幽,深也。贊,明也。"孔穎達疏:"此聖人,即伏犧也。……幽者,隱而難見,故訓爲深也。贊者,佐而助成,而令微者得著,故訓爲明也。"

　　[4] 仰觀俯察:謂仰觀天象,俯察地理。《易·繫辭下》:"古者包犧氏之王天下也,仰則觀象於天,俯則觀法於地,觀鳥獸之文與地之宜,近取諸身,遠取諸物,於是始作八卦。"

　　[5] 八卦:由表示陰(－－)陽(－)的符號重迭三層而成。八卦即☰(乾)、☷(坤)、☵(坎)、☳(震)、☴(巽)、☲(離)、☶(艮)、☱(兑)。

　　[6] 重之爲六十四:八卦兩兩重疊,又組成六十四卦。

　　[7] 爻(yáo):卦中的陰(－－)陽(－)符號稱爲爻。六十四卦,每卦由六爻組成。

　　[8] 博士:官名。此爲太學博士,秩比六百石,第五品。掌以五經教諸子弟。

　　[9] 繇(yóu):通"由"。

　　[10] 似山出内雲氣:百衲本無"出"字,殿本等皆有。又各本無"雲"字。殿本《考證》:"《太平御覽》作'似山出内雲

氣’。”校點本即據殿本《考證》增“雲”字。今從之。

[11] 歸藏：《周禮·春官·太卜》：“掌三《易》之法，一曰《連山》，二曰《歸藏》，三曰《周易》。”鄭玄注：“名曰‘連山’，似山出内氣變也。‘歸藏’者，萬物莫不歸而藏於其中。杜子春云，《連山》宓戲，《歸藏》黄帝。”

[12] 包義：“若使包義”二句，《易·繫辭下》謂“包犧氏始作八卦”，“包犧氏没，神農氏作”。

[13] 彖（tuàn）象：即《彖傳》與《象傳》。《彖傳》解釋六十四卦卦名、卦義和卦辭。《象傳》解釋六十四卦卦名、卦義和爻辭。《史記》卷四七《孔子世家》云：“孔子晚而喜《易》，序《彖》《繫》《象》《説卦》《文言》。”

[14] 鄭玄作注：鄭玄爲漢末大經學家，所注《周易》已亡佚。漢末以前，經和注各自單行，至馬融作《周官傳》，始合注於經（見盧弼《集解》引胡玉縉説）。鄭玄注《易》亦將注與所注相連，注《彖》《象》，亦如此。而鄭玄之時，《彖》《象》仍與經文别行。至王弼注《易》，始將《彖》《象》等合於經文。（見孔穎達《周易正義》）

[15] 文王：古代認爲《周易》之《卦辭》與《爻辭》爲周文王所作。《文選》司馬遷《報任少卿書》即云：“文王拘而演《周易》。”

[16] 繫辭：此《繫辭下》之文。

[17] 三皇：此以燧人、包義（伏羲）、神農爲三皇。

[18] 與細物並：《易·説卦傳》云：“乾爲天，爲圜，爲君，爲父，爲玉，爲金，爲寒，爲冰，爲大赤，爲良馬，爲老馬，爲瘠馬，爲駁馬，爲木果。”

[19] 稽古同天：《尚書·堯典》“曰若稽古帝堯”孔穎達疏：“鄭玄《信緯》訓稽爲同，訓古爲天。言能順天而行之，與之同功。”

[20] 二：各本皆作“二”，校點本1982年7月第2版誤作

"三"。

[21] 洪範：《尚書》之一篇。

[22] 賈馬：賈逵、馬融。皆東漢經學家。

[23] 肅義爲長：錢大昕《廿二史考異》云："王肅卒于是年，而其説已爲博士所習，進講人主之前。蓋肅兼通諸經，彊辯求勝；又以三公之子，早登顯要，易爲人所信從也。"

[24] 仲尼言：孔子此言見《論語・泰伯》。

[25] 折中：殿本《考證》云："《太平御覽》'折中'上有'文質'二字。"

[26] 四嶽舉鯀（gǔn）：四嶽，《尚書・堯典》孔傳謂四嶽爲堯臣羲和四子，分掌四方諸侯。鯀，禹父。《尚書・堯典》謂堯時洪水泛濫，堯問四嶽誰可治者？四嶽皆曰鯀可。

[27] 惟帝難之：《尚書・皋陶謨》："禹曰：吁！咸若時，惟帝其難之，知人則哲，能官人。"

[28] 緝熙庶績：謂各種事功皆興盛。《尚書・堯典》："允釐百工，庶績咸熙。"

[29] 其唯聖人：《論語・子張》子夏曰："有始有卒者，其唯聖人乎！"

[30] 試之九年：《史記》卷一《五帝本紀》謂堯咨詢四嶽，誰可治水者？"皆曰鯀可。堯曰：'鯀負命毀族，不可。'嶽曰：'異哉，試不可用而已。'堯於是聽嶽用鯀。九歲，功用不成。"

[31] 敍：謂按等級次第提官進職。

[32] 四凶：據《左傳・文公十八年》，四凶指渾敦、窮奇、檮杌、饕餮，皆邪惡之人，而堯未能驅除他們。至舜執政時，纔把他們"投諸四裔，以禦螭魅。是以堯崩而天下如一，同心戴舜，以爲天子，以其舉十六相，去四凶也"。

[33] 二叔：指管叔、蔡叔，皆周武王、周公之弟。武王死後，成王年少，周公代成王執政。管叔、蔡叔流言周公有異心，並與商紂子武庚反叛。周公奉成王命東征，誅武庚、管叔，流放蔡叔。

（本《史記》卷四《周本紀》）

〔34〕宰予：孔子弟子，能言善辯，言行不一。孔子曾説："始吾於人也，聽其言而信其行。今吾於人也，聽其言而觀其行，於予與改是。"（《論語·公冶長》）後來孔子又説："吾以言取人，失之宰予；以貌取人，失之子羽。"（《史記》卷六七《仲尼弟子列傳》）

〔35〕汩（gǔ）陳五行：《尚書·洪範》："箕子乃言曰：我聞在昔，鯀陻洪水，汩陳其五行。"孔傳："陻，塞。汩，亂也。治水失道，亂陳其五行。"孔穎達疏："水是五行（金、木、水、火、土）之一，水性下流，鯀反塞之，失水之性。水失其道，則五行皆失矣。是塞洪水爲亂陳其五行，言五行陳列皆亂也。"

〔36〕民用昏墊：《尚書·益稷》："禹曰：洪水滔天，浩浩懷山襄陵，下民昏墊。"孔傳："言天下民昏瞀墊溺，皆因水災。"孔穎達疏："禹曰：往者，洪水漫天，浩浩然盛大，包山上陵，下民昏惑沉溺，皆因水災。"

〔37〕有鰥在下曰虞舜：《尚書·堯典》："帝曰：'咨！四岳，朕在位七十載，汝能庸命，巽朕位。'岳曰：'否德忝帝位。'曰：'明明揚側陋。'師錫帝曰：'有鰥在下，曰虞舜。'"孔傳："師，衆；錫，與也。無妻曰鰥。虞，氏；舜，名。在下民之中。衆臣知舜聖賢，恥己不若，故不舉。乃不獲已而言之。"

〔38〕仄陋：指疏遠隱匿者。

〔39〕其次務施報：《禮記·曲禮上》："太上貴德，其次務施報。"鄭玄注："太上，帝皇之世。其民施而不惟報。三王之世，禮始興焉。"孔穎達疏："皇是三皇，帝是五帝。……惟，思也。世既貴德，但有施惠，而不思求報也。""其次，謂三王之世也。務，猶事也。三王之世，獨親其親，獨子其子，貨力爲己，施則望報，以爲恒事，故云務施報。"

〔40〕馬照：錢大昕《廿二史考異》云："《毛詩正義》往往載馬昭説，即其人也。昭説經主鄭氏，與王肅多異。"

〔41〕三皇五帝：《白虎通·號》："三皇者，何謂也？謂伏羲、

神農、燧人也。或曰：伏羲、神農、祝融也。禮曰：伏羲、神農、祝融三皇也。”“五帝者，何謂也？禮曰：黃帝、顓頊、帝嚳、帝堯、帝舜也。”

[42] 施報：各本作“報施”。趙幼文《校箋》謂《太平御覽》卷九四引作“施報”。按，上文及《禮記》皆作“施報”，此亦應作“施報”，故據《太平御覽》改。

[43] 三王：《白虎通·號》：“三王者，何謂也？夏、殷、周也。”

[44] 帝集：沈家本《三國志注所引書目》謂《隋書·經籍志》載，梁有《高貴鄉公集》四卷，亡。新、舊《唐志》有《高貴鄉公集》二卷，則爲後出，而仍佚其半。裴氏稱《帝集》。　禎祥：吉兆。《禮記·中庸》：“國家將興，必有禎祥。”孔穎達疏：“禎祥，吉之萌兆。”

[45] 支胤：宗族旁支的後代。

[46] 靈祇（qí）：神靈。

[47] 喆（zhé）：同“哲”。

[48] 正始二年九月辛未朔：各本皆作“正始三年九月辛未朔”。潘眉《考證》云：“推正始三年九月朔丙寅，非辛未。惟二年九月朔乃辛未，此‘三年’係‘二年’之訛。考帝以甘露五年卒，紀云年二十，正始三年至甘露五年止得十九年。然則帝生正始二年無疑矣。”今從潘說改。

[49] 直：值，正值。　成：斗建十二值日之一，戌爲成。《淮南子·天文訓》：“戌爲成，主少德。”

[50] 爰：於是。

[51] 煙（yīn）熅（yūn）：雲烟彌漫的樣子。

[52] 不弔：殿本作“不弟”，百衲本、盧弼《集解》本、校點本作“不弔”。今從百衲本等。周壽昌《注證遺》：“不弔，猶言不矜恤國家之意。”趙幼文《校箋》則云：“《家語·終記》注：‘弔，善也。’不弔即不善，周說似迂。”

［53］度：法制。《左傳・昭公四年》"度不可改"杜預注：
"度，法也。"

［54］皇祚：校點本作"祚皇"，百衲本、殿本、盧弼《集解》
本皆作"皇祚"。今從百衲本等。

［55］臨深履冰：比喻恐懼。《詩・小雅・小旻》："如臨深淵，
如履薄冰。"

［56］伊：語氣詞。

［57］烝嘗：冬祭稱烝，秋祭稱嘗。此泛指祭祀。

［58］傅暢：《晋書》卷四七《傅玄附暢傳》謂暢字世道，西
晋末，入東宫侍講，爲秘書丞。"尋没於石勒，勒以爲大將軍右司
馬。諳識朝儀，恒居機密，勒甚重之。作《晋諸公叙贊》二十二
卷，又爲《公卿故事》（本書卷二一《傅嘏傳》裴注引《世語》作
《晋公卿禮秩故事》）九卷。"《隋書・經籍志》著録"《晋諸公
贊》，二十一卷，晋秘書監傅暢撰"。《新唐書・藝文志》又著録爲
二十二卷，與《晋書》本傳相合。沈家本疑《隋書》誤。（見沈家
本《三國志注所引書目》）

［59］中護軍：官名。第四品。掌禁兵，總統諸將任，主武官
選舉，隸領軍。資重者爲護軍將軍，資輕者爲中護軍。

［60］追鋒車：魏晋時的一種輕便快車。無平蓋，加通幰，如
軺車，駕二馬。車行迅速，故名追鋒車。（見《晋書・輿服志》）

　　五月，鄴及上（谷）〔洛〕並言甘露降。[1]（夏）
六月丙午，[2]改元爲甘露。乙丑，青龍見元城縣界井
中。秋七月己卯，衛將軍胡遵薨。

　　癸未，安西將軍鄧艾大破蜀大將姜維于上邽，[3]詔
曰："兵未極武，醜虜摧破，斬首獲生，動以萬計，自
頃戰克，無如此者。今遣使者犒賜將士，大會臨饗，
飲宴終日，稱朕意焉。"

　　八月庚午，命大將軍司馬文王加號大都督，[4]奏事不名，假黃鉞。癸酉，以太尉司馬孚爲太傅。九月，以司徒高柔爲太尉。冬十月，以司空鄭沖爲司徒，尚書左僕射盧毓爲司空。

　　[1] 上洛：各本皆作“上谷”。趙一清《注補》謂《宋書·符瑞志》“谷”作“洛”。校點本即據《宋書·符瑞志》改。今從之。上洛，縣名。治所在今陝西商州市。

　　[2] 六月：各本皆作“夏六月”。潘眉《考證》云：“此多‘夏’字，上文已書‘夏四月’。”今從潘説删“夏”字。

　　[3] 上邽：縣名，治所在今甘肅天水市。

　　[4] 大都督：官名。魏置，第一品，不常置，爲加官。

　　二年春二月，青龍見溫縣井中。三月，司空盧毓薨。

　　夏四月癸卯，詔曰：“玄菟郡高顯縣吏民反叛，[1]長鄭熙爲賊所殺。民王簡負擔熙喪，晨夜星行，遠致本州，[2]忠節可嘉。其特拜簡爲忠義都尉，[3]以旌殊行。”

　　甲子，以征東大將軍諸葛誕爲司空。[4]

　　五月辛未，帝幸辟雍，會命羣臣賦詩。侍中和逌、尚書陳騫等作詩稽留，[5]有司奏免官，詔曰：“吾以暗昧，愛好文雅，廣延詩賦，以知得失，而乃爾紛紜，良用反仄。[6]其原逌等。主者（宜）〔宣〕敕自今以後，[7]羣臣皆當玩習古義，脩明經典，稱朕意焉。”

　　乙亥，諸葛誕不就徵，發兵反，殺揚州刺史樂綝。丙子，赦淮南將吏士民爲誕所註誤者。丁丑，詔曰：“諸葛誕造爲凶亂，盪覆揚州。昔黥布逆叛，[8]漢祖親戎，隗囂違戾，[9]光武西伐，及烈祖明皇帝躬征吳、蜀，[10]皆所以奮揚赫斯，[11]震耀威武也。今宜皇太后與朕暫共臨戎，[12]速定醜虜，時寧東夏。"己卯，詔曰："諸葛誕造構逆亂，迫脅忠義，平寇將軍臨渭亭侯龐會、騎督偏將軍路蕃，[13]各將左右，斬門突出，忠壯勇烈，所宜嘉異。[14]其進會爵鄉侯，[15]蕃封亭侯。"

六月乙巳，詔："吳使持節、都督夏口諸軍事、鎮軍將軍、沙羨侯孫壹，[16]賊之枝屬，位為上將，畏天知命，深鑒禍福，翻然舉衆，遠歸大國，雖微子去殷，[17]樂毅遁燕，[18]無以加之。其以壹為侍中、車騎將軍、假節、交州牧、吳侯，[19]開府辟召，儀同三司，[20]依古侯伯八命之禮，[21]袞冕赤舃，事從豐厚。"〔一〕[22]

〔一〕臣松之以為壹畏逼歸命，[23]事無可嘉，格以古義，[24]欲蓋而名彰者也。[25]當時之宜，未得遠遵式典，固應量才受賞，足以酬其來情而已。[26]至乃光錫八命，禮同台鼎，[27]不亦過乎！於招攜致遠，又無取焉。何者？若使彼之將守，與時無嫌，終不悅于殊寵，坐生叛心，以叛而愧，[28]辱孰甚焉？如其憂危將及，非奔不免，則必逃死苟存，無希榮利矣，然則高位厚祿何為者哉？[29]魏初有孟達、黃權，[30]在晉有孫秀、孫楷；[31]達、權爵賞，比壹為輕，秀、楷禮秩，優異尤甚。及至吳平，而降黜數等，不承權輿，[32]豈不緣在始失中乎？

[1]玄菟郡：治所高句驪縣，在今瀋陽市上柏官屯。　高顯縣：治所在今遼寧鐵嶺縣城。（並本《〈中國歷史地圖集〉釋文匯編（東北卷）》）

[2]本州：指幽州。玄菟郡屬幽州。

〔3〕忠義都尉：官名。第五品。

〔4〕征東大將軍：官名。秩二千石。黃初中位次三公，第二品，資輕者爲征東將軍。

〔5〕和逌（yóu）：和洽子。見本書卷二三《和洽傳》。　作詩：各本皆作“作詩”。潘眉《考證》云：“‘詩’下脫‘賦’字。《太平御覽》九十四引《魏志》云‘作詩賦稽留’。宋本有‘賦’字，下言‘廣延詩賦’，則此句有‘賦’字是也。”趙幼文《校箋》則云：“考上文‘會命群臣賦詩’，是僅作詩，不言作賦也。若從《御覽》，是詩賦並作矣，疑與史實有違。竊謂此當作‘作詩稽留’，‘賦’字或誤衍。下文‘廣延詩賦’，‘詩賦’二字疑當互乙。《初學記》卷十一引《魏高貴鄉公集》曰：‘幸華林賜群臣酒，酒酣，上援筆賦詩，群臣以此作，二十五人不能著詩受罰酒，黃門侍郎鍾會爲上。’此亦不言作賦也。潘説或誤。”

〔6〕反仄：趙幼文《校箋》謂《太平御覽》卷六〇〇引作“惻然”。按，《太平御覽》卷九四引《魏志》又作“反側”。“反側”同“反仄”，輾轉不安。

〔7〕宣：各本作“宜”。趙幼文《校箋》謂《太平御覽》卷九四作“宣”。按，作“宣”更合詔義，今據改。

〔8〕黥布：本姓英名布，因犯法被黥，因稱黥布。秦末起兵，黥布初投項梁、項羽。曾爲九江王。後投歸漢高祖劉邦，爲淮南王。高祖十一年誅殺淮陰侯韓信、梁王彭越。黥布疑懼，發兵反。高祖自率軍往討，黥布敗逃，被番陽人所殺。（見《史記》卷九一《黥布列傳》）

〔9〕隗囂：天水郡人。新莽末年，被當地豪彊擁立，據有天水、武都、金城等郡。後歸附漢光武帝劉秀，但仍擁兵割據，終於投靠公孫述。光武帝建武八年，大將來歙襲取略陽城（今甘肅秦安縣東北），隗囂率大軍圍之。光武帝遂親率諸將西征，大敗隗囂。（見《後漢書》卷一三《隗囂傳》）

〔10〕明皇帝躬征吳、蜀：魏明帝太和二年至長安，爲曹真抵

禦諸葛亮張聲勢；青龍二年孫權進犯合肥新城等地，滿寵率軍拒之，魏明帝又乘舟東征。

[11] 赫斯：《詩·大雅·皇矣》：“王赫斯怒，爰整其旅。”鄭箋：“赫，怒意；斯，盡也。”“文王赫然與其群臣盡怒，曰整其軍旅而出。”

[12] 皇太后與朕暫共臨戎：《晋書》卷二《文帝紀》載有司馬昭請皇太后及帝出征之表。胡三省云：“昭若自行，恐後有挾兩宮爲變者，故奉之以討誕。”（《通鑑》卷七七魏高貴鄉公甘露二年注）

[13] 平寇將軍：官名。第三品。　偏將軍：官名。第五品。無定員。

[14] 嘉異：百衲本、殿本、盧弼《集解》本皆作“加異”。盧氏注云：“‘加’一本作‘嘉’。”校點本作“嘉”。今從之。

[15] 鄉侯：爵名。漢制，列侯功大者食縣邑，功小者食鄉、亭。東漢後期，遂以食鄉、亭者稱爲鄉侯、亭侯。曹魏因之。

[16] 使持節：漢末三國，皇帝授予出征或出鎮的軍事長官的一種權力。至晋代，此種權力明確爲可誅殺二千石以下官員。若皇帝派遣大臣出巡或祭吊等事務時，加使持節，則表示權力和尊崇。

鎮軍將軍：官名。第三品。吳相同。（俱本洪飴孫《三國職官表》）

[17] 微子：殷紂王之庶兄。《史記》卷三《殷本紀》云：“紂愈淫亂不止。微子數諫不聽，乃與大師、少師謀，遂去。”

[18] 樂毅：戰國中山人。至燕國，受禮遇，遂爲燕臣。燕昭王以之爲亞卿。後率軍攻齊國，先後攻下七十餘城，因功封於昌國，號昌國君。燕昭王去世後，燕惠王立，中齊反間計，改用騎劫爲將。樂毅懼誅，遂離燕投趙。（本《史記》卷八〇《樂毅列傳》）

[19] 假節：漢末三國時期，皇帝賜予臣下的一種權力，至晋代，此種權力明確爲因軍事可殺犯軍令者。　交州牧：交州屬吳，此爲虛設。　吳侯：吳縣亦屬吳，此亦虛封。

[20] 開府：開設府署，辟置僚屬。漢代，許三公、大將軍開

府。魏晋以後範圍擴大，同一官銜而開府者，地位較高。　儀同三司：官非三公，而授予儀制同於三司（三公）的待遇。

［21］八命：《周禮》所言官級的第八等，僅次於九命。《周禮·春官·大宗伯》"八命作牧"鄭玄注："謂侯伯有功德者，加命得專征伐於諸侯。鄭司農云，一州之牧、王之三公亦八命。"

［22］事從豐厚：何焯云："時淮南引吳爲援，壹適來奔，故司馬氏濫以爵寵之，冀以招誘來者。"（《義門讀書記》卷二六《三國志·魏志》）

［23］壹畏逼：指孫壹畏逼於孫綝。詳情見本書卷五一《孫奐傳》。

［24］格：量度，衡量。《廣韻陌韻》："格，度也，量也。"

［25］名：殿本作"彌"，百衲本、盧弼《集解》本、校點本作"名"。今從百衲本等。《左傳·昭公三十一年》："或求名而不得，或欲蓋而名章，懲不義也。"

［26］醻：百衲本、盧弼《集解》本作"疇"，殿本、校點本作"醻"。按二字可通，今從殿本等。

［27］台鼎：喻稱三公。如星有三台，鼎有三足。

［28］愧：盧弼《集解》云"愧"當作"貴"。

［29］高位：百衲本作"高立"，殿本、盧弼《集解》本、校點本皆作"高位"。今從殿本等。

［30］孟達黃權：本書卷二《文帝紀》載：延康元年"蜀將孟達率衆降"；黃初三年八月，"蜀大將黃權率衆降"。

［31］孫秀孫楷：《晋書》卷三《武帝紀》載：泰始六年十二月，"吳夏口督、前將軍孫秀帥衆來奔，拜驃騎將軍、開府儀同三司，封會稽公"；咸寧二年六月，"吳京下督孫楷帥衆來降，以爲車騎將軍，封丹楊侯"。

［32］權輿：初始。《詩·秦風·權輿》"不承權輿"毛傳："承，繼也。權輿，始也。"

甲子，詔曰："今車駕駐項，大將軍恭行天罰，前臨淮浦。[1]昔相國、大司馬征討，[2]皆與尚書俱行，今宜如舊。"乃令散騎常侍裴秀、給事黃門侍郎鍾會咸與大將軍俱行。[3]秋八月，詔曰："昔燕刺王謀反，[4]韓誼等諫而死，[5]漢朝顯登其子。諸葛誕創造凶亂，主簿宣隆、部曲督秦絜秉節守義，[6]臨事固爭，爲誕所殺，所謂無比干之親而受其戮者。其以隆、絜子爲騎都尉，[7]加以贈賜，光示遠近，以殊忠義。"

九月，大赦。冬十二月，吳大將全端、全懌等率衆降。

[1] 淮浦：淮河邊。按本書卷二八《諸葛誕傳》謂大將軍司馬昭屯丘頭，《晉書》卷二《文帝紀》亦同。丘頭乃地名，在今河南沈丘縣東南。

[2] 相國：指司馬懿。據《晉書》卷一《宣帝紀》，司馬懿死後，天子追贈相國、郡公。　大司馬：指司馬師。據《晉書》卷二《景帝紀》，司馬師死後，詔令追加爲大司馬。

[3] 裴秀：裴潛之子，事迹主要見本書卷二三《裴潛附秀傳》裴注引《文章叙録》。

[4] 燕刺王：漢武帝子劉旦，封爲燕王。漢昭帝即位後，因謀反賜死，謚爲刺王。（見《漢書》卷六三《燕刺王傳》）刺，校點本誤作"剌"。

[5] 韓誼：《漢書》作"韓義"。《漢書》卷七六《韓延壽傳》載："父義爲燕郎中。刺王之謀逆也，義諫而死，燕人閔之。是時昭帝富於春秋，大將軍霍光持政，徵郡國賢良文學，問以得失。時魏相以文學對策，以爲'賞罰所以勸善禁惡，政之本也。日者燕王爲無道，韓義出身强諫，爲王所殺。義無比干之親而蹈比干之節

（比干，殷王子，紂王之叔父，因諫紂被殺），宜顯賞其子，以示天下，明爲人臣之義’。光納其言，因擢延壽爲諫大夫，遷淮陽太守。"

[6] 主簿：官名。此爲征東大將軍府之主簿，第八品。職責爲典領文書，辦理事務。　部曲督：官名。此亦征東大將軍府之部曲督，第七品，無定員。

[7] 騎都尉：官名。秩比二千石，第六品。掌羽林從騎，無定員，或爲加官。

　　三年春二月，大將軍司馬文王陷壽春城，[1]斬諸葛誕。三月，詔曰："古者克敵，收其屍以爲京觀，[2]所以懲昏逆而章武功也。漢孝武元鼎中，改桐鄉爲聞喜，新鄉爲獲嘉，[3]以著南越之亡。大將軍親總六戎，營據丘頭，内夷羣凶，外殄寇虜，功濟兆民，聲振四海。克敵之地，宜有令名，其改丘頭爲武丘，[4]明以武平亂，後世不忘，亦京觀二邑之義也。"

　　夏五月，命大將軍司馬文王爲相國，[5]封晉公，食邑八郡，[6]加之九錫，文王前後九讓乃止。

　　六月丙子，詔曰："昔南陽郡山賊擾攘，[7]欲劫質故太守東里袞，功曹應余獨身捍袞，[8]遂免於難。余顛沛殞斃，殺身濟君。其下司徒，署余孫倫吏，使蒙伏節之報。"〔一〕

　　〔一〕《楚國先賢傳》曰：[9]余字子正，天姿方毅，志尚仁義，建安二十三年爲郡功曹。是時吳、蜀不賓，疆場多虞。宛將侯音扇動山民，保城以叛。余與太守東里袞當擾攘之際，迸竄得出。音即遣騎追逐，去城十里相及，賊便射袞，飛矢交流。余前以身當箭，被七創，因謂追賊曰："侯音狂狡，[10]造爲凶逆，大軍尋至，誅夷在近。謂卿曹本是善人，素無惡心，當思反善，何爲受其指揮？我以身代君，已被重創，[11]若身死君全，隕没無恨。"因仰天號哭泣涕，血淚俱下。[12]賊見其義烈，釋褒不害。賊去之後，余亦命絶。征南將軍曹仁討平音，表余行狀，并脩祭醊。[13]太祖聞之，嗟歎良久，下荆州復表門閭，賜穀千斛。褒後爲于禁司馬，見《魏略·游説傳》。

[1] 壽春：縣名。爲揚州刺史治所，在今安徽壽縣。

[2] 京觀：收集敵屍，封土爲高冢，以炫耀武功，稱爲京觀。《左傳·宣公十二年》"收晉尸以爲京觀"杜預注："積尸封土其上，謂之京觀。"

[3] "改桐鄉爲聞喜"二句：《漢書》卷六《武帝紀》載：元鼎五年（前112）南越王相呂嘉反，殺漢使者及王、王太后。武帝遣伏波將軍路博德等擊之。元鼎六年，武帝"行東，將幸緱氏，至左邑桐鄉，聞南越破，以爲聞喜縣（今山西聞喜縣西南）。春，至汲新中鄉，得呂嘉首，以爲獲嘉縣（今河南新鄉市西南）"。

[4] 武丘：地名。在今河南沈丘縣東南。《元和郡縣圖志》謂司馬懿討王淩後改丘頭爲武丘；《太平寰宇記》又謂司馬師討毌丘儉後改。以上兩説皆不確，應以此詔書爲準。（參盧弼《集解》引楊守敬説）

[5] 相國：徐紹楨《質疑》："文帝踐阼，改相國爲司徒，事見《文帝紀》。然則漢之相國，即魏之司徒也。此命司馬氏爲相國，蓋是復設，而其秩則視司徒爲重矣。"

[6] 八郡：據《晉書》卷二《文帝紀》，指并州之太原、上黨、西河、樂平、新興、雁門，司州之河東、平陽等八郡。（參《通鑑》卷七七魏高貴鄉公甘露三年胡三省注）

[7] 南陽郡：治所宛縣，在今河南南陽市。

[8] 功曹：官名。太守之佐吏，職掌人事，並參與一郡政務。

[9] 楚國先賢傳：《隋書·經籍志》著錄《楚國先賢傳贊》十二卷，晉張方撰。《新唐書·藝文志》同，無"贊"字。《舊唐書·經籍志》作《楚國先賢志》，楊方撰。章宗源《隋書經籍志考證》謂《文選》應璩《百一詩》注引、《藝文類聚》禮部引，並稱張方《楚國先賢傳》，無稱楊方者。其所記上及春秋戰國，下至漢魏晉事。

[10] 狂狡：殿本、盧弼《集解》本作"狂佞"，百衲本、校點本作"狂狡"。今從百衲本等。

[11] 已：殿本、盧弼《集解》本、校點本作"以"，百衲本作"已"。今從百衲本。

[12] 因仰天號哭泣涕血淚俱下：趙幼文《校箋》謂《太平御覽》卷四二〇（按，實爲卷四二一）引作"因仰天號泣，涕血俱下如雨"。《册府元龜》卷七六四引作"仰天號泣，涕淚俱下"（按，宋本《册府元龜》"仰"上亦有"因"字）。疑"如雨"二字不當有。

[13] 酹（zhuì）：祭祀時以酒灑地。

辛卯，大論淮南之功，封爵行賞各有差。

秋八月甲戌，以驃騎將軍王昶爲司空。丙寅，詔曰："夫養老興教，三代所以樹風化垂不朽也，必有三老、五更以崇至敬，[1] 乞言納誨，著在惇史，[2] 然後六合承流，下觀而化。宜妙簡德行，以充其選。關內侯王祥，[3] 履仁秉義，雅志淳固。關內侯鄭小同，溫恭孝友，帥禮不忒。其以祥爲三老，小同爲五更。"車駕親率羣司，[4] 躬行古禮焉。[一]

〔一〕《漢晉春秋》曰：帝乞言於祥，祥對曰："昔者明王禮樂既備，加之以忠誠，忠誠之發，形于言行。夫大人者，行動乎天地；天且弗違，況於人乎?"祥事別見《呂虔傳》。小同，鄭玄孫也。《玄別傳》曰：[5]"玄有子，[6]爲孔融吏，舉孝廉。[7]融之被圍，往赴，爲賊所害。有遺腹子，以丁卯日生；而玄以丁卯歲生，故名曰小同。"

《魏名臣奏》載太尉華歆表曰："臣聞勵俗宣化，莫先於表善，班禄敍爵，莫美於顯能，是以楚人思子文之治，[8]復命其胤，漢室嘉江公之德，[9]用顯其世。伏見故漢大司農北海鄭玄，[10]當時之學，[11]名冠華夏，爲世儒宗。文皇帝旌録先賢，拜玄適孫小同以爲郎中，[12]長假在家。小同年踰三十，少有令質，學綜六經，行著鄉邑。海、岱之人莫不嘉其自然，[13]美其氣量。[14]迹其所履，有質直不渝之性，然而恪恭静默，色養其親，不治可見之美，不競人間之名，斯誠清時所宜式敍，前後明詔所斟酌所求也。臣老病委頓，無益視聽，謹具以聞。"

《魏氏春秋》曰：小同詣司馬文王，文王有密疏，未之屏也。[15]如廁還，謂之曰："卿見吾疏乎?"對曰："否。"文王猶疑而鴆之，[16]卒。

鄭玄注《文王世子》曰"三老、五更各一人，[17]皆年老更事致仕者也"。注《樂記》曰"皆老人更知三德五事者也"。[18]

蔡邕《明堂論》云：[19]"更"應作"叟"。叟，長老之稱，字與"更"相似，書者遂誤以爲"更"。"嫂"字"女"傍"叟"，今亦以爲"更"，以此驗知應爲"叟"也。臣松之以爲邕謂"更"爲"叟"，誠爲有似，而諸儒莫之從，未知孰是。

[1] 三老：官名。職掌教化。漢代初於鄉、縣置三老，後來郡國亦置，皆選有德行，能帥衆爲善，年五十以上者爲之。東漢明帝時又以年老德高之大臣爲三老，以示孝悌天下。三國時一般不置

鄉、縣三老，而依漢明帝之制，於國置三老。 五更：官名。亦職掌教化，與三老同。《漢書·禮樂志》"養三老五更於辟廱"顏師古引李奇曰："王者父事三老，兄事五更。"又引鄧展曰："漢直以一公爲三老，用大夫爲五更，每常大行禮乃置。"

[2] 惇史：《禮記·內則》"有善則記爲惇史"鄭玄注："惇史，史惇厚是也。"孔穎達疏："言老人有善德行則記錄之，使衆人法則，爲惇厚之史。"

[3] 關內侯：爵名。漢制二十級爵之十九級，次於列侯，祇有封户收取租稅而無封地。魏文帝定爵制爲十等，關內侯在亭侯下，仍爲虛封，無食邑。 王祥：事迹主要見本書卷一八《呂虔傳》裴注引孫盛《雜語》及王隱《晋書》。

[4] 親率羣司：《宋書·禮志一》："魏高貴鄉公甘露三年，車駕親率群司行養老之禮于太學。於是王祥爲三老，鄭小同爲五更。今無其注，然漢禮具存也。"

[5] 玄別傳：《隋書》《舊唐書》之《經籍志》、《新唐書·藝文志》均未著錄《鄭玄別傳》。章宗源《隋書經籍志考證》謂見於《三國志注》及《後漢書注》。

[6] 玄有子：《後漢書》卷三五《鄭玄傳》載："玄唯有一子益恩，孔融在北海舉爲孝廉。及融爲黄巾所圍，益恩赴難隕身。有遺腹子，玄以其手文似己，名曰小同。"

[7] 孝廉：漢代選拔官吏的主要科目。孝指孝子，廉指廉潔之士。原本爲二科，後混同爲一科，也不再限於孝子和廉吏。東漢後期定制爲不滿四十歲者不得察舉；被舉者先詣公府課試，以觀其能。郡國每年要向中央推薦一至二人。

[8] 子文：春秋楚令尹鬥縠（gòu）於（wū）菟（tú），名子文。楚成王八年至三十五年（前664—前637）爲令尹，有治績。子文死後，其孫克黄爲箴尹（楚官名），受命出使齊國。返回至宋國，即聞叛亂，有人勸其勿返，克黄不聽，回國復命，並至司法官處請囚禁。"王思子文之治楚國也，曰：'子文無後，何以勸善？'

使復其所。"（見《左傳·宣公四年》）

[9] 江公：漢初，江公受學於魯申公，習《詩》及《穀梁春秋》。漢武帝時，江公與董仲舒並列，而董仲舒善於議論、文辭。武帝使其議論，江公不如仲舒。武帝遂用董仲舒而尊《公羊春秋》。《穀梁春秋》因漸衰微，但仍傳授不絕；加之戾太子喜《穀梁春秋》，漢宣帝即位後即加倡導，拔用善《穀梁春秋》的蔡千秋爲諫大夫、給事中，"後有過，左遷平陵令。復求能爲《穀梁》者，莫及千秋。上愍其學且絕，乃以千秋爲郎中户將，選郎十人從受"。千秋病死後，又"徵江公孫爲博士"。（本《漢書》卷八八《儒林·江公傳》）

[10] 北海：漢末爲王國，治所劇縣，在今山東昌樂縣西。大司農：漢獻帝建安初，曾徵鄭玄爲大司農，但未上任，因病還家。（見《後漢書》卷三五《鄭玄傳》）

[11] 學：趙幼文《校箋》謂《册府元龜》卷三二四引作"季"。

[12] 適（dí）：通"嫡"。 郎中：官名。東漢時，秩比三百石，分隸五官、左、右三署中郎將，名義上備宿衛，實爲後備官吏人材。魏、晋雖罷五官、左、右三署中郎將，仍置郎中，亦爲後備人材。

[13] 海岱：指東海與岱山（泰山）一帶地區，即當時的青、徐、兗三州交界的一帶地區。

[14] 氣量：趙幼文《校箋》謂《册府元龜》卷三二四引"氣"字作"器"。按二字通，朱駿聲《説文通訓定聲·履部》："氣，叚借爲器。"

[15] 屏（bǐng）：隱藏，收藏。《尚書·金滕》："爾不許我，我乃屏璧與珪。"孔傳："屏，藏也。"

[16] 鴆（zhèn）：鴆爲有毒之鳥，其羽浸製之酒能毒死人。以鴆酒殺人即稱爲鴆。

[17] 文王世子：此《禮記·文王世子》之鄭玄注。在此注下

尚有："天子以父兄養之，示天下之孝悌也。名三、五者，取象三辰五星，天所因以照明天下也。"

[18] 樂記：此《禮記·樂記》之鄭玄注。此注之全句爲："三老五更，互言之耳，皆老人更知三德五事者也。"孔穎達疏："三老五更互言之耳者，三老亦五更，五更亦三老，故云皆老人更知三德五事者也。三德謂正直、剛、柔；五德謂貌、言、視、聽、思也。《文王世子》注云象三辰五星者，義相包矣。"

[19] 明堂論：嚴可均《全後漢文》據《説郛》所輯之《蔡邕集》，收録了《月令問答》等三篇。其按語云："案《月令問答》《明堂論》《月令篇名》等三篇，皆《月令章句》之文，其書久亡，明刻本入集，今從之。"

是歲，青龍、黄龍仍見頓丘、冠軍、陽夏縣界井中。[1]

[1] 頓丘：縣名。治所在今河南清豐縣西南。　冠軍：縣名。治所在今河南鄧州市西北。　陽夏（jiǎ）縣：治所在今河南太康縣。

四年春正月，黄龍二，見寧陵縣界井中。[1]〔一〕夏六月，司空王昶薨。秋七月，陳留王峻薨。冬十月丙寅，分新城郡，[2]復置上庸郡。[3]十一月癸卯，車騎將軍孫壹爲婢所殺。

〔一〕《漢晋春秋》曰：是時龍仍見，咸以爲吉祥。帝曰："龍者，君德也。上不在天，下不在田，而數屈於井，非嘉兆也。"仍作"潛龍"之詩以自諷，[4]司馬文王見而惡之。

[1] 寧陵縣：治所在今河南寧陵縣南。

[2] 新城郡：治所房陵縣，在今湖北房陵縣。

[3] 上庸郡：治所上庸縣，在今湖北竹山縣西南。

[4] 潛龍之詩：《晉書·五行志下》："案劉向說，龍貴象而困井中，諸侯將有幽執之禍也。魏世，龍莫不在井，此居上者逼制之應。高貴鄉公著《潛龍詩》，即此旨也。"

五年春正月〔乙酉〕朔，[1]日有蝕之。夏四月，詔有司率遵前命，復進大將軍司馬文王位爲相國，封晉公，加九錫。

五月己丑，高貴鄉公卒，[2]年二十。〔一〕皇太后令曰："吾以不德，遭家不造，[3]昔援立東海王子髦以爲明帝嗣，見其好書疏文章，冀可成濟，而情性暴戾，日月滋甚。吾數呵責，遂更忿恚，造作醜逆不道之言以誣謗吾，遂隔絶兩宮。其所言道，不可忍聽，非天地所覆載。吾即密有令語大將軍，不可以奉宗廟，恐顛覆社稷，死無面目以見先帝。大將軍以其尚幼，謂當改心爲善，殷勤執據。而此兒忿戾，所行益甚，舉弩遙射吾宮，祝當令中吾項，箭親墮吾前。吾語大將軍，不可不廢之，前後數次。[4]此兒具聞，自知罪重，便圖爲弑逆，賂遺吾左右人，令因吾服藥，密行酖毒，重相設計。事已覺露，直欲因際會舉兵入西宮殺吾，[5]出取大將軍，呼侍中王沈、散騎常侍王業、〔二〕尚書王經，出懷中黄素詔示之，[6]言'今日便當施行'。吾之危殆，過于累卵。吾老寡，豈復多惜餘命邪？但傷先帝遺意不遂，社稷顛覆爲痛耳。賴宗廟之靈，沈、業即馳語大將軍，得先嚴警，而此兒便將左右出雲龍門，[7]雷戰鼓，躬自拔刃，與左右雜衛共入兵陣間，[8]爲前鋒所害。此兒既行悖逆不道，而又自陷大禍，重令吾悼心不可言。昔漢昌邑王以罪廢爲庶人，[9]此兒亦宜以民禮葬之，當令内外咸知此兒所行。又尚書王經，凶逆無狀，其收經及家屬皆詣廷尉。”

〔一〕《漢晋春秋》曰：帝見威權日去，不勝其忿。乃召侍中王沈、尚書王經、散騎常侍王業，謂曰：“司馬昭之心，路人所知也。[10]吾不能坐受廢辱，[11]今日當與卿〔等〕自出討之。”[12]王經曰：“昔魯昭公不忍季氏，[13]敗走失國，爲天下笑。今權在其門，爲日久矣，[14]朝廷四方皆爲之致死，不顧逆順之理，非一日也。且宿衛空闕，兵甲寡弱，陛下何所資用，而一旦如此，無乃欲除疾而更深之邪！禍殆不測，宜見重詳。”[15]帝乃出懷中版令投地，曰：“行之決矣。正使死，何所懼？[16]況不必死邪！”於是入白太后，沈、業奔走告文王，文王爲之備。帝遂帥僮僕數百，鼓譟而出。文王弟屯騎校尉伷入，[17]遇帝於東止車門，左右呵之，伷眾奔走。中護軍賈充又逆帝戰於南闕下，帝自用劍。[18]眾欲退，太子舍人成濟問充曰：[19]“事急矣。當云何？”充曰：“〔公〕畜養汝等，正謂今日。[20]今日之事，無所問也。”濟即前刺帝，刃出於背。文王聞，大驚，自投于地曰：“天下其謂我何！”太傅孚奔往，枕帝股而哭，[21]哀甚，曰：“殺陛下者，臣之罪也。”

臣松之以爲習鑿齒書，雖最後出，然述此事差有次第。[22]故先載習語，以其餘所言微異者次其後。

《世語》曰：王沈、王業馳告文王，尚書王經以正直不出，[23]因沈、業申意。

《晋諸公贊》曰：沈、業將出，呼王經。經不從，曰：“吾子行矣!"[24]

干寶《晉紀》曰:成濟問賈充曰:"事急矣。若之何?"充曰:"公畜養汝等,爲今日之事也。夫何疑!"濟曰:"然。"乃抽戈犯蹕。[25]

《魏氏春秋》曰:戊子夜,帝自將冗從僕射李昭、黃門從官焦伯等下陵雲臺,[26]鎧仗授兵,欲因際會,自出討文王。會雨,有司奏卻日,[27]遂見王經等出黃素詔於懷曰:"是可忍也,孰不可忍也!今日便當決行此事。"[28]入白太后,遂拔劍升輦,[29]帥殿中宿衞蒼頭官僮擊戰鼓,[30]出雲龍門。賈充自外而入,帝師潰散,猶稱天子,[31]手劍奮擊,衆莫敢逼。充帥屬將士,騎督成倅弟成濟以矛進,[32]帝崩于師。時暴雨雷霆,[33]晦冥。

《魏末傳》曰:賈充呼帳下督成濟謂曰:[34]"司馬家事若敗,汝等豈復有種乎?何不出擊!"倅兄弟二人乃帥帳下人出,顧曰:"當殺邪?執邪?"充曰:"殺之。"兵交,帝曰:"放仗!"[35]大將軍士皆放仗。濟兄弟因前刺帝,帝倒車下。

〔二〕《世語》曰:[36]業,武陵人,後爲晉中護軍。

〔1〕正月乙酉朔:各本皆作"正月朔"。《宋書·五行志五》作"正月乙酉朔"。《晉書·天文志中》亦作"正月乙酉朔"。錢大昭《辨疑》云:"當據《晉志》補'乙酉'。"今從錢説補。

〔2〕高貴鄉公卒:清代學者對此之書法頗多議論。劉咸炘《知意》則云:"稱高貴鄉公及書卒,乃依廢後之例,事體本如此,非變例,亦非特筆。"

〔3〕遭家不造:《詩·周頌·閔予小子》:"閔予小子,遭家不造。"鄭箋:"閔,悼傷之言也。造,猶成也。可悼傷乎我小子耳,遭武王崩,家道未成。"

〔4〕數次:殿本、盧弼《集解》本作"數次",百衲本、校點本作"數十"。今從殿本等。

〔5〕西宫：此指太后宫。

〔6〕黄素詔：胡三省云：“《説文》曰，素，白致繒也。此黄素詔者，蓋以白致繒染爲黄色以書詔。”（《通鑑》卷七七魏元帝景元元年注）

〔7〕雲龍門：洛陽宫殿門之一。《文選》張衡《東京賦》：“飛雲龍於春路，屯神虎於秋方。”薛綜注：“德陽殿東門稱雲龍門，德陽殿西門稱神虎門。”盧弼《集解》云：“出雲龍，便非向太后。”

〔8〕雜衞：非正規警衞人員。

〔9〕漢昌邑王：昌邑王劉賀，漢武帝之孫，昌邑哀王髆之子。漢昭帝死後，無子繼位，大將軍霍光遂擁立昌邑王賀。昌邑王即帝位二十七日，淫亂無道，霍光又與群臣議，奏昭帝皇后，廢賀歸故國；又除其國爲山陽郡。（本《漢書》卷六三《昌邑哀王髆附賀傳》）

〔10〕路人所知：胡三省云：“言路人亦知其將篡。”（《通鑑》卷七七魏元帝景元元年注）

〔11〕坐受廢辱：《晋書》卷二《文帝紀》載：“天子既以帝三世宰輔，政非己出，情不自安，又慮廢辱，將臨軒召百僚而行放黜。”盧弼《集解》云：“據晋史所載，當時實將有廢立之事，昭之密疏，或即爲此。鄭小同之鴆死，慮其漏泄也。”

〔12〕卿等：各本皆無“等”字，《通鑑》亦無。胡三省注：“‘卿’下當有‘等’字。”（《通鑑》卷七七魏元帝景元元年注）校點本即據胡三省説增。今從之。

〔13〕魯昭公不忍季氏：趙幼文《校箋》謂《世説新語·賢媛篇》注引“昭”下無“公”字。按，春秋後期，季孫氏長期執掌魯國國政。魯昭公五年（前537）季孫氏等四分公室，季氏占有其二，從此魯國遂由季氏專權（見《左傳·昭公五年》）。魯昭公二十五年（前517），季平子侵犯郈氏與臧氏，郈氏、臧氏以告昭公，慫恿昭公攻打季氏。昭公以告子家懿伯，懿伯極力阻止，認爲魯公室失去百姓已數代，今政權又在季氏之手，極難對付。昭公不聽，

遂率親兵攻打季氏。季氏又得叔孫氏、孟孫氏支持，昭公失敗。子家子又勸昭公，將此事推與臣下，謂己被逼而爲。而昭公説："余不忍也。"遂與臧孫至祖墓辭別，謀劃而逃亡。後終死於晉邑乾侯。（本《左傳》昭公二十五年、三十二年）

〔14〕爲日久矣：趙幼文《校箋》謂《太平御覽》卷九四引無"爲日"二字，《世説新語·賢媛篇》注引同。按，《通鑑》有"爲日"二字。

〔15〕重詳：胡三省云："重，再也。詳，審也。"（《通鑑》卷七七魏元帝景元元年注）

〔16〕懼：趙幼文《校箋》謂《太平御覽》卷九四引"懼"字作"恨"，《世説新語·方正篇》注引同。按，《通鑑》亦作"懼"。

〔17〕弟：百衲本作"第"。殿本、盧弼《集解》本、校點本作"弟"。今從殿本等。

〔18〕用劍：趙幼文《校箋》謂《太平御覽》卷九四引"劍"下有"揮"字。

〔19〕太子舍人：官名。秩二百石，第七品，更直宿衛如三署郎中。無定員。胡三省云："時未立太子，不應置東宮官屬，濟本昭之私人授以是官耳。"（《通鑑》卷七七魏元帝景元元年注）按，《通典·職官十二》云："舍人，秦官也。漢因之，比郎中，選良家子孫。後漢無員，更置宿衛，如三署郎中。凡帝初即位，未有太子，太子官屬皆罷，唯舍人不省，屬少府。魏因之。"則太子舍人乃常置之官，非私人所能授置。

〔20〕畜養：趙幼文《校箋》謂《世説新語·方正篇》注引"畜"上有"公"字。 謂：《世説新語》注引作"爲"。按，《通鑑》"畜"上有"司馬公"三字。今據《世説新語》注引補"公"字。又"謂"通"爲"，王引之《經傳釋詞》引王念孫曰："謂，猶爲也。"

〔21〕枕帝股：胡三省云："枕帝於股也。"（《通鑑》卷七七魏元帝景元元年注）

［22］差：比較。

［23］正直：梁章鉅《旁證》引何焯曰：“正直，謂正當入直也。”亦即今言正當值班、值日。

［24］吾子：對對方之敬稱。

［25］蹕（bì）：皇帝之車駕出稱警，入稱蹕。又泛指車駕，代指皇帝。

［26］冗從僕射（yè）：官名。即黃門冗從僕射，秩六百石，第六品。主中黃門冗從，皇帝在宮則宿衛，守門戶；出則騎從，夾乘輿。　黃門從官：官名。第八品。　陵雲臺：胡三省云：“據《水經注》，陵雲臺在洛陽城中金市之東。”（《通鑑》卷六九魏文帝黃初二年注）

［27］會雨有司奏卻日：趙幼文《校箋》謂《世説新語・方正篇》注引作“會雨而明日”。

［28］今日便當決行此事：趙幼文《校箋》謂《世説新語》注引無“日便”二字。

［29］輦（niǎn）：人拉之車。自漢以後專稱人君所乘之車。

［30］蒼頭：以青巾裹頭之士卒。　官僮：官奴。

［31］猶稱：趙幼文《校箋》謂《世説新語》注引“猶”上有“帝”字。

［32］騎督：軍中統帥騎兵的中級軍官。

［33］雷霆：趙幼文《校箋》謂《世説新語》注引“霆”字作“電”。

［34］帳下督：官名。在主帥軍中督兵之官。

［35］仗：刀戟等兵器的總稱。玄應《一切經音義》卷二三《攝大乘論》第四卷“刀仗”：“人所執持爲仗；仗亦弓、稍、杵、棒之總名也。”

［36］世語：殿本作“國語”，百衲本、盧弼《集解》本作“世語”。盧氏云：“各本皆誤作‘國語’，宋、元本不誤。”校點本亦作“世語”。今從之。

　　庚寅，太傅孚、大將軍文王、太尉柔、司徒沖稽首言："伏見中令，[1]故高貴鄉公悖逆不道，自陷大禍，依漢昌邑王罪廢故事，以民禮葬。臣等備位，不能匡救禍亂，式遏姦逆，奉令震悚，肝心悼慄。[2]《春秋》之義，王者無外，而書'襄王出居于鄭'，[3]不能事母，故絕之于位也。今高貴鄉公肆行不軌。幾危社稷，自取傾覆，人神所絕，葬以民禮，誠當舊典。然臣等伏惟殿下仁慈過隆，雖存大義，猶垂哀矜，臣等之心實有不忍，以爲可加恩以王禮葬之。"太后從之。〔一〕

　　〔一〕《漢晉春秋》曰：丁卯，葬高貴鄉公于洛陽西北三十里瀍、澗之濱。[4]下車數乘，不設旌旐，[5]百姓相聚而觀之，曰："是前日所殺天子也。"或掩面而泣，悲不自勝。

　　臣松之以爲若但下車數乘，不設旌旐，何以爲王禮葬乎？斯蓋惡之過言，[6]所謂不如是之甚者。[7]

　　[1]中令：指皇太后令。
　　[2]悼慄：恐懼戰慄。
　　[3]襄王出居于鄭：《春秋·僖公二十四年》："冬，天王出居于鄭。"杜預注："襄王也。天子以天下爲家，故所在稱居。天子無外，而書出者，譏王蔽於匹夫之孝，不顧天下之重，因其辟母弟之難書出，言其自絕於周。"孔穎達疏："出居，實出奔也。出謂出畿內，居若移居。"
　　[4]瀍（chán）澗：二水名。瀍水即今瀍河，源出河南洛陽市西北穀城山，南流經洛陽城東，入於洛河。澗水源出河南澠池縣

東北白石山，東流經新安、洛陽，入於洛河。

〔5〕旌旐（zhào）：百衲本、殿本、校點本皆作"旌旐"，盧弼《集解》本作"旌旐"。今從百衲本等。旌爲旗之通稱。旐係出喪時爲棺柩引路之旗，亦即魂幡。

〔6〕惡之過言：周壽昌《注證遺》云："雖曰王禮，其實尚用民禮也。司馬昭之凶威，何所不至？裴氏疑爲過甚之言，亦何所不達邪！又按，《太平御覽》引《帝王世紀》曰：'高貴鄉公爲太子舍人所害，年二十，以公禮葬之。'是並無王禮之説。"

〔7〕不如是之甚者：《論語·子張》子貢曰："紂之不善，不如是之甚也。是以君子惡居下流，天下之惡皆歸焉。"

使使持節、行中護軍、中壘將軍司馬炎北迎常道鄉公璜嗣明帝後。[1]辛卯，羣公奏太后曰：[2]"殿下聖德光隆，寧濟六合，而猶稱令，與藩國同。請自今殿下令書，皆稱詔制，如先代故事。"

癸卯，大將軍固讓相國、晋公、九錫之寵。太后詔曰："夫有功不（隱）〔德〕，[3]《周易》大義；成人之美，古賢所尚。今聽所執，出表示外，以章公之謙光焉。"

戊申，大將軍文王上言："高貴鄉公率將從駕人兵，拔刃鳴金鼓向臣所止；懼兵刃相接，即勑將士不得有所傷害，違令以軍法從事。騎督成倅弟太子舍人濟，橫入兵陣傷公，遂至隕命；輒收濟行軍法。臣聞人臣之節，有死無二，事上之義，不敢逃難。前者變故卒至，禍同發機，誠欲委身守死，唯命所裁。然惟本謀乃欲上危皇太后，傾覆宗廟。臣忝當大任，義在安國，懼雖身死，罪責彌重。欲遵伊、周之權，[4]以安社稷之難，即駱驛申勅，不得迫近輦輿，而濟遂入陣間，以致大變。哀悒痛恨，五內摧裂，不知何地可以隕墜？科律大逆無道，父母妻子同產皆斬。[5]濟凶戾悖逆，干國亂紀，罪不容誅。輒勅侍御史收濟家屬，[6]付廷尉，結正其罪。"[7]〔一〕太后詔曰："夫五刑之罪，[8]莫大於不孝。夫人有子不孝，尚告治之，此兒豈復成人主邪？吾婦人不達大義，以謂濟不得便爲大逆也。然大將軍志意懇切，發言惻愴，故聽如所奏。當班下遠近，使知本末也。"〔二〕

〔一〕《魏氏春秋》曰：成濟兄弟不即伏罪，袒而升屋，醜言悖慢；自下射之，乃殪。[9]

〔二〕《世語》曰：初，青龍中，石苞鬻鐵於長安，[10]得見司馬宣王，宣王知焉。後擢爲尚書郎，[11]歷青州刺史、鎮東將軍。[12]甘露中入朝，當還，辭高貴鄉公，留中盡日。文王遣人要令過。[13]文王問苞："何淹留也？"苞曰："非常人也。"明日發至滎陽，[14]數日而難作。

[1] 常道鄉公璜：何焯云："以親疏論，是時丕後尚有人，璜爲宇之子，則操後也。當時惟昭之指，昭穆遠近莫敢議矣。"（《義門讀書記》卷二六《三國志‧魏志》）

[2] 羣公：胡三省云："羣公，自上公、三公至諸從公也。"（《通鑑》卷七七魏元帝景元元年注）

[3] 有功不德：各本"德"作"隱"。《易‧繫辭上》："子曰：勞而不伐，有功而不德，厚之至也。"孔穎達《正義》："子曰'勞而不伐'者，雖謙退疲勞而不自伐其善也；'有功而不德厚之至'者，雖有其功而不自以爲恩德，是篤厚之至極。"這纔是《周

易》之大義；且“隱”與“德”形近易誤，故據《繫辭》改“隱”爲“德”。

[4] 伊周：指伊尹、周公。　權：權宜，變通。伊尹放太甲，周公輔成王而攝政，是爲權宜之措施。

[5] 同産：指同母兄弟。

[6] 侍御史：官名。秩六百石，第七品。掌察舉非法，受公卿群吏奏事，有違失者舉劾之。

[7] 結正：結案判定。

[8] 五刑：指古代五種刑法。《尚書·舜典》“五刑有服”孔傳：“五刑，墨、劓、剕、宮、大辟。”

[9] 乃：殿本、盧弼《集解》本作“方”，百衲本、校點本作“乃”。今從百衲本等。

[10] 石苞：渤海南皮（今河北南皮縣東北）人，出身寒微。魏元帝末官至驃騎將軍。《晋書》卷三三有傳。

[11] 尚書郎：官名。東漢之制，初入尚書臺稱守尚書郎，滿一年稱郎中，三年稱侍郎，統稱尚書郎，秩四百石，主作文書起草。曹魏第六品。

[12] 青州：刺史治所臨淄縣，在今山東淄博市東北臨淄鎮北。

[13] 過：探望，拜訪。

[14] 滎陽：縣名。治所在今河南滎陽市東北。

六月癸丑，詔曰：“古者人君之爲名字，難犯而易諱。今常道鄉公諱字甚難避，其朝臣博議改易，列奏。”

陳留王諱奐，[1]字景明，武帝孫，燕王宇子也。[2]甘露三年，[3]封安次縣常道鄉公。[4]高貴鄉公卒，公卿議迎立公。六月甲寅，入于洛陽，見皇太后，是日即皇帝位于太極前殿，大赦，改年，賜民爵及穀帛各有差。

　　[1]陳留：王國名。治所陳留縣，在今河南開封市東南。晋武帝泰始元年（265）代魏後，封曹奐爲陳留王。晋惠帝太安元年（302）曹奐去世，又謚爲元皇帝，故後世又稱之爲魏元帝。而謚元皇帝時，陳壽已著完《三國志》並去世數年，故此仍稱陳留王。不然，當與漢獻帝同例，稱爲元皇帝。（參劉咸炘《知意》）

　　[2]燕王宇子：趙幼文《校箋》謂《太平御覽》卷九四、《册府元龜》卷九引"宇"下有"之"字。

　　[3]三年：殿本、盧弼《集解》本作"二年"，百衲本、校點本作"三年"。今從百衲本等。趙幼文《校箋》謂《太平御覽》《册府元龜》引亦作"三年"。

　　[4]安次縣：治所在今河北廊坊市西北古縣。常道鄉在其境内。

　　景元元年夏六月丙辰，[1]進大將軍司馬文王位爲相國，封晋公，增封二郡，[2]并前滿十，加九錫之禮，一如前（奏）〔詔〕；[3]諸羣從子弟，其未有侯者皆封亭侯，賜錢千萬，帛萬匹，文王固讓，乃止。己未，故漢獻帝夫人節薨，帝臨于華林園，[4]使使持節追謚夫人爲獻穆皇后。及葬，車服制度皆如漢氏故事。癸亥，以尚書右僕射王觀爲司空，冬十月，觀薨。

　　十一月，燕王上表賀冬至，稱臣。詔曰："古之王者，或有所不臣，王將宜依此義。表不稱臣乎！又當爲報。夫後大宗者，[5]降其私親，況所繼者重邪！若便同之臣妾，亦情所未安。其皆依禮典處，當務盡其宜。"有司奏，以爲"禮莫崇于尊祖，制莫大于正典。陛下稽德期運，撫臨萬國，紹大宗之重，[6]隆三祖之基。伏惟燕王體尊戚屬，正位藩服，躬秉虔肅，率蹈恭德以先萬國；其于正典，[7]闡濟大順，所不得制。聖朝誠宜崇以非常之制，奉以不臣之禮。臣等平議以爲燕王章表可聽如舊式。中詔所施，或存好問，準之義類，則'（宴）〔燕〕覿之（族）〔敬〕'也，[8]可少順聖敬，加崇儀稱，示不敢斥，宜曰'皇帝敬問大王侍御'。至于制書，國之正典，[9]朝廷所以辨章公制，宣昭軌儀于天下者也，宜循法，故曰'制詔燕王'。凡詔命、制書、奏事、上書諸稱燕王者，可皆上平。[10]其非宗廟助祭之事，皆不得稱王名，奏事、上書、文書及吏民皆不得觸王諱，以彰殊禮，加于羣后。[11]上遵王典尊祖之制，[12]俯順聖敬烝烝之心，[13]二者不愆，禮實宜之，可普告施行。"

十二月甲申，黃龍見華陰縣井中。[14]甲午，以司隸校尉王祥爲司空。[15]

[1] 景元：魏元帝曹奐年號（260—264）。

[2] 二郡：潘眉《考證》云："此增二郡，則司州之弘農，雍州之馮翊，皆晉故壤。"

[3] 前詔：各本皆誤作"前奏"。梁章鉅《旁證》云："前甘露三年五月，'命大將軍司馬文王爲相國，封晉公，食邑八郡，加之九錫，文王前後九讓乃止'。故此云一如前詔也，各本皆誤作'奏'。"潘眉、沈家本亦有同説。校點本即據潘、沈之説改"奏"爲"詔"。今從之。

[4] 華林園：即芳林園，齊王芳即位後改名。（見本書卷二《文帝紀》黃初四年裴注）

[5] 大宗：宗法制，始祖的嫡長子一系爲大宗，其他爲小宗。

《儀禮·喪服》:"大宗者,尊之統也。"

〔6〕大宗:百衲本作"太宗",殿本、盧弼《集解》本、校點本亦作"大宗"。今從殿本等。

〔7〕正典:《通典》卷六七(以下皆此卷)引作"王典"。

〔8〕燕覿之敬:覿(dí),相見之意。各本均作"宴覿之族"。盧弼《集解》引何焯曰:"《禮·文王世子篇》云:與族燕,則公與父兄齒;又曰公與族燕則以齒,而孝弟之道達矣;又曰公族朝於內朝,雖有貴者以齒。所謂燕覿之敬。'宴''燕'通用,'族'乃'敬'字之訛。"校點本即據《禮記·文王世子》改。今從之。

〔9〕正典:《通典》作"舊典"。

〔10〕可皆上平:《通典》作"皆云上字"。吳金華《三國志集解》箋記云:"本文所謂'上平',指公文中寫到'燕王'時要另起一行,讓'燕'字跟其他各行的第一個字平齊。"

〔11〕羣后:諸侯王。

〔12〕王典:百衲本、校點本、《通典》作"王典",殿本、盧弼《集解》本作"正典"。今從百衲本等。趙幼文《校箋》謂《冊府元龜》卷三八引亦作"王典"。

〔13〕聖敬烝烝之心:《通典》作"聖旨敬承之心"。烝烝,形容淳厚。

〔14〕華陰縣:治所在今陝西華陰市東南。

〔15〕司隸校尉:官名。見前注。司隸校尉所轄之地,自魏文帝以來又稱司州。《元和郡縣圖志》《太平寰宇記》謂陳留王奐即位,置司州之說不確。(詳吳增僅《三國郡縣表》、謝鍾英《補三國疆域志補注》)又按《晉書》卷三三《王祥傳》載,王祥由太常爲司空,與此所載不同。

　　二年夏五月〔丁未〕朔,[1]日有食之。秋七月,樂浪外夷韓、濊貊各率其屬來朝貢。[2]八月戊寅,趙王幹薨。甲寅，[3]復命大將軍進爵晋公，加位相國，備禮崇錫，一如前詔；又固辭乃止。

[1]丁未朔：各本皆無“丁未”二字，而《晋書·天文志中》《宋書·五行志五》皆謂“丁未朔”。今據補“丁未”二字。

[2]韓：今朝鮮半島南部，漢魏時爲韓地。其時分爲三韓，即馬韓、辰韓、弁韓。詳見本書卷三〇《東夷傳》。

[3]甲寅：梁章鉅《旁證》引陳景雲説，一月之内不當有戊寅又有甲寅，而《晋書》卷二《文帝紀》與《通鑑》，均將復命司馬昭進爵位繫於甲寅，則誤在戊寅。潘眉《考證》則云：“甲寅在九月。”而《通鑑》又明載“秋八月甲寅，復命司馬昭進爵位如前”。（《通鑑》卷七七魏元帝景元二年）按，方詩銘、方小芬《中國史歷日和中西歷日對照表》，景元二年八月初一丙子，戊寅是八月初三。九月初一乙巳，甲寅爲九月初十。則誤在八月甲寅，潘説是。

三年春二月，青龍見于軹縣井中。夏四月，遼東郡言肅慎國遣使重譯入貢，[1]獻其國弓三十張，長三尺五寸，楛矢長一尺八寸，[2]石砮三百枚，[3]皮骨鐵雜鎧二十領，貂皮四百枚。冬十月，蜀大將姜維寇洮陽，[4]（鎮）〔征〕西將軍鄧艾拒之，[5]破維于侯和，[6]維遁走。是歲，詔祀故軍祭酒郭嘉於太祖廟庭。[7]

[1]遼東郡：治所襄平縣，在今遼寧遼陽市老城區。　肅慎國：東北古部族名。分佈於今牡丹江、東流松花江及黑龍江下游流域。肅慎爲周代之稱，漢魏時稱挹婁。

[2]楛（hù）矢：楛爲荆一類植物，莖赤色，用以製箭桿，稱爲楛矢。

［３］石砮：校點本作“石弩”，百衲本、殿本、盧弼《集解》
本作“石砮”。今從百衲本等。石砮，即石鏃，石製的箭頭。

［４］洮陽：地名。在今甘肅臨潭縣。

［５］征西將軍：各本皆作“鎮西將軍”。盧弼云：“《鄧艾傳》
甘露元年爲鎮西將軍，二年遷征西將軍。今猶書‘鎮西’者，誤
也。”今從盧説改。

［６］侯和：地名。在今甘肅卓尼縣東北。

［７］軍祭酒：官名。即軍師祭酒，參謀軍事之官。

四年春二月，復命大將軍進位爵賜一如前詔，又
固辭乃止。

夏五月，詔曰：[1]“蜀，蕞爾小國，土狹民寡，而
姜維虐用其衆，曾無廢志；往歲破敗之後，猶復耕種
沓中，[2]刻剝衆羌，勞役無已，民不堪命。夫兼弱攻
昧，[3]武之善經，致人而不致於人，[4]兵家之上略。蜀
所恃賴，唯維而已，因其遠離巢窟，用力爲易，今使
征西將軍鄧艾督帥諸軍，趣甘松、沓中以羅取維，[5]雍
州刺史諸葛緒督諸軍趣（武都、高樓）〔武街、橋
頭〕，[6]首尾蹴討。[7]若擒維，便當東西並進，掃滅巴
蜀也。”又命鎮西將軍鍾會由駱谷伐蜀。[8]

秋九月，太尉高柔薨。冬十月甲寅，復命大將軍
進位爵賜一如前詔。[9]癸卯，[10]立皇后卞氏，[11]十一
月，大赦。

自鄧艾、鍾會率衆伐蜀，所至輒克。是月，蜀主
劉禪詣艾降，巴蜀皆平。十二月庚戌，以司徒鄭沖爲
太保。[12]壬子，分益州爲梁州。[13]癸丑，特赦益州士

民，復除租賦之半五年。[14]

乙卯，以征西將軍鄧艾爲太尉，鎮西將軍鍾會爲司徒。皇太后崩。

[1] 詔：《文館詞林》卷六六二載有此詔，題作《魏常道鄉公伐蜀詔》。

[2] 沓中：地名。在今甘肅舟曲縣西北。

[3] 昧：《左傳·宣公十二年》：“兼弱攻昧，武之善經也。”杜預注：“昧，昏亂。經，法也。”

[4] 致於人：百衲本“致”作“至”，殿本、盧弼《集解》本、校點本皆作“致”。今從殿本等。《孫子兵法·虛實篇》：“故善戰者，致人而不致於人。”謂善戰者，能調動敵人而不爲敵人所調動。

[5] 甘松：地名，在今甘肅迭部縣東南一帶。

[6] 諸軍：《文館詞林》無“諸”字。　武街橋頭：各本皆作“武都、高樓”。而本書卷二八《鍾會傳》謂諸葛緒“趣武街、橋頭絶維歸路”；《通鑑》亦作“趣武街、橋頭”。謝鍾英云：“武都即武街；高樓，橋頭之訛也。”（《補三國疆域志補注》）今從《鍾會傳》與謝説改。武街，下辨縣城名。《華陽國志·漢中志》：“下辨縣，郡治。一曰武街。”下辨縣治所在今甘肅成縣西。橋頭，在今甘肅文縣東南。

[7] 踧：校點本作“蹙”。百衲本、殿本、盧弼《集解》本均作“踧”。今從百衲本等作“踧”。“踧”通“蹙”，急促，緊迫之意。

[8] 駱谷：秦嶺的一條谷道，全長四百多里，北口在今陝西周至縣西南，南口在洋縣北。

[9] 復命：《晉書》卷二《文帝紀》載有復命詔之全文。

[10] 癸卯：殿本作“癸酉”，百衲本、盧弼《集解》本、校

點本作"癸卯"。今從百衲本等。

[11] 卞氏：卞太后弟秉之孫女，見本書卷五《武宣卞皇后傳》。

[12] 太保：官名。上公，第一品，位在三公上，掌訓護人主，導以德義。此時始置，不常設。

[13] 梁州：治所南鄭縣，在今陝西漢中市。

[14] 五年：百衲本"五年"提行。殿本《考證》："各本俱誤以五年爲紀年之五年。""按景元四年十一月巴蜀平，十二月加鄧艾、鍾會等爵，並非隔年之事。蓋此復除租賦五年之半。"潘眉《考證》亦云："推是年十二月壬辰朔，癸丑二十二日，乙卯二十四日也。今本以乙卯爲五年乙卯，大謬。"殿本、盧弼《集解》本、校點本均作"租賦之半五年"。今從殿本等。

　　咸熙元年春正月壬戌，[1]檻車徵鄧艾。[2]甲子，行幸長安。[3]壬申，使使者以璧幣祀華山。[4]是月，鍾會反于蜀，爲衆所討；鄧艾亦見殺。[5]二月辛卯，特赦諸在益土者。庚申，[6]葬明元郭后。三月丁丑，以司空王祥爲太尉，征北將軍何曾爲司徒，尚書左僕射荀顗爲司空。己卯，進晉公爵爲王，封十郡，并前二十。〔一〕丁亥，封劉禪爲安樂公。[7]夏五月庚申，相國晉王奏復五等爵。[8]甲戌，改年。癸未，追命舞陽宣文侯爲晉宣王，舞陽忠武侯爲晉景王。六月，鎮西將軍衛瓘上雍州兵于成都縣獲璧玉印各一，[9]印文似"成信"字，依周成王歸禾之義，[10]宣示百官，藏于相國府。〔二〕

　　〔一〕《漢晉春秋》曰：晉公既進爵爲王，太尉王祥、司徒何曾、司空荀顗並詣王。顗曰：[11]"相王尊重，何侯與一朝之臣皆已盡敬，[12]今日便當相率而拜，無所疑也。"祥曰："相國位勢，誠爲尊貴，然要是魏之宰相，吾等魏之三公；公、王相去，一階而已，班列大同，安有天子三公可輒拜人者！損魏朝之望，虧晉王之德，君子愛人以禮，吾不爲也。"及入，顗遂拜，而祥獨長揖。[13] 王謂祥曰："今日然後知君見顧之重！"

〔二〕孫盛曰：昔公孫述自以起成都，號曰成。[14] 二玉之文，殆述所作也。

[1] 咸熙：魏元帝曹奂年號（264—265）。　壬戌：百衲本、盧弼《集解》本作"壬辰"；殿本、校點本作"壬戌"。殿本《考證》李龍官云："前乙卯後甲子中間，不應有壬辰，作壬戌爲是，今據何焯校本改。"今從殿本等。

[2] 檻車：押送犯人的囚車。

[3] 行幸長安：《晋書》卷二《文帝紀》載："帝奉天子西征，次於長安。"

[4] 幣：以束帛爲祭祀禮物稱幣。　華山：五岳中之西岳，在今陝西華陰市南。

[5] 鄧艾亦見殺：詳情見本書卷二八《鄧艾傳》與《鍾會傳》。

[6] 庚申：在"庚申"上《通鑑》有"二月丙辰，車駕還洛陽"之記載。盧弼《集解》謂此紀失書。

[7] 安樂：趙一清《注補》云："此即景初二年所置漁陽郡之安樂縣。"安樂縣治所在今北京順義區西北。

[8] 五等爵：公、侯、伯、子、男五等。《晋書·地理志上》："晋文帝爲晋王，命裴秀等建立五等之制，惟安平郡公孚邑萬户，制度如魏諸王。其餘縣公邑千八百户，地方七十五里；大國侯邑千六百户，地方七十里；次國侯邑千四百户，地方六十五里；大國伯邑千二百户，地方六十里；次國伯邑千户，地方五十五里；大國子邑八百户，地方五十里；次國子邑六百户，地方四十五里；男邑四

百户，地方四十里。”《太平御覽》卷一九九引《魏志》叙魏咸熙元年晋王奏建五等爵制之内容與此同。胡三省又謂建此五等爵制，以賞平蜀之功，而仍爲虛封。（《通鑑》卷七八魏元帝咸熙元年注）

[9] 衛瓘：衛覬子，主要事迹見本書卷二一《衛覬傳》及裴注引《晋陽秋》《世語》等。

[10] 周成王歸禾：《史記》卷三三《魯周公世家》：“天降祉福，唐叔得禾，異母同穎，獻之成王。成王命唐叔以餽周公於東土，作《餽禾》。周公既受命禾，嘉天子命，作《嘉禾》。”

[11] 顗曰：趙幼文《校箋》謂《太平御覽》卷五四二引作“顗謂祥曰”。

[12] 何侯：即何曾。曾父夔魏文帝時封成陽亭侯（《晋書》卷三三《何曾傳》作“陽武亭侯”）。夔去世，曾嗣爵，故荀顗稱之何侯。　盡敬：指行跪拜禮。

[13] 長揖：拱手自上至極下以爲禮。

[14] 號曰成：《後漢書》卷一三《公孫述傳》：“建武元年四月，遂自立爲天子，號成家。”李賢注：“以起成都，故號成家。”王先謙《集解》：“以成爲國家也，與袁術稱仲家同義。”

初，自平蜀之後，吴寇屯逼永安，[1]遣荆、豫諸軍掎角赴救。[2]七月，賊皆遁退。八月庚寅，命中撫軍司馬炎副貳相國事，[3]以同魯公拜後之義。[4]

癸巳，詔曰：“前逆臣鍾會構造反亂，聚集征行將士，劫以兵威，始吐姦謀，發言桀逆，[5]逼脅衆人，皆使下議，倉卒之際，莫不驚懼。相國左司馬夏侯和、騎士曹屬朱撫時使在成都，[6]中領軍司馬賈輔、郎中羊琇各參會軍事；[7]和、琇、撫皆抗節不撓，拒會凶言，臨危不顧，詞指正烈。輔語散將王起，説‘會姦逆凶暴，欲盡殺將士’，又云‘相國已率三十萬衆西行討會’，欲以稱張形勢，感激衆心。起出，以輔言宣語諸軍，遂使將士益懷奮勵。宜加顯寵，以彰忠義。其進和、輔爵爲鄉侯，琇、撫爵關內侯。起宣傳輔言，告令將士，所宜賞異。其以起爲部曲將。”

癸卯，以衛將軍司馬望爲驃騎將軍。九月戊午，以中撫軍司馬炎爲撫軍大將軍。

辛未，詔曰：“吳賊政刑暴虐，賦斂無極。孫休遣使鄧句，[8] 勑交阯太守鎖送其民，[9] 發以爲兵。吳將呂興因民心憤怒，又承王師平定巴蜀，即糾合豪傑，誅除句等，驅逐太守長吏，[10] 撫和吏民，以待國命。九真、日南郡聞興去逆即順，[11] 亦齊心響應，與興協同。興移書日南州郡，開示大計，兵臨合浦，[12] 告以禍福；遣都尉唐譜等詣進乘縣，[13] 因南中都督護軍霍弋上表自陳。[14] 又交阯將吏各上表，言‘興創造事業，大小承命。郡有山寇，入連諸郡，懼其計異，各有攜貳。權時之宜，以興爲督交阯諸軍事、上大將軍、[15] 定安縣侯，[16] 乞賜褒獎，以慰邊荒’。乃心款誠，形于辭旨。昔儀父朝魯，[17]《春秋》所美；竇融歸漢，[18] 待以殊禮。今國威遠震，撫懷六合，方包舉殊裔，混一四表。興首向王化，舉衆稽服，萬里馳義，請吏帥職，宜加寵遇，崇其爵位。既使興等懷忠感悅，遠人聞之，必皆競勸。其以興爲使持節、都督交州諸軍事、南中大將軍，[19] 封定安縣侯，得以便宜從事，先行後上。”策命未至，興爲下人所殺。[20]

冬十月丁亥，詔曰："昔聖帝明王，静亂濟世，保
大定功，文武殊塗，勳烈同歸。是故或舞干戚以訓不
庭，[21]或陳師旅以威暴慢。至于愛民全國，康惠庶類，
必先脩文教，示之軌儀，不得已然後用兵，此盛德之
所同也。往者季漢分崩，[22]九土顛覆，劉備、孫權乘
間作禍。三祖綏寧中夏，日不暇給，遂使遺寇僣逆歷
世。幸賴宗廟威靈，宰輔忠武，爰發四方，拓定庸、
蜀，[23]役不浹時，[24]一征而克。自頃江表衰弊，[25]政刑
荒闇，巴、漢平定，孤危無援，交、荆、揚、越，[26]
靡然向風。今交阯偽將吕興已帥三郡，萬里歸命；武
陵邑侯相嚴等糾合五縣，[27]請爲臣妾；豫章、盧陵山
民舉衆叛吳，[28]以助北將軍爲號。又孫休病死，主帥
改易，[29]國内乖違，人各有心。偽將施績，[30]賊之名
臣，懷疑自猜，深見忌惡。衆叛親離，莫有固志，自
古及今，未有亡徵若此之甚。若六軍震曜，南臨江、
漢，吳會之域必扶老攜幼以迎王師，必然之理也。然
興動大衆，猶有勞費，宜告喻威德，開示仁信，使知
順附和同之利。相國參軍事徐紹、水曹掾孫彧，[31]昔
在壽春，並見虜獲。紹本偽南陵督，[32]才質開壯；彧，
孫權支屬，忠良見事。其遣紹南還，以彧爲副，宣揚
國命，告喻吳人，諸所示語，皆以事實，若其覺悟，
不損征伐之計，蓋廟勝長算，[33]自古之道也。其以紹
兼散騎常侍，加奉車都尉，封都亭侯；[34]彧兼給事黄
門侍郎，[35]賜爵關内侯。紹等所賜妾及男女家人在此
者，悉聽自隨，以明國恩，不必使還，以開廣大信。"

丙午，命撫軍大將軍新昌鄉侯炎爲晉世子。是歲，罷屯田官以均政役，諸典農皆爲太守，[36] 都尉皆爲令長；[37] 勸募蜀人能内移者，給廩二年，復除二十歲。安彌、福禄縣各言嘉禾生。[38]

[1] 永安：縣名。本漢之魚腹縣，劉備稱帝後改名永安。治所在今重慶奉節縣東白帝城。

[2] 豫：州名。刺史治所安成縣，在今河南正陽縣東北南汝河西岸。 掎（jǐ）角：謂分兵牽制或夾擊敵人。《左傳·襄公十四年》：“譬如捕鹿，晉人角之，諸戎掎之。”孔穎達疏：“角之，謂執其角也。掎之，言戾其足也。”

[3] 中撫軍：官名。趙一清《注補》：“魏置中護軍、中領軍又有撫軍將軍。此云中撫軍，蓋特改舊制以尊晉王之子耳。尋自中撫軍爲撫軍大將軍。”

[4] 魯公拜後之義：《公羊傳·文公十三年》：“周公何以稱太廟於魯？封魯公以爲周公也。周公拜乎前，魯公（周公之子伯禽）拜乎後。”何休注：“始受封時，拜於文王廟也。《尚書》曰‘用命賞于祖’是也。父子俱拜者，明以周公之功封魯公也。”

[5] 桀逆：凶狠忤逆。

[6] 相國左司馬：官名。相國府之屬官，秩千石，第六品，主兵事。曹操爲漢丞相時置司馬，咸熙元年始增置爲左、右。 騎士曹屬：官名。相國府屬官有騎兵掾二人，比三百石，屬一人，二百石，第七品。

[7] 中領軍司馬：官名。六百石，第七品。

[8] 鄧句：趙一清《注補》謂《晉書·陶璜傳》作“鄧荀”。即所謂“察戰鄧荀擅謂調孔雀三千頭”者。或是“荀”字訛作“句”。按，趙説是，但不改其字。

[9] 交阯：郡名。治所龍編，在今越南河内市東天德江北岸。

［10］長吏：漢代稱六百石以上之吏爲長吏，又稱各縣丞尉四百石至二百石者爲長吏。漢代縣令、長之秩爲千石至三百石，曹魏襲之。此處之長吏，即指縣令、長。《晋書》卷五七《陶璜傳》謂交阯郡吏殺太守孫諝及鄧荀，"以郡内附"。

［11］九真：郡名。治所胥浦縣，在今越南清化省西北東山縣陽舍村。　日南：郡名。治所朱吾縣，在今越南廣平省美麗附近。

［12］合浦：郡名。治所合浦縣，在今廣西合浦縣東北。

［13］都尉：官名。西漢時郡置都尉，輔佐郡守並掌本郡軍事。東漢廢除，僅在邊郡或關塞之地置都尉及屬國都尉，並漸漸分縣治民，職如太守。魏、晋諸郡皆置，第五品。　進乘縣：治所在今雲南屏邊苗族自治縣。

［14］南中都督護軍霍弋：霍弋見本書卷四一《霍峻傳》。又裴注引《漢晋春秋》謂蜀漢亡後，霍弋率六郡將守上表歸降，"晋文王善之，又拜南中都督"。南中都督，南中地區（蜀漢稱益州南部爲南中）的軍政長官。《霍峻傳》又謂蜀漢時霍弋爲"庲降屯副貳都督，又轉護軍"，而歸順魏後，"咸因仍前任"。則護軍之銜，乃蜀漢時之舊銜。

［15］上大將軍：官名。吳黃龍元年（229）置，與大將軍並置。

［16］定安縣：治所在今越南南河省南定西北紅河南岸。

［17］儀父：春秋邾國國君字儀父，名克。《左傳·隱公元年》："公及邾儀父盟于蔑——邾子克也。未王命，故不書爵。曰'儀父'，貴之也。"杜預注經文云："附庸之君，未王命，例稱名；能自通於大國，繼好息民，故書字貴之。"

［18］竇融：扶風平陵（今陝西咸陽市西北）人，新莽末爲波水將軍，後降劉玄。劉玄敗後，遂割據河西五郡。後遣長史劉鈞，奉書獻刀歸順漢光武帝。光武帝即授融涼州牧。至光武帝西征隗囂，融率衆與大軍會於高平（今寧夏固原縣），光武帝"乃置酒高會，引見融等，待以殊禮"。（《後漢書》卷二三《竇融傳》）

［19］都督交州諸軍事：官名。交州（治所龍編）的軍政長官。按當時交州仍屬吳，此爲虛授。　南中大將軍：趙一清《注補》："南中大將軍是特建號，非古制也。"

［20］爲下人所殺：《晋書》卷五七《陶璜傳》謂吕興"爲其功曹李統所殺"。

［21］舞干戚以訓不庭：干，盾；戚，斧。不庭，不朝於朝廷，即背叛、不服者。謂將干戚用爲舞具而不用於戰争，以德教訓化不服者。可參見本書卷一《武帝紀》建安十九年注引《九州春秋》"虞舜舞干戚"注。

［22］季漢：此指漢末，即漢之季世。

［23］庸蜀：指巴蜀、漢中等地。這些地區古爲庸、蜀二國之地。

［24］浹（jiā）時：一個季節，即三個月。

［25］江表：即江南，指孫吳。

［26］交荆揚越：指交州、荆州、揚州等地。揚越即揚州，古越國在揚州境内。

［27］武陵：郡名。治所臨沅縣，在今湖南常德市。　邑：在漢代，相當於縣一級的地方行政建置。《漢書·百官公卿表上》："列侯所食縣曰國，皇太后、皇后、公主所食曰邑。"　相：官名。執掌該封地之行政大權。侯相相當於縣令、長。

［28］豫章：郡名。治所南昌縣，在今江西南昌市。　廬陵：郡名。漢獻帝興平二年（195）孫策分豫章郡置，治所高昌縣，在今江西吉安市西南。

［29］主帥改易：謂當時孫晧新立。

［30］施績：即朱績。本書卷五六《朱然傳》謂朱然爲朱治之姊子，本姓施。朱績即朱然子。

［31］相國參軍事：官名。相國府之屬官，第七品。咸熙元年增置爲二十二人。　水曹掾：官名。相國府之屬官，比三百石，第七品。咸熙元年始置。

[32] 南陵督：南陵，鎮戍名。在今安徽貴池市西長江邊。吳在沿江要地設置都督，權輕者稱督，皆領兵屯守。南陵督即領兵屯守南陵之督。

[33] 廟勝：指朝廷克敵制勝的謀略。古代出兵作戰，須先在祖廟堂上齋祭，並籌謀命將。《淮南子·兵略訓》云：“運籌於廟堂之上，決勝乎千里之外。”

[34] 都亭侯：爵名。位在鄉侯下，食祿於亭。都亭，城郭附近之亭。

[35] 給事黃門侍郎：官名。秩六百石，第五品。掌侍從左右，關通中外，與侍中俱出入宮中，近侍帷幄，省尚書奏事。

[36] 典農：此指典農中郎將與典農校尉。典農中郎將秩二千石，典農校尉秩比二千石，皆第六品。主管該屯田區的農業生產、民政和田租，地位相當於郡太守，但直屬中央大司農。

[37] 都尉：此指典農都尉，秩六百石或四百石，第七品。亦主管該屯田區的農業生產、民政和田租，地位相當於縣令、長。但不屬郡國，而屬典農中郎將或典農校尉。

[38] 安彌：縣名。治所在今甘肅酒泉市東三十公里。　福禄縣：治所在今甘肅酒泉市。

二年春二月甲辰，朐䏰縣獲靈龜以獻，[1]歸之于相國府。庚戌，以虎賁張脩昔於成都馳馬至諸營言鍾會反逆，[2]以至没身，賜脩弟倚爵關內侯。夏四月，南深澤縣言甘露降。[3]吳遣使紀陟、弘璆請和。

五月，詔曰：“相國晉王誕敷神慮，[4]光被四海；震燿武功，則威蓋殊荒，[5]流風邁化，則旁洽無外。愍卹江表，務存濟育，戢武崇仁，示以威德。文告所加，承風嚮慕，遣使納獻，以明委順，方寶纖珍，歡以效意。而王謙讓之至，一皆簿送，非所以慰副初附，從其款願也。孫晧諸所獻致，其皆還送，歸之于王，以協古義。”王固辭乃止。又命晋王冕十有二旒，[6] 建天子旌旗，[7] 出警入蹕，[8] 乘金根車、六馬，[9] 備五時副車，[10] 置旄頭雲罕，[11] 樂舞八佾，[12] 設鐘虡宮縣。[13] 進王妃爲王后，世子爲太子，王子、王女、王孫，爵命之號如舊儀。[14] 癸未，大赦。秋八月辛卯，相國晋王薨。壬辰，晋太子炎紹封襲位，總攝百揆，[15] 備物典册，一皆如前。是月，襄武縣言有大人見，[16]〔長〕三丈餘，[17] 跡長三尺二寸，白髮，着黄單衣，黄巾，[18] 柱杖，[19] 呼民王始語云：“今當太平。”九月乙未，[20] 大赦。戊午，司徒何曾爲晋丞相。癸亥，以驃騎將軍司馬望爲司徒，征東大將軍石苞爲驃騎將軍，征南大將軍陳騫爲車騎將軍。乙亥，葬晋文王。閏月庚辰，康居、大宛獻名馬，[21] 歸于相國府，以顯懷萬國致遠之勳。

十二月壬戌，天禄永終，曆數在晋。詔羣公卿士具儀設壇于南郊，使使者奉皇帝璽綬册，[22] 禪位于晋嗣王，如漢、魏故事。甲子，使使者奉策。遂改次于金墉城，[23] 而終館于鄴，時年二十。[一]

[一]《魏世譜》曰：封帝爲陳留王。年五十八，[24] 太安元年崩，[25] 謚曰元皇帝。

[1] 朐（qú）䏰（rěn）縣：治所在今重慶雲陽縣西。
[2] 虎賁（bēn）：勇士。

［3］南深澤縣：治所在今河北深澤縣東南。

［4］誕敷：大施。

［5］殊荒：異域。

［6］旒（liú）：古代天子、諸侯、大夫、士冠冕前後所懸的玉串。天子十二旒，諸侯九旒，上大夫七旒，下大夫五旒，士三旒。（見《禮記・禮器》）

［7］建天子旌旗：《晋書・輿服志》謂天子之車，"玉路最尊，建太常，十有二旒，九仞委地，畫日月升龍，以祀天"。

［8］出警入蹕：古時天子出稱警，入稱蹕。警，警戒。蹕，止行人以清道。

［9］金根車：秦漢皇帝之車，以金爲飾，謂之金根車。崔豹《古今注》上《輿服》云："金根車，秦制也。閱三代之輿服，謂殷得瑞山車，一曰金根車，故因作金根車，秦乃增飾而乘御焉。漢因而不改。"　六馬：《宋書・禮志五》云："天子所御駕六，其餘副車皆駕四。"

［10］五時副車：《宋書・禮志五》："應劭《漢官鹵簿圖》，乘御大駕，則御鳳皇車，以金根爲副。又五色安車、五色立車各五乘。建龍旗，駕四馬，施八鸞，餘如金根之制，猶周金路也。其車各如方色，所謂五時副車，俗謂爲'五帝車'也。"

［11］旄頭：皇帝出行時，羽林騎兵披髮先驅，稱爲旄頭。（本《後漢書》卷一下《光武帝紀下》建武二十八年李賢注引《漢官儀》）　雲罕：《宋書・禮志五》謂"雲罕"疑是"罼罕"，本爲田獵之具，後世遂用爲皇帝出行之儀仗。

［12］佾（yì）：舞的行列。周代舞佾制度，天子八佾，即縱橫皆八人，八八六十四人。諸侯六佾，六六三十六人。（本《通鑑》卷六六漢獻帝建安十八年胡三省注）

［13］虡（jù）：古時懸挂鐘磬之木架，架上刻飾猛獸，直者稱虡，橫者稱栒，又寫作"簨"。（本《詩・周頌・有瞽》傳及《說文》）　宮縣：周代懸挂樂器的制度，天子宮懸，諸侯軒懸。宮懸，

四面皆懸挂。軒懸，少去一面，即三面懸挂。（本《通鑑》卷六六漢獻帝建安十八年胡三省注）

［14］如舊儀：《晋書》卷二《文帝紀》作“如帝者之儀”。

［15］百揆（kuí）：古代總領國政之長官。《續漢書·百官志》“太尉公一人”劉昭注引《古史考》曰：“舜居百揆，總領百事。”

［16］襄武縣：治所在今甘肅隴西縣東。

［17］長：各本皆無“長”字，校點本據《北堂書鈔》衣冠部中及《開元占經》卷一一三增。今從之。趙幼文《校箋》亦謂《初學記》卷一八、《白孔六帖》卷二一、《太平御覽》卷三七七、卷六五二、卷八七二引俱有“長”字，《晋書·五行志》同。

［18］黃巾：趙幼文《校箋》謂《太平御覽》卷三七七引“黃”上有“戴”字。

［19］柱：百衲本、盧弼《集解》本、校點本皆作“柱”，殿本作“拄”。按，“柱”通“拄”（均音 zhǔ）。今從百衲本等。

［20］乙未：徐紹楨《質疑》云：“張氏熷曰，按乙未至乙亥，相距四十一日，不應并在一月，此必有誤。《通鑑》從之亦非。以晋泰始二年七月丙午晦逆推之，則咸熙二年九月當無乙未也。”

［21］康居：國名。在今中亞哈薩克斯坦南部及錫爾河中下游，都城卑闐城（約當今塔什干或奇姆肯特等地）。　大宛：國名。在今錫爾河上、中游費爾干納盆地。都城貴山城（約當今卡散或俱戰提）。（詳情見本書卷三〇《烏丸鮮卑東夷傳》裴注引《魏略·西戎傳》）

［22］使者：《宋書·禮志三》：“魏元帝咸熙二年十二月甲子，使持節侍中太保鄭沖、兼太尉司隸校尉李憙奉皇帝璽綬策書，禪帝位於晋。”

［23］金墉城：在當時洛陽城西北角，魏明帝所築。（見《水經·穀水注》）

［24］五十八：趙幼文《校箋》謂《太平御覽》卷九四引“五”字作“二”。按，《陳留王紀》謂陳留王禪位於晋時（265）

爲二十歲，則至晋惠帝太安元年（302）卒時正爲五十八歲。

　　[25] 太安：晋惠帝司馬衷年號（302—303）。

　　評曰：古者以天下爲公，唯賢是與。後代世位，立子以適；[1] 若適嗣不繼，則宜取旁親明德，若漢之文、宣者，[2] 斯不易之常準也。明帝既不能然，情繫私愛，撫養嬰孩，傳以大器，託付不專，必參枝族，終于曹爽誅夷，齊王替位。高貴公才慧夙成，[3] 好問尚辭，蓋亦文帝之風流也；然輕躁忿肆，[4] 自陷大禍。[5] 陳留王恭己南面，宰輔統政，[6] 仰遵前式，揖讓而禪，遂饗封大國，作賓于晋，比之山陽，班寵有加焉。

　　[1] 適（dí）：通“嫡”。

　　[2] 文宣：指漢文帝與漢宣帝。漢文帝爲高祖中子，薄姬所生。高后去世後，爲周勃等擁立。漢宣帝爲漢武帝曾孫，戾太子之孫。戾太子遭巫蠱事被害後，其孫流落民間。漢昭帝死後無子，大將軍霍光迎立昌邑王。昌邑王淫亂無道，霍光廢之，遂於民間迎立戾太子孫，是爲宣帝。（見《漢書》卷四《文帝紀》與卷五《宣帝紀》）

　　[3] 高貴公：趙幼文《校箋》謂《太平御覽》卷九四引“貴”下有“鄉”字，“慧”字作“惠”。

　　[4] 忿肆：《太平御覽》卷九四引作“肆忿”。

　　[5] 陷：殿本、盧弼《集解》本、校點本作“蹈”，百衲本作“陷”，《太平御覽》卷九四引亦作“陷”。今從百衲本。

　　[6] 宰輔：殿本作“輔宰”，百衲本、盧弼《集解》本、校點本作“宰輔”。今從百衲本等。

三國志 卷五

魏書五

后妃傳第五

　　《易》稱"男正位乎外,[1]女正位乎内;男女正,天地之大義也"。古先哲王,莫不明后妃之制,順天地之德,故二妃嬪嬀,[2]虞道克隆,任、姒配姬,[3]周室用熙,[4]廢興存亡,恒此之由。《春秋説》云天子十二女,[5]諸侯九女,考之情理,不易之典也。而末世奢縱,肆其侈欲,至使男女怨曠,感動和氣,惟色是崇,不本淑懿,故風教陵遲而大綱毀泯,豈不惜哉!嗚呼,有國有家者,其可以永鑒矣!

　　漢制,帝祖母曰太皇太后,帝母曰皇太后,帝妃曰皇后,其餘内官十有四等。[6]魏因漢法,母后之號,皆如舊制,自夫人以下,世有增損。太祖建國,始命王后,其下五等;有夫人,有昭儀,有倢伃,有容華,有美人。文帝增貴嬪、淑媛、脩容、順成、良人。明帝增淑妃、昭華、脩儀;除順成官。太和中始復命夫人，[7]登其位於淑妃之上。自夫人以下爵凡十二等：貴嬪、夫人，位次皇后，爵無所視；[8]淑妃位視相國，[9]爵比諸侯王；淑媛位視御史大夫，[10]爵比縣公；[11]昭儀比縣侯；昭華比鄉侯；[12]脩容比亭侯；脩儀比關内侯；[13]倢伃視中二千石；[14]容華視真二千石；美人視比二千石；[15]良人視千石。[16]

［1］易稱：此《易·家人》之《象辭》。原文"女正位乎内"在"男正位乎外"之上。

［2］二妃：指堯之二女。堯晚年選擇繼承人，諸侯皆推舉舜。堯爲考察舜，便將二女嫁與舜爲妻。舜居於嬀水（約在今山西永濟縣南）之旁，二女至，舜"内行彌謹"。堯甚稱賞，遂使舜從政治國，終讓位於舜。（見《尚書·堯典》及《史記》卷一《五帝本紀》）

［3］任：即太任，周文王母。《史記》卷四《周本紀》："季歷娶太任，皆賢婦人。"《正義》引《列女傳》："太任之性，端壹誠莊，維德之行，及其有身，目不視惡色，耳不聽淫聲，口不出傲言，能以胎教子，而生文王。" 姒：即太姒，周武王之母。《史記》卷三五《管蔡世家》："武王同母兄弟十人，母曰太姒。"《正義》引《列女傳》云："太姒者，武王之母，禹後姒氏之女也。""太姒號曰文母。文王理外，文母治内。太姒生十男，教誨自少及長，未嘗見邪僻之事，言常以正道持之也。" 姬：周族姓姬。

［4］熙：興盛。

［5］春秋説：書名。漢陳欽撰。已佚。（本顧櫰三《補後漢書藝文志》）天子十二女：梁章鉅《旁證》謂沈欽韓引《白虎通》："《王度記》曰：天子諸侯一娶九女。或曰：天子娶十二女，法天有十二月，萬物必生也。"蔡邕《獨斷》亦云："天子一取十二女，象十二月。"

[6] 内官十有四等：内官，此指宫廷女官。《後漢書》卷一〇《皇后紀序》："自武、元之後，世增淫費，至乃掖庭三千，增級十四。"李賢注："婕妤一，娙娥二，容華三，充衣四，已上武帝置；昭儀五，元帝置；美人六，良人七，七子八，八子九，長使十，少使十一，五官十二，順常十三，無涓、共和、娱靈、保林、良使、夜者十四，此六官品秩同爲一等也。"

[7] 太和：魏明帝曹叡年號（227—233）。

[8] 視：比照。《孟子·萬章下》"天子之卿受地視侯"趙岐注："視，比也。"

[9] 相國：官名。爲上公，第一品。掌丞天子，助理萬機。

[10] 御史大夫：官名。建安十八年（213）魏國初建置御史大夫，黄初元年（220）改稱司空，與太尉、司徒並爲三公。第一品，掌水土事。

[11] 縣公：爵名。魏有縣公爵，次於諸侯王，高於縣侯。至西晉初，始置縣王、縣公、縣侯、縣伯等爵位。

[12] 鄉侯：爵名。漢制，列侯大者食縣邑，小者食鄉、亭。東漢後期，遂以食鄉、亭者稱爲鄉侯、亭侯。曹魏因之。

[13] 關内侯：爵名。漢制二十級爵之十九級，次於列侯，祇有封户收取租税而無封地。魏文帝定爵制爲十等，關内侯在亭侯下，仍爲虛封，無食邑。

[14] 中二千石：官吏的秩禄等級。中，滿的意思。漢制，中二千石一年得俸穀二千一百六十石，故爲滿二千石。真二千石，一年得一千八百石；二千石，得一千四百四十石；比二千石得一千二百石。其等位也是中二千石最高，次爲真二千石、二千石、比二千石。（俱見《漢書》卷八《宣帝紀》及《百官公卿表》顔師古注）東漢及曹魏亦沿襲不變，僅東漢殤帝以後，俸禄實行半錢半穀，各級所得之數量與前有所不同，而等位卻不變。

[15] 視比二千石：趙幼文《校箋》云："《御覽》卷一百四十五引'視'下無'比'字，應據删。'視''比'義複。"按，趙

説非，"比二千石"乃官秩之一級，低於二千石高於千石。《漢書·百官公卿表》顏師古注謂漢制月俸穀，"二千石者百二十斛，比二千石者百斛，千石者九十斛"。

[16] 千石：漢制，一年得俸穀一千零八十石。（見《漢書》卷一九《百官公卿表》顏師古注）

武宣卞皇后，瑯邪開陽人，[1]文帝母也。本倡家，〔一〕[2]年二十，太祖於譙納后爲妾。[3]後隨太祖至洛。[4]及董卓爲亂，太祖微服東出避難。袁術傳太祖凶問，[5]時太祖左右至洛者皆欲歸，[6]后止之曰："曹君吉凶未可知，今日還家，明日若在，何面目復相見也？正使禍至共死，何苦！"[7]遂從后言。太祖聞而善之。建安初，[8]丁夫人廢，遂以后爲繼室。諸子無母者，太祖皆令后養之。〔二〕文帝爲太子，左右長御賀后曰：[9]"將軍拜太子，天下莫不歡喜，后當傾府藏賞賜。"后曰："王自以丕年大，[10]故用爲嗣，我但當以免無教導之過爲幸耳，亦何爲當重賜遺乎！"長御還，具以語太祖。太祖悅曰："怒不變容，喜不失節，[11]故是最爲難。"[12]

〔一〕《魏書》曰：后以漢延熹三年十二月己巳生齊郡白亭，[13]有黃氣滿室移日。父敬侯怪之，以問卜者王旦，旦曰："此吉祥也。"

〔二〕《魏略》曰：太祖始有丁夫人，又劉夫人生子脩及清河長公主。[14]劉早終，丁養子脩。子脩亡於穰，[15]丁常言："將我兒殺之，都不復念！"遂哭泣無節。太祖忿之，遣歸家，欲其意折。後太祖就見之，夫人方織，外人傳云"公至"，夫人踞機如故。太祖到，撫其背曰：“顧我共載歸乎！”夫人不顧，又不應。太祖卻行，立于戶外，復云：“得無尚可邪！”遂不應，太祖曰：“真訣矣。”遂與絶，欲其家嫁之，其家不敢。初，丁夫人既爲嫡，加有子脩，丁視后母子不足。后爲繼室，不念舊惡，因太祖出行，常四時使人饋遺，又私迎之，延以正坐而己下之，[16]迎來送去，有如昔日。丁謝曰：“廢放之人，夫人何能常爾邪！”其後丁亡，后請太祖殯葬，許之，乃葬許城南。[17]後太祖病困，自慮不起，歎曰：“我前後行意，於心未曾有所負也。假令死而有靈，子脩若問‘我母所在’，我將何辭以答！”

《魏書》曰：后性約儉，[18]不尚華麗，無文繡珠玉，器皆黑漆。太祖常得名璫數具，[19]命后自選一具，后取其中者，太祖問其故，對曰：“取其上者爲貪，取其下者爲僞，故取其中者。”[20]

[1] 瑯邪：王國名。治所開陽縣，在今山東臨沂市北。

[2] 倡家：樂人之家。《漢書》卷九七上《外戚孝武李夫人傳》“李以倡進”顔師古注：“倡，樂人。”

[3] 譙：縣名。治所在今安徽亳州市。

[4] 洛：指洛陽縣，治所在今河南洛陽市東北白馬寺東。

[5] 袁術傳太祖凶問：徐紹楨《質疑》云：“《武帝紀》：（董）卓廢帝爲宏農王而立獻帝，卓表太祖爲驍騎校尉，欲與計事，太祖乃變易姓名間行東歸。《袁術傳》：董卓之將廢帝，以術爲後將軍，術亦畏卓之禍，出奔南陽。然則太祖與術同時出奔，太祖歸譙，而術則往南陽，術何爲而傳太祖凶問？太祖亦非避難於袁術，傳文不知何讀爲是。竊疑傳録必有訛誤也。”

[6] 至洛者：趙幼文《校箋》謂《太平御覽》卷一三八“至”字作“在”。郝經《續後漢書》同。

[7] 何苦：趙幼文《校箋》云：“《廣雅·釋詁四》：‘患，苦也。’《法言·先知篇》‘或苦亂’注：‘苦，患。’苦患互訓，則何

苦猶何患也。"

[8] 建安：漢獻帝劉協年號（196—220）。

[9] 長御：皇后之宮官。胡三省云："漢皇后宮有旁側長御。"（《通鑑》卷六八漢獻帝建安二十二年注）

[10] 大：趙幼文《校箋》謂《通志》作"長"。

[11] 失節：趙幼文《校箋》謂《太平御覽》卷一三八"失"字作"改"。

[12] 故是：趙幼文《校箋》謂《太平御覽》卷三一八（按，當爲卷一三八）引無"故"字。郝經《續後漢書》同。

[13] 延熹：漢桓帝劉志年號（158—167）。　三年：趙幼文《校箋》謂《初學記》卷一〇、《太平御覽》卷八七二引"三"俱作"二"。按，《太平御覽》卷一三八引又作"三"。　齊郡：治所臨菑縣，在今山東淄博市東北臨淄鎮北。　白亭：今地未詳。

[14] 清河：縣名。治所在今山東臨清市東北。　長公主：《通典·職官十三》云："初漢制，皇女皆封縣公主，儀服同列侯。其尊崇者加號長公主，儀服同藩王……其後，漢安帝姊妹亦封爲長公主，同之皇女。"注："蔡邕《獨斷》曰：'漢帝子女曰公主，儀比諸侯。姊妹曰長公主，儀比諸侯王。'"

[15] 穰：縣名。治所在今河南鄧州市。本書卷一《武帝紀》謂，建安二年曹操與張繡戰，"長子昂（字子脩）、弟子安民遇害"。

[16] 正坐：殿本作"上坐"，百衲本、盧弼《集解》本、校點本作"正坐"。今從百衲本等。

[17] 許：縣名。治所在今河南許昌縣東。

[18] 約檢：趙幼文《校箋》謂《初學記》卷一〇、《太平御覽》卷八〇二引作"檢約"。郝經《續後漢書》同。

[19] 常：趙幼文《校箋》謂《太平御覽》卷八〇二引作"嘗"。　璫（dāng）：耳珠。

[20] 故取其中者：趙幼文《校箋》謂《太平御覽》卷七一八

引“者”下有“耳”字。

二十四年，拜爲王后，策曰：“夫人卞氏，撫養諸子，有母儀之德。今進位王后，太子諸侯陪位，羣卿上壽，減國内死罪一等。”[1]二十五年，太祖崩，文帝即王位，尊后曰王太后，及踐阼，尊后曰皇太后，稱永壽宮。〔一〕[2]明帝即位，尊太后曰太皇太后。

〔一〕《魏書》曰：后以國用不足，減損御食，諸金銀器物皆去之。東阿王植，[3]太后少子，最愛之。後植犯法，爲有司所奏，文帝令太后弟子奉車都尉蘭持公卿議白太后，[4]太后曰：“不意此兒所作如是，汝還語帝，不可以我故壞國法。”及自見帝，不以爲言。

臣松之案：文帝夢磨錢，[5]欲使文滅而更愈明，以問周宣。宣答曰：“此陛下家事，雖意欲爾，而太后不聽。”則太后用意，不得如此書所言也。

《魏書》又曰：太后每隨軍征行，見高年白首，輒住車呼問，賜與絹帛，對之涕泣曰：“恨父母不及我時也。”太后每見外親，不假以顏色，常言“居處當務節儉，不當望賞賜，[6]念自（佚）〔勉〕也。[7]外舍當怪吾遇之太薄，[8]吾自有常度故也。吾事武帝四五十年，行儉日久，不能自變爲奢，有犯科禁者，吾且能加罪一等耳，[9]莫望錢米恩貸也”。帝爲太后弟秉起第，第成，太后幸第請諸家外親，設下廚，無異膳。太后左右，菜食粟飯，無魚肉。其儉如此。[10]

[1] 國内：指魏國内。

[2] 稱永壽宮：錢大昭《辨疑》云：“《文帝紀》注，延康元年十一月已有永壽少府毛宗，則永壽宮之稱，不自文帝踐阼始矣。”

[3] 東阿王：盧弼《集解》據本書《陳思王植傳》，謂曹植之封東阿王，在明帝太和三年，此書文帝時稱東阿王，則此處稱謂有誤。

[4] 奉車都尉：官名。秩比二千石，第六品，掌皇帝車輿。無定員，或爲加官。

[5] 夢磨錢：此事見本書卷二九《周宣傳》。

[6] 望：盧弼《集解》謂《太平御覽》卷一三八引作“妄”。按，此應作“望”。

[7] 念：《説文》：“念，常思也。” 勉：各本皆作“佚”。盧弼《集解》謂《太平御覽》引作“勉”。按，“佚”不可通，今從《太平御覽》改。

[8] 外舍：胡三省云：“后妃謂其外家爲外舍。”（《通鑑》卷六九魏文帝黄初三年注）

[9] 加罪一等：胡三省云：“言罪加於常人犯法者一等也。”（同上）

[10] 其儉如此：趙幼文《校箋》謂《太平御覽》卷八四七引“儉”下有“約”字。按，《太平御覽》所引題曰《魏志》。

黄初中，[1] 文帝欲追封太后父母，尚書陳羣奏曰：[2] “陛下以聖德應運受命，創業革制，當永爲後式。案典籍之文，無婦人分土命爵之制。[3] 在禮典，[4] 婦因夫爵。[5] 秦違古法，[6] 漢氏因之，非先王之令典也。”帝曰：“此議是也，其勿施行，以作著詔下藏之臺閣，[7] 永爲後式。”至太和四年春，明帝乃追謚太后祖父廣曰開陽恭侯，[8] 父遠曰敬侯，祖母周封陽都君及（恭）〔敬〕侯夫人，[9] 皆贈印綬。其年（五）〔六〕月，后崩。[10] 七月，合葬高陵。[11]

初，太后弟秉，以功封都鄉侯，[12]黃初七年進封開陽侯，邑千二百戶，爲昭烈將軍。[一][13]秉薨，子蘭嗣。少有才學，[二]爲奉車都尉、游擊將軍，[14]加散騎常侍。[15]蘭薨，子暉嗣。[三]又分秉爵，封蘭弟琳爲列侯，[16]官至步兵校尉。[17]蘭子隆女爲高貴鄉公皇后，隆以后父爲光祿大夫，[18]位特進，[19]封睢陽鄉侯，妻王爲顯陽鄉君。[20]追封隆前妻劉爲順陽鄉君，后親母故也。琳女又爲陳留王皇后，時琳已没，封琳妻劉爲廣陽鄉君。

〔一〕《魏略》曰：初，卞后弟秉，當建安時得爲別部司馬，[21]后常對太祖怨言，太祖答言："但得與我作婦弟，不爲多邪？"后又欲太祖給其錢帛，太祖又曰："但汝盜與，不爲足邪？"故訖太祖世，秉官不移，財亦不益。

〔二〕《魏略》曰：蘭獻賦贊述太子德美，[22]太子報曰："賦者，言事類之所附也，頌者，美盛德之形容也，故作者不虛其辭，受者必當其實。蘭此賦，豈吾實哉？昔吾丘壽王一陳寶鼎，[23]何武等徒以歌頌，[24]猶受金帛之賜，蘭事雖不諒，[25]義足嘉也。今賜牛一頭。"由是遂見親敬。

〔三〕《魏略》曰：明帝時，蘭見外有二難，[26]而帝留意於宮室，常因侍從，數切諫。帝雖不能從，猶納其誠款。後蘭苦酒消渴，時帝信亞女用水方，[27]使人持水賜蘭，蘭不肯飲。詔問其意。[28]蘭言治病自當以方藥，何信於此？帝爲變色，而蘭終不服。後渴稍甚，以至於亡。故時人見蘭好直言，[29]謂帝面折之而蘭自殺，其實不然。

[1] 黃初：魏文帝曹丕年號（220—226）。

　　[2] 尚書：據本書卷二二《陳群傳》，陳群在曹丕爲魏王時爲尚書，"及踐阼，遷尚書僕射，加侍中，徙尚書令"，後又爲録尚書事。此不當稱尚書。奏曰：趙幼文《校箋》謂《藝文類聚》卷五一引"奏"字作"議"，是。與下文"此議是也"義正相承。按，《群書治要》卷二五引亦作"奏"。

　　[3] 分土：趙幼文《校箋》謂《群書治要》卷二五引"分"字作"裂"。

　　[4] 禮典：趙幼文《校箋》謂《通志》無"典"字。

　　[5] 婦因夫爵：《禮記·郊特牲》云："婦人無爵，從夫之爵。"

　　[6] 秦違古法：趙幼文《校箋》謂《群書治要》卷二五引"違"字作"遺"，"法"字作"制"。按，《群書治要》"違"字實作"違"，不作"遺"。

　　[7] 臺閣：胡三省云："臺閣，尚書中藏故事之處。"（《通鑑》卷六九魏文帝黄初元年注）

　　[8] 太后：錢大昭《辨疑》云："當作'太皇太后'。"

　　[9] 陽都：縣名。治所在今山東沂南市南。　君：命婦封號。蔡邕《獨斷》卷上："異姓婦女以恩澤封者曰君，比長公主。"　敬侯：各本皆作"恭侯"。錢大昭《辨疑》云："'恭侯夫人'當作'敬侯夫人'，又失書其姓。卞后之祖父與父，明帝既追封爲縣侯，則后之祖母與母，並當追封爲縣君；況上云祖母即恭侯夫人矣，不應重複言之，其爲'敬侯'之誤無疑。"校點本即據錢説改。今從之。

　　[10] 六月后崩：各本皆作"五月后崩"。徐紹楨《質疑》云："按《明帝紀》云，太和四年六月戊子太皇太后崩；秋七月武宣卞后附葬於高陵。又《通典》載王肅禘祫議有云：去四年六月，武宣皇后崩，二十六日晚葬，除服即吉，四時之祭，皆親行事'。以此徵之，后實崩於六月，傳云五月，訛也。其葬當以七月辛亥，蓋距崩二十六日耳。"趙幼文《校箋》亦引此説，並謂郝經《續後漢書》亦作"六月"。今從徐説改"五月"爲"六月"。

[11] 高陵：魏武帝陵，在當時鄴縣西三十里。詳情見本書《武帝紀》"高陵"注。

[12] 都鄉侯：爵名。列侯食邑爲都鄉者，稱都鄉侯。位次於縣侯，高於鄉侯。

[13] 昭烈將軍：官名。第五品。

[14] 游擊將軍：官名。魏置，第四品，爲中軍。

[15] 散騎常侍：官名。秩比二千石，第三品。爲門下重職，侍從皇帝左右，諫諍得失，應對顧問，與侍中等共平尚書奏事，有異議得駁奏。

[16] 列侯：爵名。漢代二十級爵之最高者。金印紫綬，有封邑，食租稅。功大者食縣，小者食鄉亭。曹魏初亦沿襲有列侯。

[17] 步兵校尉：官名。秩比二千石，第四品，掌宿衛兵。

[18] 光禄大夫：官名。秩比二千石，第三品，位次三公。無定員，無固定職守，相當於顧問。諸公告老及在朝重臣加此銜以示優重。

[19] 特進：官名。漢制，凡諸侯大臣功德優盛，朝廷所敬異者，加位特進，朝會時位在三公下，車服俸禄仍從本官。魏晋沿襲之。

[20] 鄉君：命婦封號。曹魏始置，多授予后妃之母、鄉侯之妻及高官妻女。

[21] 別部司馬：官名。東漢時，大將軍領營五部，部有軍司馬一人，秩比千石。其別營領屬稱別部司馬。

[22] 蘭獻賦：侯康《補注續》謂《藝文類聚》卷一六載有魏卞蘭《贊述太子賦》一首、表一篇。

[23] 吾丘壽王：趙國（治所今河北邯鄲市）人，漢武帝時爲光禄大夫、侍中。及汾陰獲得寶鼎，武帝甚喜，令獻祀於宗廟，藏於甘泉宮。群臣皆祝賀，以爲得周鼎。吾丘壽王獨謂不然，武帝追究其説。壽王答："昔秦始皇親出鼎於彭城而不能得，天祚有德而寶鼎自出，此天之所以與漢，乃漢寶，非周寶也。"武帝稱善，即

賜壽王黃金十斤。（見《漢書》卷六四上《吾丘壽王傳》）

　　[24] 何武：蜀郡郫縣（今四川郫縣）人。漢宣帝時，天下太平，益州刺史王襄使辯士王襃作《中和》《樂職》《宣布》三篇詩歌，以頌漢德。當時何武年僅十四五，與成都楊覆眾等學習歌唱。後宣帝召何武等至宣室嘉獎，授王襃待詔，賜何武等帛。（見《漢書》卷八六《何武傳》）

　　[25] 諒：確實。

　　[26] 二難：指蜀漢與孫吳。

　　[27] 帝信巫女用水方：趙幼文《校箋》謂《太平御覽》卷七四三引作“帝信咒水”。　巫女，錢大昭《辨疑》云：“巫女，即青龍三年壽春農民妻也。”

　　[28] 意：吳金華《校詁》云：“意”猶故也，今謂之“緣故”。

　　[29] 故時人：趙幼文《校箋》謂《太平御覽》卷七四三引“時”上無“故”字。

　　文昭甄皇后，中山無極人，[1]明帝母，漢太保甄邯後也，[2]世吏二千石。父逸，上蔡令。[3]后三歲失父。〔一〕後天下兵亂，加以饑饉，百姓皆賣金銀珠玉寶物，時后家大有儲穀，頗以買之。后年十餘歲，白母曰：“今世亂而多買寶物，匹夫無罪，懷璧爲罪。[4]又左右皆飢乏，不如以穀振給親族鄰里，廣爲恩惠也。”舉家稱善，即從后言。〔二〕

　　〔一〕《魏書》曰：逸娶常山張氏，[5]生三男五女：長男豫，早終；次儼，舉孝廉，[6]大將軍掾、曲梁長；[7]次堯，舉孝廉；長女姜，次脫，次道，次榮，次即后。后以漢光和五年十二月丁酉生。[8]每寢寐，家中髣髴見如有人持玉衣覆其上者，[9]常共怪之。逸莞，加號慕，[10]內外益奇之。後相者劉良相后及諸（子）〔姊〕，[11]良指后曰：“此女貴乃不可言。”后自少至長，不好戲弄。年八歲，外有立騎馬戲者，[12]家人諸姊皆上閣觀之，后獨不行。諸姊怪問之，后答言：“此豈女人之所觀邪？”年九歲，喜書，視字輒識，數用諸兄筆硯，兄謂后言：[13]“汝當習女工。[14]用書爲學，當作女博士邪？”后答言：[15]“聞古者賢女，[16]未有不（學）〔覽〕前世成敗，[17]以爲己誡。不知書，何由見之？”

〔二〕《魏略》曰：后年十四，喪中兄儼，悲哀過制，事寡嫂謙敬，事處其勞，拊養儼子，[18]慈愛甚篤。后母性嚴，待諸婦有常，[19]后數諫母：“兄不幸早終，嫂年少守節，顧留一子，以大義言之，待之當如婦，愛之宜如女。”母感后言流涕，便令后與嫂共止，寢息坐起常相隨，恩愛益密。

[1]中山：王國名。治所盧奴縣，在今河北定州市。　無極：縣名。《續漢書·郡國志》作“毋極”，《太平寰宇記》謂唐武后萬歲通天元年改“毋”爲“無”。治所在今河北無極縣西。

[2]甄邯：西漢末孺子嬰居攝元年（6）王莽以甄邯爲太保（位上公，無實際職掌），新莽始建國四年（12）卒。（見《漢書》卷九九《王莽傳》）

[3]上蔡：縣名。治所在今河南上蔡縣西。

[4]懷璧爲罪：殿本、盧弼《集解》本“璧”作“寶”，百衲本、校點本作“璧”。今從百衲本等。《左傳·桓公十年》：“周諺有之：‘匹夫無罪，懷璧其罪。’”杜預注：“人利其璧，以璧爲罪。”

[5]常山：東漢王國名。治所元氏縣，在今河北元氏縣西北。

[6]孝廉：漢代選拔官吏的主要科目。孝指孝子，廉指廉潔之士。原本爲二科，後混同爲一科，也不再限於孝子和廉吏。東漢後

期定制爲不滿四十歲者不得察舉；被舉者先詣公府課試，以觀其能。郡國每年要向中央推舉一至二人。曹魏定爲郡國口滿十萬者舉孝廉一人，其有優異，不拘户口，並不限年齒，老幼皆可。蜀漢、孫吴亦由郡舉孝廉。晋沿魏制，尚書郎缺，從孝廉中補。

　　[7] 大將軍掾：官名。大將軍府之屬吏。東漢大將軍府有掾屬二十九人。　曲梁：縣名。治所在今河北永年縣東南。

　　[8] 光和：漢靈帝劉宏年號（178—184）。

　　[9] 如有人：趙幼文《校箋》謂《藝文類聚》卷八三《太平御覽》卷一三八、卷六八九、卷七二九引“有”上俱無“如”字。按，《太平御覽》卷七二九實有“如”字而無“有”字。

　　[10] 逸䖝加號慕：趙幼文《校箋》謂郝經《續後漢書》“逸䖝”上有“后三歲”三字，“加號慕”作“號慕如成人”。號（háo）慕，吴金華《校詁》謂“號慕”爲哀悼尊長之辭，魏晋習用。號謂哀號泣呼，慕謂哀念思慕。

　　[11] 相者：趙幼文《校箋》謂《太平御覽》引“者”字作“工”。按，《太平御覽》僅卷一三八作“相工”，卷七二九亦作“相者”。　諸姊：各本作“子”。趙幼文《校箋》謂《太平御覽》卷七二九引“子”字作“姊”。按，以下亦言“諸姊”。今據《太平御覽》改。

　　[12] 馬戲者：趙幼文《校箋》謂《初學記》卷一〇、《太平御覽》卷一三八引俱作“戲馬者”。

　　[13] 言：趙幼文《校箋》謂《白孔六帖》卷二〇引作“曰”。

　　[14] 女工：指紡織、刺繡、縫紉等。

　　[15] 后答言：趙幼文《校箋》謂《初學記》卷二一、《白孔六帖》卷二〇、《事類賦》卷一五俱作“后曰”。《通志》同。

　　[16] 聞古者賢女：趙幼文《校箋》謂《藝文類聚》卷五八、《初學記》卷二一引無“聞”“者”二字，《事類賦》引亦無“聞”字，但有“者”字。

　　[17] 覽：各本皆作“學”。盧弼《集解》謂《太平御覽》

“學”作“覽”。趙幼文《校箋》亦謂《初學記》《白孔六帖》《事
類賦》俱作“覽”。今從盧、趙説改“學”爲“覽”。

[18] 拊：盧弼《集解》本作“㧓”，殿本作“撫”，百衲本、
校點本作“拊”。按，三字皆通，今從百衲本等。

[19] 婦：古代稱兒媳爲婦，亦稱爲新婦。《爾雅·釋親》：
“子之妻爲婦。” 常：倫常。

　　建安中，袁紹爲中子熙納之。熙出爲幽州，[1]后留
養姑。[2]及冀州平，[3]文帝納后于鄴，有寵，生明帝及
東鄉公主。〔一〕延康元年正月，[4]文帝即王位，六月，南
征，后留鄴。黃初元年十月，帝踐阼。踐阼之後，山
陽公奉二女以嬪于魏，[5]郭后、李、陰貴人並愛幸，后
愈失意，有怨言。帝大怒，二年六月，遣使賜死，葬
于鄴。〔二〕

　　〔一〕《魏略》曰：熙出在幽州，[6]后留侍姑。及鄴城破，紹
妻及后共坐（皇堂）〔堂皇〕上。[7]文帝入紹舍，見紹妻及后，后
怖，以頭伏姑膝上，紹妻兩手自搏。文帝謂曰：“（劉）〔袁〕夫
人云何如此？[8]令新婦舉頭！”姑乃捧后令仰，文帝就視，見其顏
色非凡，稱歎之。太祖聞其意，遂爲迎取。[9]

　　《世語》曰：太祖下鄴，文帝先入袁尚府，[10]有婦人被髮垢
面，[11]垂涕立紹妻劉後，文帝問之，劉答“是熙妻”，顧擘髮髻，
以巾拭面，[12]姿貌絕倫。既過，劉謂后“不憂死矣”！[13]遂見
納，[14]有寵。[15]

　　《魏書》曰：后寵愈隆而彌自挹損，後宮有寵者勸勉之，其無
寵者慰誨之，每因閒宴，常勸帝，言“昔黃帝子孫蕃育，[16]蓋由
妾媵眾多，[17]乃獲斯祚耳。[18]所願廣求淑媛，以豐繼嗣。”帝心

嘉焉。其後帝欲遣任氏，后請於帝曰："任既鄉黨名族，德、色，妾等不及也，如何遣之？"帝曰："任性狷急不婉順，[19]前後忿吾非一，是以遣之耳。"后流涕固請曰："妾受敬遇之恩，眾人所知，必謂任之出，是妾之由。上懼有見私之譏，下受專寵之罪，願重留意！"帝不聽，遂出之。

十六年七月，[20]太祖征關中，武宣皇后從，留孟津，[21]帝居守鄴。時武宣皇后體小不安，后不得定省，憂怖，晝夜泣涕；左右驟以差問告，[22]后猶不信，曰："夫人在家，故疾每動，輒歷時，今疾便差，何速也？此欲慰我意耳！"憂愈甚。後得武宣皇后還書，說疾已平復，后乃懽悅。十七年正月，大軍還鄴，后朝武宣皇后，望幄座悲喜，感動左右。武宣皇后見后如此，亦泣，且謂之曰："新婦謂吾前病如昔時困邪？吾時小小耳，十餘日即差，不當視我顏色乎！"嗟歎曰："此真孝婦也。"二十一年十月，[23]太祖東征，武宣皇后、文帝及明帝、東鄉公主皆從，時后以病留鄴。二十二年九月，[24]大軍還，武宣皇后左右侍御見后顏色豐盈，怪問之曰："后與二子別久，下流之情，[25]不可爲念，而后顏色更盛，何也？"后笑答之曰："譚等自隨夫人，[26]我當何憂！"[27]后之賢明以禮自持如此。

〔二〕《魏書》曰：有司奏建長秋宮，[28]帝璽書迎后，詣行在所，后上表曰："妾聞先代之興，所以饗國久長，垂祚後嗣，無不由后妃焉。故必審選其人，以興内教。今踐阼之初，誠宜登進賢淑，統理六宮。妾自省愚陋，不任粢盛之事，[29]加以寢疾，敢守微志。"[30]璽書三至而后三讓，言甚懇切。時盛暑，帝欲須秋涼乃更迎后。會后疾遂篤，夏六月丁卯，崩于鄴。帝哀痛咨嗟，策贈皇后璽綬。

臣松之以爲《春秋》之義，内大惡諱，小惡（不）書。[31]文帝之不立甄氏，及加殺害，事有明審。魏史若以爲大惡邪，則宜隱而不言，若謂爲小惡邪，則不應假爲之辭，而崇飾虛文乃至於

是，異乎所聞於舊史。推此而言，其稱卞、甄諸后言行之善，皆
難以實論。[32] 陳氏刪落，良有以也。

[1] 幽州：刺史治所薊縣，在今北京城西南部。

[2] 姑：古稱丈夫之母爲姑。《爾雅·釋親》：“婦稱夫之父曰
舅，稱夫之母曰姑。”

[3] 冀州：東漢末，刺史治所常設在鄴，在今河北臨漳縣西南
鄴鎮東一里半。

[4] 延康元年：漢獻帝劉協年號（220）。

[5] 嬪：帝王之女出嫁稱嬪。

[6] 出在：趙幼文《校箋》謂郝經《續後漢書》荀宗道注引
“出”下無“在”字。《太平御覽》卷三八〇引作“出奔”。

[7] 堂皇：殿本、盧弼《集解》本作“室堂”，百衲本、校點
本作“皇堂”。趙幼文《校箋》謂《藝文類聚》卷一八、《太平御
覽》卷三八〇引俱作“堂皇”，疑作“堂皇”者是。《漢書·胡建
傳》：“監御史與護軍諸校列坐堂皇上。”注：“室無四壁曰皇。”
《廣雅·釋宮》：“堂皇，殿也。”《玉燭寶訓》引《蒼頡篇》：“榭，
今堂皇也。”今從百衲本與趙説改“皇堂”爲“堂皇”。

[8] 謂：趙幼文《校箋》謂《太平御覽》卷三八〇引作
“語”。袁夫人：各本“袁”作“劉”。趙幼文《校箋》謂《藝文
類聚》卷一八、《太平御覽》卷三七三、卷三八〇引“劉”字作
“袁”。《世説新語·惑溺篇》注引亦作“袁”。按，袁紹妻雖然姓
劉，但不能稱之爲劉夫人。今從趙所引改。

[9] 迎取：《後漢書》卷七〇《孔融傳》謂“曹操攻屠鄴城，
袁氏婦子多見侵略，而操子丕私納袁熙妻甄氏”。盧弼《集解》
云：“據此，則當日見侵略者，不獨甄氏。謂爲私納，非迎取可知。
戰勝之後，恣意虜掠，匆匆將去，何暇議婚娶之禮乎！”

[10] 袁尚：袁紹少子，袁熙之弟。見本書卷六《袁紹傳》。

[11] 有：趙幼文《校箋》謂《世説新語・惑溺篇》注引作
"見"。

[12] 顧寧髮髻（jì）以巾拭面：趙幼文《校箋》謂《世説新
語・惑溺篇》注引作"使令攬髮，以袖拭面"。《通志》"巾"字亦
作"袖"。

[13] 憂：趙幼文《校箋》謂《世説新語・惑溺篇》注引作
"復"。

[14] 納：盧弼《集解》本作"内"，百衲本、殿本、校點本
皆作"納"。今從百衲本等。

[15] 有寵：《世説新語・惑溺篇》注引作"有子"。

[16] 黄帝子孫蕃育：《史記》卷一《五帝本紀》："黄帝二十
五子，其得姓者十四人。"《索隱》引《國語》胥臣云："黄帝之子
二十五宗，其得姓者十四人，爲十二姓。"

[17] 妾媵（yìng）：古代諸侯貴族女出嫁，隨嫁之女稱爲媵，
後世遂通稱妾爲妾媵。

[18] 祚：福，賜福。

[19] 狷（juàn）急：性急不能受委屈。

[20] 十六年：指建安十六年，曹操征討馬超、韓遂等。　七
月：百衲本、殿本作"十月"，盧弼《集解》本、校點本作"七
月"。按，本書卷一《武帝紀》曹操征關中在七月。今從《集解》
本等。

[21] 孟津：關名。在今河南孟津縣東北黄河岸。

[22] 差（chài）問：病愈的音訊。

[23] 二十一年十月：百衲本、盧弼《集解》本、校點本無
"十月"二字，殿本有。按，上文之十六年、十七年及下文之二十
二年均有月，此亦當有，故從殿本。本書《武帝紀》建安二十一年
云："冬十月，治兵，遂征孫權。"

[24] 九月：本書《武帝紀》作"三月，王引軍還"。

[25] 下流：魏晋人稱子孫爲下流。此"下流之情"，猶言兒

女之情。

　　[26] 諱：各本皆作“諱”，校點本改爲“叡”。《校記》云：“原書避明帝諱作‘諱’。”盧弼《集解補》卷上引顧炎武曰：“此‘諱’字明帝名，當時史家之文也。《宋書·武帝紀》：‘劉諱龍行虎步。’《後周書·柳慶傳》：‘宇文諱忠誠奮發。’并合稱名，史不敢斥之爾。”吳金華《校詁》云：“此‘諱’字既爲王沈《魏書》之原文，則裴注引其書而仍其舊，是也。”“諱”字不當改。按，吳説是，今從百衲本等。

　　[27] 當：吳金華《校詁》謂“當”讀爲“尚”。

　　[28] 長秋宫：《後漢書》卷一〇《明德馬皇后紀》“有司奏立長秋宫”李賢注：“皇后所居宫也。長者久也，秋者萬物成熟之初也，故以名焉。請立皇后，不敢指言，故以宫稱之。”

　　[29] 不任粢（zī）盛之事：不能擔任制作祭品之事。《左傳·桓公六年》“粢盛豐備”杜預注：“黍稷曰粢，在器曰盛。”孔穎達疏：“祭之用米，黍稷爲多，故云黍稷曰粢。”“盛，謂盛於器，故云在器曰盛。”

　　[30] 微志：指不願離開鄴之心意。

　　[31] 小惡書：各本皆作“小惡不書”。《公羊傳·隱公十年》：“《春秋》録内而略外，于外大惡書，小惡不書；于内大惡諱，小惡書。”何休《解詁》：“于内大惡諱，于外大惡書者，明王者起當先自正，内無大惡，然後乃可治諸夏大惡，因見臣子之義當先爲君父諱大惡也。内小惡書，外小惡不書者，内有小惡適可治諸夏大惡，未可治諸夏小惡，明當先自正然後正人。”吳金華《校詁》云：“此言君王之惡有小大之分、内外之別：凡屬‘内大惡’者，宜諱之；屬‘内小惡’者，可書之；凡屬‘外大惡’者亦可書，屬‘外小惡’者可不書。曹丕之不立甄氏及加殺害，顯屬‘内惡’，故裴松之以爲：魏史若以爲此事屬於‘大惡’，則宜隱而不言；若以爲此事屬於‘小惡’，則可秉筆直書，不應假爲之辭也。明乎此，則知裴注之文當作‘内大惡諱，小惡書’。今本作‘小惡

不書'者，蓋傳寫者誤增‘不’字耳。"按，吳說是，今删"不"字。吳金華《〈三國志〉斠議》又謂到了東漢"小惡必書"似乎成了政治術語，大概傳寫者就把"必"字變成了形近的"不"字。

[32]　難以實論：梁章鉅《旁證》云："后之歸帝，本不以正，其不獲令終，固無足怪。裴松之所稱‘言行之善，皆難以實論’，知當時已有定論矣。"盧弼《集解》云："按《甄后傳》言‘賜死’，《明帝紀》言‘以其母誅，故未建爲嗣’，事實昭然，無可諱也。"

　　明帝即位，有司奏請追謚，使司空王朗持節奉策以太牢告祠于陵，[1]又別立寢廟。[一][2]太和元年三月，以中山魏昌之安城鄉户千，[3]追封逸，謚曰敬侯；適孫像襲爵。[4]四月，初營宗廟，掘地得玉璽，方一寸九分，其文曰"天子羨思慈親"，明帝爲之改容，以太牢告廟。又嘗夢見后，於是差次舅氏親疏高下，敍用各有差，賞賜累鉅萬；以像爲虎賁中郎將。[5]是月，后母薨，帝制緦服臨喪，[6]百僚陪位。四年十一月，以后舊陵庳下，使像兼太尉，[7]持節詣鄴，昭告后土，十二月，改葬朝陽陵。像還，遷散騎常侍。青龍二年春，[8]追謚后兄儼曰安城鄉穆侯。夏，吳賊寇揚州，[9]以像爲伏波將軍，[10]持節監諸將東征，還，復爲射聲校尉。[11]三年薨，追贈衛將軍，[12]改封魏昌縣，謚曰貞侯；子暢嗣。又封暢弟温、韡、艷皆爲列侯。四年，改逸、儼本封皆曰魏昌侯，謚因故。[13]封儼世婦劉爲東鄉君，[14]又追封逸世婦張爲安喜君。

〔一〕《魏書》載三公奏曰："蓋孝敬之道，篤乎其親，乃四海所以承化，[15]天地所以明察，是謂生則致其養，歿則光其靈，誦述以盡其美，宣揚以顯其名者也。今陛下以聖懿之德，紹承洪業，至孝烝烝，[16]通於神明，遭罹殷憂，[17]每勞謙讓。先帝遷神山陵，大禮既備，至於先后，未有顯謚。伏惟先后恭讓著於幽微，至行顯於不言，化流邦國，德侔《二南》，[18]故能膺神靈嘉祥，爲大魏世妃。[19]雖夙年登遐，萬載之後，永播融烈，[20]后妃之功莫得而尚也。案謚法：'聖聞周達曰昭。德明有功曰昭。'昭者，光明之至，盛久而不昧者也。宜上尊謚曰文昭皇后。"是月，三公又奏曰："自古周人始祖后稷，又特立廟以祀姜嫄。[21]今文昭皇后之於（萬）〔後〕嗣，[22]聖德至化，豈有量哉！夫以皇家世（祀）〔妃〕之尊，[23]而克讓允恭，固推盛位，神靈遷化，而無寢廟以承享（禮）〔祀〕，[24]非所以報顯德，昭孝敬也。稽之古制，宜依《周禮》，先姚別立寢廟。"並奏可（之）。[25]

[1] 司空：官名。東漢時，與太尉、司徒並爲三公，共同行使宰相職能，而位列三公之末。本職掌土木營建與水利工程。曹魏前期基本如此，第一品。　持節：漢朝官吏奉使外出時，由皇帝授予節杖，以提高其威權。漢末三國，則爲皇帝授予出征或出鎮的軍事長官的一種權力。至晉代，此種權力明確爲可殺無官位人，若軍事，可殺二千石以下官員。如皇帝派遣大臣出巡或祭吊等事務時，加持節，則表示權力和尊崇。　太牢：古代祭祀時牛、羊、豕三牲具全稱太牢。後世或單稱牛爲太牢。

[2] 寢廟：祭祀祖宗之宗廟。因宗廟前部稱廟後部稱寢。《禮記·月令》仲春之月："寢廟畢備。"鄭玄注："凡廟，前曰廟，後曰寢。"孔穎達疏："廟是接神之處，其處尊，故在前；寢，衣冠所藏之處，對廟而卑，故在後。"本書卷三《明帝紀》載太和元年二月"辛巳，立文昭皇后寢廟於鄴"；景初元年十二月"己未，有司

奏文昭皇后立廟京都”。

[3] 魏昌：縣名。在今河北定州市東南。　安城鄉：在今河北無極縣東南。（本盧弼《集解》）

[4] 適（dí）：通“嫡”。

[5] 虎賁（bēn）中郎將：官名。秩比二千石，第五品，主虎賁宿衛。

[6] 緦（sī）服：熟細麻布製的喪服。古代喪服分爲五個等級，故稱五服。五服即斬衰（cuī）、齊（zī）衰、大功、小功、緦麻。按照與死者的親疏關係，服不同的喪服。喪服的區別，在於麻布的生熟粗細及製作的精粗（本《儀禮·喪服》）。按禮制，天子“爲外祖母無服”，明帝乃按漢安帝爲外祖母新野君服緦麻之例用緦服。（本侯康《補注續》引《通典》卷八一）

[7] 太尉：盧弼《集解》云：“‘尉’疑作‘常’，太常掌祭祀也。蓋既爲太尉，下文不得云‘遷散騎常侍’矣。又或‘太尉’爲‘校尉’之誤，下文有‘復爲射聲校尉’之語。”

[8] 青龍：魏明帝曹叡年號（233—237）。

[9] 揚州：刺史治所壽春，在今安徽壽縣。

[10] 伏波將軍：官名。第五品。

[11] 射聲校尉：官名。秩比二千石，第四品。掌宿衛兵。

[12] 衛將軍：東漢時位次大將軍、驃騎將軍、車騎將軍，位亞三公。開府置官屬。魏、晉沿置，位在諸名號將軍之上，多作爲軍府名號，加授大臣、重要州郡長官，無具體職掌，二品。開府者位從公，一品。

[13] 因故：趙幼文《校箋》謂郝經《續後漢書》“因”字作“如”，是也。按，作“因”義亦通，《廣韻·真韻》：“因，仍也。”

[14] 世婦：此指命婦。即卿大夫之妻受命有封號者稱命婦，亦通稱世婦。（本趙翼《陔餘叢考》卷三“命婦世婦”條）

[15] 承化：殿本作“成化”，百衲本、盧弼《集解》本、校點本作“承化”。今從百衲本等。

[16]至孝烝烝：徐紹楨《質疑》云："按《廣雅·釋訓》：'烝烝，孝也。''烝'與'烝'通，言烝烝者，所以形容孝德之盛。""蓋漢魏間人好言'至孝烝烝'，即本之《堯典》也。《堯典》云：'父頑母嚚象傲，克諧以孝，烝烝乂，不格姦。'""王氏引之歷引史傳所載，謂烝烝是孝德之形容，其論極明。"

[17]罹：百衲本作"離"，殿本、盧弼《集解》本、校點本作"罹"。今從殿本等。

[18]二南：指《詩·國風》的《周南》與《召南》。《詩序》謂此二篇乃歌頌后妃、夫人之德。

[19]世妃：古帝王之妃又稱世妃。《詩·大雅·生民》："厥初生民，時維姜嫄"。毛傳："生民，本后稷也。姜，姓也。后稷之母，配高辛氏帝焉。"鄭箋："姜姓者，炎帝之後，有女名嫄，當堯之時，爲高辛氏之世妃。"

[20]融烈：光輝之業績。

[21]姜嫄：周始祖后稷之母。見《詩·大雅·生民》。《史記》卷四《周本紀》作"姜原"。

[22]後嗣：各本皆作"萬嗣"。梁章鉅《旁證》謂《宋書·禮志》"萬"作"後"。趙幼文《校箋》謂《通典·禮七》引亦作"後"，《册府元龜》卷二九引亦同，當據改。今從趙說改。

[23]世妃：各本皆作"世祀"。《宋書·禮志三》引此作"世妃"。陳景雲《辨誤》、梁章鉅《旁證》皆謂當作"世妃"。校點本即據陳說改"祀"爲"妃"。今從之。

[24]祀：各本作"禮"。《宋書·禮志三》引此作"祀"。陳景雲《辨誤》謂當作"祀"。校點本即據陳說改。今從之。

[25]奏可：各本作"奏可之"。趙幼文《校箋》謂《册府元龜》卷二九引無"之"字，是也。今從趙說刪"之"字。

景初元年夏，[1]有司議定七廟。[2]冬，又奏曰：

“蓋帝王之興，既有受命之君，又有聖妃協于神靈，然後克昌厥世，以成王業焉。昔高辛氏卜其四妃之子皆有天下，[3]而帝摯、陶唐、商、周代興。[4]周人上推后稷，以配皇天，[5]追述王初，本之姜嫄，[6]特立宮廟，世世享嘗，《周禮》所謂‘奏夷則，[7]歌中呂，舞大濩，以享先妣’者也。詩人頌之曰：‘厥初生民，時維姜嫄。’言王化之本，生民所由。又曰：[8]‘閟宮有侐，[9]實實枚枚，[10]赫赫姜嫄，[11]其德不回。’《詩》《禮》所稱姬宗之盛，其美如此。大魏期運，繼于有虞，然崇弘帝道，三世彌隆，[12]廟祧之數，[13]實與周同。今武宣皇后、文德皇后各配無窮之祚，[14]至於文昭皇后膺天靈符，誕育明聖，[15]功濟生民，德盈宇宙，開諸後嗣，乃道化之所興也。寢廟特祀，亦姜嫄之閟宮也，而未著不毀之制，懼論功報德之義，萬世或闕焉，非所以昭孝示後世也。文昭廟宜世世享祀奏樂，與祖廟同，永著不毀之典，以播聖善之風。”於是與七廟議並勒金策，藏之金匱。

帝思念舅氏不已。暢尚幼，景初末，以暢爲射聲校尉，加散騎常侍，又特爲起大第，車駕親自臨之。又於其後園爲像母起觀廟，名其里曰渭陽里，[16]以追思母氏也。嘉平三年正月，[17]暢薨，追贈車騎將軍，[18]謚曰恭侯；子紹嗣。太和六年，明帝愛女淑薨，追封謚淑爲平原懿公主，[19]爲之立廟。取后亡從孫黃與合葬，追封黃列侯，以夫人郭氏從弟悳爲之後，承甄氏姓，封悳爲平原侯，[20]襲公主爵。[一]青龍中，又

封后從兄子毅及像弟三人，皆爲列侯。毅數上疏陳時
政，官至越騎校尉。[21]嘉平中，復封暢子二人爲列侯。
后兄儼孫女爲齊王皇后，后父已没，封后母爲廣
樂鄉君。

〔一〕孫盛曰：於禮，婦人既無封爵之典，況于孩末，而可建
以大邑乎？惠自異族，援繼非類，匪功匪親，而襲母爵，違情背
典，於此爲甚。陳羣雖抗言，[22]楊阜引事比並，[23]然皆不能極陳
先王之禮，明封建繼嗣之義，忠至之辭，猶有闕乎！《詩》云：
"赫赫師尹，民具爾瞻。"[24]宰輔之職，其可略哉！

《晋諸公贊》曰：惠字彦孫。司馬景王輔政，[25]以女妻惠。
妻早亡，文王復以女繼室，[26]即京兆長公主。[27]景、文二王欲自
結于郭后，是以頻繁爲婚。惠雖無才學，而恭謹謙順。甄温字仲
舒，與郭建及惠等皆后族，以事宜見寵。咸熙初，封郭建爲臨渭
縣公，[28]惠廣安縣公，[29]邑皆千八百户。温本國侯，進爲輔國大
將軍，[30]加侍中，[31]領射聲校尉，惠鎮軍大將軍。[32]泰始元
年，[33]晋受禪，加建、惠、温三人位特進。惠爲人貞素，加以世
祖姊夫，[34]是以遂貴當世。惠暮年官更轉爲宗正，遷侍中。太康
中，[35]大司馬齊王攸當之藩，[36]惠與左衞將軍王濟共諫請，時人
嘉之。世祖以此望惠，[37]由此出惠爲大鴻臚，加侍中、光禄大夫，
尋疾薨，贈中軍大將軍，開府侍中如故，謚恭公，子喜嗣。喜精
粹有器美，歷中書郎、右衞將軍、侍中，位至輔國大將軍，加散
騎常侍。喜與國姻親，而經趙王倫、齊王同事故，[38]能不豫際會，
良由其才短，然亦以退静免之。

〔1〕景初：曹魏明帝曹叡年號（237—239）。
〔2〕七廟：《禮記·王制》："天子七廟，三昭三穆，與太祖之
廟而七。"

[3] 高辛氏:《史記》卷一《五帝本紀》:"帝嚳高辛者,黄帝之曾孫也。"又《正義》引《帝王世紀》:"帝俈(即嚳)有四妃,卜其子皆有天下。元妃有邰氏女,曰姜嫄,生后稷。次妃有娀氏女,曰簡狄,生卨(同契),次妃陳豐氏女,曰慶都,生放勛。次妃娵訾氏女,曰常儀,生帝摯。"

[4] 帝摯:《五帝本紀》:"帝嚳崩,而摯代立。帝摯立,不善,而弟放勛立,是爲帝堯。" 陶唐:即堯。《五帝本紀》"帝堯者放勛"《集解》引徐廣曰:"號陶唐。"

[5] 配皇天:《詩·周頌·思文》:"思文后稷,克配彼天。"鄭箋:"周公思先祖有文德者,后稷之功能配天。"

[6] 本之姜嫄:《詩·大雅·生民》:"厥初生民,時維姜嫄。"鄭箋:"言周之始祖,其生之者是姜嫄也。"

[7] 周禮:此《周禮》所引,爲《周禮·春官·大司樂》之文。鄭玄注:"夷則,陽聲第五,小吕爲之合。小吕亦名中吕。先妣,姜嫄也。"按,夷則、中吕,爲古代十二音律中之二律。《漢書·律曆志上》云:"五聲之本,生於黄鐘之律。""律十有二,陽六爲律,陰六爲吕。律以統氣類物,一曰黄鐘,二曰太族,三曰姑洗,四曰蕤賓,五曰夷則,六曰亡(無)射。吕以旅陽宣氣,一曰林鐘,二曰南吕,三曰應鐘,四曰大吕,五曰夾鐘,六曰中吕。"又按,大濩(hù),古樂舞名。《周禮·春官·大司樂》:"以樂舞教國子,舞《雲門》《大卷》《大咸》《大磬》《大夏》《大濩》《大武》。"鄭玄注:"《大濩》,湯樂也。湯以寬治民,而除其邪言,其德能使天下得其所也。"

[8] 又曰:此引見《詩·魯頌·閟宮》。

[9] 閟(bì)宮有侐(xù):毛傳:"閟,閉也。先妣姜嫄之廟在周,常閉而無事。""侐,清净也"。鄭箋:"閟,神也。姜嫄神所依,故廟曰神宫。"

[10] 實實枚枚:形容建築高大,裝雕精細。毛傳:"實實,廣大也。枚枚,礱密也。"

　　〔11〕赫赫：形容顯著，顯耀。鄭箋：　"赫赫乎！顯著姜
嫄也。"

　　〔12〕三世：殿本作"三代"，百衲本、盧弼《集解》本、校
點本作"三世"。今從百衲本等。三世，指魏武帝、文帝、明
帝三世。

　　〔13〕祧（tiāo）：遠祖之廟稱祧。《禮記·祭法》："遠廟
爲祧。"

　　〔14〕各配無窮之祚：謂武宣皇后配太祖武皇帝之祀，文德皇
后配高祖文皇帝之祀。而"三祖之廟，萬世不毁"（見本書《明帝
紀》景初元年六月），故得配祀無窮。

　　〔15〕明聖：指魏明帝。

　　〔16〕渭陽：《詩·秦風》之篇名。《詩序》云："《渭陽》，
（秦）康公念母也。康公之母，晋獻公之女。（晋）文公遭麗姬之
難未反，而秦姬（秦康公母）卒。（秦）穆公納文公，康公時爲大
子，贈送文公於渭之陽，念母之不見也。我見舅氏，如母存焉。"
後世因以"渭陽"爲懷念母舅親屬之代稱。渭之陽，渭水之北。

　　〔17〕嘉平：魏少帝齊王曹芳年號（249—254）。

　　〔18〕車騎將軍：官名。東漢時位比三公，常以貴戚充任。出
掌征伐，入參朝政，漢靈帝時常作贈官。魏、晋時位次驃騎將軍，
在諸名號將軍上，多作爲軍府名號，加授大臣、重要州郡長官，無
具體職掌，二品。開府者位從公，一品。

　　〔19〕平原：縣名。治所在今山東平原縣西南。

　　〔20〕封惪:趙幼文《校箋》謂郝經《續後漢書》無"惪"字。

　　〔21〕越騎校尉：官名。秩比二千石，第四品，掌宿衛兵。

　　〔22〕陳羣雖抗言：陳羣之言，見本書卷二二《陳羣傳》
之上書。

　　〔23〕楊阜引事比並：本書卷二五《楊阜傳》謂明帝愛女淑死
後，明帝將親送葬，楊阜遂上疏曰："文皇帝、武宣皇后崩，陛下
皆不送葬，所以重社稷，備不虞也。何至孩抱之赤子而可送葬

也哉？"

[24] 赫赫師尹民具爾瞻：此《詩・小雅・節南山》之句。毛傳："赫赫，顯盛貌。師，大師，周之三公也。尹，尹氏，爲大師。具，俱。瞻，視。"鄭箋："此言尹氏，女居三公之位，天下之民俱視女之所爲。"

[25] 司馬景王：司馬師。

[26] 文王：司馬昭。

[27] 京兆長公主：司馬昭妻王氏所生。見《晉書》卷三一《文明王皇后傳》。

[28] 臨渭縣：治所在今甘肅秦安縣東南。

[29] 廣安縣：梁章鉅《旁證》引沈欽韓曰："廣安縣無考，或有誤。"

[30] 輔國大將軍：官名。第二品。咸熙元年置，不常設。

[31] 侍中：官名。曹魏時，第三品。爲門下侍中寺長官。職掌門下衆事，侍從左右，顧問應對，拾遺補闕，與散騎常侍、黃門侍郎等共平尚書奏事。晉沿置，爲門下省長官。

[32] 悳：盧弼《集解》云："元本'悳'下有'領'字。"鎮軍大將軍：官名。第二品。黃初六年置，後不常設。

[33] 泰始：晉武帝司馬炎年號（265—274）。

[34] 世祖：晉武帝司馬炎廟號。

[35] 太康：晉武帝司馬炎年號（280—289）。

[36] 大司馬：官名。晉爲八公之一，居三公之上、三師之下，開府置僚屬，但無具體職司，多爲大臣加官。 齊王攸：司馬昭之次子，司馬炎之弟，因司馬師無子，過繼與司馬師爲嗣。司馬炎代魏稱帝後，封爲齊王。

[37] 望：怨恨，責怪。當時晉武帝已至晚年，太子又是白痴，朝臣內外皆有意擁戴齊王攸。晉武帝遂聽信讒臣荀勗、馮紞之言，遣諸王歸國，並先從齊王攸開始（見《晉書》卷三八《齊王攸傳》）。而甄悳、王濟諫阻，故遭武帝怨恨。

[38] 事故：指西晉末年的八王之亂。

　　文德郭皇后，安平廣宗人也。[1]祖世長吏。〔一〕后少而父永奇之曰："此乃吾女中王也。"遂以女王爲字。早失二親，喪亂流離，没在銅鞮侯家。[2]太祖爲魏公時，得入東宫。[3]后有智數，時時有所獻納。文帝定爲嗣，[4]后有謀焉。太子即王位，后爲夫人，及踐阼，爲貴嬪。甄后之死，由后之寵也。黃初三年，將登后位，文帝欲立爲后，[5]中郎棧潛上疏曰：[6]"在昔帝王之治天下，不惟外輔，亦有內助，治亂所由，盛衰從之。故西陵配黃，[7]英、娥降嬀，[8]並以賢明，流芳上世。桀奔南巢，[9]禍階末喜；[10]紂以炮烙，怡悅妲己。[11]是以聖哲慎立元妃，必取先代世族之家，[12]擇其令淑以統六宫，虔奉宗廟，陰教聿修。[13]《易》曰：'家道正而天下定。'[14]由內及外，先王之令典也。《春秋》書宗人釁夏云，[15]無以妾爲夫人之禮。齊桓誓命于葵丘，[16]亦曰'無以妾爲妻'。今後宫嬖寵，常亞乘輿。若因愛登后，使賤人暴貴，臣恐後世下陵上替，[17]開張非度，亂自上起也。"文帝不從，遂立爲皇后。〔二〕

　　〔一〕《魏書》曰：父永，官至南郡太守，[18]謚敬侯。[19]母姓董氏，即堂陽君，[20]生三男二女：長男浮，高唐令，[21]次女昱，次即后，后弟都，弟成。后以漢中平元年三月乙卯生，[22]生而有異常。

　　〔二〕《魏書》曰：后上表謝曰："妾無皇、英釐降之節，[23]又非姜、任思齊之倫，[24]誠不足以假充女君之盛位，處中饋之重任。"[25]

　　后自在東宮，及即尊位，雖有異寵，心愈恭肅，供養永壽宮，以孝聞。是時柴貴人亦有寵，后教訓獎導之。後宮諸貴人時有過失，常彌覆之，有譴讓，輒爲帝言其本末，帝或大有所怒，至爲之頓首請罪，是以六宮無怨。性儉約，不好音樂，常慕漢明德馬后之爲人。[26]

　　[1] 安平：郡名。東漢爲王國，曹魏改爲郡。治所信都縣，在今河北冀州市。　廣宗：縣名。治所在今河北威縣東。

　　[2] 銅鞮（dī）：縣名。在今山西沁縣南。

　　[3] 東宮：指魏公子曹丕之宮室。當時曹丕尚未立爲太子，此以後之稱謂稱之。

　　[4] 定爲嗣：指定爲魏太子。

　　[5] 文帝欲立爲后：趙幼文《校箋》謂《群書治要》卷二五引無此句。

　　[6] 中郎：官名。東漢時分屬五官、左、右三署中郎將，名義上仍職宿衛，實際上成爲後備官員，無固定職掌，或給事於中央諸機構。三國兩晋或罷三署，仍置中郎爲儲備官員之一。　棧潛：事迹見本書卷二五《高堂隆傳》。

　　[7] 西陵配黃：《史記》卷一《五帝本紀》："黃帝居軒轅之丘，而娶於西陵之女，是爲嫘祖。嫘祖爲黃帝正妃。"《正義》："西陵，國名也。"

　　[8] 英娥降媯：《五帝本紀》謂堯嫁二女與舜，"舜飭下二女於媯汭"。《索隱》："《列女傳》云二女，長曰娥皇，次曰女英。"

　　[9] 桀奔南巢：夏朝末，桀暴虐無道，成湯興兵伐之。桀敗走鳴條，又逃奔南巢（今安徽巢湖旁）而死。（本《吕氏春秋·慎大》及《史記》卷二《夏本紀》之《正義》引《括地志》）

　　[10] 末喜：殿本作"妹（mò）喜"。百衲本等皆作"末喜"。

今從之。《國語・晋語一》：「史蘇曰：昔夏桀伐有施，有施人以妹喜女焉，妹喜有寵，於是乎與伊尹比而亡夏。」《呂氏春秋・慎大》又云：「桀迷惑於末喜，好彼琬琰，不恤其衆，衆志不堪，上下相疾，民心積怨。」

[11] 怡悦妲（dá）己：妲己，殷紂王寵妃。《史記》卷三《殷本紀》謂紂「好酒淫樂，嬖於婦人。愛妲己，妲己之言是從」。又《集解》引《列女傳》云：「膏銅柱，下加之炭，令有罪者行焉，輒墜炭中，妲己笑，名曰炮烙之刑。」

[12] 世族：世代顯貴之家族。

[13] 陰教：女子的教化。 聿（yù）修：學習，遵循。

[14] 家道正而天下定：此《易・家人》之象辭。原文云：「父父子子，兄兄弟弟，夫夫婦婦，而家道正。正家而天下定矣。」意謂一家人中，各盡其道，如夫盡夫道，婦盡婦道，則家道自正。家道正，即可定天下。

[15] 宗人：官名。在周代，掌宗室禮法及宗廟社稷祭祀禮儀。釁夏：魯哀公時之宗人。哀公將立寵妾公子荆之母爲夫人，使釁夏獻立夫人之禮節。釁夏回答：歷來皆無立妾爲夫人之禮節。（見《左傳・哀公二十四年》）

[16] 齊桓誓命于葵丘：《穀梁傳・僖公九年》謂九月戊辰齊桓公會諸侯結盟於葵丘（今河南蘭考縣境），盟約約定：「毋雍泉，毋訖糴，毋易樹子，毋以妾爲妻，毋使婦人與國事。」

[17] 下陵上替：《左傳・昭公十八年》：「于是乎下陵上替，能無亂乎？」孔穎達疏：「在下者陵侮其上，在上者廢替其位，上下失分，能無亂乎？」

[18] 南郡：治所江陵縣，在今湖北荆州市荆州區。

[19] 侯：殿本作「后」，百衲本、盧弼《集解》本、校點本作「侯」。今從百衲本等。

[20] 堂陽：縣名。治所在今河北新河縣西北。

[21] 高唐：縣名。治所在今山東禹城市西南。

[22] 中平：漢靈帝劉宏年號（184—189）。

[23] 皇英：即娥皇、女英。　釐降：下嫁。

[24] 姜任：即姜嫄、太任。

[25] 中饋：指婦女在家主持供祭祀飲食之事。《易·家人》六二爻辭："無攸遂，在中饋。"孔穎達疏："（婦人）所職主，在於家中饋食供祭而已。"

[26] 漢明德馬后：漢明帝馬皇后，爲伏波將軍馬援小女，十三歲被選入太子宮。《後漢書》卷一〇《明德馬皇后紀》謂其入宮後，"奉承陰后，傍接同列，禮則修備，上下安之。遂寵異，常居後堂"。漢明帝即位後，爲貴人。後當立皇后，皇太后曰："馬貴人德冠後宮，即其人也。"遂立爲皇后。

后早喪兄弟，以從兄表繼永後，拜奉車都尉。后外親劉斐與他國爲婚，后聞之，敕曰："諸親戚嫁娶，自當與鄉里門户匹敵者，不得因勢彊與他方人婚也。"后姊子孟武還鄉里，求小妻，[1]后止之。遂敕諸家曰："今世婦女少，當配將士，不得因緣取以爲妾也。宜各自慎，無爲罰首。"〔一〕

〔一〕《魏書》曰：后常敕戒表、武等曰："漢氏椒房之家，[2]少能自全者，皆由驕奢，[3]可不慎乎！"

[1] 小妻：漢魏時稱妾爲小妻。

[2] 椒房之家：后妃之家。

[3] 驕奢：趙幼文《校箋》謂郝經《續後漢書》"奢"下有"取禍"二字。

五年，帝東征，后留許昌永始臺。[1]時霖雨百餘

日，城樓多壞，有司奏請移止。后曰："昔楚昭王出游，貞姜留漸臺，[2]江水至，使者迎而無符，不去，卒沒。今帝在遠，吾幸未有是患，而便移止，奈何?"羣臣莫敢復言。六年，帝東征吳，至廣陵，[3]后留譙宮。時表留宿衞，[4]欲遏水取魚。后曰："水當通運漕，又少材木，奴客不在目前，當復私取官竹木作梁遏。[5]今奉車所不足者，[6]豈魚乎?"

明帝即位，尊后爲皇太后，稱永安宮。太和四年，詔封表安陽亭侯，又進爵鄉侯，增邑，并前五百户，遷中壘將軍。[7]以表子詳爲騎都尉。[8]其年，帝追謚太后父永爲安陽鄉敬侯，母董爲都鄉君。遷表昭德將軍，[9]加金紫，[10]位特進，表第二子訓爲騎都尉。及孟武母卒，欲厚葬，起祠堂，太后止之曰："自喪亂以來，墳墓無不發掘，皆由厚葬也；首陽陵可以爲法。"[11]青龍三年春，后崩于許昌，以終制營陵，三月庚寅，葬首陽陵西。[一]帝進表爵爲觀津侯，[12]增邑五百，并前千户。遷詳爲駙馬都尉。[13]四年，追改封永爲觀津敬侯，世婦董爲堂陽君。追封謚后兄浮爲梁里亭戴侯，都爲武城亭孝侯，成爲新樂亭定侯，皆使使者奉策，祠以太牢。表薨，子詳嗣，又分表爵封詳弟述爲列侯。詳薨，子釗嗣。

〔一〕《魏略》曰：明帝既嗣立，追痛甄后之薨，[14]故太后以憂暴崩。甄后臨没，以帝屬李夫人。及太后崩，夫人乃説甄后見譖之禍，不獲大斂，[15]被髮覆面，帝哀恨流涕，命殯葬太后，皆如甄后故事。

《漢晉春秋》曰：初，甄后之誅，由郭后之寵，[16]及殯，令被髮覆面，以糠塞口，遂立郭后，使養明帝。帝知之，心常懷忿，數泣問甄后死狀。郭后曰："先帝自殺，[17]何以責問我？且汝爲人子，可追讎死父，爲前母枉殺後母邪？"明帝怒，遂逼殺之，勑殯者使如甄后故事。[18]

《魏書》載哀策曰："維青龍三年三月壬申，[19]皇太后梓宮啓殯，[20]將葬于首陽之西陵。哀子皇帝叡親奉册祖載，遂親遣奠，叩心擗踊，[21]號咷仰訴，痛靈魂之遷幸，悲容車之向路，[22]背三光以潛翳，就黃壚而安厝。[23]嗚呼哀哉！昔二女妃虞，[24]帝道以彰，三母嬪周，[25]聖善彌光，既多受祉，[26]享國延長。哀哀慈妣，興化閨房，龍飛紫極，作合聖皇，不虞中年，暴罹災殃。[27]愍予小子，[28]煢煢摧傷，[29]魂雖永逝，定省曷望？嗚呼哀哉！"

[1] 許昌：縣名。治所在今河南許昌縣東。 永始臺：《文選》何晏《景福殿賦》："鎮以崇臺，實曰永始。"李善注："永始，臺名。倉廩所居也。"

[2] 貞姜留漸臺：貞姜，齊侯之女（姜姓），楚昭王夫人。《列女傳》卷四《楚昭貞姜》謂楚昭王出游，留夫人漸臺之上。昭王得知江水將大漲，遂遣使者迎夫人而忘持符。使者至，夫人曰："王與宮人約，召必以符，今使者不持符，妾不敢從。"堅持不離去。當使者返回取符至，漸臺已崩，夫人亦已流失而死。昭王嘆曰："嗟夫！守義死節，不爲苟生；處約持信，以全其貞。"乃號貞姜。

[3] 廣陵：縣名。治所在今江蘇揚州市西北蜀岡上。

[4] 表：郭后從兄郭表。

[5] 梁遏：趙幼文《校箋》謂《太平御覽》卷八三四引"遏"下有"水"字。

[6] 奉車：指郭表。郭表爲奉車都尉。

[7] 中壘將軍：官名。第四品，掌宿衛兵。

　　[8]騎都尉：官名。秩比二千石，第六品，掌羽林從騎，無定員，或爲加官。

　　[9]昭德將軍：官名。第五品。

　　[10]加金紫：趙一清《注補》云：“此云加金紫，是金紫光禄大夫。不言光禄大夫，史省文。”《宋書·百官志》云：“光禄大夫銀章青綬，其重者加金章紫綬，則謂之金紫光禄大夫。”

　　[11]首陽陵：即魏文帝陵。

　　[12]觀津：縣名。治所在今河北武邑縣東南。

　　[13]駙馬都尉：官名。秩比二千石，第六品，掌皇帝副車之馬。無定員，或爲加官。

　　[14]薨：殿本作“葬”，今從百衲本、盧弼《集解》本、校點本作“薨”。

　　[15]大斂：屍體入棺稱大斂。盧弼《集解》云：“甄死於黃初二年，明帝年已十七矣，豈不知其死狀，尚待李夫人之陳説乎？”

　　[16]寵：趙幼文《校箋》謂《通志》引“寵”字作“譖”。

　　[17]自殺：趙幼文《校箋》謂郝經《續後漢書》“殺”下有“之”字。

　　[18]使如：趙幼文《校箋》謂郝經《續後漢書》“使”字作“皆”。

　　[19]三年：殿本、盧弼《集解》本作“二年”，百衲本、校點本作“三年”。今從百衲本等。

　　[20]梓宫：帝后棺材。因用梓木製成，故稱梓宫。

　　[21]擗踊：捶胸頓足，哀痛之極。

　　[22]容車：送葬時載運死者衣冠、畫像等之車。《後漢書》卷二〇《祭遵傳》：“朱輪容車，介士軍陳送葬。”李賢注：“容車，容飾之車，象生時也。”

　　[23]黃壚：猶言黃泉，指地下。《淮南子·覽冥訓》“下契黃壚”高誘注：“黃壚，黃泉下壚土也。”　安厝（cuò）：安葬。

　　[24]二女妃虞：指堯二女娥皇、女英爲虞妃。

[25] 三母：指周始祖后稷之母姜嫄、文王之母太任、武王之母太姒。

[26] 既多受祉：趙幼文《校箋》謂郝經《續後漢書》苟宗道注引作"既受多祉"。

[27] 罹：百衲本、殿本作"離"，盧弼《集解》本、校點本作"罹"。按，二字通，今從《集解》本等。

[28] 愍：古多作"閔"。《詩·周頌·閔予小子》："閔予小子，遭家不造。"鄭箋："閔，悼傷之言也。"

[29] 煢煢（qióng）：形容孤獨。

明悼毛皇后，河內人也。[1]黃初中，以選入東宮，明帝時爲平原王，進御有寵，出入與同輿輦。及即帝位，[2]以爲貴嬪。太和元年，立爲皇后。后父嘉，拜騎都尉，后弟曾，郎中。[3]

初，明帝爲王，始納河內虞氏爲妃，帝即位，虞氏不得立爲后，太皇卞太后慰勉焉。虞氏曰："曹氏自好立賤，[4]未有能以義舉者也。然后職內事，君聽外政，[5]其道相由而成；苟不能以善始，未有能令終者也。[6]殆必由此亡國喪祀矣！"虞氏遂絀還鄴宮。進嘉爲奉車都尉，曾騎都尉，寵賜隆渥。頃之，封嘉博平鄉侯，遷光祿大夫，曾駙馬都尉。嘉本典虞車工，[7]卒暴富貴，[8]明帝令朝臣會其家飲宴，[9]其容止舉動甚蚩騃，[10]語輒自謂"侯身"，時人以爲笑。[一]後又加嘉位特進，曾遷散騎侍郎。青龍三年，嘉薨，追贈光祿大夫，改封安國侯，[11]增邑五百，并前千户，諡曰節侯。四年，追封后母夏爲野王君。[12]

〔一〕孫盛曰：古之王者，必求令淑以對揚至德，恢王化於
《關雎》，[13]致淳風于《麟趾》。[14]及臻三季，並亂兹緒，義以情
溺，位由寵昏，貴賤無章，下陵上替，興衰隆廢，皆是物也。魏
自武王，暨于烈祖，三后之升，起自幽賤，本既卑矣，何以長世？
《詩》云："絺兮綌兮，淒其以風。"[15]其此之謂乎！[16]

[1] 河内：郡名。治所懷縣，在今河南武陟縣西南。

[2] 即帝位：趙幼文《校箋》謂《太平御覽》卷一三八引
"即"下無"帝"字。郝經《續後漢書》同。

[3] 郎中：官名。即尚書郎中，秩四百石，第六品。主作文書
起草。有殿中、吏部、駕部等二十五郎中。

[4] 曹氏自好立賤：胡三省云："武帝立卞后，文帝立郭后，
皆非正室。"（《通鑑》卷七〇魏明帝太和元年注）

[5] 君聽外政：《禮記·昏義》云："天子聽外治，后聽内職，
教順成俗，外内和順，國家理治，此之謂盛德。"

[6] 未有能：百衲本無"有"字，殿本、盧弼《集解》本、
校點本皆有。今從殿本等。

[7] 典虞：官名。即典虞都尉，魏置，第六品，主田獵，並與
典牧都尉負責馬、牛之牧養，屬太僕卿。　車工：典牧都尉下之車
工匠。

[8] 卒暴：吳金華《校詁》云："今語所謂'突然''忽然'
者，先秦謂之'卒'或'卒然'，漢魏則常稱'卒暴'。"

[9] 明帝：趙幼文《校箋》謂《太平御覽》卷七三九、《册府
元龜》卷九五四引"帝"上無"明"字。

[10] 蚩：趙幼文《校箋》謂《太平御覽》卷三九一、卷七三
九引作"痴"。按，《釋名·釋姿容》："蚩，痴也。"

[11] 安國：縣名。治所在今河北安國縣東南。

[12] 野王：縣名。治所在今河南沁陽市。

[13] 關雎（jū）：《詩・周南》之首篇。《詩序》云："《關雎》，后妃之德也，風之始也，所以風天下而正夫婦也，故用之鄉人焉，用之邦國焉。"

[14] 麟趾：即《麟之趾》，《詩・周南》之末篇。此篇《序》云："《麟之趾》，《關雎》之應也。《關雎》之化行，則天下無犯非禮，雖衰世之公子，皆信厚如《麟趾》之時也。"《詩序》又云："《關雎》《麟趾》之化，王者之風。"

[15] 絺（chī）兮綌（xì）兮淒其以風：《詩・邶風・綠衣》中的詩句。毛傳："淒，寒風也。"鄭箋："絺、綌所以當暑，今以待寒，喻其失所也。"

[16] 乎：殿本作"矣"，百衲本、盧弼《集解》本、校點本作"乎"。今從百衲本等。

　　帝之幸郭元后也，后愛寵日弛。[1]景初元年，帝游後園，召才人以上曲宴極樂。[2]元后曰"宜延皇后"，帝弗許。乃禁左右，使不得宣。后知之，明日，帝見后，后曰："昨日游宴北園，樂乎？"帝以左右泄之，所殺十餘人。賜后死，然猶加謚，葬愍陵。遷曾散騎常侍，後徙爲羽林虎賁中郎將、原武典農。[3]

[1] 弛：趙幼文《校箋》謂《太平御覽》卷一二三（按當爲一三八）、卷八二四引作"衰"。

[2] 曲宴：胡三省云："曲宴，禁中之宴，猶言私宴也。"（《通鑑》卷七三魏明帝景初元年注）

[3] 羽林：指羽林中郎將，秩比二千石，第五品。主羽林郎，掌宿衛侍從。多由外戚或功臣子弟等充任。　原武：縣名。治所在今河南原陽縣。　典農：此爲典農校尉，秩比二千石，第六品。主管該屯田區之農業生產、民政和田租，相當於郡太守，直屬中央大

司農。

明元郭皇后，西平人也，[1]世河右大族。[2]黄初中，本郡反叛，遂没入宮。明帝即位，甚見愛幸，拜爲夫人。叔父立爲騎都尉，從父芝爲虎賁中郎將。帝疾困，遂立爲皇后。齊王即位，尊后爲皇太后，稱永寧宮。追封謚太后父滿爲西都定侯，以立子建紹其爵。封太后母杜爲郃陽君。[3]芝遷散騎常侍、長水校尉，〔一〕[4]立，宣德將軍，[5]皆封列侯。建兄惪，出養甄氏。惪及建俱爲鎮護將軍，[6]皆封列侯，並掌宿衞。值三主幼弱，宰輔統政，與奪大事，皆先咨啓於太后而後施行。毌丘儉、鍾會等作亂，咸假其命而以爲辭焉。[7]景元四年十二月崩，[8]五年二月，葬高平陵西。〔二〕

〔一〕《魏略》曰：諸郭之中，芝最壯直。先時自以他功封侯。[9]

〔二〕《晉諸公賛》曰：建字叔始，有器局而彊問，泰始中疾薨。子蝦嗣，爲給事中。

[1] 西平：郡名。漢獻帝建安中，分金城郡置西平郡；又分臨羌縣置西都縣，爲西平郡治所，在今青海西寧市。

[2] 河右：即河西，指黄河以西之地，即今甘肅河西走廊一帶。

[3] 郃陽：縣名。治所在今陝西合陽縣東南夏陽鎮南。

[4] 長水校尉：官名。秩比二千石，第四品，掌宿衞兵。

[5] 宣德將軍：官名。第五品。

[6] 鎮護將軍：官名。第三品。

[7] 咸假其命而以爲辭：劉咸炘《知意》云："明諸傳所書

皆假。"

    [8] 景元：魏元帝曹奂年號（260—264）。

    [9] 侯：殿本作"爵"，百衲本、盧弼《集解》本、校點本作"侯"。今從百衲本等。

    評曰：魏后妃之家，雖云富貴，未有若衰漢乘非其據，宰割朝政者也。鑒往易軌，於斯爲美。追觀陳羣之議，棧潛之論，適足以爲百王之規典，垂憲範乎後葉矣。

三國志 卷六

魏書六

董二袁劉傳第六

　　董卓字仲穎，隴西臨洮人也。[一][1]少好俠，嘗游羌中，盡與諸豪帥相結。後歸耕於野，而豪帥有來從之者，卓與俱還，殺耕牛與相宴樂。諸豪帥感其意，歸相斂得雜畜千餘頭以贈卓。[二]漢桓帝末，以六郡良家子爲羽林郎。[2]卓有才武，[3]旅力少比，[4]雙帶兩鞬，[5]左右馳射。爲軍司馬，[6]從中郎將張奐征并州有功，[7]拜郎中，[8]賜縑九千匹，卓悉以分與吏士。遷廣武令，[9]蜀郡北部都尉，[10]西域戊己校尉，[11]免。徵拜并州刺史、河東太守，[三][12]遷中郎將，討黃巾，軍敗抵罪。韓遂等起涼州，[13]復爲中郎將，西拒遂。于望垣硤北，[14]爲羌、胡數萬人所圍，糧食乏絕。卓僞欲捕魚，堰其還道當所渡水爲池，使水渟滿數十里，默從堰下過其軍而決堰。比羌、胡聞知追逐，水已深，不得渡，時六軍上隴西，五軍敗績，卓獨全眾而還，屯住扶風。^[15] 拜前將軍,^[16] 封斄鄉侯,^[17] 徵爲并州牧。^[四]

〔一〕《英雄記》曰:卓父君雅,由微官爲潁川綸氏尉。[18]有三子:長子擢,字孟高,早卒;次即卓;卓弟旻字叔穎。

〔二〕《吳書》曰:郡召卓爲吏,使監領盜賊。胡嘗出鈔,多虜民人,涼州刺史成就辟卓爲從事,[19]使領兵騎討捕,大破之,斬獲千計。并州刺史段熲薦卓公府,司徒袁隗辟爲掾。[20]

〔三〕《英雄記》曰:卓數討羌、胡,前後百餘戰。

〔四〕《靈帝紀》曰:中平五年,[21]徵卓爲少府,[22]敕以營吏士屬左將軍皇甫嵩,[23]詣行在所。卓上言:"涼州擾亂,鯨鯢未滅,此臣奮發効命之秋。吏士踴躍,戀恩念報,各遮臣車,辭聲懇惻,[24]未得即路也。輒且行前將軍事,盡心慰卹,効力行陣。"[25]六年,以卓爲并州牧,又敕以吏兵屬皇甫嵩。卓復上言:"臣掌戎十年,士卒大小,相狎彌久,戀臣畜養之恩,樂爲國家奮一旦之命,乞將之州,効力邊陲。"卓再違詔敕,會爲何進所召。

[1] 隴西:郡名。治所襄武縣,在今甘肅隴西縣東南。　臨洮:縣名。治所在今甘肅岷縣。

[2] 六郡:指漢陽、隴西、安定、北地、上郡、西河等六郡。良家:漢代稱醫、商賈、百工之外的人家爲良家。　羽林郎:官名。秩比三百石,無定員。爲皇帝的宿衛侍從,常選六郡良家子充任。

[3] 才:殿本作"材",百衲本、盧弼《集解》本、校點本作"才"。今從百衲本等。

[4] 旅力:殿本、盧弼《集解》本作"膂力"。百衲本、校點本作"旅力"。今從百衲本等。按,二字可通,旅力即體力。

[5] 鞬(jiān):馬上盛弓之袋。

[6] 軍司馬:官名。此指中郎將張奐的軍司馬,在軍內掌行軍

之事。

[7] 中郎將：官名。東漢前期，有五官、左、右、虎賁、羽林等中郎將，秩皆比二千石，掌宮禁宿衛侍從。又設使、護匈奴中郎將，管理南匈奴事務。東漢末，更增設了各種名號之中郎將，或單稱中郎將者。中郎將遂成爲次於將軍高於校尉的統兵將領。　張奐：敦煌淵泉（今甘肅安西縣東）人。漢桓帝時，曾爲使匈奴中郎將，西北邊境得以安寧。後爲大司農。又因南匈奴與烏桓掠緣邊諸郡，朝廷再以奐爲護匈奴中郎將，並以九卿秩督幽、并、凉三州，匈奴、烏桓因而還降。（見《後漢書》卷六五《張奐傳》）　并州：刺史治所晋陽縣，在今山西太原市西南古城營西古城。

[8] 郎中：官名。秩比三百石，東漢時，分隸五官、左、右三署中郎將，名義上備宿衛，實爲後備官吏人材。

[9] 廣武：縣名。治所在今山西代縣西南之古城。

[10] 蜀郡北部都尉：西漢時郡置都尉，輔助郡守並掌本郡軍事。東漢廢除，僅在邊郡或關塞之地置都尉及屬國都尉，並漸漸分縣治民，職如太守。蜀郡北部都尉所轄地，爲漢武帝時之汶山郡，宣帝地節三年（前67）并入蜀郡而置北部都尉。靈帝時又置汶山郡。董卓爲此官，在桓帝末年復置汶山郡之前。蜀郡北部都尉治所綿虒（sī）道，在今四川汶川縣西南綿虒鎮。

[11] 西域戊己校尉：官名。始置於西漢元帝時，秩比二千石，隸屬西域都護，管理屯田事務。新莽至東漢初或置或省。和帝永元三年（91）復置。安帝永初元年（107）罷西域都護後，遂與西域長史共同管理西域事務。

[12] 河東：郡名。治所安邑縣，在今山西夏縣西北禹王城。

[13] 韓遂：主要事迹見本書卷一《武帝紀》建安二十年裴注引《典略》。

[14] 望垣硤（xiá）：地名。在望垣縣境，望垣縣治所在今甘肅天水市西北。

[15] 扶風：郡名。即右扶風，治所槐里縣，在今陝西興平市

東南。

[16] 前將軍：官名。位如上卿，與後、左、右將軍掌京師兵衛與邊防屯警。《後漢書》卷七二《董卓傳》董卓爲前將軍在封斄鄉侯之後。

[17] 斄（tái）：鄉名。在郿縣境内。郿縣治所在今陝西眉縣東北。　鄉侯：爵名。漢制，列侯大者食縣邑，小者食鄉、亭。東漢後期，遂以食鄉、亭者稱爲鄉侯、亭侯。

[18] 綸氏：縣名。治所在今河南登封市西南。　尉：官名。漢制，大縣置尉二人，小縣一人，掌管軍事，防止盜賊。

[19] 涼州：東漢刺史治所在隴縣，在今甘肅張家川回族自治縣。　從事：官名。漢代州牧刺史的佐吏，有別駕從事史、治中從事史、兵曹從事史、部從事史等，均可簡稱爲從事。

[20] 司徒：官名。東漢時，號稱萬石。與太尉、司空並爲三公，共同行使宰相職能，位次太尉。本職掌民政。　掾：屬官之統稱。漢代三公府及其他重要官府皆置掾，分曹治事，掾爲曹長。

[21] 中平：漢靈帝劉宏年號（184—189）。

[22] 少府：官名。漢九卿之一，秩中二千石。東漢時掌宮中御衣、寶貨、珍膳等。按，《後漢書·董卓傳》徵卓爲少府在中平六年。

[23] 皇甫嵩：字義真，安定朝那（今甘肅平涼市西北）人。《後漢書》卷七一有傳。

[24] 懇惻：誠摯。

[25] 劾力行陣：《後漢書·董卓傳》所載董卓之上書，與此不同。侯康《補注續》云："其言跋扈，與此《靈帝紀》絶殊。"

　　靈帝崩，少帝即位。[1]大將軍何進與司隸校尉袁紹謀誅諸閹官，[2]太后不從。進乃召卓使將兵詣京師，并密令上書曰："中常侍張讓等竊幸乘寵，[3]濁亂海内。

昔趙鞅興晉陽之甲，[4]以逐君側之惡。臣輒鳴鐘鼓如洛陽，[5]即討讓等。"欲以脅迫太后。卓未至，進敗。〔一〕中常侍段珪等劫帝走小平津，[6]卓遂將其衆迎帝于北芒，[7]還宮。〔二〕時進弟車騎將軍苗爲進衆所殺，〔三〕[8]進、苗部曲無所屬，[9]皆詣卓。卓又使呂布殺執金吾丁原，[10]并其衆，故京都兵權唯在卓。〔四〕

〔一〕《續漢書》曰：[11]進字遂高，南陽人，[12]太后異母兄也。進本屠家子，父曰真。真死後，進以妹倚黃門得入掖庭，[13]有寵，光和三年立爲皇后，[14]進由是貴幸。中平元年，黃巾起，拜進大將軍。[15]

《典略》載卓表曰："臣伏惟天下所以有逆不止者，各由黃門常侍張讓等侮慢天常，[16]操擅王命，[17]父子兄弟並據州郡，一書出門，便獲千金，[18]京畿諸郡數百萬膏腴美田皆屬讓等，至使怨氣上蒸，妖賊蠭起。臣前奉詔討於扶羅，[19]將士飢乏，不肯渡河，皆言欲詣京師先誅閹豎以除民害，從臺閣求乞資直。[20]臣隨慰撫，以至新安。[21]臣聞揚湯止沸，不如滅火去薪，潰癰雖痛，勝于養肉，[22]及溺呼船，悔之無及。"

〔二〕張璠《漢紀》曰：帝以八月庚午爲諸黃門所劫，步出穀門，[23]走至河上。諸黃門既投河死，時帝年十四，陳留王年九歲，[24]兄弟獨夜步行欲還宮，闇暝，逐螢火而行數里，得民家以露車載送。[25]辛未，公卿以下與卓共迎帝於北芒阪下。

《獻帝春秋》曰：先是童謠曰："侯非侯，王非王，千乘萬騎走北芒。"卓時適至，屯顯陽苑。[26]聞帝當還，率衆迎帝。[27]

《典略》曰：帝望見卓兵涕泣。羣公謂卓曰："有詔卻兵。"卓曰："公諸人爲國大臣，不能匡正王室，至使國家播蕩，[28]何卻兵之有！"遂俱入城。

《獻帝紀》曰：卓與帝語，語不可了。乃更與陳留王語，問禍亂由起。王答，自初至終，無所遺失。卓大喜，乃有廢立意。

《英雄記》曰：河南中部掾閔貢扶帝及陳留王上至雒舍止。[29]帝獨乘一馬，陳留王與貢共乘一馬，從雒舍南行。公卿百官奉迎於北芒阪下，故太尉崔烈在前導。[30]卓將步騎數千來迎，烈呵使避，卓罵烈曰："畫夜三百里來，何云避，我不能斷卿頭邪？"前見帝曰："陛下令常侍小黃門作亂乃爾，[31]以取禍敗，爲負不小邪？"又趨陳留王，曰："我董卓也，從我抱來。"乃於貢抱中取王。

《英雄記》曰：[32]一本云王不就卓抱，卓與王併馬而行也。

〔三〕《英雄記》云：苗，太后之同母兄，先嫁朱氏之子。進部曲將吳匡，[33]素怨苗不與進同心，又疑其與宦官通謀，[34]乃令軍中曰："殺大將軍者，車騎也。"遂引兵與卓弟旻共攻殺苗於朱爵闕下。[35]

〔四〕《九州春秋》曰：卓初入洛陽，步騎不過三千，自嫌兵少，不爲遠近所服；率四五日，輒夜遣兵出四城門，明日陳旌鼓而入，宣言云"西兵復入至洛中"。人不覺，謂卓兵不可勝數。

[1] 少帝：名辯，靈帝子，獻帝兄。靈帝何皇后所生。

[2] 司隸校尉：官名。秩比二千石。掌糾察京師百官違法者，並治所轄各郡，相當於州刺史。

[3] 中常侍：官名。東漢後期，以宦官充任，秩比二千石。掌侍從皇帝左右，顧問應對，贊導宮內諸事。權力極大。　張讓：漢桓帝、靈帝時之宦官。當時宦官十二人皆爲中常侍，張讓、趙忠爲其首，深得靈帝之寵信。靈帝常説："張常侍是我公，趙常侍是我母。"（見《後漢書》卷七八《張讓傳》）

[4] 趙鞅：即趙簡子，春秋末期，晉國六卿之一，其封邑即晉陽（今山西太原市西南）。魯定公十三年（前497）趙鞅起晉陽之

兵驅逐荀寅與士吉射。《公羊傳·定公十三年》云："晋趙鞅取晋陽之甲，以逐荀寅與士吉射。荀寅與士吉射者曷爲也？君側之惡人也。"（參盧弼《集解》）

[5]鳴鐘鼓：謂討伐有罪者。《左傳·莊公二十九年》："凡師有鐘鼓曰伐。"

[6]小平津：古黄河渡口，在今河南鞏義市西北黄河上。

[7]北芒：山名。"芒"又寫作"邙"，在今河南洛陽市北。

[8]車騎將軍：官名。東漢時位比三公，常以貴戚充任。出掌征伐，入參朝政，漢靈帝時常作贈官。

[9]部曲：軍隊。部曲本爲漢代軍隊的編制。《續漢書·百官志》："大將軍營五部，部校尉一人，部下有曲。"因而稱軍隊爲部曲。

[10]執金吾：官名。秩中二千石，掌宫外及京師警衛，皇帝出行則充任護衛及儀仗。

[11]續漢書：殿本作"漢記"，百衲本、盧弼《集解》本、校點本均作"續漢書"。今從百衲本等。

[12]南陽：郡名。治所宛縣，在今河南南陽市。《後漢書》卷六九《何進傳》即謂何進爲南陽宛人。

[13]黄門：指宦官。

[14]光和：漢靈帝劉宏年號（178—183）。

[15]大將軍：官名。東漢時，常兼録尚書事，與太傅、太尉等共同主持政務。漢末，位在三公上。

[16]黄門常侍：即謂宦官中常侍。 侮慢：盧弼《集解》謂《後漢書》注引《典略》作"慆慢"。

[17]操擅：盧弼《集解》謂《後漢書》注引作"擅操"。

[18]便獲：盧弼《集解》謂《後漢書》注引作"高獲"。

[19]於扶羅：匈奴南單于之子。見本書卷一《武帝紀》初平三年裴注引《魏書》。

[20]臺閣：指尚書臺。爲東漢實權機構。

[21] 新安：縣名。治所在今河南澠池縣東。

[22] 勝于養肉：《後漢書》卷七二《董卓傳》作"勝於內食"，《通鑑》同。胡三省注："言癰疽蘊結，破之雖痛，勝於內食肌肉，浸淫滋大也。"（《通鑑》卷五九漢靈帝中平六年注）潘眉《考證》則謂"內食"猶言"內陷"。趙幼文《校箋》又引《左傳·僖公十五年》"我食吾言"注："食，消也。"

[23] 穀門：胡三省云："穀門，位在子，雒城正北門也。"（《通鑑》卷五九漢靈帝中平六年注）

[24] 陳留王：即劉協，後之漢獻帝。

[25] 露車：沒有車蓋圍欄的車。胡三省云："蓋民家以載物者耳。"（《通鑑》卷五九漢靈帝中平六年注）

[26] 顯陽苑：胡三省云："顯陽苑，桓帝延熹二年（159）所造，在洛陽西。"（《通鑑》卷五九漢靈帝中平六年注）

[27] 聞帝當還率眾迎帝：趙幼文《校箋》謂《太平御覽》卷九三（當作九二）引《獻帝春秋》"還"字作"至"，"眾"字作"兵"，"帝"下有"於北邙"三字。

[28] 國家：胡三省云："東都群臣謂天子爲國家。"（《通鑑》卷五九漢靈帝中平六年注）

[29] 河南：即河南尹。東漢建都洛陽，將京都附近二十一縣合爲一行政區，稱河南尹，相當於一郡。　中部掾：官名。胡三省云："《漢官儀》諸郡置五部督郵以監屬縣。河南尹置四部督郵，中部爲掾。"（《通鑑》卷五九漢靈帝中平六年注）　雒舍：地名。胡三省云："雒舍，地名。在北芒之北。"（《通鑑》卷五九漢靈帝中平六年注）

[30] 太尉：官名。東漢時，與司徒、司空並爲三公，共同行使宰相職能，而位列三公之首，名位甚重。或與太傅並録尚書事，綜理全國軍政事務。

[31] 小黃門：官名。東漢小黃門由宦官充任，掌侍皇帝左右，受上書事；皇帝在內，關通中外及中宮以下衆事。

［32］英雄記曰：趙幼文《校箋》謂，依例此四字當是衍文。

［33］部曲將：官名。屬部曲督，軍中及州郡皆設置。

［34］通謀：殿本、盧弼《集解》本作“同謀”，百衲本、校
點本作“通謀”。今從百衲本等。

［35］朱爵闕：洛陽北宮闕名。爵，同“雀”。

　　先是，進遣騎都尉太山鮑信所在募兵，[1]適至，信
謂紹曰：“卓擁彊兵，有異志，今不早圖，將爲所制；
及其初至疲勞，襲之可禽也。”紹畏卓，不敢發，信遂
還鄉里。

　　於是以久不雨，策免司空劉弘而卓代之，[2]俄遷太
尉，假節鉞、虎賁。[3]遂廢帝爲弘農王。[4]尋又殺王及
何太后，[5]立靈帝少子陳留王，是爲獻帝。〔一〕卓遷相
國，[6]封郿侯，贊拜不名，[7]劍履上殿，又封卓母爲池
陽君，[8]置家令、丞。[9]卓既率精兵來，適值帝室大
亂，得專廢立，據有武庫甲兵，國家珍寶，威震天下。
卓性殘忍不仁，遂以嚴刑脅衆，睚眦之際必報，[10]人
不自保。〔二〕嘗遣軍到陽城，[11]時適二月社，[12]民各在
其社下，悉就斷其男子頭，駕其車牛，載其婦女財物，
以所斷頭繫車轅軸，[13]連軫而還洛，[14]云攻賊大獲，
稱萬歲。入開陽城門，[15]焚燒其頭，以婦女與甲兵爲
婢妾。至于姦亂宮人公主。其凶逆如此。

　　〔一〕《獻帝紀》曰：卓謀廢帝，會羣臣於朝堂，議曰：“大
者天地，其次君臣，[16]所以爲治。今皇帝闇弱，不可以奉宗廟，
爲天下主。欲依伊尹、霍光故事，立陳留王，何如？”尚書盧植

曰:^[17]"案《尚書》太甲既立不明,^[18]伊尹放之桐宮。昌邑王立二十七日,罪過千餘,故霍光廢之。今上富於春秋,行未有失,非前事之比也。"卓怒,罷坐,欲誅植,侍中蔡邕勸之,^[19]得免。九月甲戌,卓復大會羣臣曰:"太后逼迫永樂太后,^[20]令以憂死,逆婦姑之禮,^[21]無孝順之節。天子幼質,軟弱不君。昔伊尹放太甲,霍光廢昌邑,著在典籍,僉以爲善。今太后宜如太甲,皇帝宜如昌邑。陳留王仁孝,宜即尊皇祚。"^[22]

《獻帝起居注》載策曰:"孝靈皇帝不究高宗眉壽之祚,^[23]早棄臣子。皇帝承紹,海內側望,而帝天姿輕佻,威儀不恪,在喪慢惰,衰如故焉;^[24]凶德既彰,淫穢發聞,損辱神器,忝污宗廟。皇太后教無母儀,統政荒亂。永樂太后暴崩,衆論惑焉。三綱之道,^[25]天地之紀,而乃有闕,罪之大者。陳留王協,聖德偉茂,規矩邈然,豐下兑上,^[26]有堯圖之表;^[27]居喪哀戚,言不及邪,岐嶷之性,^[28]有周成之懿。^[29]休聲美稱,天下所聞,宜承洪業,爲萬世統,可以承宗廟。廢皇帝爲弘農王。皇太后還政。"尚書讀冊畢,羣臣莫有言,尚書丁宮曰:"天禍漢室,喪亂弘多。昔祭仲廢忽立突,^[30]《春秋》大其權。^[31]今大臣量宜爲社稷計,誠合天人,請稱萬歲。"^[32]卓以太后見廢,故公卿以下不布服,^[33]會葬,素衣而已。

〔二〕《魏書》曰:卓所願無極,語賓客曰:"我相,貴無上也。"

《英雄記》曰:卓欲震威,侍御史擾龍宗詣卓白事,^[34]不解劍,立撾殺之,京師震動。發何苗棺,出其尸,枝解節棄於道邊。^[35]又收苗母舞陽君殺之,棄尸於苑枳落中,^[36]不復收斂。

[1] 騎都尉:官名。秩比二千石,屬光禄勳,掌監羽林騎。太山:即泰山,郡名。治所奉高縣,在今山東泰安市東。　鮑信:鮑勛之父。見本書卷一二《鮑勛傳》。

　　〔2〕司空：官名。東漢時與太尉、司徒並爲三公，共同行使宰相職能，而位列三公之末。本職掌土木營建與水利工程。

　　〔3〕假節鉞：漢末、三國時期皇帝賜予重臣的一種權力。加此號者，可代行皇帝旨意，掌握生殺特權。

　　〔4〕廢帝：《後漢書》卷九《獻帝紀》謂董卓廢少帝在爲太尉之前。　弘農：郡名。治所弘農縣，在今河南靈寶縣東北。

　　〔5〕尋又殺王及何太后：《後漢書·獻帝紀》董卓殺何太后在中平六年（189）九月，殺弘農王劉辯在初平元年（190）正月；《後漢書》卷一〇《靈思何皇后紀》所載亦同。是弘農王及何太后非同時被殺害。殺害之詳情，見《靈思何皇后紀》。

　　〔6〕相國：官名。西漢初，輔助皇帝、綜理朝政的最高長官，後改稱丞相，與太尉、御史大夫並稱三公。（本《漢書·百官公卿表》）

　　〔7〕贊拜：古時臣下朝拜天子，司儀在旁唱禮，唱禮時直呼朝拜者姓名。

　　〔8〕池陽：縣名。治所在今陝西涇陽縣西北。

　　〔9〕家令丞：按漢制，封君無家令、丞之官。沈家本《瑣言》云：“《續漢志》公主每立家令一人，丞一人，此豈比其母於公主乎？”

　　〔10〕睚（yá）眥（zì）：瞪眼怒視。此借指小怨小忿。

　　〔11〕陽城：縣名。治所在今河南登封市東南告城鎮。

　　〔12〕時適：盧弼《集解》本作“時值”，百衲本、殿本、校點本作“時適”。今從百衲本等。　二月社：社，祭祀土神。二月爲仲春。《禮記·月令》：“仲春之月……擇元日，命民社。”鄭玄注：“社，后土也。使民祀焉，神其農業也。祀社日用甲。”

　　〔13〕轅：駕車的兩木杠，前駕牲畜後連車軸。

　　〔14〕連軫（zhěn）：謂車連續不斷。軫，車後橫木。

　　〔15〕開陽城門：洛陽城有十二門，開陽門是其一。（見《續漢書·百官志》城門校尉）

[16] 其次：殿本、盧弼《集解》本、校點本作"次者"，百衲本作"其次"，《後漢書》卷七二《董卓傳》亦作"其次"。今從百衲本。

[17] 尚書：官名。東漢有六曹尚書，即三公曹、吏曹、民曹、客曹、二千石曹、中都官曹等，秩皆六百石，皆稱尚書，不加曹號（本《晋書·職官志》）。　盧植：涿郡涿縣（今河北涿州市）人。《後漢書》卷六四有傳。

[18] 尚書：此《尚書》所言，見偽古文《尚書·太甲》。

[19] 侍中：官名。秩比二千石。職掌門下衆事，侍從左右，顧問應對。漢靈帝時置侍中寺，不再隸屬少府。獻帝時定員六人，與給事黃門侍郎出入禁中，近侍帷幄，省尚書事。　蔡邕：字伯喈，陳留圉縣（今河南杞縣南）人。博學，善詞章、數術、天文、音律。漢靈帝初曾爲郎中，校書東觀，又手書熹平石經。後被流徙。董卓入京後，被逼任職，甚得董卓之敬重。董卓被殺後，亦被害。《後漢書》卷六四有傳。

[20] 太后：指漢靈帝何皇后。　永樂太后：指靈帝母董太后，因居永樂宮，故稱永樂太后。

[21] 逆婦姑之禮：《左傳·襄公二年》："君子曰：非禮也，禮無所逆。婦，養姑者也。虧姑以成婦，逆莫大焉。"婦，古代稱兒媳爲婦。《爾雅·釋親》："子之妻爲婦。"姑，古代稱丈夫之母爲姑。《爾雅·釋親》："婦稱夫之父曰舅，稱夫之母曰姑。"

[22] 即尊皇祚：殿本、盧弼《集解》本作"即皇帝祚"，百衲本、校點本作"即尊皇祚"。今從百衲本等。

[23] 高宗：指殷王武丁。《史記》卷三《殷本紀》："帝武丁崩，子帝祖庚立。祖己嘉武丁之以祥雉爲德，立其廟爲高宗。"武丁在位五十九年，百歲而卒。此處意謂：靈帝不能像武丁那樣高壽在位。

[24] 衰（cuī）如故：衰，同"縗"，古代喪服名。春秋時，魯襄公死後，季武子立襄公妾敬歸之子子野繼位，不久子野亦卒，

季武子又不顧穆叔之反對，堅持立敬歸之妹齊歸之子公子裯爲國君。而至安葬襄公時，公子裯之喪服雖三次更換，其衣襟仍像舊的一樣。即《左傳‧襄公三十一年》所云："三易衰，衰袒如故衰。"杜預注："言其嬉戲無度也。"

［25］三綱之道：古代以"君爲臣綱，父爲子綱，夫爲妻綱"爲三綱之道（見《白虎通‧三綱六紀》引《含文嘉》）。

［26］豐下兌上："兌"通"銳"。謂人的頤頰豐厚，面貌方正。

［27］堯圖之表：《太平御覽》卷八〇引《春秋合誠圖》謂堯母慶都，"年二十寄伊長孺家，出觀三河之首，常若有神隨之者。有赤龍負圖出，慶都讀之：赤受天運。下有圖人，衣赤，光面八彩，鬚鬢，長七尺二寸，兌上豐下，足履翼翼，署曰赤帝起誠天下寶。奄然陰風雨，赤龍與慶都合婚，有娠，龍消不見。既乳，視堯如圖表"。

［28］岐嶷：謂年幼聰慧。《詩‧大雅‧生民》："誕實匍匐，克岐克嶷。"毛傳："岐，知意也。嶷，識也。"

［29］周成：周成王。

［30］祭（zhài）仲：春秋鄭國大夫。 忽：鄭昭公名。 突：鄭厲公名。

［31］春秋大其權：權，變通，機變。《公羊傳‧桓公十一年》："（鄭）莊公死，已葬，祭仲將往省于留，塗出于宋。宋人執之，謂之曰：'爲我出忽而立突。'"祭仲權依之。《公羊傳》又云："古人之有權者，祭仲之權是也。權者何？權者反于經，然後有善者也。"

［32］請稱萬歲：李慈銘云："'請稱萬歲'句下有脫文，'卓以太后見廢'以下云云，乃言弒何太后後事也。"（《越縵堂讀史札記》之四）

［33］不布服：不全穿喪服。

［34］侍御史：官名。秩六百石，掌察舉非法，受公卿群吏奏

事，有違失者則舉劾。　擾龍宗：胡三省云：“擾龍，姓也。蓋古擾龍氏之後。”（《通鑑》卷五九漢靈帝中平六年注）

[35] 枝解節棄於道邊：盧弼《集解》：“何焯校云：‘節’下疑有脫文。”

[36] 枳（zhǐ）落，即用枳木編成的籬笆。枳，一種葉有刺的灌木。落，籬笆。

　　初，卓信任尚書周毖、城門校尉伍瓊等，[1]用其所舉韓馥、劉岱、孔伷、（張資）〔張咨〕、張邈等出宰州郡。[2]而馥等至官，皆合兵將以討卓。卓聞之，以爲毖、瓊等通情賣己，皆斬之。〔一〕

　　〔一〕《英雄記》曰：毖字仲遠，武威人。[3]瓊字德瑜，汝南人。[4]

　　謝承《後漢書》曰：伍孚字德瑜，少有大節，爲郡門下書佐。[5]其本邑長有罪，太守使孚出教，敕曹下督郵收之。[6]孚不肯受教，伏地仰諫曰：“君雖不君，臣不可不臣，明府奈何令孚受教，[7]敕外收本邑長乎？更乞授他吏。”太守奇而聽之。後大將軍何進辟爲東曹屬，[8]稍遷侍中、河南尹、越騎校尉。[9]董卓作亂，百僚震慄。孚著小鎧，於朝服裏挾佩刀見卓，欲伺便刺殺之。語闋辭去，卓送至閤中，[10]孚因出刀刺之。卓多力，退卻不中，即收孚。卓曰：“卿欲反邪？”孚大言曰：“汝非吾君，吾非汝臣，何反之有？汝亂國篡主，罪盈惡大，今是吾死日，故來誅姦賊耳，恨不車裂汝於市朝以謝天下。”遂殺孚。

　　謝承記孚字及本郡，則與瓊同，而致死事乃與（孚）〔瓊〕異也，[11]不知孚爲瓊之別名，爲別有伍孚也？蓋未詳之。

　　[1] 城門校尉：官名。東漢京都洛陽有十二城門，惟北宮門屬

538

衛尉，其餘十一門各設門候，隸城門校尉。城門校尉秩比二千石，位在北軍五校尉上。

［2］張咨：各本均作“張資”，《後漢書》卷七二《董卓傳》作“張咨”；本書卷四六《孫堅傳》亦作“張咨”。校點本即據《董卓傳》與《孫堅傳》改“資”爲“咨”。今從之。

［3］武威：郡名。治所姑臧縣，在今甘肅武威市。

［4］汝南：郡名。治所平輿縣，在今河南平輿縣北。

［5］郡門下書佐：官名。爲郡國府屬吏，掌文書繕寫。

［6］敕：百衲本作“就”，殿本、盧弼《集解》本、校點本作“敕”。今從殿本等。　曹：官署之通稱。　督郵：官名。本名督郵書掾（或督郵曹掾），省稱督郵掾、督郵。漢置，郡府屬吏，秩六百石。主要職掌除督送郵書外，又代表郡守督察屬縣，宣達教令，並兼司獄訟捕亡等。每郡督郵皆分部，有二部、三部、四部、五部不等。

［7］明府：漢代人稱郡太守爲府君，亦稱明府君，簡稱明府。

［8］東曹屬：此大將軍府僚屬。東漢於三公府皆置東、西曹，以掾領之，秩比四百石；屬爲副，秩二百石。據《續漢書·百官志》太尉府之東曹，主二千石長吏遷除選舉及軍吏。

［9］河南尹：官名。秩二千石。東漢建都洛陽，將京都附近二十一縣合爲一行政區，稱河南尹，相當於一郡；河南尹的長官亦名河南尹，地區名與官名相同。　越騎校尉：官名。秩比二千石，掌京師宿衛兵。

［10］閤：小門。《爾雅·釋宮》：“宮中之門謂之闈，其小者謂之闈，小闈謂之閤。”

［11］瓊：各本作“孚”。吳金華《校詁》云：“前既云‘記孚字及本郡則與瓊同’，則後當云‘而致死事乃與瓊異也’。後一‘孚’字當爲傳寫之誤。”今從吳説改。

河内太守王匡，[1]遣泰山兵屯河陽津，[2]將以圖卓。卓遣疑兵若將於平陰渡者，[3]潛遣銳衆從小平北渡，[4]繞擊其後，大破之津北，[5]死者略盡。卓以山東豪傑並起，[6]恐懼不寧。初平元年二月，[7]乃徙天子都長安。焚燒洛陽宮室，[8]悉發掘陵墓，取寶物。〔一〕卓至西京，爲太師，[9]號曰尚父。[10]乘青蓋金華車，爪畫兩轓，[11]時人號曰竿摩車。〔二〕[12]卓弟旻爲左將軍，[13]封鄠侯；[14]兄子璜爲侍中、中軍校尉，[15]典兵；宗族內外並列朝廷。〔三〕公卿見卓，謁拜車下，卓不爲禮。召呼三臺尚書以下自詣卓府啓事。〔四〕[16]築郿塢，[17]高與長安城埒，[18]積穀爲三十年儲，〔五〕云事成，雄據天下；不成，守此足以畢老。嘗至郿行塢，公卿已下祖道於橫門外。橫音光。[19]卓豫施帳幔飲，誘降北地反者數百人，[20]於坐中先斷其舌，或斬手足，或鑿眼，或鑊煮之，未死，偃轉杯案閒。會者皆戰慄亡失匕箸，[21]而卓飲食自若。太史望氣，[22]言當有大臣戮死者。故太尉張溫時爲衛尉，[23]素不善卓，卓心怨之，因天有變，欲以塞咎，使人言溫與袁術交關，遂笞殺之。〔六〕法令苛酷，愛憎淫刑，更相被誣，冤死者千數。百姓嗷嗷，道路以目。〔七〕悉椎破銅人、鐘虡，[24]及壞五銖錢。[25]更鑄爲小錢，大五分，無文章，[26]肉好無輪郭，[27]不磨鑢。于是貨輕而物貴，[28]穀一斛至數十萬。自是後錢貨不行。

〔一〕華嶠《漢書》曰：[29]卓欲遷都長安，召公卿以下大議。

司徒楊彪曰："昔盤庚五遷,殷民胥怨,[30]故作三篇以曉天下之民。[31](而)〔今〕海內安穩,[32]無故移都,恐百姓驚動,麋沸蟻聚爲亂。"[33]卓曰:"關中肥饒,故秦得并吞六國。今徙西京,設令關東豪彊敢有動者,以我彊兵跆之,[34]可使詣滄海。"[35]彪曰:"海內動之甚易,安之甚難。又長安宮室壞敗,不可卒復。"卓曰:"武帝時居杜陵南山下,[36]有成瓦窰數千處,引涼州材木東下以作宮室,爲功不難。"卓意不得,便作色曰:"公欲沮我計邪?邊章、韓約有書來,[37]欲令朝廷必徙都。若大兵(來)〔東〕下,[38]我不能復相救,公便可與袁氏西行。"彪曰:"西方自彪道徑也,顧未知天下何如耳!"議罷。卓敕司隸校尉宣播以災異劾奏,因策免彪。

《續漢書》曰:太尉黃琬、司徒楊彪、司空荀爽俱詣卓,卓言:"昔高祖都關中,十一世後中興,[39]更都洛陽。從光武至今復十一世,[40]案《石苞室讖》,[41]宜復還都長安。"坐中皆驚愕,無敢應者。彪曰:"遷都改制,天下大事,皆當因民之心,隨時之宜。昔盤庚五遷,殷民胥怨,故作三篇以曉之。往者王莽篡逆,變亂五常,[42]更始赤眉之時,[43]焚燒長安,殘害百姓,民人流亡,百無一在。光武受命,更都洛邑,此其宜也。今方建立聖主,光隆漢祚,而無故捐宮廟,棄園陵,恐百姓驚愕,不解此意,必麋沸蟻聚以致擾亂。《石苞室讖》,妖邪之書,豈可信用?"卓作色曰:"楊公欲沮國家計邪?關東方亂,所在賊起。崤函險固,國之重防。又隴右取材,功夫不難。杜陵南山下有孝武故陶處,作塼瓦,一朝可辦。宮室官府,蓋何足言!百姓小民,何足與議。若有前卻,我以大兵驅之,豈得自在。"百寮皆恐怖失色。琬謂卓曰:"此大事。楊公之語,得無重思!"卓罷坐,即日令司隸奏彪及琬,皆免官。大駕即西。卓部兵燒洛陽城外面百里。又自將兵燒南北宮及宗廟、府庫、民家,城內掃地殄盡。又收諸富室,以罪惡沒入其財物;無辜而死者,不可勝計。

《獻帝紀》曰：[44]卓獲山東兵，以豬膏塗布十餘匹，用纏其身，然後燒之，先從足起。獲袁紹豫州從事李延，烹殺之。卓所愛胡，恃寵放縱，爲司隸校尉趙謙所殺。卓大怒曰："我愛狗，尚不欲令人呵之，而況人乎！"乃召司隸都官撾殺之。[45]

〔二〕《魏書》曰：言其逼天子也。

《獻帝紀》曰：[46]卓既爲太師，復欲稱尚父，以問蔡邕。邕曰："昔武王受命，太公爲師，輔佐周室，以伐無道，是以天下尊之，稱爲尚父。今公之功德誠爲巍巍，宜須關東悉定，車駕東還，然後議之。"乃止。京師地震，卓又問邕。邕對曰："地動陰盛，大臣踰制之所致也。公乘青蓋車，遠近以爲非宜。"卓從之，更乘金華皂蓋車也。[47]

〔三〕《英雄記》曰：卓侍妾懷抱中子，皆封侯，弄以金紫。[48]孫女名白，時尚未笄，[49]封爲渭陽君。於郿城東起壇，從廣二丈餘，高五六尺，使白乘軒金華青蓋車，[50]都尉、中郎將、刺史二千石在郿者，[51]各令乘軒簪筆，[52]爲白導從，之壇上，使兄子璜爲使者授印綬。

〔四〕《山陽公載記》曰：初卓爲前將軍，皇甫嵩爲左將軍，俱征韓遂，各不相下。後卓徵爲少府、并州牧，兵當屬嵩，卓大怒。及爲太師，嵩爲御史中丞，[53]拜於車下。卓問嵩："義真服未乎？"[54]嵩曰：[55]"安知明公乃至於是！"卓曰："鴻鵠固有遠志，但燕雀自不知耳。"嵩曰："昔與明公俱爲鴻鵠，不意今日變爲鳳皇耳。"卓笑曰："卿早服，今日可不拜也。"

張璠《漢紀》曰：卓抵其手謂皇甫嵩曰："義真怖未乎？"嵩對曰："明公以德輔朝廷，大慶方至，何怖之有？若淫刑以逞，將天下皆懼，豈獨嵩乎？"卓默然，遂與嵩和解。

〔五〕《英雄記》曰：郿去長安二百六十里。

〔六〕《傅子》曰：靈帝時牓門賣官，於是太尉段熲、司徒崔烈、太尉樊陵、司空張溫之徒，皆入錢上千萬下五百萬以買三公。[56] 頴數征伐有大功，烈有北州重名，温有傑才，陵能偶時，皆一時顯士，猶以貨取位，而况于劉嚻、唐珍、張顥之黨乎！[57]

《風俗通》曰：司隸劉嚻，以黨諸常侍，致位公輔。

《續漢書》曰：唐珍，中常侍唐衡弟。張顥，中常侍張奉弟。

〔七〕《魏書》曰：卓使司隸校尉劉嚻籍吏民有爲子不孝，爲臣不忠，爲吏不清，爲弟不順，有應此者皆身誅，財物没官。於是愛憎互起，民多冤死。

[1] 河内：殿本作“河南”，百衲本、盧弼《集解》本、校點本作“河内”。今從百衲本等。河内郡治所懷縣，在今河南武陟縣西南。

[2] 河陽津：河陽縣境之黄河渡口。河陽縣治所在今河南孟縣西。

[3] 平陰：縣名。治所在今河南孟津縣東北。

[4] 小平：即小平津。

[5] 津北：指河陽津北。

[6] 山東：戰國秦漢間人所稱之“山東”，一般指崤山以東。此處“山東”，蓋指太行山以東。如《史記》卷三九《晋世家》説“晋兵先下山東”，即指太行山以東。

[7] 初平：漢獻帝劉協年號（190—193）。

[8] 焚燒：趙幼文《校箋》謂《文選·西征賦》“劫宫廟而遷迹”李善注引“焚”字作“燔”。

[9] 太師：官名。東漢太傅爲上公。《續漢書·百官志》劉昭注：“董卓在長安，又自尊爲太師，位在太傅上。”

[10] 尚父：周人尊稱吕尚爲尚父，董卓自比爲吕尚。

[11] 青蓋金華車爪畫兩轓：《後漢書》卷七二《董卓傳》作“金華青蓋爪畫兩轓”，李賢注：“金華，以金爲華飾車也。爪者，蓋弓頭爲爪形也。轓音甫袁反。《廣雅》云‘車箱也’。畫爲文彩。

《續漢志》曰：'輈長六尺，下屈，廣八寸。'又云：'皇太子青蓋金華蚤畫輈。'"

[12] 竿摩：《後漢書·董卓傳》李賢注："竿摩，謂相逼近也。今俗以事干人者，謂之相竿摩。"

[13] 左將軍：官名。位如上卿，與前、後、右將軍掌京師兵衛和邊防屯警。

[14] 鄠（hù）：縣名。治所在今陝西戶縣。

[15] 中軍校尉：官名。漢靈帝中平五年所置西園八校尉之一，爲統領禁軍之將領。

[16] 三臺：潘眉《考證》云："應劭《漢官儀》，尚書爲中臺，御史爲憲臺，謁者爲外臺，是謂三臺。"按，尚書臺掌政務，御史臺掌監察，謁者臺掌朝會典禮、遣使傳宣詔命、巡視監察。

[17] 郿塢：在郿縣。塢即土堡，小城。

[18] 與長安城埒：埒，相等。潘眉《考證》云："按長安城高三丈五尺（見《三輔黃圖》），章懷太子注，郿塢基高一丈，周迴一里一百步。依章懷説塢僅高一丈，不能與長安城埒。蓋章懷所見者唐時故基，非卓時之丈尺也。"

[19] 祖道：爲出行者祭路神，並飲宴餞行。 橫門：趙一清《注補》："《三輔黃圖》：長安北出西頭第一門曰橫門，即光門也。"

[20] 北地：郡名。東漢屬涼州，治所富平縣，在今寧夏吳忠市西南。漢末，郡徙寓左馮翊境内，治所在今陝西富平縣東。（本王先謙《續漢書·郡國志集解》）

[21] 匕箸：匕，湯匙。《説文》："匕，亦所以用比取飯。"段玉裁注："比當作匕。即今之飯匙也。"箸，筷子。《玉篇》："箸，筴也，飯具也。"

[22] 太史：官名。屬太常，秩六百石。掌天時、星曆，歲終奏新曆，國祭、喪、嫁娶奏良日及時節禁忌，有瑞應灾異則記之。
望氣：觀望天象。古人認爲觀天象的變化，可以預測人間之事。

[23] 衛尉：官名。漢列卿之一，秩中二千石。掌宮門警衛。

［24］銅人：秦始皇所鑄的十二銅人。　鐘虡（jù）：古代懸挂鐘磬之架。架上刻飾猛獸，直者稱虡，橫者稱簨（sǔn）。此亦秦始皇所造。

［25］五銖錢：漢代自漢武帝後長期使用的錢幣，重五銖，故名。銖，二十四銖爲一兩。

［26］文：文字。　章：花紋。

［27］肉：錢的邊。　好：錢的孔。《爾雅·釋器》：“肉倍好謂之璧。”郭璞注：“肉，邊。好，孔。”

［28］貨：錢幣。

［29］華嶠：平原高唐（今山東禹城縣西南）人，晋惠帝元康初，爲秘書監，加散騎常侍。曾輯録東漢史事，起自漢光武帝，終於獻帝，共一百九十五年，預計爲帝紀十二卷、皇后紀二卷、十典十卷、傳七十卷及三譜、序傳、目録等，凡九十七卷，名曰《漢後書》。因其十典未成而卒，後由其子華徹、華暢繼續完成。而至永嘉之亂後，其書僅存三十餘卷。（見《晋書》卷四四《華表附嶠傳》）《隋書·經籍志》著録爲十七卷，《舊唐書·經籍志》則著録爲三十一卷。至宋而佚。《隋書》《舊唐書》均稱之爲《後漢書》。沈家本《三國志注所引書目》云：“裴氏但稱‘漢書’，其省文歟？”

［30］殷民胥怨：《史記》卷三《殷本紀》：“帝盤庚之時，殷已都河北，盤庚渡河南，復居成湯之故居，乃五遷，無定處。殷民咨胥皆怨，不欲徙。”《集解》引孔安國曰：“自湯至盤庚凡五遷都。”孔安國又曰：“胥，相也。民不欲徙，皆咨嗟憂愁，相與怨其上也。”

［31］三篇：指《尚書·盤庚》三篇。

［32］今：各本皆作“而”。盧弼《集解》：“何焯校‘而’作‘今’。”校點本即從何校改。今從之。

［33］縻：通“糜”，粥。《淮南子·兵略訓》：“天下爲之縻沸螳動。”又《文選》揚雄《長楊賦》“豪俊麋沸雲擾”李善注：

“《廣雅》曰：麊，饐也。”今《廣雅·釋器》作“糜”。

[34] 踧（cù）：通“蹙”。迫也，迫促。

[35] 可使詣滄海：《後漢書》卷五四《楊震附彪傳》李賢注：“言不敢避險難也。”

[36] 杜陵：縣名。治所在今陝西西安市西南。

[37] 邊章：即邊允。　韓約：即韓遂。俱見本書卷一《武帝紀》建安二十年裴注引《典略》及劉艾《靈帝紀》。

[38] 大兵：指邊章、韓遂之凉州大兵。　東下：各本皆作“來下”。盧弼《集解》云：“何焯校本作‘東下’。”校點本即據何焯説改。今從之。

[39] 十一世：指漢高祖、惠帝、文帝、景帝、武帝、昭帝、宣帝、元帝、成帝、哀帝、平帝等十一代。

[40] 光武至今復十一世：自光武帝經明帝、章帝、和帝、殤帝、安帝、順帝、沖帝、質帝、桓帝、靈帝，至獻帝爲十二代。

[41] 石苞室讖：《通鑑》卷五九漢獻帝初平元年作“石包讖”。胡三省注：“當時緯書之外，又有《石包室讖》，蓋時人附益爲之，如《孔子閉房記》之類。”

[42] 五常：即五倫。謂封建禮教中君臣、父子、兄弟、夫婦、朋友之間的關係。

[43] 更始：新莽末年緑林起義軍立劉玄爲帝，年號更始。赤眉：新莽末年樊崇等領導的起義軍，因以赤色染眉，故名。

[44] 獻帝紀：百衲本、殿本、盧弼《集解》本均作“獻帝記”。盧氏謂：“記”應作“紀”。校點本作“紀”。今從之。以下凡作“獻帝記”者，均改作“獻帝紀”，不再一一作注。

[45] 司隸都官：官名。司隸校尉之屬官都官從事史，秩僅百石，而權勢頗重，掌監察舉劾百官。

[46] 獻帝紀：趙幼文《校箋》又謂《太平御覽》卷七七三引作“獻帝傳”。今從《集解》本等。

[47] 皁蓋：梁章鉅《旁證》引《太平御覽》卷八八〇所引

《獻帝春秋》作"綠蓋"。

〔48〕金紫：金章紫綬，侯者所用。

〔49〕笄（jī）：簪子。古代女子十五歲結髮插笄。

〔50〕乘軒：趙幼文《校箋》謂《太平御覽》卷二〇二引"乘"下無"軒"字。

〔51〕都尉：官名。統兵武官，稍低於校尉，或冠以驍騎、車騎、軍門、彊弩等名號。

〔52〕簪筆：《史記》卷一二六褚少孫補《西門豹傳》："西門豹簪筆磬折，嚮河立待良久。"《正義》："簪筆，謂以毛裝簪頭，長五寸，插在冠前，謂之爲筆，言插筆備禮也。"

〔53〕御史中丞：官名。秩千石。東漢時爲御史臺長官，名義上屬少府。掌監察執法。

〔54〕義真：皇甫嵩字義真。

〔55〕嵩曰：何焯云："注前所采《山陽公載記》之語，尤近實。觀義真後此，其氣已衰，未必能爲是言。僅足以避凶人之鋒耳。"（《義門讀書記》卷二六《三國志·魏志》）

〔56〕買三公：《後漢書》卷五二《崔駰附寔傳》載："靈帝時，開鴻都門榜賣官爵，公卿州郡下至黃綬各有差。其富者則先入錢，貧者到官而後倍輸，或因常侍、阿保別自通達。是時段熲、樊陵、張溫等雖有功勤名譽，然皆先輸貨財而後登公位。烈時因傅母入錢五百萬，得爲司徒。及拜日，天子臨軒，百僚畢會。帝顧謂親倖者曰：'悔不小靳，可至千萬。'程夫人於傍應曰：'崔公冀州名士，豈肯買官？賴我得是，反不知姝邪！'烈於是聲譽衰減。久之不自安，從容問其子鈞曰：'吾居三公，於議者何如？'鈞曰：'大人少有英稱，歷位卿守，論者不謂不當爲三公；而今登其位，天下失望。'烈曰：'何爲然也？'鈞曰：'論者嫌其銅臭。'"又《太平御覽》卷九二引《續漢書》："中平元年初開西邸賣官，自關內侯以下，至虎賁、羽林入錢各有差……刺史二千石遷除皆責助治官錢，大郡至二千萬……四年又募買關內侯，假金紫，入錢五百萬。"

[57] 張顥之黨：《後漢書》卷六七《羊陟傳》："時太尉張顥、司徒樊陵、大鴻臚郭防、太僕曹陵、大司農馮方並與宦豎相姻私，公行貨賂。"又《續漢書・五行志一》謂漢桓帝末，"中常侍管霸、蘇康憎疾海內英哲，與長樂少府劉囂、太常許詠、尚書柳分、尋穆、史佟、司隸唐珍等，代作脣齒"。

三年四月，司徒王允、尚書僕射士孫瑞、卓將呂布共謀誅卓。[1]是時，天子有疾新愈，大會未央殿。[2]布使同郡騎都尉李肅等，將親兵十餘人，僞著衛士服守掖門。[3]布懷詔書。卓至，肅等格卓。卓驚呼布所在。[4]布曰"有詔"，遂殺卓，夷三族。主簿田景前趨卓尸，[5]布又殺之；凡所殺三人，餘莫敢動。[一]長安士庶咸相慶賀，諸阿附卓者皆下獄死。[二]

[一]《英雄記》曰：時有謠言曰："千里草，何青青，十日卜，猶不生。"[6]又作《董逃》之歌。[7]又有道士書布爲"呂"字以示卓，卓不知其爲呂布也。卓當入會，陳列步騎，自營至宫，朝服導引行其中。馬蹄不前，卓心怪欲止，布勸使行，乃衷甲而入。[8]卓既死，當時日月清浄，微風不起。旻、璜等及宗族老弱悉在郿，皆還，爲其羣下所斫射。卓母年九十，走至塢門曰"乞脱我死"，即斬首。袁氏門生故吏，改殯諸袁死于郿者，斂聚董氏尸于其側而焚之。暴卓尸于市。卓素肥，膏流浸地，草爲之丹。守尸吏暝以爲大炷，致卓臍中以爲燈，[9]光明達旦，如是積日。後卓故部曲收所燒者灰，并以一棺棺之，葬于郿。卓塢中金有二三萬斤，銀八九萬斤，珠玉錦綺奇玩雜物皆山崇阜積，不可知數。

[二]謝承《漢書》曰：[10]蔡邕在王允坐，聞卓死，有歎惜之音。允責邕曰："卓，國之大賊，殺主殘臣，天地所不祐，人神

所同疾。君爲王臣，世受漢恩，國主危難，曾不倒戈，卓受天誅，而更嗟痛乎？”便使收付廷尉。[11]邕謝允曰：“雖以不忠，猶識大義，古今安危，耳所厭聞，[12]口所常玩，豈當背國而向卓也？狂瞽之詞，謬出患入，願黥首爲刑以繼漢史。”[13]公卿惜邕才，咸共諫允。允曰：“昔武帝不殺司馬遷，使作謗書，[14]流於後世。方今國祚中衰，戎馬在郊，不可令佞臣執筆在幼主左右，後令吾徒並受謗議。”遂殺邕。

臣松之以爲蔡邕雖爲卓所親任，情必不黨。寧不知卓之姦凶，爲天下所毒，聞其死亡，理無歎惜。縱復令然，不應反言于王允之坐。[15]斯殆謝承之妄記也。史遷紀傳，博有奇功于世，[16]而云王允謂孝武應早殺遷，此非識者之言。但遷爲不隱孝武之失，直書其事耳，何謗之有乎？王允之忠正，可謂內省不疚者矣，既無懼于謗，且欲殺邕，當論邕應死與不，豈可慮其謗己而枉戮善人哉！此皆誣罔不通之甚者。

張璠《漢紀》曰：初，蔡邕以言事見徙，[17]名聞天下，義動志士。及還，內寵惡之。邕恐，乃亡命海濱，往來依太山羊氏，積十年。卓爲太尉，辟爲掾，以高第爲侍御史、治書，[18]三日中遂至尚書。[19]後遷巴（東）〔郡〕太守，[20]卓上留拜侍中，至長安爲左中郎將。[21]卓重其才，厚遇之，每有朝廷事，常令邕具草。及允將殺邕，時名士多爲之言，允悔欲止，而邕已死。

[1] 尚書僕射（yè）：官名。東漢爲尚書臺次官，秩六百石，職權重，若公爲之，增秩至二千石。職掌拆閱封緘章奏文書，參議政事，諫諍駁議，監察百官。令不在，則代理其職。漢獻帝建安四年分置左右。　士孫瑞：見後裴注引《三輔決録》。

[2] 未央殿：潘眉《考證》云：“未央宮之殿載在《長安志》者甚多，此指前殿路寢，見諸侯群臣處。”

[3] 掖門：宮殿側門。

[4] 所在：周一良《札記》謂所在即在何所、在何處。

[5] 主簿：官名。漢代中央及州郡官府皆置此官，以典領文書，辦理事務。

[6] 猶不生：《續漢書·五行志一》："獻帝踐祚之初，京都童謠曰：'千里草，何青青。十日卜，不得生。'案千里草爲董，十日卜爲卓。凡別字之體，皆從上起，左右離合，無有從下發端者也。今二字如此者，天意若曰：卓自下摩上，以臣陵君也。青青者，暴盛之貌也。不得生者，亦旋破亡。"

[7] 董逃之歌：《續漢書·五行志一》："靈帝中平中，京都歌曰：'承樂世董逃，遊四郭董逃，蒙天恩董逃，帶金紫董逃，行謝恩董逃，出西門董逃，整車騎董逃，垂欲發董逃，與中辭董逃，瞻宮殿董逃，望京都董逃，日夜絕董逃，心摧傷董逃。'案'董'謂董卓也，言雖跋扈，縱其殘暴，終歸逃竄，至於滅族也。"

[8] 衷甲：内穿鎧甲外套衣服。

[9] 致：校點本作"置"，百衲本、殿本、盧弼《集解》本作"致"。按，二字義同，今從百衲本等。

[10] 漢書：校點本作"後漢書"，百衲本、殿本、盧弼《集解》本作"漢書"。蓋裴松之注本簡稱"漢書"，而謝承所撰爲《後漢書》，後人遂加"後"字。今從百衲本等。

[11] 廷尉：官名。秩中二千石，掌司法刑獄。

[12] 厭：通"饜"，飽。

[13] 黥首：面部刺字之刑。　繼漢史：據《後漢書》卷六〇下《蔡邕傳》，蔡邕已撰成及正在撰寫的漢史有"十意"（李賢注謂猶《漢書》十志）、《靈帝紀》及補列傳四十二篇。

[14] 謗書：《後漢書·蔡邕傳》李賢注對此説辯駁云："凡史官記事，善惡必書。謂遷所著《史記》，但是漢家不善之事，皆爲謗也。非獨指武帝之身，即高祖善家令之言，武帝算緡、榷酤之類是也。《班固集》云：'司馬遷著書，成一家之言，至以身陷刑，故微文刺譏，貶損當世，非誼士也。'"

［15］不應反言于王允之坐：惠棟《後漢書補注》："商芸《小
説》曰：'初，允數與邕會議，允詞常屈，由是銜邕。及允誅卓，
並收邕，衆人爭之不能得。'何焯曰：裴松之以爲伯喈不應發嘆於
子師坐，此謝承妄記。是則商芸所載，爲得其實也。"

［16］于世：殿本、盧弼《集解》本作"于斯世"，百衲本、
校點本作"于世"。今從百衲本等。

［17］見徙：百衲本、盧弼《集解》本作"見從"。殿本《考
證》云："各本俱誤作'以言事見從'，今據《後漢書》改正。"殿
本、校點本作"見徙"。今從殿本等。

［18］高第：官吏考課成績爲第一，稱高第。《後漢書》卷一
五《鄧晨傳》："晨好樂郡職，由是復拜爲中山太守，吏民稱之，
常爲冀州高第。"李賢注："中山屬冀州，於冀州所部郡課常爲第一
也。" 治書：即治書侍御史。《後漢書·蔡邕傳》即作"舉高第，
補侍御史，又轉持書侍御史"。持書侍御史即治書侍御史（唐人避
高宗李治名諱改），秩六百石，職掌依據法律審理疑獄，與符節郎
共平廷尉奏事。以明習法律者充任。

［19］三日：《後漢書·蔡邕傳》亦作"三日"。盧弼《集解》
引柳從辰説，謂袁宏《後漢紀》作"三月"，《太平御覽》卷二二
〇、《北堂書鈔》卷六〇引謝承《後漢書》亦作"三月"。是當作
"三月"，當無一日轉一臺之理。但《後漢書》傳論又説"信宿三
遷"，似仍作"日"。

［20］巴郡：各本皆作"巴東"。潘眉《考證》謂蔡邕卒於初
平三年（192），當時還無巴東郡。建安六年（201）始分巴郡爲巴
東、巴西二郡。故此應從《後漢書·蔡邕傳》作"巴郡"。按，潘
説有理，今從改。巴郡治所江州縣，在今重慶市渝中區。

［21］左中郎將：官名。秩比二千石。漢代光禄勳下設五官、
左、右三署，各置中郎將統領一署，各主其署郎官，爲皇帝侍衛。

初，卓女壻中郎將牛輔典兵别屯陝，[1]分遣校尉李傕、郭汜、張濟略陳留、潁川諸縣。[2]卓死，吕布使李肅至陝，欲以詔命誅輔。輔等逆與肅戰，肅敗走弘農，布誅肅。〔一〕其後輔營兵有夜叛出者，營中驚，輔以爲皆叛，乃取金寶，獨與素所厚（友）〔支〕胡赤兒等五六人相隨，[3]踰城北渡河，赤兒等利其金寶，斬首送長安。

〔一〕《魏書》曰：輔恇怯失守，不能自安。常把辟兵符，以鈇鑕致其旁，[4]欲以自彊。見客，先使相者相之，知有反氣與不，又筮知吉凶，然後乃見之。中郎將董越來就輔，輔使筮之，得兑下離上，[5]筮者曰："火勝金，外謀内之卦也。"即時殺越。

《獻帝紀》云：筮人常爲越所鞭，故因此以報之。

［1］陝：縣名。治所在今河南陝縣。

［2］校尉：官名。漢代軍職之稱，東漢末，位次於中郎將。　陳留：郡名。治所陳留縣，在今河南開封市東南。　潁川：郡名。治所陽翟縣，在今河南禹州市。　郭汜：吴金華《〈三國志〉管窺》考證出唐代及以前之文獻，"汜"作"氾"，音泛。後俗體字"氾""汜"不分，才成了今本的"郭汜"。

［3］支：各本皆作"友"，校點本從何焯説改爲"支"，而《後漢書》卷七二《董卓傳》注引《獻帝紀》作"支"；又"支胡"不見於記載，而支胡在晋代還有記載。今從《獻帝紀》作"支"。支胡當即月支胡之省稱；古籍中月支通常寫作月氏。（本唐長孺《魏晋南北朝史論叢·魏晋雜胡考》）月氏，古少數族名。《漢書》卷九六《西域傳上》："大月氏本行國也，隨畜移徙，與匈奴同俗。控弦十餘萬，故强，輕匈奴。本居敦煌、祁連間，至冒頓

單于攻破月氏，而老上單于殺月氏，以其頭爲飲器，月氏乃遠去，
過大宛，西擊大夏而臣之，都嬀水（今阿姆河）北爲王庭。其餘小
衆不能去者，保南山（今祁連山）羌，號小月氏。"這裏的支胡赤
兒等，即屬小月氏後代。

[4] 鈇：殿本作"鐵"，百衲本、盧弼《集解》本、校點本作
"鈇"。今從百衲本等。

[5] 兌下離上：爲《易·睽》卦。《象》曰："睽，火動而上，
澤動而下。"亦即上卦"離"是火，下卦"兌"是澤。

　　比傕等還，輔已敗，衆無所依，欲各散歸。既無
赦書，而聞長安中欲盡誅涼州人，憂恐不知所爲。用
賈詡策，遂將其衆而西，所在收兵，比至長安，衆十
餘萬，〔一〕與卓故部曲樊稠、李蒙、王方等合圍長安城。
十日城陷，與布戰城中，布敗走。傕等放兵略長安，
老少殺之悉盡，死者狼籍。誅殺卓者，尸王允于
市。〔二〕葬卓于郿，[1]大風暴雨震卓墓，水流入藏，漂其
棺槨。傕爲車騎將軍、池陽侯，領司隸校尉、假節。[2]
汜爲後將軍、美陽侯。[3]稠爲右將軍、萬年侯。[4]傕、
汜、稠擅朝政。〔三〕濟爲驃騎將軍、平陽侯，[5]屯弘農。

　〔一〕《九州春秋》曰：傕等在陝，皆恐怖，急擁兵自守。胡
文才、楊整脩皆涼州大人，[6]而司徒王允素所不善也。及李傕之
叛，允乃呼文才、整脩使東解釋之，不假借以溫顏，謂曰："關東
鼠子欲何爲邪?[7]卿往呼之。"於是二人往，實召兵而還。
　〔二〕張璠《漢紀》曰：布兵敗，駐馬青瑣門外，[8]謂允曰：
"公可以去。"允曰："安國家，吾之上願也，若不獲，則奉身以
死。朝廷幼主恃我而已，臨難苟免，吾不爲也。努力謝關東諸公，

以國家爲念。"傕、汜入長安城,屯南宮掖門,殺太僕魯馗、大鴻臚周奐、城門校尉崔烈、越騎校尉王頎。^[9]吏民死者不可勝數。司徒王允挾天子上宣平城門避兵,^[10]傕等於城門下拜,伏地叩頭。帝謂傕等曰:"卿無作威福,而乃放兵縱橫,欲何爲乎?"傕等曰:"董卓忠于陛下,而無故爲呂布所殺。臣等爲卓報讎,弗敢爲逆也。請事竟,詣廷尉受罪。"允窮逼出見傕,傕誅允及妻子宗族十餘人。長安城中男女大小莫不流涕。允字子師,太原祁人也。少有大節,郭泰見而奇之,曰:"王生一日千里,王佐之才也。"泰雖先達,遂與定交。三公並辟,歷豫州刺史,^[11]辟荀爽、孔融爲從事,遷河南尹、尚書令。^[12]及爲司徒,其所以扶持王室,甚得大臣之節,自天子以下,皆倚賴焉。卓亦推信之,委以朝廷。

華嶠曰:夫士以正立,以謀濟,以義成,若王允之推董卓而分其權,伺其間而弊其罪。當此之時,天下之難解矣,本之皆主於忠義也,故推卓不爲失正,分權不爲不義,伺間不爲狙詐,是以謀濟義成,而歸於正也。

〔三〕《英雄記》曰:傕,北地人。汜,張掖人,一名多。

[1] 郿:趙幼文《校箋》謂《太平御覽》卷五五一引"郿"字下有"並收所焚屍之灰,合斂於棺而葬之。是日大風暴雨,霆震卓墓"。

[2] 假節:漢末三國時期,皇帝賜予臣下的一種權力,至晋代,此種權力明確爲因軍事可殺犯軍令者。

[3] 後將軍:官名。位如上卿,與前、左、右將軍掌京師兵衛和邊防屯警。　美陽:縣名。治所在今陝西武功縣西北武功鎮西。

[4] 萬年:縣名。治所在今陝西西安市臨潼區東北武屯鎮附近古城村南。

[5] 驃騎將軍:官名。東漢時位比三公,地位尊崇。　平陽:侯國名。治所在今山西臨汾市西南。

［6］胡文才：胡軫字文才。見本書卷四六《孫堅傳》。　楊整脩：惠棟《後漢書補注》謂楊整脩即楊定，興平元年爲安西將軍，二年爲後將軍。　大人：謂大家豪右。

［7］關東鼠子：指李傕、郭汜、張濟等，時諸人皆在潼關之東。

［8］青瑣門：趙一清《注補》云："《三輔黃圖》：未央宮有青瑣門。"

［9］魯馗：《後漢書》卷九《獻帝紀》作"魯旭"。又趙一清《注補》："《後漢書·魯恭王傳》長子謙，謙子旭，官至太僕，與司徒王允謀誅董卓。及李傕入長安，旭與允俱遇害。一清案：旭即馗也，字異耳。"　大鴻臚：官名。漢列卿之一，秩中二千石。掌少數族君長、諸侯王、列侯之迎送、接待、安排朝會、封授、襲爵及奪爵削土之典禮；諸侯王死，則奉詔護理喪事，宣讀誄策謚號；百官朝會，掌贊襄引導；兼管京都之郡國邸舍及郡國上計吏之接待；又兼管少數族之朝貢使節及侍子。　周奐：《後漢書·獻帝紀》李賢注引《三輔決録》曰："奐字文明，茂陵人。"

［10］挾：百衲本作"扶"，殿本、盧弼《集解》本、校點本作"挾"。今從殿本等。按，二字義同，《廣雅·釋詁四》："挾、押、翼，輔也。"又云："挾，護也。"王念孫《疏證》："上文云'挾，輔也'。〈方言〉：'挾，護也。'郭璞注云：'扶、挾、將，護。'"　宣平城門：《後漢書》卷七二《董卓傳》李賢注引《三輔黃圖》曰："長安城東面北頭門號宣平門。"

［11］豫州：刺史治所譙縣，在今安徽亳州市。

［12］尚書令：官名。東漢時爲尚書臺長官，秩千石。掌奏、下尚書曹文書衆事，選用署置官吏；總典臺中綱紀法度，無所不統。名義上仍隸少府。

是歲，韓遂、馬騰等降，率衆詣長安。[1]以遂爲鎮

西將軍，[2]遣還涼州；騰征西將軍，[3]屯郿。侍中馬宇
與諫議大夫种邵、左中郎將劉範等謀，[4]欲使騰襲長
安，己爲内應，以誅傕等。騰引兵至長平觀，[5]宇等謀
泄，出奔槐里。[6]傕擊騰，騰敗走，還涼州；又攻槐
里，宇等皆死。時三輔民尚數十萬户，[7]傕等放兵劫
略，攻剽城邑，人民飢困，二年間相啖食略盡。〔一〕

〔一〕《獻帝紀》曰：[8]是時新遷都，宮人多亡衣服，[9]帝欲
發御府繒以與之，[10]李傕弗欲，曰：“宮中有衣，[11]胡爲復作
邪？”詔賣廄馬百餘匹，御府大司農出雜繒二萬匹，[12]與所賣廄
馬直，賜公卿以下及貧民不能自存者。李傕曰“我邸閤儲偫
少”，[13]乃悉載置其營。賈詡曰“此上意，不可拒”，傕不
從之。[14]

[1] 馬騰：事迹主要見本書卷三六《馬超傳》。
[2] 鎮西將軍：官名。東漢末有鎮東、鎮西、鎮南、鎮北將軍
各一人。後在四征將軍下，而領兵如四征將軍。
[3] 征西將軍：官名。東漢和帝時置，地位不高，與雜號將軍
同。獻帝建安中曹操執政時，列爲四征將軍之一，地位提高，秩二
千石。
[4] 諫議大夫：官名。秩六百石，屬光禄勳，掌議論，無定
員。　种（chóng）邵：河南洛陽（今河南洛陽市東北）人。漢靈
帝中平末爲諫議大夫，獻帝初爲侍中。《後漢書》卷五六《种暠
傳》有附傳。　左中郎將：《後漢書》卷七二《董卓傳》作“右中
郎將”。李賢注謂劉範係劉焉之子。惠棟《後漢書補注》云：“本
紀及《种劭傳》皆云左中郎將。”按，本書卷三一《劉焉傳》亦謂
劉範爲左中郎將。
[5] 長平觀：地名。《後漢書·董卓傳》李賢注：“《前書音

義》曰：長平，坂名也，在池陽（今陝西涇陽縣西北）南。有長平觀，去長安五十里。"

　　〔6〕槐里：縣名。治所在今陝西興平市東南。

　　〔7〕三輔：漢武帝太初元年（前104），分右內史置京兆尹、右扶風，改左內史爲左馮（píng）翊（yì），合稱三輔。東漢遷都洛陽，以三輔陵廟所在，不改其號，仍稱三輔。轄區在今陝西渭水流域一帶。

　　〔8〕獻帝紀：百衲本、殿本、盧弼《集解》本"紀"均作"記"，校點本作"紀"。今從校點本。

　　〔9〕亡（wú）：通"無"。

　　〔10〕繒（zēng）：絲織品的總稱。　與：趙幼文《校箋》謂《太平御覽》卷八一四引作"作"。

　　〔11〕衣：趙幼文《校箋》謂《太平御覽》卷八一四引"衣"下有"服"字。

　　〔12〕大司農：官名。秩中二千石。掌管國家財政收支。西漢時屬少府管理的帝室財政開支，東漢時亦並歸大司農。

　　〔13〕邸閣：儲蓄物資糧食之處所。　儲偫（zhì）：儲備。

　　〔14〕傕不從之：趙幼文《校箋》謂《太平御覽》卷八一四引"拒"下有"也"字，"傕"下有"終"字，"從"下無"之"字。

　　諸將爭權，遂殺稠，并其衆。〔一〕汜與傕轉相疑，戰鬬長安中。〔二〕傕質天子於營，燒宮殿城門，略官寺，盡收乘輿服御物置其家。〔三〕傕使公卿詣汜請和，汜皆執之。〔四〕相攻擊連月，死者萬數。〔五〕

　　〔一〕《九州春秋》曰：馬騰、韓遂之敗，樊稠追至陳倉。〔1〕遂語稠曰："天地反覆，未可知也。本所爭者非私怨，王家事耳。與足下州里人，〔2〕今雖小違，要當大同，欲相與善語以別。邂逅萬一不如意，後可復相見乎！”俱卻騎前接馬，交臂相加，共語良久而別。傕兄子利隨稠，利還告傕，韓、樊交馬語，不知所道，意愛甚密。傕以是疑稠與韓遂私和而有異意。稠欲將兵東出關，從傕索益兵。因請稠會議，便於坐殺稠。

〔二〕《典略》曰：傕數設酒請汜，或留汜止宿。汜妻懼傕與汜婢妾而奪己愛，思有以離間之。會傕送餽，妻乃以豉爲藥，汜將食，妻曰：“食從外來，儻或有故！”遂摘藥示之，曰：“一棲不二雄，[3]我固疑將軍之信李公也。”他日傕復請汜，大醉。汜疑傕藥之，絞糞汁飲之乃解。[4]於是遂生嫌隙，而治兵相攻。

〔三〕《獻帝起居注》曰：初，汜謀迎天子幸其營，夜有亡告傕者，傕使兄子暹將數千兵圍宮，以車三乘迎天子。楊彪曰：“自古帝王無在人臣家者。舉事當合天下心，[5]諸君作此，非是也。”暹曰：“將軍計定矣。”於是天子一乘，貴人伏氏一乘，賈詡、左靈一乘，其餘皆步從。是日，傕復移乘輿幸北塢，[6]使校尉監塢門，內外隔絕。諸侍臣皆有饑色，時盛暑熱，人盡寒心。帝求米五斛、牛骨五具以賜左右，[7]傕曰：“朝餔上飯，[8]何用米爲？”乃與腐牛骨，皆臭不可食。帝大怒，欲詰責之。侍中楊琦上封事曰：“傕，邊鄙之人，習于夷風，今又自知所犯悖逆，常有怏怏之色，欲輔車駕幸黃白城以紓其憤。[9]臣願陛下忍之，未可顯其罪也。”帝納之。初，傕屯黃白城，故謀欲徙之。傕以司徒趙溫不與己同，[10]乃内溫塢中。溫聞傕欲移乘輿，與傕書曰：“公前託爲董公報讐，然實屠陷王城，殺戮大臣，天下不可家見而户釋也。[11]今爭睚眥之隙，[12]以成千鈞之讐，[13]民在塗炭，各不聊生，曾不改寤，遂成禍亂。朝廷仍下明詔，欲令和解，詔命不行，[14]恩澤日損，而復欲輔乘輿于黃白城，[15]此誠老夫所不解也。於《易》，一過爲過，再爲涉，三而弗改，滅其頂，凶。[16]不如早共和解，引兵還屯，[17]上安萬乘，下全生民，[18]豈不幸甚！”傕大怒，欲遣人害溫。其從弟應，溫故掾也，諫之數日乃止。帝聞溫與傕書，問侍中常洽曰：[19]“催弗知臧否，溫言太切，可爲寒心。”對曰：
“李應已解之矣。”帝乃悅。[20]

〔四〕華嶠《漢書》曰：汜饗公卿，議欲攻催。楊彪曰：“羣
臣共鬪，一人劫天子，一人質公卿，此可行乎？”汜怒，欲手刃
之，中郎將楊密及左右多諫，汜乃歸之。

〔五〕《獻帝起居注》曰：催性喜鬼怪左道之術，常有道人及
女巫歌謳擊鼓下神，祠祭六丁，[21] 符劾厭勝之具，[22] 無所不爲。
又於朝廷省門外，爲董卓作神坐，數以牛羊祠之，訖，過省閣問
起居，求入見。催帶三刀，[23] 手復與鞭合持一刃。侍中、侍郎見
催帶杖，皆惶恐，亦帶劍持刃，[24] 先入在帝側。催對帝，或言
“明陛下”，或言“明帝”，爲帝說郭汜無狀，帝亦隨其意答應之。
催喜，出言“明陛下真賢聖主”，意遂自信，自謂良得天子歡心
也。雖然，猶不欲令近臣帶劍在帝邊，謂人言“此曹子將欲圖我
邪？而皆持刀也”。侍中李禎，催州里，素與催通，語催“所以持
刀者，軍中不可不爾，此國家故事”。催意乃解。天子以謁者僕射
皇甫酈涼州舊姓，[25] 有專對之才，遣令和催、汜。酈先詣汜，汜
受詔命。詣催，催不肯，曰：“我有〔討〕呂布之功，[26] 輔政四
年，三輔清靜，天下所知也。郭多，盜馬虜耳，何敢乃欲與吾等
邪？必欲誅之。君爲涼州人，觀吾方略士衆，足辨多不？多又劫
質公卿，所爲如是，而君苟欲利郭多，李催有膽自知之。”酈答
曰：“昔有窮后羿恃其善射，[27] 不思患難，以至于斃。近董公之
強，明將軍目所見，內有王公以爲內主，外有董旻、承、璜以爲
鯁毒，[28] 呂布受恩而反圖之，斯須之間，頭縣竿端，此有勇而無
謀也。今將軍身爲上將，把鉞杖節，[29] 子孫握權，宗族荷寵，國
家好爵而皆據之。今郭多劫質公卿，將軍脅至尊，誰爲輕重邪？
張濟與郭多、楊定有謀，又爲冠帶所附。[30] 楊奉，白波帥耳，[31]
猶知將軍所爲非是，將軍雖拜寵之，猶不肯盡力也。”催不納酈
言，而呵之令出。酈出，詣省門，[32] 白催不肯從詔，辭語不順。

侍中胡邈爲傕所幸，呼傳詔者令飾其辭。又謂鄘曰：“李將軍於卿不薄，又皇甫公爲太尉，[33]李將軍力也。”鄘答曰：“胡敬才，[34]卿爲國家常伯，[35]輔弼之臣也，語言如此，寧可用邪？”邈曰：“念卿失李將軍意，恐不易耳！我與卿何事者？”鄘言：“我累世受恩，身又常在幃幄，君辱臣死，當坐國家，爲李傕所殺，則天命也。”天子聞鄘答語切，恐傕聞之，便敕遣鄘。鄘裁出營門，傕遣虎賁王昌呼之。昌知鄘忠直，縱令去，還答傕，言追之不及。天子使左中郎將李固持節拜傕爲大司馬，[36]在三公之右。傕自以爲得鬼神之力，[37]乃厚賜諸巫。

[1] 陳倉：縣名。治所在今陝西寶雞市東渭水北岸。

[2] 州里人：韓遂、樊稠皆凉州人，故稱州里人。吳金華《〈三國志〉斠議》又謂《後漢紀》卷二七、《後漢書》卷七二《董卓傳》“州里”下無“人”字，似可據刪。按，吳說是，但此無礙文義，故不刪動。

[3] 一栖不二雄：胡三省云：“以鷄爲喻也。一棲兩雄必鬬。”（《通鑑》卷六一漢獻帝興平二年注）語出《韓非子‧揚權》：“一棲兩雄，其鬬嗷嗷。”

[4] 糞汁：胡三省云：“糞汁解衆毒。”（《通鑑》卷六一漢獻帝興平二年注）

[5] 天下心：《後漢書‧董卓傳》作“天心”。

[6] 北塢：胡三省云：“此塢蓋在長安城中。”（《通鑑》卷六一漢獻帝興平二年注）

[7] 具：梁章鉅《旁證》引沈欽韓說：“牛骨之肩髀全者爲一具。”

[8] 朝餔（bū）上飯：意謂整天皆有人奉上皇帝之飯食。餔，申時食，亦即下午飯。

[9] 黃白城：潘眉《考證》云：“黃白城在池陽，時李傕封池

陽侯，故欲帝幸黄白城。"

[10] 趙温：字子柔，蜀郡成都（今四川成都市）人，漢獻帝初爲侍中、司空、司徒、録尚書事等。事迹見《後漢書》卷二七《趙典附温傳》。

[11] 户釋：《後漢書·趙典附温傳》（以下簡稱《後漢書》）引趙温與李傕書作"户説"。

[12] 今争：《後漢書》作"今與郭氾争"。

[13] 千鈞：《後漢書》李賢注："三十斤爲鈞。言其重。"

[14] 詔命：《後漢書》作"上命"。

[15] 輔乘輿：《後漢書》作"移轉乘輿"。其下又無"于黄白城"四字。

[16] 凶：《後漢書》李賢注："《易·大過》：'上六，過涉滅頂，凶。'王弼曰：'處大過之極，過之甚者也。涉難過甚，故至於滅頂，凶也。'"惠棟《後漢書補注》："《風俗通》曰：涉始於足，足率長十寸，十寸則尺；一躍三尺，法天地人，再躍則涉。所謂一爲過，再爲涉。注引王弼注，與温語無涉。"

[17] 引兵：《後漢書》作"引軍"。

[18] 生民：《後漢書》作"人民"。

[19] 常洽：字茂尼，蜀郡江原（今四川崇州市東南）人，曾爲荆州刺史、京兆尹等。見《華陽國志》卷一〇上《先賢士女總贊上》。

[20] 悦：百衲本"悦"下有"之"字，殿本、盧弼《集解》本、校點本皆無。今從殿本等。

[21] 六丁：神名。《後漢書》卷五〇《梁節王暢傳》："從官卞忌自言能使六丁。"李賢注："六丁，謂六甲中丁神也。"

[22] 符劾：道士制伏人之符篆。　厭（yā）勝：道士以咒語制伏别人。

[23] 三刀：殿本作"二刀"。百衲本、盧弼《集解》本、校點本作"三刀"。今從百衲本等。

[24] 刃：殿本、盧弼《集解》本、校點本作"刀"，百衲本作"刃"，又盧弼《集解》云："何焯校改作刃。"按，"刃"與上文"刃"字相應，今從百衲本。刃乃鋒刃兵器之總稱，不必僅刀一種。《淮南子·氾論訓》："鑄金而爲刃。"高誘注："刃，五刃也。刀、劍、矛、戟、矢也。"

[25] 謁者僕射：官名。秩比千石。爲謁者臺長官，名義上屬光禄勳。掌侍從皇帝左右，關通内外，職權頗重。　皇甫酈：皇甫嵩侄子。見《後漢書》卷七一《皇甫嵩傳》。

[26] 我有討吕布之功：各本均無"討"字。校點本依何焯據《册府元龜》增"討"字。殿本《考證》亦云："《册府》'我有'下多'討'字。"今從校點本。

[27] 有窮后羿：有窮，夏王朝時之部落名。后羿爲有窮氏部落首領，善於射箭。夏帝相時，因政治衰敗，后羿乘機奪取夏政權。后羿自恃善射，不理民事，將大政交與寒浞，經常外出狩獵，後終被寒浞所殺。（見《史記》卷二《夏本紀》"帝少康立"《正義》引《帝王世紀》）

[28] 董旻承璜：趙一清《注補》云："卓弟旻，兄子璜。此云旻、承、璜，豈謂董承耶？承是河間人，不與卓同郡望，蓋因與卓同姓，故遂及之。《卓傳》云李傕以故牛輔部曲董承爲安集將軍，則是時承實在行間也。"　鯁毒：盧弼《集解》疑此二字有誤，又引胡玉縉説："鯁讀爲更，毒讀爲督。言外有旻、承、璜以更相督治也。"

[29] 杖：盧弼《集解》本、校點本作"仗"，百衲本、殿本作"杖"。按，二字義同，今從百衲本等。

[30] 冠帶：士大夫。

[31] 白波：黄巾軍起義失敗後，餘部又在西河白波谷（今山西襄汾縣西南）起義，稱爲白波軍。

[32] 省門：胡三省云："天子所居曰禁中，亦曰省中。省門即禁門也。"（《通鑑》卷六一漢獻帝興平二年注）

　　[33]　皇甫公：皇甫嵩。董卓被殺後，李傕、郭汜攻入長安，皇甫嵩曾爲太尉。

　　[34]　胡敬才：胡邈字敬才。

　　[35]　常伯：給事皇帝左右的官，如侍中、散騎常侍等，通稱常伯。

　　[36]　李固：《後漢書·董卓傳》李賢注引《獻帝起居注》作"李國"。　大司馬：漢武帝置大司馬代替太尉。東漢光武帝又罷大司馬置太尉，故大司馬即太尉。而靈帝末年，卻並置大司馬與太尉。李傕挾持獻帝，獻帝又以傕爲大司馬，在三公上。

　　[37]　力：《後漢書·董卓傳》李賢注引作"助"。

　　傕將楊奉與傕軍吏宋果等謀殺傕，事泄，遂將兵叛傕。傕衆叛，[1]稍衰弱。張濟自陝和解之，天子乃得出，至新豐、霸陵間。[一][2]郭汜復欲脅天子還都郿。天子奔奉營，奉擊汜破之。汜走南山，[3]奉及將軍董承以天子還洛陽。傕、汜悔遣天子，復相與和，[4]追及天子於弘農之曹陽。[5]奉急招河東故白波帥韓暹、胡才、李樂等合，與傕、汜大戰。奉兵敗，傕等縱兵殺公卿百官，略宮人入弘農。[二]天子走陝，北渡河，失輜重，步行，唯皇后、貴人從，[6]至大陽，[7]止人家屋中。[三]奉、暹等遂以天子都安邑，[8]御乘牛車。太尉楊彪、太僕韓融近臣從者十餘人。[9]以暹爲征東、才爲征西、樂征北將軍，[10]並與奉、承持政。遣融至弘農，與傕、汜等連和，還所略宮人公卿百官，及乘輿車馬數乘。是時蝗蟲起，歲旱無穀，從官食棗菜。[四]諸將不能相率，上下亂，糧食盡。奉、暹、承乃以天子還洛陽。出箕關，[11]下軹道，[12]張楊以食迎道路，拜大司馬。

語在《楊傳》。天子入洛陽，宮室燒盡，街陌荒蕪，百官披荆棘，依丘牆間。州郡各擁兵自爲，[13]莫有至者。飢窮稍甚，尚書郎以下，[14]自出樵采，或飢死牆壁間。

〔一〕《獻帝起居注》曰：初，天子出到宣平門，當度橋，[15]汜兵數百人遮橋問"是天子邪"，車不得前。催兵數百人皆持大戟在乘輿車左右，侍中劉艾大呼云："是天子也。"使侍中楊琦高舉車帷。帝言諸兵："汝不卻，何敢迫近至尊邪？"汜等兵乃卻。既度橋，士衆咸呼萬歲。

〔二〕《獻帝紀》曰：時尚書令士孫瑞爲亂兵所害。

《三輔決錄注》曰：瑞字君榮，[16]扶風人，世爲學門。瑞少傳家業，博達無所不通，仕歷顯位。卓既誅，遷大司農，[17]爲國三老。[18]每三公缺，瑞常在選中。太尉周忠、皇甫嵩，司徒淳于嘉、趙溫，司空楊彪、張喜等爲公，皆辭拜讓瑞。天子都許，追論瑞功，封子萌澹津亭侯。萌字文始，亦有才學，與王粲善。臨當就國，粲作詩以贈萌，萌有答，在《粲集》中。

〔三〕《獻帝紀》曰：初，議者欲令天子浮河東下，太尉楊彪曰："臣弘農人，從此已東，有三十六灘，[19]非萬乘所當從也。"劉艾曰："臣前爲陝令，知其危險，有師猶有傾覆，況今無師，太尉謀是也。"乃止。及當北渡，使李樂具船。天子步行趨河岸，岸高不得下，董承等謀欲以馬羈相續以繫帝腰。時中宮僕伏德扶中宮，[20]一手持十匹絹，乃取德絹連續爲輦。行軍校尉尚弘多力，[21]令弘居前負帝，乃得下登船。其餘不得渡者甚衆，復遣船收諸不得渡者，皆爭攀船，船上人以刃櫟斷其指，舟中之指可掬。[22]

〔四〕《魏書》曰：乘輿時居棘籬中，門戶無關閉。天子與羣臣會，兵士伏籬上觀，互相鎮壓以爲笑。[23]諸將專權，或擅笞殺尚書。司隸校尉出入，民兵抵擲之。諸將或遣婢詣省閣，[24]或自齎酒啖，過天子飲，[25]侍中不通，喧呼罵詈，遂不能止。又競表拜諸營壁民爲部曲，求其禮遺。醫師、走卒，皆爲校尉，御史刻印不供，乃以錐畫，示有文字，或不時得也。

[1]叛：趙幼文《校箋》謂《文選》潘安仁《西征賦》"望玉輅而縱鏑"李善注引無"叛"字。

[2]新豐：縣名。治所在今陝西西安市臨潼區東北。　霸陵：縣名。治所在今陝西西安市長安區東北。

[3]南山：胡三省云："自新豐驪山西接終南，謂之南山。"（《通鑑》卷六一漢獻帝興平二年注）終南山爲秦嶺山峰之一。

[4]和：趙幼文《校箋》謂《文選》潘安仁《西征賦》李善注引無"和"字。

[5]曹陽：澗名。又名七里澗，在今河南靈寶市東。趙一清《注補》謂《後漢書·獻帝紀》及《董卓傳》均載在曹陽之戰前，尚有東澗之戰，"此所叙，似誤合兩戰爲一事"。

[6]貴人：妃嬪之稱號。漢光武帝始置，位次於皇后。

[7]大陽：縣名。治所在今山西平陸縣西南。

[8]安邑：縣名。治所在今山西夏縣西北禹王城。

[9]太僕：官名。秩中二千石，掌皇帝車馬，兼管官府畜牧業。東漢時尚兼掌兵器製作、織綬等。　韓融：字元長，潁川舞陽（今河南舞陽縣西）人。見《後漢書》卷六二《韓韶附融傳》。

[10]才爲征西：《後漢書》卷七二《董卓傳》作"拜胡才征東將軍，張楊爲安國將軍，皆假節、開府"。

[11]箕關：關隘名。在今河南濟源市西王屋山南。

[12]軹道：道路名。在今河南濟源市境，爲豫北平原進入山西高原之要道。

[13]自爲：盧弼《集解》本、校點本作"自衛"，百衲本、

殿本作"自爲"。今從百衲本等。

〔14〕尚書郎：官名。東漢之制，取孝廉之有才能者入尚書臺，初入臺稱守尚書郎中，滿一年稱尚書郎，三年稱侍郎，統稱尚書郎，秩四百石。凡置三十六員，分隸六曹尚書治事，主要掌文書起草。

〔15〕橋：潘眉《考證》云："《三輔黃圖》宣平門外有飲馬橋。"

〔16〕君榮：《後漢書》卷六六《王允附士孫瑞傳》作"君策"。

〔17〕大司農：百衲本無"農"字，殿本、盧弼《集解》本、校點本皆有。今從殿本等。

〔18〕國三老：百衲本無"國"字，殿本、盧弼《集解》本、校點本皆有。今從殿本等。國三老，官名。東漢以德高望重之年老大臣爲之，以示孝悌天下。不常設。

〔19〕灘：百衲本作"難"，殿本、盧弼《集解》本、校點本作"灘"。今從殿本等。

〔20〕中宮僕：官名。東漢置，屬大長秋，秩千石，宦者任之，掌管皇后車馬。 中宮：皇后。

〔21〕尚弘：盧弼《集解》謂袁宏《後漢紀》作"向弘"。

〔22〕掬（jū）：以手捧。

〔23〕鎮壓：重叠。

〔24〕閤：《後漢書·董卓傳》李賢注引《魏書》作"問"。

〔25〕或自齎酒啖過天子飲：《後漢書·董卓傳》李賢注引無"自""啖"二字，"過"字作"送"。

太祖乃迎天子都許。[1]暹、奉不能奉王法，各出奔，寇徐、揚間，[2]爲劉備所殺。〔一〕董承從太祖歲餘，誅。[3]建安二年，[4]遣謁者僕射裴茂率關西諸將誅傕，[5]夷三族。〔二〕汜爲其將五習所襲，死于郿。濟飢

餓，至南陽寇略，爲穰人所殺，[6]從子繡攝其衆。才、
樂留河東，才爲怨家所殺，樂病死。遂、騰自還凉州，
更相寇。後騰入爲衛尉，子超領其部曲。十六年，超
與關中諸將及遂等反，[7]太祖征破之。語在《武紀》。
遂奔金城，[8]爲其將所殺。超據漢陽，[9]騰坐夷三族。
趙衢等舉義兵討超，超走漢中從張魯，[10]後奔劉備，
死于蜀。

〔一〕《英雄記》曰：備誘奉與相見，因於坐上執之。暹失奉
勢孤，時欲走還并州，爲杼秋屯帥張宣所邀殺。[11]
〔二〕《典略》曰：催頭至，有詔高縣。

[1] 許：縣名。治所在今河南許昌縣東。
[2] 徐：州名。東漢末刺史治所下邳，在今江蘇睢寧縣西北。
（本吳增僅《三國郡縣表附考證》） 揚：州名。東漢末刺史治
所壽春，在今安徽壽縣。此謂韓暹、楊奉皆被劉備所殺，有誤，詳
見本書卷三二《先主傳》注。
[3] 歲餘誅：徐紹楨《質疑》云：“太祖以建安元年迎天子都
許，董承從之蓋在其時，據《武紀》建安五年承始爲太祖所殺，距
此時四五載矣，不得云‘歲餘’也。”又董承被殺之原因，《後漢
書》卷七二《董卓傳》有較確之記載。
[4] 建安：漢獻帝劉協年號（196—220）。 二年：《後漢書》
卷九《獻帝紀》作“三年”。
[5] 裴茂：河東聞喜（今山西聞喜縣）人。詳見本書卷二三
《裴潛傳》裴注引《魏略》。
[6] 穰：縣名。治所在今河南鄧州市。
[7] 關中：指函谷關以內之地，包括今陝西和甘肅、寧夏、内

蒙古的部分地區。

　　[8] 金城：郡名。治所允（qiān）吾（yá），在今甘肅永靖縣西北湟水南岸。

　　[9] 漢陽：郡名。治所冀縣，在今甘肅甘谷縣東。

　　[10] 漢中：郡名。治所南鄭縣，在今陝西漢中市東。

　　[11] 杼秋：縣名。治所在今安徽碭山縣東。

　　袁紹字本初，汝南汝陽人也。[1] 高祖父安，爲漢司徒。自安以下四世居三公位，[2] 由是勢傾天下。〔一〕紹有姿貌威容，能折節下士，士多附之，太祖少與交焉。以大將軍掾爲侍御史，〔二〕[3] 稍遷中軍校尉，[4] 至司隸。[5]

　　〔一〕華嶠《漢書》曰：安字邵公，好學有威重。明帝時爲楚郡太守，[6] 治楚王獄，[7] 所申理者四百餘家，皆蒙全濟，安遂爲名臣。章帝時至司徒，生蜀郡太守京。[8] 京弟敞爲司空。京子湯，[9] 太尉。湯四子：長子平，平弟成，左中郎將，並早卒；成弟逢，逢弟隗，皆爲公。

　　《魏書》曰：自安以下，皆博愛容衆，無所揀擇；賓客入其門，無賢愚皆得所欲，爲天下所歸。紹即逢之庶子，術異母兄也，[10] 出後成爲子。

　　《英雄記》曰：成字文開，壯健有部分，[11] 貴戚權豪自大將軍梁冀以下皆與結好，[12] 言無不從。故京師爲作諺曰："事不諧，問文開。"[13]

　　〔二〕《英雄記》曰：紹生而父死，二公愛之。幼使爲郎，[14] 弱冠除濮陽長，[15] 有清名。[16] 遭母喪，服竟，[17] 又追行父服，凡在冢廬六年。[18] 禮畢，隱居洛陽，不妄通賓客，非海內知名，不得相見。又好游俠，與張孟卓、何伯求、吳子卿、許子遠、伍德瑜等皆爲奔走之友。[19]不應辟命。中常侍趙忠謂諸黃門曰："袁本初坐作聲價，不應呼召而養死士，不知此兒欲何所爲乎？"紹叔父隗聞之，責數紹曰："汝且破我家！"紹於是乃起應大將軍之命。

臣松之案：《魏書》云"紹，逢之庶子，出後伯父成"。如此記所言，則似實成所生。夫人追服所生，禮無其文，況於所後而可以行之！二書未詳孰是。

[1] 汝陽：縣名。治所在今河南商水縣西北。

[2] 三公：東漢以太尉、司徒、司空爲三公。袁氏自袁安在漢章帝時爲司空、司徒，其子孫累居三公位。安子敞爲司空，孫湯爲司空、司徒、太尉；湯子逢爲司空，少子隗爲太傅。見《後漢書》卷四五《袁安傳》。

[3] 大將軍掾：官名。大將軍府之屬吏，東漢時置二十九員。侍御史：官名。秩六百石。掌察舉非法，受公卿群吏奏事，有違失者則舉劾。

[4] 中軍校尉：官名。漢靈帝中平五年所置西園八校尉之一，爲統領禁軍之將領。

[5] 司隸：即司隸校尉。徐紹楨《質疑》謂本卷《董卓傳》裴注引《風俗通》"司隸劉囂以黨諸常侍，致位公卿"；又引《魏書》"卓使司隸校尉劉囂籍吏民"。是漢靈帝時劉囂爲司隸校尉，及董卓之亂，猶未罷官，袁紹此時豈能爲司隸校尉？諸書所記不同，必有一誤。

[6] 楚郡：漢楚郡治所彭城，在今江蘇徐州市。

[7] 治楚王獄：漢明帝永平十三年（70），燕廣告發楚王劉英謀反，牽連者數千人，朝廷遂以袁安爲楚郡太守。袁安到任後，查明無證據者上奏免罪，於是得免者四百餘家。（見《後漢書》卷四五《袁安傳》及卷四二《楚王英傳》）

[8] 蜀郡：治所成都縣，在今四川成都市舊東、西城區。

〔9〕湯：百衲本、盧弼《集解》本作“陽”。殿本《考證》云：“監本作‘京子陽’，今據《漢書》（《後漢書》）改正。”故殿本、校點本作“湯”。今從殿本等。

〔10〕兄：殿本、盧弼《集解》本作“弟”，百衲本、校點本作“兄”。今從百衲本等。

〔11〕部分：謀劃部署。

〔12〕皆與結好：趙幼文《校箋》謂《太平御覽》卷三八六引作“皆與交結恩好”。

〔13〕問：趙幼文《校箋》謂《太平御覽》卷四九六引作“詣”。

〔14〕郎：郎官的泛稱。西漢光禄勳的屬官郎中、中郎、侍郎、議郎等皆可稱爲郎，無定員，多至千餘人；東漢於光禄勳下又設有五官、左、右中郎將署，合稱三署，主管諸中郎、侍郎、郎中等，亦無定員，多達二千餘人；又尚書、黃門等機構亦設專職郎官。光禄勳下之郎官，掌守衛皇宮殿廊門户，出充車騎扈從，備顧問應對，守衛陵園寢廟等，任滿一定期限，即可遷補内外官職，故郎官機構，實爲儲備官吏的機構。

〔15〕濮陽：縣名。治所在今河南濮陽縣西南。

〔16〕有清名：趙幼文《校箋》謂《太平御覽》卷三八九引“清”下有“能”字。

〔17〕服竟：服喪結束。

〔18〕冢廬：墓側守墓之廬舍。

〔19〕張孟卓：張邈字孟卓。見本書卷七《吕布傳》。　何伯求：何顒字伯求，事迹主要見本書卷一〇《荀攸傳》裴注引張璠《漢紀》。　吴子卿：其名未詳。　許子遠：許攸字子遠。事迹主要見本書卷一二《崔琰傳》裴注引《魏略》。　伍德瑜：伍瓊、伍孚皆字德瑜，見本卷前《董卓傳》裴注引《英雄記》與謝承《後漢書》。

靈帝崩，太后兄大將軍何進與紹謀誅諸閹官，〔一〕太后不從。乃召董卓，欲以脅太后。常侍、黃門聞之，[1]皆詣進謝，唯所錯置。時紹勸進便可於此決之，至于再三，而進不許。令紹使洛陽方略武吏檢司諸宦者；又令紹弟虎賁中郎將術選溫厚虎賁二百人，[2]當入禁中，代持兵黃門陛守門户。中常侍段珪等矯太后命，召進入議，遂殺之，宮中亂。〔二〕術將虎賁燒南宮嘉德殿青瑣門，欲以迫出珪等。珪等不出，劫帝及帝弟陳留王走小平津。紹既斬宦者所署司隸校尉許相，[3]遂勒兵捕諸閹人，無少長皆殺之。或有無鬚而誤死者，至自發露形體而後得免。宦者或有行善自守而猶見及。其濫如此。死者二千餘人。急追珪等，珪等悉赴河死。[4]帝得還宮。

〔一〕《續漢書》曰：紹使客張津説進曰：[5]"黃門、常侍秉權日久，又永樂太后與諸常侍專通財利，將軍宜整頓天下，爲海内除患。"進以爲然，遂與紹結謀。

〔二〕《九州春秋》曰：初紹説進曰："黃門、常侍累世太盛，威服海内，前竇武欲誅之而反爲所害，但坐言語漏泄，以五營士爲兵故耳。[6]五營士生長京師，服畏中人，[7]而竇氏反用其鋒，遂果叛走歸黃門，是以自取破滅。[8]今將軍以元舅之尊，二府並領勁兵，[9]其部曲將吏，皆英雄名士，樂盡死力，事在掌握，天贊其時也。今爲天下誅除貪穢，功勳顯著，垂名後世，雖周之申伯，[10]何足道哉？今大行在前殿，[11]將軍以詔書領兵衞守，可勿入宮。"進納其言，後更狐疑。紹懼進之改變，脅進曰："今交搆已成，[12]形勢已露，將軍何爲不早決之？事留變生，後機禍至。"進不從，遂敗。

〔1〕常侍：即中常侍。 黄門：此指小黄門。

〔2〕虎賁中郎將：官名。屬光禄勳，秩比二千石，掌虎賁宿衛。 温厚：漢晋間稱養馬者爲温厚。趙一清《注補》：“揚子《方言》：‘燕齊之間養馬者謂之娠。’郭（璞）注：‘今之温厚也’。”

〔3〕司隸校尉許相：侯康《補注續》：“《後漢書·靈帝紀》云：中平六年，司隸校尉袁紹勒兵收僞司隸校尉樊陵、河南尹許相及諸閹人，無少長斬之。《袁紹傳》同。此云司隸校尉誤也。”徐紹楨《質疑》又云：“《後漢書·何進傳》亦云（張）讓、（段）珪等爲詔，以故太尉樊陵爲司隸校尉、少府許相爲河南尹，與《靈紀》《紹傳》皆同。然靈帝時劉囂方以黨諸常侍得司隸校尉，至董卓之亂猶未去官，讓、珪等何能又以樊陵爲之。竊疑范書所據尚有未實。陳志但云斬許相，則其官當是河南尹，或後人因范書傳録，誤作司隸校尉，未可知也。”

〔4〕珪等悉赴河死：《後漢書》卷八《靈帝紀》李賢注引《獻帝春秋》有較詳之記載。

〔5〕張津：字子雲，南陽人，官至交州刺史，爲其將區景所殺。見本書卷三八《許靖傳》、卷四六《孫策傳》注引《江表傳》、卷四九《士燮傳》。

〔6〕五營：指北軍中候掌監的屯騎、越騎、步兵、長水、射聲等校尉之營。五營爲京師宿衛軍。

〔7〕中人：宮禁中人，指宦官。

〔8〕自取破滅：漢靈帝時，大將軍竇武與陳蕃等謀誅宦官曹節、王甫等。武白太后，太后猶豫未忍。後謀泄，曹節、王甫等遂挾靈帝起兵捕武。竇武拒捕，馳入步兵營，召北軍五營士與王甫等戰，五營士素畏宦官，多歸甫等，竇武兵敗自殺。（見《後漢書》卷六九《竇武傳》）

〔9〕二府：指大將軍府與車騎將軍府。當時何進爲大將軍，弟

苗爲車騎將軍。

　　[10]申伯：《後漢書》卷六九《何進傳》李賢注："申伯，周
申后父也。《詩·大雅》曰：'唯申及甫，唯周之翰。'"

　　[11]大行：一去不返。臣下諱言皇帝死，故以大行喻稱剛死
的皇帝。

　　[12]交搆：謂互搆嫌隙。

　　董卓呼紹，議欲廢帝，[1]立陳留王。是時紹叔父隗
爲太傅，[2]紹僞許之，曰："此大事，出當與太傅議。"
卓曰："劉氏種不足復遺。"紹不應，橫刀長揖而
去。[一][3]紹既出，遂亡奔冀州。[4]侍中周毖、城門校尉
伍瓊、議郎何顒等，[5]皆名士也，卓信之，而陰爲紹，
乃説卓曰："夫廢立大事，非常人所及。紹不達大體，
恐懼故出奔，非有他志也。今購之急，勢必爲變。袁
氏樹恩四世，門生故吏徧於天下，[6]若收豪傑以聚徒
衆，英雄因之而起，則山東非公之有也。不如赦之，
拜一郡守，則紹喜于免罪，必無患矣。"卓以爲然，乃
拜紹勃海太守，[7]封邟鄉侯。[8]

　　[一]《獻帝春秋》曰：卓欲廢帝，謂紹曰："皇帝沖闇，[9]
非萬乘之主。陳留王猶勝，今欲立之。人有少智，[10]大或癡，亦
知復何如，爲當且爾；卿不見靈帝乎？念此令人憤毒！"紹曰：
"漢家君天下四百許年，恩澤深渥，兆民戴之來久。[11]今帝雖幼
沖，未有不善宣聞天下，公欲廢適立庶，[12]恐衆不從公議也。"卓
謂紹曰："豎子！天下事豈不決我？我今爲之，誰敢不從？爾謂董
卓刀爲不利乎！"紹曰："天下健者，豈唯董公？"引佩刀橫揖
而出。[13]

　　臣松之以爲紹於時與卓未搆嫌隙，故卓與之諮謀。若但以言議不同，便罵爲豎子，而有推刃之心，及紹復答，屈彊爲甚，卓又安能容忍而不加害乎？且如紹此言，進非亮正，退違詭遜，而顯其競爽之旨，以觸哮闞之鋒，[14]有志功業者，理豈然哉！此語，妄之甚矣。

　　[1] 議欲：趙幼文《校箋》謂《文選》陳孔璋《爲袁紹檄豫州》“棄瑕取用”李善注引無“議”字。

　　[2] 太傅：官名。東漢太傅位上公，掌善導，無常職，多爲加銜。

　　[3] 橫刀：趙幼文《校箋》謂《文選》陳孔璋《爲袁紹檄豫州》李善注引“橫”上有“因”字。橫刀，謂橫持刀。趙一清《注補》謂《續漢書·百官志》劉昭注引蔡質《漢儀》曰：“司隸校尉每會後到先去。”時紹爲司隸，故用此儀徑去。

　　[4] 冀州：東漢末，刺史治所常在鄴縣，在今河北臨漳縣西南鄴鎮東一里半。

　　[5] 議郎：官名。郎官之一種，屬光禄勳，秩六百石，不入直宿衛，得參與朝政議論。

　　[6] 門生：本指門下受學的生徒，但在東漢後期，投身豪門的依附者亦稱門生。

　　[7] 勃海：郡名。治所南皮縣，在今河北南皮縣東北。

　　[8] 邟（kāng）：今地未詳。《後漢書》卷六一《黃瓊傳》“封爲邟鄉侯”李賢注：“《説文》云：邟，潁川縣也。漢潁川有周承休侯國，元始二年（2）更名曰邟。”王先謙《集解》：“沈欽韓曰：二《漢志》潁川均無邟縣，《説文》蓋訛鄉爲縣也。”

　　[9] 沖闇：幼小而愚昧。

　　[10] 少：百衲本作“小”，殿本、盧弼《集解》本、校點本作“少”。今從殿本等。

　　[11]　來久：各本均作“來久”。盧弼《集解》云：“《通鑑》
無‘來久’二字，何（焯）校改作‘永久’。”吳金華《校詁》：
“何校失之。‘來久’綴於動詞或動賓詞組之後，表示由來已久，
亦當時習語。”

　　[12]　適：通“嫡”。

　　[13]　橫揖：趙幼文《校箋》謂《北堂書鈔》卷八五舊注：
“橫揖，不爲禮也。”

　　[14]　哮闞：猛獸盛怒的樣子。

　　紹遂以勃海起兵，將以誅卓。語在《武紀》。紹自
號車騎將軍，主盟，與冀州牧韓馥立幽州牧劉虞爲
帝，[1]遣使奉章詣虞，虞不敢受。後馥軍安平，[2]爲公
孫瓚所敗。瓚遂引兵入冀州，以討卓爲名，內欲襲馥。
馥懷不自安。[一]會卓西入關，[3]紹還軍延津，[4]因馥惶
遽，使陳留高幹、潁川荀諶等說馥曰：[5]“公孫瓚乘
勝來向南，而諸郡應之。袁車騎引軍東向，[6]此其意不
可知，竊爲將軍危之。”馥曰：“爲之奈何？”諶曰：
“公孫提燕、代之卒，[7]其鋒不可當。袁氏一時之傑，
必不爲將軍下。夫冀州，天下之重資也。若兩雄并力，
兵交於城下，危亡可立而待也。夫袁氏，將軍之舊，
且同盟也，當今爲將軍計，莫若舉冀州以讓袁氏。袁
氏得冀州，則瓚不能與之爭，必厚德將軍。冀州入於
親交，是將軍有讓賢之名，而身安於泰山也。願將軍
勿疑！”馥素恇怯，因然其計。馥長史耿武、別駕閔
純、治中李歷諫馥曰：[8]“冀州雖鄙，帶甲百萬，穀
支十年。袁紹孤客窮軍，仰我鼻息，譬如嬰兒在股掌

之上，絕其哺乳，立可餓殺。奈何乃欲以州與之？”馥曰：“吾，袁氏故吏，且才不如本初，度德而讓，古人所貴，諸君獨何病焉！”從事趙浮、程奐請以兵拒之，馥又不聽。乃讓紹，〔二〕紹遂領冀州牧。

〔一〕《英雄記》曰：逢紀說紹曰：“將軍舉大事而仰人資給，不據一州，無以自全。”紹答云：“冀州兵彊，吾士飢乏，設不能辦，[9] 無所容立。”紀曰：“可與公孫瓚相聞，導使來南，擊取冀州。公孫必至而馥懼矣，因使說利害，爲陳禍福，馥必遜讓。於此之際，可據其位。”紹從其言而瓚果來。

〔二〕《九州春秋》曰：馥遣都督從事趙浮、程奐將彊弩萬張屯河陽。[10] 浮等聞馥欲以冀州與紹，自孟津馳東下。[11] 時紹尚在朝歌清水口，[12] 浮等從後來，船數百艘，衆萬餘人，整兵鼓夜過紹營，紹甚惡之。浮等到，謂馥曰：“袁本初軍無斗糧，各已離散，[13] 雖有張楊、於扶羅新附，未肯爲用，不足敵也。小從事等請自以見兵拒之，旬日之間，必土崩瓦解；明將軍但當開閤高枕，[14] 何憂何懼！”馥不從，乃避位，出居趙忠故舍。遣子齎冀州印綬於黎陽與紹。[15]

[1] 韓馥：見本書《武帝紀》初平元年裴注引《英雄記》。幽州：州牧治所薊縣，在今北京城西南。

[2] 安平：縣名。治所在今河北安平縣。

[3] 關：指函谷關。

[4] 延津：津渡名。在今河南新鄉市東南。漢魏於此設有延津關。

[5] 高幹：袁紹外甥。主要見本書《武帝紀》及此傳。　荀諶：字友若。主要見本書卷一○《荀彧傳》裴注引《荀氏家傳》。

[6] 東向：袁紹原屯兵河內（治所在今河南武陟縣西南）。胡

三省云："自河内至延津爲東向。"（《通鑑》卷六〇漢獻帝初平二年注）

　　［7］燕代：指幽州。幽州古爲燕代二國之地。

　　［8］長史：官名。東漢三公府及將軍府皆設置長史，爲諸掾屬之長，秩皆千石。　別駕：官名。別駕從事史的簡稱，爲州牧刺史的主要屬吏。州牧刺史巡行各地時，別乘傳車從行，總録衆事，故名別駕。　治中：官名。治中從事史的簡稱，爲州牧刺史的主要屬吏，居中治事，主衆曹文書。

　　［9］辦：百衲本、盧弼《集解》本作"辨"，殿本、校點本作"辦"。今從殿本等。

　　［10］河陽：《後漢書》卷七四上《袁紹傳》與《通鑑》皆作"孟津"。河陽，縣名。治所在今河南孟縣西。

　　［11］孟津：津渡名。在今河南孟津縣東北的黄河上。東漢末於此地置關隘，爲河南八關之一。

　　［12］朝歌：縣名。治所在今河南淇縣。　清水口：胡三省云："據《水經》，清水出河内修武縣，逕獲嘉、汲縣而入於河，不至朝歌。惟淇水則逕朝歌耳。蓋俗亦呼淇水爲清水。據《九州春秋》，紹時在朝歌清水口，浮等自孟津東下，則兩軍皆舟行大河而向鄴也。清水口即淇口，南岸即延津。"（《通鑑》卷六〇漢獻帝初平二年注）

　　［13］已：《後漢書·袁紹傳》李賢注引《英雄記》作"欲"，較合文義。

　　［14］開閤：《後漢書·袁紹傳》李賢注引《英雄記》作"閉户"。

　　［15］黎陽：縣名。治所在今河南浚縣東北。

　　從事沮授沮音葅。説紹曰："將軍弱冠登朝，[1]則播名海内；值廢立之際，則忠義奮發；單騎出奔，則董

577

卓懷怖；濟河而北，則勃海稽首。[2]振一郡之卒，[3]撮冀州之衆，威震河朔，[4]名重天下。雖黃巾猾亂，黑山跋扈，[5]舉軍東向，則青州可定；[6]還討黑山，則張燕可滅；回衆北首，[7]則公孫必喪；[8]震脅戎狄，則匈奴必從。[9]橫大河之北，合四州之地，[10]收英雄之才，[11]擁百萬之衆，迎大駕於西京，[12]復宗廟於洛邑，號令天下，以討未（復）〔服〕，[13]以此爭鋒，誰能敵之？[14]比及數年，此功不難。"[15]紹喜曰："此吾心也。"即表授爲監軍、奮威將軍。〔一〕[16]卓遣執金吾胡母班、將作大匠吳脩齎詔書喻紹，[17]紹使河內太守王匡殺之。〔二〕卓聞紹得關東，[18]乃悉誅紹宗族太傅隗等。[19]當是時，豪俠多附紹，皆思爲之報，州郡蠭起，[20]莫不假其名。馥懷懼，從紹索去，往依張邈。〔三〕後紹遣使詣邈，有所計議，與邈耳語。馥在坐上，謂見圖構，無何起至溷自殺。〔四〕

〔一〕《獻帝傳》曰[21]：沮授，廣平人，[22]少有大志，多權略。仕州別駕，舉茂才，[23]歷二縣令，又爲韓馥別駕，表拜騎都尉。袁紹得冀州，又辟焉。

《英雄記》曰：是時年號初平，紹字本初，自以爲年與字合，必能克平禍亂。

〔二〕《漢末名士錄》曰：[24]班字季皮，[25]太山人，少與山陽度尚、東平張邈等八人並輕財赴義，[26]振濟人士，世謂之八廚。[27]

謝承《後漢書》曰：班，王匡之妹夫，董卓使班奉詔到河內，解釋義兵。匡受袁紹旨，收班繫獄，欲殺之以徇軍。班與匡書云：

"自古以來，未有下土諸侯舉兵向京師者。《劉向傳》曰'擲鼠忌器'，器猶忌之，況卓今處宮闕之內，以天子爲藩屏，幼主在宮，如何可討？僕與太傅馬公、太僕趙岐、少府陰脩俱受詔命。[28]關東諸郡，雖實嫉卓，猶以銜奉王命，不敢玷辱。而足下獨囚僕于獄，欲以釁鼓，[29]此悖暴無道之甚者也。僕與董卓有何親戚，義豈同惡？而足下張虎狼之口，吐長虵之毒，惠卓遷怒，何甚酷哉！死，人之所難，然恥爲狂夫所害。若亡者有靈，當訴足下於皇天。夫婚姻者禍福之機，[30]今日著矣。曩爲一體，今爲血讎。亡人子二人，[31]則君之甥，身没之後，慎勿令臨僕尸骸也。"匡得書，抱班二子而泣。班遂死於獄。班嘗見太山府君及河伯，事在《搜神記》，語多不載。

〔三〕《英雄記》曰：紹以河內朱漢爲都官從事。[32]漢先時爲馥所不禮，內懷怨恨，[33]且欲邀迎紹意，擅發城郭兵圍守馥第，拔刃登屋。馥走上樓，收得馥大兒，槌折兩脚。紹亦立收漢，殺之。馥猶憂怖，故報紹索去。

〔四〕《英雄記》曰：公孫瓚擊青州黃巾賊，大破之，還屯廣宗，[34]改易守令，冀州長吏無不望風響應，[35]開門受之。紹自往征瓚，合戰于界橋南二十里。[36]瓚步兵三萬餘人爲方陣，[37]騎爲兩翼，左右各五千餘匹，白馬義從爲中堅，亦分作兩校，[38]左射右，右射左，旌旗鎧甲，光照天地。紹令麴義以八百兵爲先登，彊弩千張夾承之，紹自以步兵數萬結陣于後。義久在涼州，曉習羌鬬，兵皆驍鋭。瓚見其兵少，便放騎欲陵蹈之。義兵皆伏楯下不動，未至數十步，乃同時俱起，揚塵大叫，直前衝突，彊弩雷發，所中必倒，臨陣斬瓚所署冀州刺史嚴綱甲首千餘級。瓚軍敗績，步騎奔走，不復還營。義追至界橋；瓚殿兵還戰橋上，[39]義復破之，遂到瓚營，拔其牙門，[40]營中餘眾皆復散走。紹在後，未到橋十數里，下馬發鞍，見瓚已破，不爲設備，惟帳下彊弩數十張，大戟士百餘人自隨。瓚部迸騎二千餘匹卒至，便圍紹數重，弓矢雨下。[41]別駕從事田豐扶紹欲卻入空垣，紹以兜鍪撲地曰：[42]"大丈夫當前鬪死，而入牆間，[43]豈可得活乎?"彊弩乃亂發，多所殺傷。瓚騎不知是紹，亦稍引卻；會麴義來迎，乃散去。瓚每與虜戰，常乘白馬，追不虛發，數獲戎捷，虜相告云"當避白馬"。因虜所忌，簡其白馬數千匹，選騎射之士，號爲白馬義從；一曰胡夷健者常乘白馬，瓚有健騎數千，多乘白馬，故以號焉。紹既破瓚，引軍南到薄洛津，[44]方與賓客諸將共會，聞魏郡兵反，[45]與黑山賊于毒共覆鄴城，遂殺太守栗成。[46]賊十餘部，衆數萬人，聚會鄴中。坐上諸客有家在鄴者，[47]皆憂怖失色，或起啼泣，[48]紹容貌不變，自若也。賊陶升者，故內黃小吏也，[49]有善心，獨將部衆踰西城入，閉守州門，不內他賊，以車載紹家及諸衣冠在州內者，身自扞衛，送到斥丘乃還。[50]紹到，遂屯斥丘，以陶升爲建義中郎將。[51]乃引軍入朝歌鹿（場）〔腸〕山蒼巖谷討于毒，[52]圍攻五日，破之，斬毒及長安所署冀州牧壺壽。遂尋山北行，薄擊諸賊（左髮丈八）〔左髭丈八〕等，[53]皆斬之。又擊劉石、青牛角、黃龍、左校、郭大賢、李大目、于氐根等，皆屠其屯壁，奔走得脫，斬首數萬級。紹復還屯鄴。初平四年，[54]天子使太傅馬日磾、太僕趙岐和解關東。岐別詣河北，紹出迎於百里上，拜奉帝命。岐住紹營，移書告瓚。瓚遣使具與紹書曰："趙太僕以周、召之德，[55]銜命來征，宣揚朝恩，示以和睦，曠若開雲見日，何喜如之? 昔賈復、寇恂亦爭士卒，[56]欲相危害，遇光武之寬，親俱陛見，同輿共出，時人以爲榮。自省邊鄙，得無將軍共同此福，此誠將軍之眷，而瓚之幸也。"麴義後恃功而驕恣，紹乃殺之。

　　[1] 弱冠：古時男子二十歲束髮加冠，謂爲成人，但體尚未壯，故稱弱冠。

　　[2] 稽（qǐ）首：叩頭敬禮。此爲降服之意。《後漢書》卷七

四上《袁紹傳》"稽首"即作"稽服"。

　　［3］振：盧弼《集解》謂《後漢書·袁紹傳》作"擁"（以下所引《後漢書》皆盧弼所引）。趙幼文《校箋》謂《後漢紀》亦作"擁"。

　　［4］威震：《後漢書·袁紹傳》作"威陵"。

　　［5］黑山：指黑山軍。係東漢末與黄巾軍同時起義的一支農民軍，以今河北、山西、河南三省的太行山區爲根據地。黑山，在今河南浚縣西北太行山脉中。又按，《後漢書·袁紹傳》無"雖黄巾猾亂，黑山跋扈"二句。

　　［6］青州：刺史治所臨淄縣，在今山東淄博市東北臨淄區北。《後漢書·袁紹傳》此句作"則黄巾可埽"。

　　［7］回衆：《後漢書·袁紹傳》作"回師"。趙幼文《校箋》謂《後漢紀》亦作"回師"。

　　［8］喪：《後漢書·袁紹傳》作"禽"。趙幼文《校箋》謂郝經《續後漢書》亦作"禽"。

　　［9］必從：《後漢書·袁紹傳》作"立定"。

　　［10］四州：指冀、青、并、幽四州。

　　［11］才：《後漢書·袁紹傳》作"士"。趙幼文《校箋》謂《册府元龜》卷四四二引亦作"士"，《季漢書》同。疑作"士"字義較切。

　　［12］西京：指長安。《後漢書·袁紹傳》即作"長安"。

　　［13］以討未服：各本"服"作"復"。《後漢書·袁紹傳》作"誅討未服"。趙幼文《校箋》謂《太平御覽》卷四六二、《册府元龜》卷四二一引"復"字作"服"，《後漢紀》、郝經《續後漢書》均作"服"。今從《後漢書》及趙説改。

　　［14］敵：《後漢書·袁紹傳》作"御"。

　　［15］此功：《後漢書·袁紹傳》作"其功"。

　　［16］監軍：監督出征將領的職稱，往往爲臨時加銜。　奮威將軍：《後漢書·袁紹傳》作"奮武將軍"。盧弼《集解》謂此類

雜號將軍本無定員，故記載亦互有歧異。趙一清《注補》則云：
"《紹傳》（即《後漢書‧袁紹傳》）作'奮武將軍'是也。時以劉
馥爲奮威將軍，不得回授沮生也。"趙幼文《校箋》亦謂《後漢
紀》、郝經《續後漢書》"威"字俱作"武"。

　　[17] 將作大匠：官名。秩二千石。掌宮室、宗廟、陵寢及其
他土木營建。

　　[18] 關東：地區名。指函谷關以東之地。

　　[19] 誅紹宗族太傅隗等：徐紹楨《質疑》云："紹取冀州在
初平二年秋七月（見《魏武紀》），而太傅隗等被誅，則在初平元
年三月戊午（見《後漢書‧獻帝紀》）。此以誅隗之事於紹得冀州
之後，良爲舛錯。《後漢書》紹本傳云'卓聞紹起山東，乃誅紹叔
父隗，及宗族在京師者盡滅之'，較陳志爲得實矣。"沈家本《瑣
言》亦有同説。

　　[20] 鏖：百衲本、殿本作"鋒"，盧弼《集解》本、校點本、
《後漢書‧袁紹傳》作"鏖"。今從《集解》本等。

　　[21] 獻帝傳：校點本作"獻帝紀"，百衲本、殿本、盧弼
《集解》本均作"獻帝傳"。今從百衲本等。

　　[22] 廣平：錢大昕云："光武并廣平國入鉅鹿郡，此後未見
復置。"（《廿二史考異》卷一五）則廣平爲縣名。治所在今河北雞
澤縣東。

　　[23] 茂才：即秀才，東漢人避光武帝劉秀諱改，爲漢代薦舉人
材科目之一。東漢之制，州牧刺史歲舉一人。三國沿之，或稱秀才。

　　[24] 漢末名士録：盧弼《集解》引沈家本説，《隋書》《舊唐
書》之《經籍志》及《新唐書‧藝文志》皆未著録，此注所引及
《劉表傳》注、《荀攸傳》注所引皆漢末人。

　　[25] 季皮：《後漢書‧袁紹傳》李賢注引《漢末名士傳》作
"季友"，盧弼《集解》又引《風俗通》卷三仍作"胡母季皮"。吳
金華《校詁》又引陶潛《集聖賢群輔録》載漢末之語："海内珍
奇，胡母季皮。"謂作"季皮"無疑。

[26] 山陽：郡名。治所昌邑縣，在今山東金鄉縣西北。 東平：王國名。治所無鹽縣，在今山東東平縣東。

[27] 八廚：《後漢書》卷六七《黨錮列傳》："度尚、張邈、王考、劉儒、胡母班、秦周、蕃向、王章爲八廚。廚者，言能以財救人者也。"

[28] 太僕趙岐：據《後漢書》相關本紀、列傳之記載，馬日磾爲太傅，趙岐爲太僕，均在董卓被殺之後，此處記述有誤。

[29] 釁鼓：古時殺牲以血塗鼓稱釁鼓，後遂代稱殺戮。

[30] 禍福之機：吳金華《〈三國志〉斠議》引《國語·周語中》富辰語"夫婚姻，禍福之階也"，因疑"機"字是"階"字之訛。

[31] 子二人：《後漢書·袁紹傳》李賢注引作"二女"。

[32] 都官從事：官名。即司隸都官從事史，見前注。胡三省云："紹置都官從事，則猶領司隸校尉也。"（《通鑑》卷六〇漢獻帝初平二年注）

[33] 怨恨：趙幼文《校箋》謂《後漢書·袁紹傳》注引"怨"字作"忿"。

[34] 廣宗：縣名。治所在今河北威縣東。

[35] 長吏：漢代稱秩六百石以上之吏爲長吏，又稱各縣丞、尉秩四百石至二百石者爲長吏。漢代縣令、長，秩爲千石至三百石。此處之"長吏"，即指縣令、長。

[36] 界橋：在今河北廣宗縣東老漳河上。（本謝鍾英《補三國疆域志補注》）

[37] 三萬：殿本、盧弼《集解》本作"二萬"，百衲本、校點本、《後漢書·袁紹傳》作"三萬"。今從百衲本等。

[38] 校：軍隊之一部稱爲一校。

[39] 殿：趙幼文《校箋》謂郝經《續後漢書》作"斂"，疑是。

[40] 牙門：古時行軍，軍前有大旗，稱爲牙旗。扎營時，將

旗立於軍門，稱牙門。

［41］弓矢：《後漢書·袁紹傳》作"射矢"。趙幼文《校箋》謂郝經《續後漢書》"弓"字作"亂"，疑是。

［42］以兜鍪撲地：趙幼文《校箋》謂《太平御覽》卷三五六引"以"字作"脱"。

［43］而入牆閒：趙幼文《校箋》謂《太平御覽》卷三五六引作"而反（《御覽》實作"返"）逃入牆間"。

［44］薄洛津：殿本、校點本作"薄落津"，百衲本、盧弼《集解》本作"薄洛津"。今從百衲本等。薄洛津，津渡名。今河北廣宗縣西北漳河上。

［45］魏郡：治所鄴縣，在今河北臨漳縣西南鄴鎮東一里半。

［46］栗成：本書卷一四《董昭傳》作"栗攀"。趙幼文《校箋》謂《廣韻·沃韻》《通志·氏族略四》"栗"皆作"粟"。

［47］坐上：趙幼文《校箋》謂《藝文類聚》卷四、《太平御覽》卷三〇引"上"字俱作"中"。按，二書所引皆曰《魏志》。

［48］或起：殿本、盧弼《集解》本作"或以"，百衲本、校點本作"或起"。今從百衲本等。

［49］内黄：縣名。治所在今河南内黄縣西北。

［50］斥丘：縣名。治所在今河北成安縣東南。

［51］建義中郎將：官名。袁紹所置，秩比二千石。後曹魏亦沿置。

［52］鹿腸山：各本皆作"鹿場山"，《後漢書·袁紹傳》作"鹿腸山"。李賢注："《續漢志》曰：朝歌有鹿腸。"今本《續漢書·郡國志》作"鹿腹山"。王先謙《集解》引錢大昕説，"腹"當作"腸"。則此"場"字亦當作"腸"。今據《後漢書》及王先謙説改。鹿腸山當在今河南淇縣東北，與浚縣西北之黑山相接。

［53］左髻丈八：各本皆作"左髮丈八"。潘眉《考證》謂本書《張燕傳》注引張璠《漢紀》及《後漢書·朱儁傳》《袁紹傳》均作"左髻丈八"，此"髮"字誤。何焯説同。校點本即從何、潘

之説改。今從之。

[54] 初平四年：盧弼《集解》引沈家本説，《後漢書·獻帝紀》遣馬日磾、趙岐出使，在初平三年八月；《袁紹傳》雖也説"四年初，天子遣太僕趙岐和解關東"，而卻冠以"初"字。此言"四年"，恐誤。

[55] 周召：指西周初之周公旦、召公奭。二人皆以輔助成王而建立功德。

[56] 賈復寇恂：二人皆漢光武帝之功臣。寇恂爲潁川太守時，賈復部將殺人於潁川。時值東漢初建，法制不嚴，軍人犯法大多寬容，而寇恂卻將殺人者戮之於市，賈復因以爲恥。後賈復過潁川，欲手劍擊恂，恂知其謀，而以國家大局爲重，設法避讓賈復。光武聞之，乃徵寇恂。恂至引見，時賈復先在坐，欲起相避。光武帝曰："天下未定，兩虎安得私鬥？今日朕分之。"於是並坐極歡，遂共車同出，結友而去。（見《後漢書》卷一六《寇恂傳》）

初，天子之立非紹意，及在河東，紹遣潁川郭圖使焉。圖還説紹迎天子都鄴，紹不從。〔一〕會太祖迎天子都許，收河南地，關中皆附。紹悔，欲令太祖徙天子都鄄城以自密近，[1]太祖拒之。天子以紹爲太尉，轉爲大將軍，封鄴侯，〔二〕紹讓侯不受。頃之，擊破瓚于易京，[2]并其衆。〔三〕出長子譚爲青州，[3]沮授諫紹："必爲禍始。"紹不聽，曰："孤欲令諸兒各據一州也。"〔四〕又以中子熙爲幽州，甥高幹爲并州。衆數十萬，以審配、逢紀統軍事，田豐、荀諶、許攸爲謀主，顏良、文醜爲將率，[4]簡精卒十萬，騎萬匹，將攻許。〔五〕

〔一〕《獻帝傳》云：沮授説紹曰："將軍累葉輔弼，[5]世濟忠義。今朝廷播越，[6]宗廟毀壞，觀諸州郡外託義兵，内圖相滅，[7]未有存主恤民者。[8]且今州（城）〔域〕粗定，[9]宜迎大駕，[10]安宫鄴都，[11]挾天子而令諸侯，畜士馬以討不庭，[12]誰能禦之！"紹悦，將從之。郭圖、淳于瓊曰："漢室陵遲，爲日久矣，今欲興之，不亦難乎！且今英雄據有州郡，[13]衆動萬計，[14]所謂秦失其鹿，[15]先得者王。若迎天子以自近，[16]動輒表聞，從之則權輕，違之則拒命，非計之善者也。"授曰："今迎朝廷，至義也，[17]又於時宜大計也，[18]若不早圖，[19]必有先人者也。[20]夫權不失機，功在速捷，[21]將軍其圖之！"[22]紹弗能用。案此書稱（郭圖）〔沮授〕之計，[23]則與本傳違也。

〔二〕《獻帝春秋》曰：紹恥班在太祖下，怒曰："曹操當死數矣，我輒救存之，[24]今乃背恩，挾天子以令我乎！"太祖聞，而以大將軍讓于紹。

〔三〕《典略》曰：自此紹貢御希慢，[25]私使主簿耿苞密白曰：[26]"赤德衰盡，袁爲黄胤，[27]宜順天意。"紹以苞密白事示軍府將吏。議者咸以苞爲妖妄宜誅，紹乃殺苞以自解。

《九州春秋》曰：紹延徵北海鄭玄而不禮，[28]趙融聞之曰：[29]"賢人者，君子之望也。不禮賢，是失君子之望也。夫有爲之君，不敢失萬民之歡心，況於君子乎？失君子之望，難乎以有爲矣。"[30]

《英雄記》載太祖作《董卓歌》，辭云："德行不虧缺，變故自難常。鄭康成行酒，伏地氣絶，[31]郭景圖命盡于園桑。"如此之文，則玄無病而卒。餘書不見，故載録之。

〔四〕《九州春秋》載授諫辭曰："世稱一兔走衢，[32]萬人逐之，一人獲之，貪者悉止，分定故也。且年均以賢，德均則卜，古之制也。[33]願上惟先代成敗之戒，下思逐兔分定之義。"紹曰："孤欲令四兒各據一州，[34]以觀其能。"授出曰："禍其始此乎！"

譚始至青州，爲都督，[35] 未爲刺史，後太祖拜爲刺史。其土自河而西，蓋不過平原而已。[36] 遂北排田楷[37]，東攻孔融，[38] 曜兵海隅，是時百姓無主，[39] 欣戴之矣。然信用羣小，好受近言，肆志奢淫，不知稼穡之艱難。華彥、孔順皆姦佞小人也，信以爲腹心；王脩等備官而已。然能接待賓客，慕名敬士。使婦弟領兵在內，至令草竊，市井而外，虜掠田野；別使兩將募兵下縣，有賂者見免，無者見取，貧弱者多，乃至於竄伏丘野之中，放兵捕索，如獵鳥獸。邑有萬戶者，著籍不盈數百，收賦納稅，參分不入一。招命賢士，不就；不趨赴軍期，[40] 安居族黨，[41] 亦不能罪也。

　　〔五〕《世語》曰：紹步卒五萬，[42] 騎八千。孫盛評曰：案魏武謂崔琰曰“昨案貴州戶籍，可得三十萬衆”。由此推之，但冀州勝兵已如此，況兼幽、并及青州乎？紹之大舉，必悉師而起，十萬近之矣。

　　《獻帝傳》曰：紹將南師，沮授、田豐諫曰：[43] “師出歷年，[44] 百姓疲弊，倉庚無積，賦役方殷，此國之深憂也。宜先遣使獻捷天子，務農逸民；若不得通，乃表曹氏隔我王路。[45] 然後進屯黎陽，漸營河南，益作舟船，繕治器械，分遣精騎，鈔其邊鄙，令彼不得安，我取其逸。三年之中，[46] 事可坐定也。”審配、郭圖曰：“兵書之法，十圍五攻，敵則能戰。[47] 今以明公之神武，跨河朔之彊衆，[48] 以伐曹氏，譬若覆手，今不時取，後難圖也。”授曰：“蓋救亂誅暴，謂之義兵；[49] 恃衆憑彊，謂之驕兵。兵義無敵，驕者先滅。曹氏迎天子安宮許都，今舉師南向，[50] 於義則違。且廟勝之策，[51] 不在彊衆。曹氏法令既行，士卒精練，非公孫瓚坐受圍者也。今棄萬安之術，而興無名之兵，[52] 竊爲公懼之！”圖等曰：“武王伐紂，不曰不義，況兵加曹氏而云無名！且公師武臣（竭）力，[53] 將士憤怒，人思自騁，而不及時早定大業，慮之失也。夫天與弗取，反受其咎，[54] 此越之所以霸，吳之所以亡也。監軍之計，[55] 計在持牢，[56] 而非見時知機之變也。”紹從之。圖等因是譖授“監統內外，威震三軍，若其浸盛，何以制之？夫臣與主（不）同者昌，[57]主與臣同者亡，此《黃石》之所忌也。[58]且御衆于外，不宜知內”。紹疑焉，乃分監軍爲三都督，使授及郭圖、淳于瓊各典一軍，遂合而南。

[1] 鄄城：縣名。治所在今山東鄄城縣北。

[2] 易京：即漢之易縣，因公孫瓚據幽州，坐鎮易縣，在易盛修營壘樓觀，故謂之易京。在今河北雄縣西北古賢。

[3] 爲青州：謂爲青州刺史（以下幽州、并州類此）。

[4] 將率：殿本、盧弼《集解》本作“將軍”，百衲本、校點本作“將率”。今從百衲本等。

[5] 上兩句之“《獻帝傳》云”“說紹曰”從百衲本等，不從校點本。輔弼：《後漢書》卷七四上《袁紹傳》載沮授此語作“臺輔”。

[6] 播越：流亡。

[7] 內圖相滅：《後漢書·袁紹傳》作“內實相圖”。

[8] 未有存主恤民者：《後漢書·袁紹傳》作“未有憂存社稷恤人之意”。

[9] 州域：各本皆作“州城”，《後漢書·袁紹傳》亦作“州城”。盧弼《集解》謂《通鑑》作“州域”，胡三省注謂“冀州之域也”。趙幼文《校箋》亦謂《後漢紀》“城”字作“域”，作“域”字是。《後漢書》作“城”，亦爲“域”字之形誤，當訂正。今從盧、趙說改。

[10] 宜迎：《後漢書·袁紹傳》作“西迎”。

[11] 安宮：《後漢書·袁紹傳》作“即宮”。

[12] 不庭：不朝於王庭者，即不服從朝廷者。

[13] 且今英雄據有州郡：《後漢書·袁紹傳》作“且英雄並起，各據州郡”。

［14］衆動萬計：《後漢書・袁紹傳》作“連徒聚衆，動有萬計”。

［15］秦失其鹿：《漢書》卷四五《蒯通傳》：蒯通曰：“秦失其鹿，天下共逐之，高材者先得。”鹿，比喻天下。

［16］若迎天子以自近：《後漢書・袁紹傳》作“今迎天子”。

［17］至義也：《後漢書・袁紹傳》作“於義爲得”。

［18］又於時宜大計也：《後漢書・袁紹傳》作“於時爲宜”。

［19］早圖：《後漢書・袁紹傳》作“早定”。

［20］先人：《後漢書・袁紹傳》作“先之”。

［21］功在速捷：《後漢書・袁紹傳》作“功不猒速”。

［22］將軍其圖之：《後漢書・袁紹傳》作“願其圖之”。

［23］沮授：各本皆作“郭圖”。盧弼《集解》引陳景雲説，“郭圖”當作“沮授”。校點本即從陳説改爲“沮授”。今從之。趙幼文《校箋》又謂郝經《續後漢書》荀宗道注有“裴松之曰”云云，疑此“案”字上脱“臣松之”三字。按，此乃裴松之引《獻帝傳》作注，引完之後，“案此書”云云，自然是裴松之的案語。而荀宗道之注《續後漢書》，則引“陳志”云云，末尾又引裴松之此案語云“裴松之曰案《獻帝紀》”云云，這是必要的。若荀宗道不加“裴松之曰”四字，徑云“案《獻帝傳》”云云，就成了荀宗道之案語。故此“案”上不必有“臣松之”三字。

［24］救存之：胡三省云：“操自滎陽汴水之敗，收兵從紹於河内，紹表爲東郡太守；呂布襲取兗州，紹復與操連和，欲令其遣家居鄴也。”（《通鑑》卷六二漢獻帝建安元年注）

［25］希慢：吳金華《校詁》謂“希慢”疑爲“希簡”之誤。“希簡”亦即“稀簡”。

［26］耿苞：《後漢書・袁紹傳》作“耿包”。

［27］袁爲黄胤：《後漢書・袁紹傳》李賢注引《獻帝春秋》曰：“袁，舜後。黄應代赤。”按五行説，漢以火德王，故稱赤。又按五行相生説，火生土，土色黄，故言“黄應代赤”。

[28] 鄭玄：字康成，漢末大經學家。　不禮：王鳴盛引《後漢書》卷三五《鄭玄傳》所載袁紹延請鄭玄之記述，並無不禮之事。（見《十七史商榷》卷四〇）

[29] 趙融：漢靈帝末，曾爲西園八校尉之助軍校尉。見本書卷八《張楊傳》裴注引《靈帝紀》。

[30] 矣：百衲本作“也”，殿本、盧弼《集解》本、校點本作“矣”。今從殿本等。

[31] 伏地氣絶：王鳴盛又謂此乃曹操“欲甚袁之罪故造此語”，按，《後漢書・鄭玄傳》，袁紹與曹操相拒官渡，逼鄭玄隨軍，玄不得已，帶病到元城縣，疾篤而卒，哪有行酒氣絶事？此乃妄語。（見《十七史商榷》卷四〇）

[32] 世稱：《後漢書・袁紹傳》李賢注引《慎子》曰：“兔走於街，百人追之，貪人具存，人莫之非者，以兔爲未定分也。積兔滿市，過不能顧，非不欲兔也，分定之後，雖鄙不爭。”分，名分，此謂所屬之名分。

[33] 古之制：《左傳・昭公二十六年》：“王后無嫡，則擇立長，年鈞以德，德鈞以卜。”鈞，同“均”。

[34] 四兒：趙一清《注補》云：“紹三子：譚、尚、熙，連外生（甥）高幹數之，故云四兒。”

[35] 都督：官名。東漢末的軍事長官或領兵將帥，領兵多少和職權大小不定。

[36] 平原：郡名。治所平原縣，在今山東平原縣西南。

[37] 田楷：公孫瓚任命的青州刺史，曾與劉備共拒袁紹。曹操攻徐州陶謙，田楷又與劉備共救陶謙。（見本書卷八《公孫瓚傳》、卷三二《先主傳》）

[38] 孔融：孔融爲北海相六年，劉備表薦融領州刺史，建安元年爲袁譚所攻。（見《後漢書》卷七〇《孔融傳》）北海治所劇縣，在今山東昌樂縣西。孔融事迹又見本書卷一二《崔琰傳》裴注引《續漢書》及司馬彪《九州春秋》等。

[39] 主：殿本作“不”，百衲本、盧弼《集解》本、校點本均作“主”。今從百衲本等。

[40] 趨赴：百衲本作“强棄”，殿本、盧弼《集解》本、校點本均作“趨赴”。今從殿本等。

[41] 族黨：猶言鄉里，家鄉。《周禮·地官·大司徒》：“四閭爲族，使之相葬。五族爲黨，使之相救。”鄭玄注：“閭，二十五家。族，百家。黨，五百家。”

[42] 步卒：殿本作“士卒”，百衲本、盧弼《集解》本、校點本作“步卒”。今從百衲本等。

[43] 沮授田豐諫：《後漢書·袁紹傳》及《通鑑》均作“沮授諫”，無田豐。

[44] 師出歷年：指袁紹出兵與公孫瓚作戰歷年。《後漢書·袁紹傳》此句上即有“近討公孫”一句。

[45] 王路：胡三省云：“王路，謂尊王之路也。”（《通鑑》卷六三漢獻帝建安四年注）

[46] 三年之中：《後漢書·袁紹傳》及《通鑑》無此句。

[47] 十圍五攻敵則能戰：意謂，我方兵力十倍於敵方則圍之，五倍於敵方則攻之。《孫子兵法·謀攻篇》：“故用兵之法，十則圍之，五則攻之，倍則分之，敵則能戰之。”

[48] 跨：趙幼文《校箋》謂《後漢書》、郝經《續後漢書》《通志》作“連”。

[49] 義兵：《漢書》卷七四《魏相傳》載魏相上書有云：“救亂誅暴，謂之義兵，兵義者王……恃國之大，矜民人之衆，欲見威於敵者，謂之驕兵，兵驕者滅。”

[50] 師：校點本作“兵”，百衲本、殿本、盧弼《集解》本皆作“師”。今從百衲本等。

[51] 廟勝之策：胡三省云：“定策於廟堂之上，而決勝於千里之外，謂之廟勝。”（《通鑑》卷六三漢獻帝建安五年注）

[52] 無名之兵：《漢書》卷一《高帝紀》：“三老董公遮説漢

王曰：'臣聞順德者昌，逆德者王，兵出無名，事故不成。'"顏師古注引蘇林曰："名者，伐有罪。"

[53] 師武臣力：各本"力"上有"竭"字。盧弼《集解》引沈家本説："'師武臣力'本《左傳》，'竭'字衍文。"何焯亦有同校，校點本遂從何、沈之説删"竭"字。今從之。《左傳·宣公十二年》：欒子曰："晋所以霸，師武臣力也。"謂軍隊威武，臣下得力。

[54] 反受其咎：《史記》卷四一《越王句踐世家》范蠡説句踐曰："天與弗取，反受其咎。"

[55] 監軍：指沮授。當時袁紹以沮授爲監軍、奮威將軍。

[56] 持牢：胡三省云："持牢，猶今南人言把穩也。"（《通鑑》卷六三漢獻帝建安五年注）

[57] 臣與主同者昌：各本皆作"臣與主不同者昌"。惠棟《後漢書補注》引《獻帝傳》作"臣與主同者昌"，無"不"字。今從删。《後漢書·袁紹傳》李賢注："臣與主同者，權在於主也。主與臣同者，權在臣也。"

[58] 黄石：《後漢書·袁紹傳》李賢注："《黄石》者，即張良於下邳圯上所得者，《三略》也。"

　　先是，太祖遣劉備詣徐州拒袁術。術死，備殺刺史車冑，引軍屯沛。[1]紹遣騎佐之。太祖遣劉岱、王忠擊之，[2]不克。建安五年，太祖自東征備。田豐説紹襲太祖後，紹辭以子疾，不許。豐舉杖擊地曰："夫遭難遇之機，而以嬰兒之病失其會，惜哉！"太祖至，擊破備；備奔紹。〔一〕

　　〔一〕《魏氏春秋》載紹檄州郡文曰：[3]"蓋聞明主圖危以制變，[4]忠臣慮難以立權。曩者彊秦弱主，[5]趙高執柄，專制朝命，[6]威福由己，終有望夷之禍，[7]汙辱至今。及臻呂后，[8]禄、產專政，[9]擅斷萬機，決事省禁，下陵上替，海內寒心。於是絳侯、朱虛興咸奮怒，[10]誅夷逆亂，[11]尊立太宗，[12]故能道化興隆，[13]光明顯融，[14]此則大臣立權之明表也。[15]司空曹操，祖父騰，故中常侍，[16]與左悺、徐璜並作妖孽，[17]饕餮放橫，[18]傷化虐民。父嵩，乞匄攜養，[19]因贓假位，[20]輿金輦璧，[21]輸貨權門，竊盜鼎司，[22]傾覆重器。操贅閹遺醜，[23]本無令德，[24]僄狡鋒俠，[25]好亂樂禍。幕府昔統鷹揚，[26]掃夷凶逆。[27]續遇董卓侵官暴國，[28]於是提劍揮鼓，發命東夏。[29]方收羅英雄，[30]棄瑕録用，[31]故遂與操參咨策略，[32]謂其鷹犬之才，爪牙可任。至乃愚佻短慮，[33]輕進易退，傷夷折衄，數喪師徒。[34]幕府輒復分兵命銳，修完補輯，表行東郡太守、兗州刺史，[35]被以虎文，[36]授以偏師，[37]獎蹙威柄，[38]冀獲秦師一克之報。[39]而操遂乘資跋扈，[40]肆行酷烈，[41]割剝元元，[42]殘賢害善。故九江太守邊讓，[43]英才俊逸，[44]天下知名，以直言正色，論不阿諂，身〔首〕被梟縣之戮，[45]妻孥受灰滅之咎。[46]自是士林憤痛，民怨彌重，[47]一夫奮臂，舉州同聲，故躬破於徐方，[48]地奪於呂布，彷徨東裔，[49]蹈據無所。幕府唯彊幹弱枝之義，[50]且不登叛人之黨，[51]故復援旌擐甲，[52]席卷赴征，[53]金鼓響震，布眾破沮，拯其死亡之患，復其方伯之任，[54]是則幕府無德於兗土之民，[55]而有大造於操也。後會鑾駕東反，[56]羣虜亂政。[57]時冀州方有北鄙之警，[58]匪遑離局，[59]故使從事中郎徐勛就發遣操，[60]使繕修郊廟，翼衛幼主。[61]而便放志專行，[62]脅遷省禁，[63]卑侮王官，[64]敗法亂紀，坐召三臺，[65]專制朝政，爵賞由心，刑戮在口，[66]所愛光五宗，[67]所惡滅三族，[68]羣談者蒙顯誅，[69]腹議者蒙隱戮，道路以目，[70]百寮鉗口，[71]尚書記朝會，[72]公卿充員品而已。故太尉楊彪，歷典三司，[73]享國極位，[74]操因眦眥，[75]被以非罪，榜楚并兼，[76]五毒俱至，[77]觸情放慝，[78]不顧憲章。[79]又議郎趙彥，忠諫直言，議有可納，[80]故聖朝含聽，[81]改容加錫，[82]操欲迷奪時權，[83]杜絕言路，擅收立殺，不俟報聞。又梁孝王，[84]先帝母弟，[85]墳陵尊顯，松柏桑梓，[86]猶宜恭肅，[87]而操率將校吏士親臨發掘，[88]破棺裸尸，略取金寶，至令聖朝流涕，[89]士民傷懷。又署發丘中郎將、摸金校尉，[90]所過墮突，[91]無骸不露。身處三公之官，[92]而行桀虜之態，殄國虐民，[93]毒流人鬼。[94]加其細政苛慘，科防互設，繒繳充蹊，[95]坑穽塞路，舉手挂網羅，動足蹈機陷，[96]是以兗、豫有無聊之民，[97]帝都有呼嗟之怨。[98]歷觀古今書籍，[99]所載貪殘虐烈無道之臣，[100]於操爲甚。幕府方詰外姦，未及整訓，加意含覆，[101]冀可彌縫。而操豺狼野心，潛苞禍謀，乃欲撓折棟梁，[102]孤弱漢室，除滅中正，[103]專爲梟雄。往歲伐鼓北征，[104]討公孫瓚，[105]彊禦桀逆，[106]拒圍一年。操因其未破，陰交書命，欲託助王師，[107]以相掩襲，[108]故引兵造河，方舟北濟。[109]會其行人發露，[110]瓚亦梟夷，故使鋒芒挫縮，[111]厥圖不果。屯據敖倉，[112]阻河爲固，乃欲以螳螂之斧，[113]禦隆車之隧。[114]幕府奉漢威靈，折衝宇宙，長戟百萬，胡騎千羣，奮中黃、育、獲之材，[115]騁良弓勁弩之勢，并州越太行，[116]青州涉濟、漯，[117]大軍汎黃河以角其前，荆州下宛、葉而掎其後，[118]雷震虎步，[119]並集虜庭，若舉炎火以焫飛蓬，[120]覆滄海而沃爍炭，[121]有何不消滅者哉？[122]當今漢道陵遲，[123]綱弛紀絕。[124]操以精兵七百，[125]圍守宮闕，外稱陪衛，[126]内以拘執，[127]懼其篡逆之禍，[128]因斯而作。乃忠臣肝腦塗地之秋，烈士立功之會也，可不勖哉！”此陳琳之辭。[129]

[1] 沛：縣名。治所在今江蘇沛縣。

[2] 劉岱王忠：見本書卷一《武帝紀》建安四年裴注引《魏武故事》及《魏略》。

[3] 檄（xí）：古代用於徵召或聲討的文書。《文選》載有此文，題爲陳孔璋《爲袁紹檄豫州》。

[４] 蓋聞：《文選》"蓋聞"上有"左將軍領豫州刺史、郡國相守"一句。

[５] 曩者：《文選》"曩者"上有"是以有非常之人，然後有非常之事。有非常之事，然後立非常之功。夫非常者，故非常人所擬也"六句，《後漢書·袁紹傳》所載此檄亦無此六句。梁章鉅《旁證》謂此《魏氏春秋》及《後漢書》所載皆節文，《文選》所載乃全文。因此，以下僅校注《魏氏春秋》之節錄文字，不再校補《文選》之文。　弱主：指秦二世胡亥。

[６] 朝命：《文選》作"朝權"。

[７] 望夷之禍："禍"《文選》作"敗"。望夷，秦宮名。秦二世胡亥在望夷宮齋戒，趙高令其婿閻樂至望夷宮逼胡亥自殺。（見《史記》卷六《秦始皇本紀》）

[８] 吕后：漢高祖劉邦之妻吕雉。

[９] 禄産：吕禄、吕産，吕后之兄子。吕后以禄爲趙王、上將軍，産爲梁王、相國，並各領南北軍。（見《史記》卷九《吕太后本紀》）

[１０] 絳侯：指周勃。西漢初，周勃封爲絳侯。（見《漢書》卷四〇《周勃傳》）　朱虚：指劉章。劉章封爲朱虚侯。（見《漢書》卷八《城陽景王章傳》）　威：《文選》作"兵"。

[１１] 亂：《文選》作"暴"。

[１２] 太宗：漢文帝廟號太宗。

[１３] 道化：《文選》作"王道"。

[１４] 顯融：《後漢書》作"融顯"。融，明亮。

[１５] 明表：《文選》李善注："明表，謂明白之表儀也。"

[１６] 祖父騰故中常侍：《文選》作"祖父中常侍騰"。

[１７] 左悺（guǎn）：悺，盧弼《集解》本作"琯"，百衲本、殿本、校點本、《文選》俱作"悺"。《後漢書》卷七八《宦者傳》亦作"悺"。今從百衲本等。左悺、徐璜皆漢桓帝時宦官。

[１８] 饕（tāo）餮（tiè）：貪殘凶惡。

［19］匄：同“丏”，乞求。

［20］因贓假位：指曹嵩在漢靈帝時貨賂宦官，輸錢一億萬於西園，得到太尉之官。（見《後漢書》卷七八《曹騰傳》）又按，《後漢書》“假”作“買”。

［21］璧：《後漢書》作“寶”。

［22］鼎司：指三公職位。太尉爲三公之一。

［23］贅：《詩·大雅·桑柔》毛傳：“贅，屬也。”孔穎達疏：“贅，猶綴也，謂繫贅而屬之。”曹嵩是宦官曹騰的養子，故稱操爲“贅閹遺醜”。

［24］令德：《文選》作“懿德”。

［25］僄（piào）狡：輕捷。　鋒俠：形容鋭氣，似兵刃之鋒利。《後漢書》李賢注：“《方言》曰：‘僄，輕也。’《魏志》曰：‘操少機警有權數，而任俠放蕩，不修行業。’鋒俠，言如其鋒之利也。”又按，“鋒俠”《文選》作“鋒恊”。

［26］幕府：漢代大將軍府稱幕府。袁紹爲大將軍，故以幕府稱袁紹。　昔：《文選》及《後漢書》均作“董”。　鷹揚：喻指軍士。

［27］掃夷凶逆：指袁紹率領軍隊大殺宦官。又按，“掃夷”《文選》作“掃除”。

［28］暴國：指董卓遷漢獻帝至長安。

［29］東夏：指勃海郡。袁紹從勃海郡起兵討董卓。（參惠棟《後漢書補注》）

［30］方收：《文選》無“方”字。《後漢書》亦無“方”字，“收”又作“廣”。

［31］録：《文選》作“取”。

［32］參咨策略：《文選》作“同咨合謀”。

［33］短慮：《文選》作“短略”。

［34］數喪師徒：《後漢書》李賢注：“操引兵西，將據成皋，到滎陽汴水，遇卓將徐榮，戰不利，士卒死傷多，操爲流矢所中，

所乘馬被創。曹洪以馬與操，得夜遁。又爲呂布所敗。”

［35］兖州：《文選》“兖州”上有“領”字。

［36］虎文：謂虎文衣服。《續漢書·輿服志》：“虎賁將，虎文褲，白虎文劍，佩刀。虎賁武騎皆鶡冠，虎文單衣。”此泛指將領之衣服。

［37］授以偏師：《文選》無此句。

［38］蔑：殿本、《後漢書》作“就”，百衲本、盧弼《集解》本、校點本、《文選》作“蔑”。今從百衲本等。《文選》李善注：“蔑，成也，言獎成其威柄也。”

［39］秦師一克之報：春秋時，秦穆公以孟明視等率師襲鄭，被晋敗於殽，孟明等被俘。後孟明等得回，穆公任之以政。兩年後，孟明又率師攻晋，再敗而歸，穆公仍重用之。孟明遂增修國政，重施於民。次年，復攻晋，獲勝，秦遂霸西戎。（見《左傳》僖公三十三年，文公二年、三年）

［40］操：《後漢書》無此字。

［41］酷烈：百衲本、盧弼《集解》本作“酷裂”，殿本、校點本作“酷烈”，《文選》作“凶忒”。今從殿本等。

［42］元元：《文選》六臣注呂向曰：“元元，謂衆人也。”

［43］邊讓：邊讓被曹操所殺事，見本書卷一《武帝紀》建安二十五年裴注引《曹瞞傳》。

［44］逸：《文選》作“偉”。

［45］身首：各本無“首”字，《文選》有，校點本即據《文選》增。今從之。　戮：《文選》作“誅”。

［46］妻孥：妻和子。按本書《武帝紀》裴注引《曹瞞傳》，曹操殺邊讓後，“族其家”。

［47］民怨彌重：《後漢書》作“人怨天怒”。

［48］徐方：即徐州。指初平四年曹操攻徐州刺史陶謙，因糧少引軍還兖州。見本書卷八《陶謙傳》。

［49］東裔：東邊。指興平元年（194）曹操復攻徐州，留守

的陳宮等遂迎呂布入兗州爲牧。郡縣皆響應，僅鄄城等三縣仍爲曹操所有。曹操引軍還，與呂布戰於濮陽，曹軍敗，操墜馬，燒傷左手。見本書《武帝紀》及卷七《呂布傳》。

〔50〕唯：以，因爲。《文選》《後漢書》均作“惟”。

〔51〕登：成全。　叛人：指呂布。

〔52〕援：拿。　擐（huàn）：穿。

〔53〕赴征：《文選》作“起征”。李善注：“紹征呂布，諸史不載，蓋史略也。”

〔54〕方伯：古九州之長稱方伯。此指州牧刺史。　任：《文選》作“位”。李善注引謝承《後漢書》曰：“操圍呂布於濮陽，爲布所破，投紹。紹哀之，乃給兵五千人，還取兗州。”

〔55〕之民：《後漢書》無此二字。

〔56〕後會：《後漢書》作“會後”。　東反：《文選》作“反斾”。

〔57〕亂政：《文選》作“寇攻”。

〔58〕北鄙之警：指袁紹與公孫瓚之戰爭。鄙，邊邑地區。

〔59〕局：部屬。《左傳·成公十六年》：“離局，奸也。”楊伯峻注：“局即《禮記·曲禮上》‘各司其局’之局。拋棄自己職責，必離開部屬，此爲奸。”

〔60〕從事中郎：官名。東漢三公府及將軍府均置從事中郎，秩六百石。職參謀議，位在長史、司馬下。

〔61〕翼衛：《文選》作“翊衛”。

〔62〕而：《文選》作“操”。

〔63〕脅遷：《後漢書》作“威劫”。趙幼文《校箋》謂《群書治要》卷二六亦作“威劫”。　省禁：皇帝所居之宮室。此借指皇帝。又按，《文選》“省禁”上有“當御”二字。

〔64〕王官：百衲本、殿本作“王宮”。殿本《考證》：“《後漢書》作‘卑侮王僚’，此‘宮’字或‘官’字之訛。”盧弼《集解》又引陳景雲曰：“若作‘王宮’，複上‘省禁’，疑係‘官’字

之誤。"盧弼《集解》本、校點本即作"王官"。今從之。又按，
《文選》作"王室"。

〔65〕召：《文選》作"領"。

〔66〕刑戮在口：趙幼文《校箋》謂《群書治要》卷二六引
"在"字作"由"。按，《群書治要》實作"刑罰在口"。

〔67〕五宗：《後漢書》李賢注："五宗謂上至高祖，下及孫。"

〔68〕惡：《後漢書》作"怨"。 三族：父族、母族、妻族。

〔69〕蒙：《文選》《後漢書》均作"受"。

〔70〕道路以目：《文選》此句在"百寮鉗口"下。

〔71〕百寮：《後漢書》作"百辟"。

〔72〕朝會：《後漢書》作"期會"。

〔73〕歷典三司：指楊彪曾任司空、司徒、太尉。（見《後漢
書》卷五四《楊震附彪傳》）又按，《文選》《後漢書》"三司"作
"二司"。

〔74〕享國：《後漢書》作"元綱"。

〔75〕因：《文選》"因"下有"緣"字。

〔76〕并兼：《文選》作"參并"。

〔77〕五毒：指四肢及身備受楚毒之刑。或謂，鞭、箠、灼、
徽、纆五刑爲五毒。 俱至：《文選》作"備至"。

〔78〕放恧：《文選》作"任忒"。

〔79〕憲章：《文選》作"憲綱"。

〔80〕議：《文選》作"義"。

〔81〕故：《文選》作"是以"。

〔82〕錫：賜。《文選》作"飾"。

〔83〕時權：《文選》《後漢書》俱作"時明"。

〔84〕梁孝王：漢景帝之同母弟劉武。

〔85〕母弟：《文選》《後漢書》俱作"母昆"。

〔86〕松柏桑梓：《文選》作"桑梓松柏"。

〔87〕恭肅：《文選》作"肅恭"。

［88］將校吏士：《文選》《後漢書》俱作"將吏士"。趙幼文《校箋》謂《群書治要》卷二六引無"校吏"二字。

［89］聖朝流涕：《文選》李善注："《曹瞞傳》曰：曹操破梁孝王棺，收金寶。天子聞之，哀泣。"何焯謂此事不知信否，《文選》注引《曹瞞傳》，似緣此檄而實之。（見《義門讀書記》卷二六《三國志·魏志》）

［90］又署：《文選》作"操又特置"。

［91］墮（huī）：通"隳"，毀壞。《文選》即作"隳"，《後漢書》作"毀"。

［92］官：《文選》作"位"。

［93］殄國：《文選》《後漢書》俱作"污國"。

［94］毒流：《文選》《後漢書》俱作"毒施"。

［95］繒：通"矰"，射鳥的箭。　繳（zhuó）：箭上的繩。

［96］蹈：《文選》作"觸"。

［97］無聊之民：無法生存之民。

［98］吁嗟：《後漢書》作"呼嗟"。

［99］歷觀古今書籍：《文選》作"歷觀載籍"。

［100］貪殘虐烈無道之臣：《文選》作"無道之臣貪殘酷烈"。

［101］加意含覆：《文選》作"加緒含容"。

［102］撓折：《文選》作"摧撓"。

［103］除滅中正：《文選》作"除滅忠正"，《後漢書》作"除忠害善"。

［104］歲：《文選》作"者"。

［105］討：《文選》無此字。

［106］彊禦：《文選》作"彊寇"。

［107］欲託助：《文選》作"外助"。

［108］以相：《文選》作"内相"。《後漢書》作"以見"。

［109］方舟：兩船相並稱方舟。

［110］發露：百衲本作"發路"，殿本、盧弼《集解》本、校

點本、《文選》均作"發露"。今從殿本等。

[111] 挫縮：殿本、盧弼《集解》本作"坐縮"，百衲本、校
點本、《後漢書》《文選》皆作"挫縮"。今從百衲本等。

[112] 屯據敖倉：《後漢書》李賢注引《獻帝春秋》曰："操
引軍造河，託言助紹，實圖襲鄴，以爲瓚援。會瓚破滅，紹亦覺
之，以軍退，屯於敖倉。"敖，地名。在滎陽（今河南滎陽縣東
北）西北山上，臨黃河，有大倉，名敖倉。

[113] 以：《後漢書》作"運"。 螳螂之斧：螳螂之前足。

[114] 隆車：大車。 隧：道路。《後漢書》李賢注引《韓詩
外傳》曰："齊莊公獵，有螳螂舉足將持其輪，問其御曰：'此何
蟲？'對曰：'此螳螂也。此蟲知進而不知退，不量其力而輕就
敵。'公曰：'此爲天下勇士矣。'迴車避之，勇士歸焉。"

[115] 中黃育獲：指中黃伯、夏育、烏獲，皆古代力士。《後
漢書》李賢注："《尸子》曰：'中黃伯曰：我左執太行之獲，右執
彫虎，唯象未試。'《史記》范雎說秦昭王'烏獲、任鄙之力，慶
忌、夏育之勇'也。" 材：《文選》《後漢書》皆作"士"。

[116] 并州：指高幹。時高幹爲并州刺史。 太行：太行山。

[117] 青州：指袁譚。 濟、漯（tà）：濟水與漯水。古濟水、
漯水皆今山東境内之河，後濟水下游被黃河所奪，漯水舊迹也因黃
河決口而被湮没。

[118] 荆州：指劉表。《文選》李善注："《魏志》曰：劉表爲
荆州刺史，北與袁紹相結。" 宛、葉：宛縣（今河南南陽市）與
葉縣（今河南葉縣南）。

[119] 雷震：《文選》作"雷霆"。

[120] 焫（ruò）：同"爇"，焚燒。《後漢書》"焫"作"焚"。
飛蓬：一種多年生的草本植物。

[121] 沃：澆，灌。《後漢書》"沃"作"注"。 熛（biāo）炭：
火炭。

[122] 不消滅：《文選》作"不滅"。

[123] 當今:《文選》作"方今"。

[124] 綱弛紀絕:《文選》作"綱維弛絕",《後漢書》作"綱弛網絕"。

[125] 操以精兵七百:《文選》作"操持部曲精兵七百"。

[126] 外稱陪衛:百衲本"陪"作"倍",殿本、盧弼《集解》本、校點本均作"陪"。今從殿本等。又《文選》"外稱陪衛"作"外託宿衛"。

[127] 內以:《文選》作"內實"。 拘執:《後漢書》作"拘質"。

[128] 其:《後漢書》無此字。 禍:《文選》作"萌"。

[129] 陳琳:字孔璋,長於文學。事迹主要見本書卷二一《王粲傳》及裴注引《典略》。

紹進軍黎陽,遣顏良攻劉延于白馬。[1]沮授又諫紹:"良性促狹。雖驍勇,不可獨任。"紹不聽。太祖救延,與良戰,破斬良。〔一〕紹渡河,壁延津南,使劉備、文醜挑戰。太祖擊破之,斬醜,再戰,禽紹大將。紹軍大震。〔二〕太祖還官渡。[2]沮授又曰:"北兵數衆而果勁不及南,[3]南穀虛少而貨財不及北;[4]南利在於急戰,[5]北利在於緩搏。[6]宜徐持久,曠以日月。"紹不從。連營稍前,逼官渡,合戰,太祖軍不利,復壁。紹爲高櫓,[7]起土山,射營中,營中皆蒙楯,衆大懼。太祖乃爲發石車,[8]擊紹樓,皆破,紹衆號曰霹靂車。〔三〕[9]紹爲地道,欲襲太祖營。太祖輒於內爲長塹以拒之,又遣奇兵襲擊紹運車,大破之,盡焚其穀。太祖與紹相持日久,百姓疲乏,多叛應紹,軍食乏。會紹遣淳于瓊等將兵萬餘人北迎運車,沮授說紹:"可遣將蔣奇別爲支軍於表，以斷曹公之鈔。"紹復不從。[10]瓊宿烏巢，[11]去紹軍四十里。太祖乃留曹洪守，自將步騎五千候夜潛往攻瓊。紹遣騎救之，敗走。破瓊等，悉斬之。太祖還，未至營，紹將高覽、張郃等率其衆降。紹衆大潰，紹與譚單騎退渡河。餘衆僞降，盡坑之。[四]沮授不及紹渡，爲人所執，詣太祖，[五]太祖厚待之。後謀還袁氏，見殺。

〔一〕《獻帝傳》曰：紹臨發，沮授會其宗族，散資財以與之曰："夫勢在則威無不加，勢亡則不保一身，哀哉！"其弟宗曰："曹公士馬不敵，君何懼焉！"授曰："以曹兗州之明略，又挾天子以爲資，我雖克公孫，衆實疲弊，而將驕主怢，[12]軍之破敗，在此舉也。揚雄有言，'六國蚩蚩，爲嬴弱姬'，[13]今之謂也。"

〔二〕《獻帝傳》曰：紹將濟河，沮授諫曰："勝負變化，不可不詳。今宜留屯延津，分兵官渡，若其克獲，還迎不晚，[14]設其有難，衆弗可還。"紹弗從。授臨濟歎曰："上盈其志，下務其功，悠悠黃河，吾其反乎！"[15]遂以疾辭。紹恨之，乃省其所部兵屬郭圖。

〔三〕《魏氏春秋》曰：以古有矢石，又《傳》言"旝動而鼓"，[16]《說〔文〕》曰旝，[17]發石也，於是造發石車。

〔四〕張璠《漢紀》云：殺紹卒凡八萬人。

〔五〕《獻帝傳》云：授大呼曰："授不降也，爲軍所執耳！"[18]太祖與之有舊，逆謂授曰："分野殊異，[19]遂用圮絕，[20]不圖今日乃相禽也！"[21]授對曰："冀州失策，[22]以取奔北。授智力俱困，宜其見禽耳。"太祖曰："本初無謀，不用君計，今喪亂過紀，[23]國家未定，當相與圖之。"授曰："叔父、母、弟，縣命袁氏，若蒙公靈，速死爲福。"太祖歎曰："孤早相得，天下不足慮。"

[1] 白馬：縣名。治所在今河南滑縣東南城關鎮東。在當時的黃河南岸，其北岸是黎陽。

[2] 官渡：地名。在今河南中牟縣東北。

[3] 數衆：《後漢書》卷七四上《袁紹傳》作"雖衆"。 南：《後漢書》"南"下有"軍"字。

[4] 南穀虛少：《後漢書》作"南軍穀少"。 貨財：《後漢書》作"資儲"。

[5] 利在：《後漢書》作"幸"。

[6] 緩搏：《後漢書》作"緩師"。趙幼文《校箋》謂《通典·兵十三》"絕糧道及輜重"條引作"緩持"。據上文"南利在於急戰"，則此作"緩持"爲是。

[7] 高櫓：用於瞭望敵軍的無頂蓋的望樓，亦稱樓櫓。

[8] 發石車：用機械原理將石塊抛出去的炮車。

[9] 霹靂車：即發石車。因其聲音很大，故稱霹靂車。

[10] 紹復不從：趙幼文《校箋》謂《後漢書·袁紹傳》有："許攸進曰：'操兵少而悉師拒我，許下餘守勢必空虛。若分遣輕軍，星行掩襲，許拔則操成禽。如其未潰，可令首尾奔命，破之必也。'紹不能用。"考本書卷一二《崔琰傳》注引《魏略》攸諫紹勿與太祖相攻，語在《紹傳》。按，《紹傳》無此語，必脫無疑。按，《魏略》所言之《紹傳》，當指《魏略》之《紹傳》，非《魏志》之《紹傳》，但亦可供參考。

[11] 烏巢：地名。其地有烏巢澤而得名。在今河南延津縣東南。

[12] 忕（tài）：驕奢。

[13] 爲嬴弱姬：《後漢書·袁紹傳》李賢注："《法言》之文也。嬴，秦姓。姬，周姓。《方言》：'蚩，悖也。'六國悖惑，侵弱周室，終爲秦所并也。"

〔14〕還迎：謂還迎留屯延津之大軍。

〔15〕反乎：殿本、盧弼《集解》本、校點本皆作"不反乎"，百衲本無"不"字。趙幼文《校箋》云："《後漢紀》同，據下文'以疾辭'，是授臨河欲還而發此嘆也。'吾其反乎'，猶言吾其歸乎。疑無'不'字爲是。"今從百衲本與趙説。又按，《後漢書》作"濟乎"。

〔16〕傳言：此《左傳·桓公五年》語。

〔17〕説文：各本皆無"文"字，校點本從趙一清説補"文"字。今從之。按"旝，發石也"，非《説文》原文，校點本加引號不當。《説文》原文云："旝，旌旗也。""一曰建大木，置石其上，發以機，以槌敵。"

〔18〕爲軍所執：《後漢書》無"軍"字。趙幼文《校箋》又謂《册府元龜》卷七二五引亦無"軍"字，《後漢紀》《通志》同。

〔19〕分野：古代將天空星辰分爲十二次，與地上州、郡的位置相對應，稱爲分野。並認爲天象之變化，反映人間的變化。

〔20〕圮（pǐ）絶：斷絶。

〔21〕禽：趙幼文《校箋》謂《後漢書》、郝經《續後漢書》"禽"字作"得"，《通志》作"不圖今日乃得相見也"。疑當作"得"，與下文"孤早相得，天下不足慮"語正相應。

〔22〕冀州：指袁紹。

〔23〕紀：十二年爲一紀。

初，紹之南也，田豐説紹曰："曹公善用兵，變化無方，衆雖少，未可輕也，不如以久持之。將軍據山河之固，擁四州之衆，外結英雄，内脩農戰，然後簡其精鋭，分爲奇兵，乘虛迭出，以擾河南，救右則擊其左，救左則擊其右，使敵疲於奔命，民不得安業；我未勞而彼已困，不及二年，可坐克也。今釋廟勝之策，而決成敗於一戰，若不如志，悔無及也。”紹不從。豐懇諫，紹怒甚，[1]以爲沮衆，械繫之。紹軍既敗，或謂豐曰：“君必見重。”豐曰：“若軍有利，吾必全，今軍敗，吾其死矣。”[2]紹還，謂左右曰：“吾不用田豐言，果爲所笑。”遂殺之。[一]紹外寬雅，有局度，憂喜不形于色，而內多忌害，皆此類也。

〔一〕《先賢行狀》曰：豐字元皓，鉅鹿人，[3]或云勃海人。豐天姿瓌傑，[4]權略多奇，少喪親，居喪盡哀，日月雖過，笑不至矧。[5]博覽多識，名重州黨。[6]初辟太尉府，舉茂才，遷侍御史。閹宦擅朝，英賢被害，豐乃棄官歸家。袁紹起義，卑辭厚幣以招致豐，豐以王室多難，志存匡救，乃應紹命，以爲別駕。勸紹迎天子，紹不納。紹後用豐謀，以平公孫瓚。逢紀憚豐亮直，數讒之於紹，紹遂忌豐。紹軍之敗也，土崩奔北，師徒略盡，軍皆拊膺而泣曰：[7]“向令田豐在此，不至於是也。”紹謂逢紀曰：“冀州人聞吾軍敗，皆當念吾，惟田別駕前諫止吾，與衆不同，吾亦慚見之。”紀復曰：“豐聞將軍之退，拊手大笑，喜其言之中也。”紹於是有害豐之意。初，太祖聞豐不從戎，喜曰：“紹必敗矣。”及紹奔遁，復曰：“向使紹用其別駕計，[8]尚未可知也。”

孫盛曰：觀田豐、沮授之謀，雖良、平何以過之？[9]故君貴審才，臣尚量主；君用忠良，則霸王之業隆，[10]臣奉闇后，則覆亡之禍至：存亡榮辱，常必由茲。豐知紹將敗，敗則己必死，甘冒虎口以盡忠規，烈士之於所事，慮不存己。夫諸侯之臣，義有去就，況豐與紹非純臣乎！[11]《詩》云“逝將去汝，適彼樂土”，[12]言去亂邦，就有道可也。

[1]怒甚：趙幼文《校箋》謂《群書治要》（當爲卷二六）引

無"甚"字。

〔2〕若軍有利吾必全今軍敗吾其死矣：《後漢書》卷七四上《袁紹傳》載田豐此語作："公貌寬而內忌，不亮吾忠，而吾數以至言迕之。若勝而喜，必能赦我，戰敗而怨，內忌將發。若軍出有利，當蒙全耳，今既敗矣，吾不望生。"

〔3〕鉅鹿：郡名。治所廮陶縣，在今河北寧晉縣西南。

〔4〕豐天姿：殿本無"豐"字，"姿"作"資"，百衲本、盧弼《集解》本、校點本均有"豐"字，並皆作"姿"。今從百衲本等。

〔5〕齗（shěn）：牙齗。《禮記·曲禮》"笑不至齗"鄭玄注："齒本曰齗，大笑則見。"

〔6〕州黨：鄉里。

〔7〕師徒略盡軍皆拊膺：趙幼文《校箋》謂《冊府元龜》卷七九二引"師徒"作"徒衆"，"軍"作"軍將"。

〔8〕其別駕：百衲本、《後漢書·袁紹傳》李賢注引作"其別駕"，殿本、盧弼《集解》本、校點本作"田別駕"。按，作"其別駕"更符曹操之語氣，今從百衲本。

〔9〕良平：張良與陳平，漢高祖之謀臣。

〔10〕霸：殿本、校點本作"伯"，百衲本、盧弼《集解》本作"霸"。按，二字通，今從百衲本等。

〔11〕豐與紹非純臣：謂田豐與袁紹並非真純的君臣關係。

〔12〕逝將去汝適彼樂土：此《詩·魏風·碩鼠》之兩句。

　　冀州城邑多叛，紹復擊定之。自軍敗後發病，七年，[1]憂死。[2]

　　紹愛少子尚，貌美，欲以為後而未顯。〔一〕審配、逢紀與辛評、郭圖爭權，配、紀與尚比，評、圖與譚比。衆以譚長，欲立之。配等恐譚立而評等為己害，緣紹素意，乃奉尚代紹位。譚至，不得立，自號車騎將軍。由是譚、尚有隙。太祖北征譚、尚。譚軍黎陽，尚少與譚兵，而使逢紀從譚。譚求益兵，配等議不與。譚怒，殺紀。[二]太祖渡河攻譚，譚告急於尚。尚欲分兵益譚，恐譚遂奪其衆，乃使審配守鄴，尚自將兵助譚，與太祖相拒於黎陽。自（二）〔九〕月至（九）〔二〕月，[3]大戰城下，譚、尚敗退，[4]入城守。太祖將圍之，乃夜遁。追至鄴，收其麥，拔陰安，[5]引軍還許。太祖南征荆州，軍至西平。[6]譚、尚遂舉兵相攻，譚敗奔平原。尚攻之急，譚遣辛毗詣太祖請救。太祖乃還救譚，十月至黎陽。[三]尚聞太祖北，釋平原還鄴。其將呂曠、（呂）〔高〕翔叛尚歸太祖，[7]譚復陰刻將軍印假曠、翔。太祖知譚詐，與結婚以安之，[8]乃引軍還。尚使審配、蘇由守鄴，復攻譚平原。太祖進軍將攻鄴，到洹水，[9]去鄴五十里，由欲爲内應，謀泄，與配戰城中，敗，出奔太祖。太祖遂進攻之，爲地道，配亦於内作塹以當之。配將馮禮開突門，[10]内太祖兵三百餘人，配覺之，從城上以大石擊突中柵門，柵門閉，入者皆没。太祖遂圍之，爲塹，周四十里，初令淺，示若可越。配望而笑之，不出爭利。太祖一夜掘之，廣深二丈，決漳水以灌之，[11]自五月至八月，城中餓死者過半。尚聞鄴急，將兵萬餘人還救之，依西山來，[12]東至陽平亭，[13]去鄴十七里，臨滏水，[14]舉火以示城中，城中亦舉火相應。配出兵城北，欲與尚對決圍。太祖逆擊之，敗還，尚亦破走，依曲漳爲營，[15]太祖遂圍之。未合，尚懼，遣陰夔、陳琳乞降，不聽。尚還走濫口，[16]進復圍之急，其將馬延等臨陣降，衆大潰，尚奔中山。[17]盡收其輜重，得尚印綬、節鉞及衣物，以示其家，城中崩沮。配兄子榮守東門，夜開門内太祖兵，與配戰城中，生禽配。配聲氣壯烈，終無撓辭，見者莫不歎息。遂斬之。[四]高幹以并州降，復以幹爲刺史。

〔一〕《典論》曰：譚長而惠，尚少而美。紹妻劉氏愛尚，[18]數稱其才，紹亦奇其貌，欲以爲後，未顯而紹死。[19]劉氏性酷妒，紹死，僵尸未殯，寵妾五人，劉盡殺之。以爲死者有知，當復見紹於地下，乃髡頭墨面以毁其形。尚又爲盡殺死者之家。

〔二〕《英雄記》曰：紀字元圖。初，紹去董卓出奔，與許攸及紀俱詣冀州，紹以紀聰達有計策，甚親信之，與共舉事。後審配任用，與紀不睦。或有譖配于紹，紹問紀，紀稱“配天性烈直，古人之節，不宜疑之”。紹曰：“君不惡之邪？”紀答曰：“先日所争者私情，今所陳者國事。”紹善之，卒不廢配。配由是更與紀爲親善。

〔三〕《魏氏春秋》載劉表遺譚書曰：“天篤降害，[20]禍難殷流，尊公殂殞，[21]四海悼心。賢胤承統，[22]遐邇屬望，咸欲展布旅力，以投盟主，雖亡之日，猶存之願也。[23]何寤青蠅飛於干旌，[24]無極游於二壘，[25]使股肱分爲二體，（背）〔胸〕臂絶爲異身！[26]昔三王五伯，[27]下及戰國，父子相殘，[28]蓋有之矣；[29]然或欲以成王業，[30]或欲以定霸功，[31]或欲以顯宗主，或欲以固家嗣，未有棄親即異，抓其本根，[32]而能崇業濟功，垂祚後世者也。[33]若齊襄復九世之讎，[34]士匄卒荀偃之事，[35]是故《春秋》美其義，君子稱其信。夫伯游之恨于齊，[36]未若（文公）〔太公〕之忿曹；[37]宣子之承業，[38]未若仁君之繼統也。[39]且君子之違難

不適讎國,[40]豈可忘先君之怨,棄至親之好,爲萬世之戒,遺同
盟之恥哉!冀州不弟之慽,[41]既已然矣;仁君當降志辱身,以匡
國爲務;雖見憎於夫人,未若鄭莊之於姜氏,兄弟之嫌,未若重
華之於象傲也。然莊公有大隧之樂,[42]象受有鼻之封。[43]願棄捐
前忿,[44]遠思舊義,[45]復爲母子昆弟如初。"又遺尚書曰:"知變
起辛、郭,[46]禍結同生,追閼伯、實沈之蹤,[47]忘《常棣》死喪
之義,[48]親尋干戈,僵尸流血,聞之哽咽,雖存若亡。[49]昔軒轅
有涿鹿之戰,[50]周(武)〔公〕有商、奄之師,[51]皆所以翦除穢
害而定王業,非彊弱之(事)爭,[52]喜怒之忿也。故雖滅親不爲
尤,[53]誅兄不傷義。[54]今二君初承洪業,篡繼前軌,[55]進有國家
傾危之慮,退有先公遺恨之負,當唯(義)〔曹〕是務,[56]唯國
是康。何者?金木水火以剛柔相濟,然後克得其和,[57]能爲民用。
今青州天性峭急,[58]迷于曲直。仁君度數弘廣,[59]綽然有餘,當
以大包小,以優容劣,先除曹操以卒先公之恨,[60]事定之後,乃
議曲直之計,[61]不亦善乎!若留神遠圖,克己復禮,[62]當振旆長
驅,[63]共獎王室,若迷而不反,違而無改,[64]則胡夷將有誚讓之
言,[65]況我同盟,復能戮力爲君之役哉?[66]此韓盧、東郭自困於
前而遺田父之獲者也。[67]憤踊鶴望,冀聞和同之聲。若其泰
也,[68]則袁族其與漢升降乎!如其否也,[69]則同盟永無望
矣。"[70]譚、尚盡不從。

《漢晉春秋》載審配獻書於譚曰:[71]"《春秋》之義,國君死
社稷,[72]忠臣死王命。[73]苟有圖危宗廟,敗亂國家,[74]王綱典
律,親疏一也。是以周公垂泣而蔽管、蔡之獄,[75]季友歔欷而行
鍼叔之鴆。[76]何則?義重人輕,事不得已也。昔衛靈公廢蒯聵而
立輒,[77]蒯聵爲不道,入戚以篡,[78]衛師伐之。《春秋傳》曰:
'以石曼姑之義,[79]爲可以拒之。'是以蒯聵終獲叛逆之罪,而曼
姑永享忠臣之名。父子猶然,豈況兄弟乎!昔先公廢絀將軍以續
賢兄,[80]立我將軍以爲適嗣,[81]上告祖靈,下書譜牒,先公謂將

軍爲兄子，將軍謂先公爲叔父，[82]海內遠近，誰不備聞？且先公即世之日，[83]我將軍斬衰居廬，[84]而將軍齊于堊室，[85]出入之分，於斯益明。是時凶臣逢紀，[86]妄畫蛇足，[87]曲辭諂媚，交亂懿親，[88]將軍奮赫然之怒，誅不旋時，〔我〕將軍亦奉命承旨，[89]加以淫刑。[90]自是之後，癰疽破潰，骨肉無絲髮之嫌，自疑之臣，皆保生全之福。故悉遣疆胡，簡命名將，料整器械，選擇戰士，殫府庫之財，竭食土之實，[91]其所以供奉將軍，何求而不備？君臣相率，共衞旌麾，[92]戰爲雁行，賦爲幣主，雖傾倉覆庫，翦剝民物，上下欣戴，莫敢告勞。何則？推戀戀忠赤之情，盡家家肝腦之計，脣齒輔車，[93]不相爲（賜）〔傷〕。[94]謂爲將軍心合意同，混齊一體，必當并威偶勢，禦寇寧家。何圖凶險讒慝之人，造飾無端，誘導姦利，至令將軍翻然改圖，忘孝友之仁，聽豺狼之謀，[95]誣先公廢立之言，違近者在喪之位，悖紀綱之理，不顧逆順之節，橫易冀州之主，欲當先公之繼。遂放兵鈔撥，[96]屠城殺吏，交尸盈原，裸民滿野，或有髡鬀髮膚，割截支體，寃魂痛於幽冥，創痍號於草棘。[97]又乃圖獲鄴城，許賜秦、胡，[98]財物婦女，豫有分界。[99]或聞告令吏士云：[100]'孤雖有老母，輒使身體完具而已。'[101]聞此言者，莫不驚愕失氣，悼心揮涕，使太夫人憂哀憤懣于堂室，[102]我州君臣士友假寐悲歎，[103]無所措其手足；念欲靜師拱默以聽執事之圖，則懼違《春秋》死命之節，貽太夫人不測之患，[104]隕先公高世之業。[105]且三軍憤慨，人懷私怒，我將軍辭不獲已，[106]以及館陶之役。[107]是時外爲禦難，[108]內實乞罪，既不見赦，而（屠辱谷）〔屠各〕二三其心，[109]臨陣叛戾。我將軍進退無功，首尾受敵，引軍奔避，不敢告辭。亦謂將軍當少垂親親之仁，覬以緩追之惠，[110]而乃尋蹤躡軌，無所逃命。困獸必鬭，以干嚴行，[111]而將軍師旅土崩瓦解，此非人力，乃天意也。是後又望將軍改往修來，克己復禮，追還孔懷如初之愛；[112]而縱情肆怒，[113]趣破家門，[114]企踵鶴立，連結外釁，散鋒放火，播增毒螫，烽煙相望，涉血千里，遺城厄民，引領悲怨，雖欲勿救，惡得已哉！故遂引軍東轅，保正疆場，雖近郊壘，未侵境域，然望旌麾，能不永歎？配等備先公家臣，奉廢立之命。而圖等干國亂家，禮有常刑。故奮敝州之賦，[115]以除將軍之疾，若乃天啓于心，[116]早行其誅，[117]則我將軍蔺蔺悲號于將軍股掌之上，配等亦袒躬布體以待斧鉞之刑。[118]若必不悛，[119]有以國斃，[120]圖頭不縣，軍不旋踵。願將軍詳度事宜，錫以環玦。"[121]

《典略》曰：譚得書悵然，登城而泣。既劫于郭圖，亦以兵鋒累交，遂戰不解。

〔四〕《先賢行狀》曰：配字正南，魏郡人，[122]少忠烈慷慨，有不可犯之節。袁紹領冀州，委以腹心之任，以爲治中別駕，并總幕府。初，譚之去，皆呼辛毗、郭圖家得出，而辛評家獨被收。及配兄子開城門內兵，時配在城東南角樓上，望見太祖兵入，恣辛、郭壞敗冀州，乃遣人馳詣鄴獄，指殺仲治家。[123]是時，辛毗在軍，聞門開，馳走詣獄，欲解其兄家，兄家已死。是日生縛配，將詣帳下，辛毗等逆以馬鞭擊其頭，罵之曰："奴，汝今日真死矣！"配顧曰："狗輩，正由汝曹破我冀州，恨不得殺汝也！且汝今日能殺生我邪？"有頃，公引見，謂配："知誰開卿城門？"配曰："不知也。"曰："自卿（文）〔子〕榮耳。"[124]配曰："小兒不足用乃至此！"公復謂曰："曩日孤之行圍，何弩之多也？"配曰："恨其少耳！"公曰："卿忠于袁氏父子，亦自不得不爾也。"有意欲活之。配既無撓辭，而辛毗等號哭不已，乃殺之。初，冀州人張子謙先降，素與配不善，笑謂配曰："正南，卿竟何如我？"配聲曰："汝爲降虜，審配爲忠臣，雖死，豈若汝生邪！"[125]臨行刑，叱持兵者令北向，曰："我君在北。"[126]

樂資《山陽公載記》及袁暐《獻帝春秋》並云太祖兵入城，審配戰于門中，既敗，逃于井中，於井獲之。

臣松之以爲配一代之烈士，袁氏之死臣，豈當數窮之日，方逃身于井，此之難信，誠爲易了。不知資、暐之徒竟爲何人，未能識別然否，而輕弄翰墨，妄生異端，以行其書。如此之類，正足以誣罔視聽，疑誤後生矣。寔史籍之罪人，達學之所不取者也。

［1］七年：建安七年（202）。

［2］憂死：潘眉《考證》謂"憂"字乃"夏"字之訛。周壽昌《注證遺》又謂"憂"字不誤，袁紹兵敗發病，憂死，亦合情理。若書爲"夏"，則必書月，《後漢書》卷九《獻帝紀》即書作"七年夏五月庚戌，袁紹薨"。吳金華《校詁》亦贊同周説，並爲之補證。

［3］九月至二月：各本均作"二月至九月"。《通鑑》卷六四漢獻帝建安八年《考異》云："《魏志·紹傳》云，譚、尚與太祖相拒黎陽，'自二月至九月'，當云自九月至二月。"校點本即據此改。今從之。

［4］敗退：殿本、盧弼《集解》本作"敗走"，百衲本、校點本作"敗退"。今從百衲本等。

［5］陰安：縣名。治所在今河南清豐縣北。

［6］西平：縣名。治所在今河南西平縣西。

［7］高翔：各本皆作"吕翔"。盧弼《集解》謂吕翔見本書《武帝紀》建安八年。而潘眉《考證》云："'吕翔'當依《後漢書》作'高翔'，《武紀》亦誤。"趙幼文《校箋》謂《通志》亦作"高翔"。按，《通鑑》亦作"高翔"，今從潘説改。

［8］結婚：《後漢書》卷七四下《袁紹附譚傳》云："操知譚詐，乃以子整娉譚女以安之。"

［9］洹（huán）水：即今河南北部衛河支流安陽河。

［10］突門：城下之小門。守城軍可潜出此門進行突擊。《墨子·備突》："城百步，一突門。"

［11］漳水：即漳河。古漳河經今河北臨漳縣東北流。

［12］西山：指鼓山，又名滏山，在今河北武安市西南，屬太行山脈。（本盧弼《集解》）

［13］陽平亭：趙一清《注補》謂《續漢書・郡國志》鄴縣有平陽城，亦即陽平亭。在今河北臨漳縣西二十五里。

［14］滏水：即滏陽河，在今河北磁縣。

［15］曲漳：《後漢書・袁紹附譚傳》李賢注：“漳水之曲。”

［16］灆口：《後漢書・袁紹附譚傳》作“藍口”，李賢注：“相州安陽縣界有藍嵯山，與鄴相近，蓋藍山之口。”潘眉《考證》謂“藍”“灆”古字通。相州安陽縣即今河南安陽縣。

［17］中山：王國名。治所盧奴縣，在今河北定州市。

［18］紹妻：殿本“紹”上有“而”字，百衲本、盧弼《集解》本、校點本無。今從百衲本等。

［19］死：殿本作“妻”，百衲本、盧弼《集解》本、校點本作“死”。今從百衲本等。

［20］天篤降害：《後漢書・袁紹傳下》引此書作“天降災害”。又按，《後漢書》所引與此頗多差異，以下除校兩書共有之字句外，不作校補。

［21］尊公：《後漢書》作“太公”，指袁紹。

［22］賢胤：指袁譚。

［23］願：殿本、盧弼《集解》本作“年”，百衲本、校點本作“願”。今從百衲本等。

［24］青蠅：指進讒言之人。《詩・小雅・青蠅》：“營營青蠅，止于榛，讒人罔極，構我二人。” 干旍：“旍”同“旌”，《後漢書》即作“竿旌”，指袁譚、袁尚。（本李賢注）

［25］無極：《後漢書》作“無忌”，即《左傳》之費無極、《史記》之費無忌。春秋時，楚平王寵信費無忌，任之爲太子少傅。而太子建不悅無忌，無忌遂日夜讒毀太子於平王。平王欲誅太子，太子遂出奔宋（見《史記》卷四〇《楚世家》）。 二壘：指袁譚、

袁尚。(本李賢注)

[26] 胸膂（lǚ）：各本皆作"背膂"。盧弼《集解》謂《後漢書》作"匈膂"。趙幼文《校箋》又謂《通志》、郝經《續後漢書》"背"俱作"胸"，疑作"胸膂"者是。"膂"爲"吕"之借。吕，脊骨也。若作背膂，文義重複，且與股肱不相應。胸膂可絶爲異身，背膂則不得如是云也。按，趙説有理，今據《後漢書》等改。

[27] 三王：指夏、商、周三代開國之君。　五伯："伯"通"霸"。《孟子》趙岐注，以齊桓、晉文、宋襄、秦穆、楚莊爲五霸。

[28] 相殘：《後漢書》作"相殺"。

[29] 有之矣：《後漢書》作"時有之"。

[30] 成王業：《後漢書》李賢注："若周公誅管、蔡之類。"

[31] 定霸功：《後漢書》李賢注："若齊桓公殺子糾也。"

[32] 抚（wù）：殿本、盧弼《集解》本作"拔"。百衲本作"抗"。盧弼《集解》謂馮本作"杌"；又引沈家本曰："'杌'當從'手'。《説文》：'抚，動也。'《史記·司馬相如傳集解》引郭璞曰：'抚，搖也。'此言動搖其本根也。"校點本即作"抚"。今從之。

[33] 垂祚：貽福後世。

[34] 若齊襄復九世之讎：《後漢書》作"昔齊襄公報九世之讎"。《春秋·莊公四年》："紀侯大去其國。"《公羊傳》："大去者何？滅也。孰滅之？齊滅之。曷爲不言齊滅之？爲襄公諱也，《春秋》爲賢者諱。何賢乎襄公？復讎也。何讎爾？遠祖也。哀公亨乎周，紀侯譖之……遠祖者幾世乎？九世矣。"按，紀侯譖齊哀公於周夷王，夷王烹之。齊哀公死後，其弟胡公立，中經獻公、武公、厲公、文公、成公、莊公、釐公，至齊襄公時，共歷九代。（見《史記》卷三二《齊太公世家》）

[35] 士匄（gài）卒荀偃之事：春秋時，晉伐齊，荀偃將中軍，士匄佐之。濟河，荀偃病，目出。及卒，目開口噤，不可含，欒懷子曰："其爲未卒事于齊故也乎？"士匄乃撫之曰："主荀終，

所不嗣事于齊者，有如河。"乃瞑目，開口受含。（見《左傳·襄公十九年》）

[36] 伯游：荀偃字伯游。

[37] 太公：各本均作"文公"。錢大昭《辨疑》、潘眉《考證》皆謂當從《後漢書》作"太公"。郝經《續後漢書》卷九亦作"太公"，校點本即據郝書改。今從之。太公，猶言尊公，指袁紹（本《後漢書》李賢注）。 曹：指曹操。

[38] 宣子：即士匄。 承業：趙幼文《校箋》謂《王仲宣集》"承"下有"臣"字，《通志》同。

[39] 仁君：尊稱袁譚。

[40] 君子之違難不適讎國：《左傳·哀公八年》：公山不狃曰："君子違，不適讎國。"杜預注："違，奔亡也。"適，往，到。

[41] 冀州：指袁尚。當時袁尚據有冀州。 不弟：沒有爲弟之道。 傲：同"傲"。

[42] 莊公：鄭莊公。東周時，鄭武公夫人姜氏，生莊公及共叔段。因莊公逆產，姜氏遂惡莊公而愛段，多次請武公立段，武公不許。至莊公即位，姜氏又爲段求大封邑，致使段傲慢而作亂。莊公既平共叔段之亂，遂置姜氏於城潁，並發誓説："不及黃泉，無相見也！"後莊公爲潁考叔所感動，遂掘一大隧，與姜氏在隧中相見，並賦曰："大隧之中，其樂也融融。"既不違誓言，又恢復了母子感情。（見《左傳·隱公元年》）

[43] 象：舜之異母弟。舜名重華，傳説舜母死，其父瞽叟娶後妻而生象。象性傲不恭，與父多次欲謀殺舜，舜卻對象愈友愛。至舜爲天子後，又封象於有鼻。（見《史記》卷一《五帝本紀》及《正義》引《帝王世紀》）

[44] 前忿：《後漢書》作"百痾"。

[45] 遠思：《後漢書》作"追攝"。

[46] 辛郭：辛評、郭圖。

[47] 閼（è）伯實沈：《左傳·昭公元年》："子產曰：'昔高

辛氏有二子，伯曰閼伯，季曰實沈，居于曠林，不相能也，日尋干戈，以相征討。'"

［48］常棣：《詩‧小雅》篇名，是一首"燕兄弟"之詩。舊說是周公平管叔、蔡叔之亂後，敦勸兄弟和睦之作。詩中有"死喪之威，兄弟孔懷"之句，意謂在有死喪患難時，他人多所畏避，祇有兄弟間能恤念相助。

［49］雖存：《後漢書》李賢注引作"若存"。

［50］涿鹿之戰：傳說黃帝軒轅氏與蚩尤戰於涿鹿之野，蚩尤被殺，黃帝遂有天下。（見《史記》卷一《五帝本紀》）

［51］周公：各本皆作"周武"。盧弼《集解》引沈家本說，"武"字誤，《後漢書》李賢注引作"周公"。按，《詩‧豳風‧破斧》："周公東征，四國是皇。"毛傳："四國，管、蔡、商、奄也。皇，匡也。"鄭箋："周公既反攝政，東伐此四國，誅其君罪，正其人民而已。"今從沈說，據《後漢書‧袁紹附譚傳》李賢注引《魏氏春秋》載劉表遺尚書改。

［52］非彊弱之爭：各本"之"下有"事"字，《後漢書》李賢注引無"事"字，郝經《續後漢書》卷九亦無。校點本即據郝書删"事"字。今從之。

［53］不爲尤：《後漢書》李賢注引無"爲"字。

［54］不傷義：《後漢書》李賢注引無"義"字。又按，"滅親""誅兄"，指周公殺管叔，放蔡叔。

［55］纂：通"續"，繼承。

［56］曹：各本皆作"義"。《後漢書》李賢注引作"曹"。錢大昭《辨疑》云："'義'，范書作'曹'爲是。"按錢說是。今從李賢注引改。惠棟《後漢書補注》卷十七云："曹，眾也。"

［57］克得其和：胡三省云："金能勝木，然執柯伐柯，非木無以成金斲削之利；水能勝火，然水在上，非火無以成水烹飪之功。此類非一，可以概推也。"（《通鑑》卷六四漢獻帝建安八年注）

［58］青州：指袁譚，當時袁譚據有青州。

［59］仁君：尊稱袁尚。

［60］卒：《後漢書》李賢注引作"平"。

［61］計：《後漢書》李賢注引作"評"。

［62］克己復禮：《論語·顏淵》：子曰："克己復禮爲仁。"

［63］斾（pèi）：大旗。《後漢書》李賢注引作"旂"。

［64］違：《後漢書》李賢注引作"遵"。

［65］誚讓：責備。

［66］爲君：《後漢書》李賢注引作"仁君"。

［67］田父之獲：《戰國策·齊三》：淳于髡謂齊王曰："韓子盧者，天下之疾犬也。東郭逡（qūn）者，海内之狡兔也。韓子盧逐東郭逡，環山者三，騰山者五，兔極於前，犬廢於後，犬兔俱罷，各死其處。田父見之，無勞倦之苦，而擅其功。"

［68］泰：卦名。乾下坤上，《易·泰卦》象辭："天地交而萬物通也。"此爲通泰順利之意。

［69］否（pǐ）：卦名。坤下乾上，《易·否卦》象辭："天地不交而萬物不通也。"此爲不通泰不順利之意。

［70］同盟永無望：《後漢書》李賢注："（劉）表二書並見《王粲集》。"按，當時王粲客居荆州，蓋王粲代劉表所作。又王先謙《後漢書集解》："王補曰：表與尚書，詳見章樵注本《古文苑》十，韓無咎本無之，其書七百七十九字。章懷注及《魏志·紹傳》注所引《魏氏春秋》，僅録其半，且互有删節。"

［71］審配獻書於譚：《後漢書·袁紹傳下》亦載有此書，而與此所載互有删節，以下仍校二者共有之字句，不作校補。

［72］國君死社稷：《左傳·襄公二十五年》載晏子曰："故君爲社稷死，則死之；爲社稷亡，則亡之。"

［73］忠臣死王命：《左傳·宣公十五年》載解楊答楚子使曰："受命以出，有死無實，又可賂乎？臣之許者，以成命也。死而成命，臣之禄也。"

［74］敗亂：《後漢書》作"剥亂"。

［75］蔽：決斷。　管蔡之獄：《左傳·昭公元年》載鄭太叔曰："周公殺管叔而蔡蔡叔，夫豈不愛？王室故也。"

［76］季友：春秋時，魯莊公夫人哀姜無子；而莊公愛孟女，孟女生子斑，莊公欲立之。莊公又有三弟，長曰慶父，次曰叔牙，次曰季友。及莊公重病，問嗣於叔牙。叔牙欲立慶父，莊公患之。既而又問季友，季友請立斑，與莊公意合。季友遂以莊公命使叔牙待於魯大夫針巫氏，又使針季以鴆飲叔牙，叔牙遂死（見《史記》卷三三《魯周公世家》）。又《公羊傳·莊公三十二年》謂季友鴆殺叔牙，"誅不得辟兄，君臣之義也"。

［77］蒯瞶（kuì）：衛靈公之子。　輒：蒯瞶之子。

［78］戚：邑名。春秋衛國地，在今河南濮陽縣東南戚城。

［79］石曼姑之義：《公羊傳·哀公三年》記衛大夫石曼姑率師圍戚，討伐蒯瞶曰："曼姑受命乎靈公而立輒，以曼姑之義，爲固可以拒之也。"

［80］先公：指袁紹。　紬：通"黜"。《後漢書》正作"黜"。續賢兄：謂過繼給袁紹之兄爲子。

［81］我將軍：指袁尚。　適：通"嫡"。《後漢書》正作"嫡"。

［82］叔父：周壽昌《注證遺》云："此出繼後，不稱本生爲父之證。"

［83］即世：去世。

［84］斬衰（cuī）：古代喪服名。用生粗麻布製作，左右及下邊皆不縫邊，是喪服中最重者，父死，子服斬衰。　居廬：又稱爲居倚廬。古喪禮，父母死後，子於中門外東牆下另立簡陋之室，別居守喪，稱居廬，或稱居倚廬。《禮記·喪服大記》："父母之喪，居倚廬，不塗。"

［85］堊（è）室：古時有喪事者所居之室。《釋名·釋宮室》："堊，亞也；亞，次也。先泥之，次以白灰飾之也。"《周禮·天官冢宰·宮正》："大喪則授廬舍，辨其親疏貴賤之居。"鄭玄注：

"廬，倚廬也。舍，堊室也。親者貴者居倚廬，疏者賤者居堊室。"趙幼文《〈三國志集解〉辨證》云："審配舉此以證尚爲紹繼嗣，位尊而親，故居廬。譚出嗣其伯父，位卑而疏，故居堊室。"

[86] 是時凶臣逢紀：《後漢書》作"何意凶臣郭圖"。盧弼《集解》謂本書前文云"配、紀與尚比，評、圖與譚比"，此文後又有"圖等干國亂家""圖頭不懸，軍不旋踵"之語，似指郭圖爲是。而《集解》又引沈家本説，認爲逢紀爲袁譚所殺，故此文下云"將軍奮赫然之怒，誅不旋時"；下文"凶險讒慝之人"，方指郭圖。蓋譚、尚相攻，實由郭圖所造成，《後漢書》刪去"將軍奮赫然之怒"一段，故改"逢紀"爲"郭圖"，以合文義，但已非原文。至於審配稱逢紀爲"凶臣"，或許有意歸罪於逢紀而自解脱。按，沈説有理，當從。

[87] 畫蛇足：比喻不應有的舉動。語本《戰國策·齊二》。

[88] 懿親：至親。

[89] 我將軍：各本均無"我"字。李慈銘《札記》謂當有"我"字，蓋袁譚誅逢紀後，令袁尚誅其妻子。校點本即從李説增"我"字。今從之。

[90] 淫刑：此當指袁尚承袁譚之旨誅殺逢紀之妻子。

[91] 土：百衲本作"士"，今從殿本、盧弼《集解》本、校點本作"土"。

[92] 旌麾：旌旗。此指袁譚。

[93] 輔：面頰。 車：牙牀骨。《左傳·僖公五年》：宮之奇曰："諺所謂輔車相依，脣亡齒寒者。"

[94] 傷：各本作"賜"。趙幼文《校箋》謂郝經《續後漢書》作"傷"。按，作"賜"於義不通，今據《續後漢書》改。

[95] 聽豺狼之謀：《後漢書》作"襲閧、沈之迹"。

[96] 鈔撥：《後漢書》作"鈔突"。趙幼文《校箋》謂郝經《續後漢書》"撥"亦作"突"。

[97] 號：《後漢書》作"被"。

［98］秦：指漢人。 胡：指少數族。

［99］分界：《後漢書》作"分數"。趙幼文《校箋》謂郝經《續後漢書》亦作"分數"。

［100］或聞：趙幼文《校箋》謂郝經《續後漢書》"或"字作"又"，下無"聞"字。

［101］輒：《後漢書》作"趣"，殿本《考證》謂宋本作"趣"。

［102］憂哀憤懣于堂室：《後漢書》無"于堂室"三字。趙幼文《校箋》謂郝經《續後漢書》亦無。

［103］君臣士友假寐悲歎：《後漢書》作"君臣監寐悲歎"。按，假寐、監寐，皆指不脫衣而臥。《後漢書》卷七《桓帝紀》"監寐寤歎"李賢注："監寐，言雖寢而不寐也。"

［104］眙：《後漢書》作"詒"。按，二字通，皆遺給之義。

［105］隕先公高世之業：《後漢書》作"損先公不世之業"。李賢注："不世，猶言非常也。"郝經《續後漢書》又作"隕先公萬世之業"。

［106］辭不獲已：《後漢書》作"辭不獲命"。趙幼文《校箋》謂郝經《續後漢書》"已"亦作"命"。

［107］館陶之役：《後漢書》李賢注引《獻帝春秋》曰："譚、尚遂尋干戈以相征討。譚軍不利，保於平原，尚乃軍於館陶（今河北館陶縣）。譚擊敗之，尚走保險。譚追攻之，尚設奇伏大破譚軍，僵尸流血不可勝計。譚走還平原。"

［108］難：趙幼文《校箋》謂郝經《續後漢書》作"侮"。

［109］屠各：各本皆作"屠辱各"，校點本所校底本又作"屠辱谷"。梁章鉅《旁證》云："陳景雲曰：'屠'下衍一'辱'字。屠各者，匈奴種也。是時袁尚攻譚，倚匈奴爲助，及交鋒之後，譚兵擊其前，屠各叛於後，故繼云'進退無功，首尾受敵'也。"校點本即從陳說改爲"屠各"。今從之。

［110］貺（kuàng）：贈給。 緩追之惠：《穀梁傳·隱公元

年》："緩追逸賊，親親之道也。"

[111] 嚴行：吳金華《校詁》引《漢書·嚴助傳》"如使越人蒙徼幸以逆執事之顏行"顏師古注引文穎曰："顏行猶雁行，在前行，故曰顏也。"又引朱起鳳《辭通》謂"嚴行"與"顏行"聲近義通。則"嚴行"猶"雁行"，即謂相次而行，如群雁飛行之有行列。趙幼文《校箋》則謂郝經《續後漢書》"行"作"刑"。

[112] 孔懷：《詩·小雅·常棣》："兄弟孔懷。"後世因以"孔懷"稱兄弟。

[113] 肆：趙幼文《校箋》謂郝經《續後漢書》作"重"。

[114] 趣（cù）：從速，加快。

[115] 敝：百衲本作"獘"，殿本、盧弼《集解》本、校點本作"敝"。今從殿本等。　賦：軍隊。

[116] 于心：《後漢書》作"尊心"。趙幼文《校箋》謂郝經《續後漢書》亦作"尊心"。

[117] 早行其誅：《後漢書》與郝經《續後漢書》皆作"革圖易慮"。

[118] 祖躬布體：裸身露體。《後漢書》作"敷躬布體"。趙幼文《校箋》謂郝經《續後漢書》"祖"字亦作"敷"。　待：趙幼文謂郝書作"聽"。　斧鉞：《後漢書》作"斧鑕"。

[119] 若必：《後漢書》作"如又"。

[120] 有以國斃：《後漢書》作"禍將及之"。

[121] 環玦：意謂望賜書表明態度。《後漢書》李賢注："《孫卿子》曰：絶人以玦，反人以環。"

[122] 魏郡：梁章鉅《旁證》引沈欽韓説，據《隸釋·陳球碑》碑陰"故吏陰安審配"，則配是魏郡陰安人。

[123] 仲治：辛評字仲治。

[124] 卿子：各本皆作"卿文"。殿本《考證》盧明楷曰："上正文云'配兄子榮守東門，夜開門内太祖兵'，則此'文'字疑爲'子'字之譌。"盧弼《集解》云："《册府元龜》亦作

‘子’，何焯校改同。”校點本從何焯説校改。今從之。

［125］若：《通鑑》卷六四漢獻帝建安九年作“羨”。趙幼文《校箋》謂郝經《續後漢書》亦作“羨”。

［126］我君在北：胡三省云：“謂袁尚已北奔也。”（《通鑑》卷六四漢獻帝建安九年注）

　　太祖之圍鄴也，譚略取甘陵、安平、勃海、河間，[1]攻尚於中山。尚走故安從熙，[2]譚悉收其衆。太祖將討之，譚乃拔平原，并南皮，[3]自屯龍湊。[4]十二月，太祖軍其門，譚不出，夜遁奔南皮，臨清河而屯。[5]十年正月，攻拔之，斬譚及圖等。熙、尚爲其將焦觸、張南所攻，奔遼西烏丸。[6]觸自號幽州刺史，驅率諸郡太守令長，背袁向曹，陳兵數萬，殺白馬盟，令曰：“違命者斬！”衆莫敢語，各以次歃。至別駕韓珩，曰：“吾受袁公父子厚恩，今其破亡，智不能救，勇不能死，於義闕矣；若乃北面於曹氏，所弗能爲也。”一坐爲珩失色。觸曰：“夫興大事，當立大義，事之濟否，不待一人，可卒珩志，以勵事君。”高幹叛，執上黨太守，舉兵守壺口關。[7]遣樂進、李典擊之，未拔。十一年，太祖征幹，幹乃留其將夏昭、鄧升守城，自詣匈奴單于求救，不得，獨與數騎亡，欲南奔荊州，上洛都尉捕斬之。[一][8]十二年，太祖至遼西擊烏丸。尚、熙與烏丸逆軍戰，敗走奔遼東，[9]公孫康誘斬之，送其首。[二]太祖高韓珩節，屢辟不至，卒於家。[三]

　　〔一〕《典論》曰：[10]上洛都尉王琰獲高幹，以功封侯；其妻哭于室，以爲琰富貴將更娶妾媵而奪己愛故也。

　　〔二〕《典略》曰：尚爲人有勇力，欲奪取康衆，與熙謀曰："今到，康必相見，欲與兄手擊之，有遼東猶可以自廣也。"康亦心計曰："今不取熙、尚，無以爲説於國家。"乃先置其精勇于廄中，然後請熙、尚。熙、尚入，康伏兵出，皆縛之，坐于凍地。尚寒，求席，熙曰：[11]"頭顱方行萬里，何席之爲！"遂斬首。譚，字顯思。熙，字顯奕。[12]尚，字顯甫。

　　《吳書》曰：尚有弟名買，與尚俱走遼東。《曹瞞傳》云：買，尚兄子。未詳。

　　〔三〕《先賢行狀》曰：珩字子佩，代郡人，清粹有雅量。少喪父母，奉養兄姊，宗族稱（孝）悌焉。[13]

　　[1] 甘陵：王國名。治所甘陵縣，在今山東臨清市東。　安平：王國名。治所信都縣，在今河北冀州市。　河間：王國名。治所樂成縣，在今河北獻縣東南。

　　[2] 故安：縣名。治所在今河北易縣東南。

　　[3] 南皮：縣名。治所在今河北南皮縣東北。

　　[4] 龍湊：地名。在今山東平原縣東南古黃河北岸。

　　[5] 清河：河名。胡三省云："《水經》清河過南皮縣西。"（《通鑑》卷六四漢獻帝建安九年注）

　　[6] 遼西：郡名。治所陽樂縣，在今遼寧義縣西偏南古城子溝。（本《〈中國歷史地圖集〉釋文匯編（東北卷）》）

　　[7] 壺口關：關隘名。在今山西長治市東南壺口山下。此地山川相錯，地形如壺，故名。

　　[8] 上洛：縣名。治所在今陝西商州市。　都尉：官名。西漢時郡置都尉，輔佐郡守並掌本郡軍事。東漢廢除，僅在邊郡或關塞之地置都尉及屬國都尉，並漸漸分縣治民，職如太守。上洛雖非邊

郡地區，而西北有峻關，蓋險塞之地，故置都尉。

[9] 遼東：郡名。治所襄平縣，在今遼寧遼陽市。

[10] 典論：校點本及盧弼《集解》本作"典略"，百衲本、殿本作"典論"，《後漢書》李賢注引亦作"典論"。今從百衲本等。

[11] 熙曰：《後漢書》作"康曰"。潘眉《考證》謂當作"康曰"，"熙"字誤。周壽昌《注證遺》又謂袁尚寒求席，袁熙故作此憤語。

[12] 顯奕：《後漢書》作"顯雍"。惠棟《後漢書補注》謂《王粲集》中《劉表與尚書》有"得賢兄、貴弟顯雍及審別駕書"之語，袁熙爲袁尚兄，不應稱貴弟。而《吳書》曰"尚有弟名買"，或許買字顯雍，熙字當從《魏志》作"顯奕"。潘眉《考證》卻云："'顯奕'《後漢書》作'顯雍'，'雍''熙'字義相應，此'奕'字誤。"

[13] 悌：各本皆作"孝悌"。梁章鉅《旁證》謂《後漢書》李賢注引無"孝"字，既云"奉養兄姊"，"孝"字宜衍。潘眉《考證》說同。按，梁、潘之說有理，今删"孝"字。

袁術字公路，司空逢子，紹之從弟也。以俠氣聞。[1]舉孝廉，[2]除郎中，歷職內外，後爲折衝校尉、虎賁中郎將。[3]董卓之將廢帝，以術爲後將軍；術亦畏卓之禍，出奔南陽。會長沙太守孫堅殺南陽太守張咨，術得據其郡。南陽戶口數百萬，而術奢淫肆欲，徵斂無度，百姓苦之。既與紹有隙，又與劉表不平而北連公孫瓚；紹與瓚不和而南連劉表。其兄弟攜貳，舍近交遠如此。〔一〕引軍入陳留。[4]太祖與紹合擊，大破術軍。術以餘衆奔九江，[5]殺揚州刺史陳溫，領其州。〔二〕以張勳、橋蕤等爲大將。[6]李傕入長安，欲結術爲援，

以術爲左將軍，封陽翟侯，[7]假節，遣太傅馬日磾因循行拜授。術奪日磾節，拘留不遣。〔三〕

〔一〕《吳書》曰：時議者以靈帝失道，使天下叛亂，少帝幼弱，[8]爲賊臣所立，又不識母氏所出。幽州牧劉虞宿有德望，紹等欲立之以安當時，使人報術。術觀漢室衰陵，陰懷異志，故外託公義以拒紹。紹復與術書曰：“前與韓文節共建永世之道，[9]欲海内見再興之主。今西名有幼君，無血脉之屬，公卿以下皆媚事卓，安可復信！但當使兵往屯關要，皆自麼死于西。東立聖君，太平可冀，如何有疑！又室家見戮，不念子胥，[10]可復北面乎？違天不祥，願詳思之。”術答曰：“聖主聰叡，有周成之質。賊卓因危亂之際，威服百寮，此乃漢家小厄之會。亂尚未厭，復欲興之。乃云今主‘無血脉之屬’，豈不誣乎！先人以來，奕世相承，忠義爲先。太傅公仁慈惻隱，[11]雖知賊卓必爲禍害，以信徇義，不忍去也。門户滅絶，死亡流漫，幸蒙遠近來相赴助，不因此時上討國賊，下刷家恥，而圖於此，非所聞也。又曰‘室家見戮，可復北面’，此卓所爲，豈國家哉？[12]君命，天也，天不可雠，況非君命乎！悃悃赤心，[13]志在滅卓，不識其他。”

〔二〕臣松之案《英雄記》：“陳溫字元悌，汝南人。先爲揚州刺史，自病死。袁紹遣袁遺領州，[14]敗散，奔沛國，[15]爲兵所殺。袁術更用陳瑀爲揚州。瑀字公瑋，下邳人。[16]瑀既領州，而術敗于封丘，[17]南向壽春，瑀拒術不納。術退保陰陵，[18]更合軍攻瑀，瑀懼走歸下邳。”如此，則溫不爲術所殺，[19]與本傳不同。

〔三〕《三輔決録注》曰：日磾字翁叔，馬融之族子。[20]少傳融業，以才學進。與楊彪、盧植、蔡邕等典校中書，[21]歷位九卿，遂登台輔。

《獻帝春秋》曰：術從日磾借節觀之，因奪不還，（備）〔條〕軍中（千）〔十〕餘人，[22]使促辟之。日磾謂術曰：“卿家先世諸公，辟士云何，而言促之，謂公府掾可劫得乎！"從術求去，而術留之不遣；既以失節屈辱，憂恚而死。

　　［1］以：趙幼文《校箋》謂《後漢書》、《季漢書》、郝經《續後漢書》、《通志》"以"上俱有"少"字。

　　［2］孝廉：漢代選拔官吏的主要科目。孝指孝子，廉指廉潔之士。原本爲二科，後混同爲一科，也不再限於孝子和廉吏。東漢後期定制爲不滿四十歲者不得察舉；被舉者先詣公府課試，以觀其能。郡國每年要向中央推舉一至二人。

　　［3］折衝校尉：官名。東漢末置，爲領兵武職。《後漢書》卷七五《袁術傳》謂術"舉孝廉，累遷至河南尹，虎賁中郎將"。

　　［4］引軍：徐紹楨《質疑》謂"引軍"上當有"術"字。

　　［5］九江：郡名。東漢末治所壽春，在今安徽壽縣。

　　［6］大將：百衲本、盧弼《集解》本、校點本均作"大將軍"，殿本作"大將"。殿本《考證》云："監本作'大將軍'，《呂布傳》云'遣大將張勳攻布'。'軍'字衍文，今改正。"今從殿本。

　　［7］陽翟：縣名。治所在今河南禹州市。

　　［8］少帝：指漢獻帝劉協。

　　［9］韓文節：韓馥字文節。

　　［10］子胥：伍子胥，名員，春秋楚人。子胥父伍奢、兄伍尚被費無忌誣陷，爲楚平王所殺。子胥逃奔吳國，得吳王闔廬信任，後隨吳軍伐楚，攻入郢都，楚昭王出奔。子胥遂掘楚平王墓，出其尸，鞭之三百，以報殺父、兄之仇。（見《史記》卷六六《伍子胥列傳》）

　　［11］太傅公：指袁隗。袁隗於漢獻帝初爲太傅，被董卓所殺。

　　［12］國家：指漢獻帝。

　　［13］僂僂（lóu）：形容恭謹。

〔14〕袁遺：袁紹從兄。主要事迹見本書卷一《武帝紀》初平元年及裴注。

〔15〕沛國：王國名。治所相縣，在今安徽濉溪縣西北。

〔16〕下邳：王國名。治所下邳縣，在今江蘇睢寧縣西北。按，《後漢書》卷五六《陳球傳》謂陳瑀爲陳球子，下邳淮浦（今江蘇漣水縣西）人。

〔17〕封丘：縣名。治所在今河南封丘縣。

〔18〕陰陵：縣名。治所在今安徽定遠縣西北。

〔19〕溫不爲術所殺：趙一清《注補》、梁章鉅《旁證》皆謂《後漢書·獻帝紀》《袁術傳》均載袁術殺揚州刺史陳溫，不得以《英雄記》之載疑之。周壽昌《注證遺》又謂當從《英雄記》，陳溫乃自病死，非術所殺。且袁術以陳瑀爲揚州刺史，非遽自領。盧弼《集解》又引《通鑑考異》所引《九州春秋》，謂初平三年揚州刺史陳禕死，袁術以陳瑀領揚州。蓋“陳禕”當爲“陳溫”，實死於初平三年。據此，則又與裴注引《英雄記》相合。

〔20〕族子：《後漢書》卷六〇上《馬融傳》作“族孫”。

〔21〕中書：皇宮中的藏書。

〔22〕條軍中十餘人：各本皆作“備軍中千餘人”。盧弼《集解》謂《後漢書·孔融傳》注引此作“條軍中十餘人”，《通鑑》同。按，郝經《續後漢書·馬日磾傳》亦作“條軍中十餘人”。吳金華《校詁》亦謂“備”當爲“條”之形訛。“條”謂分條陳述。此言袁術欲使“千餘人”受辟，亦不合事理，當以作“十餘人”者爲得實。今據《後漢書·孔融傳》李賢注引《獻帝春秋》改。

時沛相下邳陳珪，[1]故太尉球弟子也。[2]術與珪俱公族子孫，少共交游，書與珪曰：“昔秦失其政，天下羣雄爭而取之，兼智勇者卒受其歸。今世事紛擾，復有瓦解之勢矣，誠英乂有爲之時也。[3]與足下舊交，豈肯左右之乎？若集大事，子實爲吾心膂。”珪中子應時在下邳，術並脅質應，圖必致珪。珪答書曰：“昔秦末世，肆暴恣情，虐流天下，毒被生民，下不堪命，故遂土崩。今雖季世，未有亡秦苛暴之亂也。曹將軍神武應期，[4]興復典刑，[5]將撥平凶慝，清定海內，信有徵矣。以爲足下當戮力同心，匡翼漢室，而陰謀不軌，以身試禍，豈不痛哉！若迷而知反，尚可以免。吾備舊知，故陳至情，雖逆于耳，肉骨之惠也。[6]欲吾營私阿附，有犯死不能也。”

　　興平二年冬，[7]天子敗於曹陽。術會羣下謂曰："今劉氏微弱，海內鼎沸。吾家四世公輔，百姓所歸，欲應天順民，於諸君意如何？”衆莫敢對。主簿閻象進曰：“昔周自后稷至于文王，積德累功，三分天下有其二，猶服事殷。明公雖奕世克昌，未若有周之盛，漢室雖微，未若殷紂之暴也。”術嘿然不悅。用河內張烱之符命，[8]遂僭號。〔一〕以九江太守爲淮南尹。[9]置公卿，祠南北郊。[10]荒侈滋甚，後宮數百皆服綺縠，餘粱肉，〔二〕而士卒凍餒，江淮閒空盡，人民相食。術前爲呂布所破，後爲太祖所敗，奔其部曲雷薄、陳蘭于灊山，[11]復爲所拒，憂懼不知所出。將歸帝號於紹，欲至青州從袁譚，發病道死。〔三〕妻子依術故吏廬江太守劉勳，孫策破勳，復見收視。術女入孫權宮，子燿拜郎中，燿女又配於權子奮。

　　〔一〕《典略》曰：術以袁姓出陳，[12]陳，舜之後，以土承火,[13]得應運之次。又見讖文云:[14]"代漢者,當塗高也。"自以名字當之,[15]乃建號稱仲氏。[16]

〔二〕《九州春秋》曰:司隸馮方女,[17]國色也,避亂揚州,術登城見而悦之,遂納焉,甚愛幸。諸婦害其寵,(語)〔紿〕之曰:[18]"將軍貴人有志節,當時時涕泣憂愁,必長見敬重。"馮氏以爲然,後見術輒垂涕,術以有心志,[19]益哀之。諸婦人因共絞殺,懸之廁梁,術誠以爲不得志而死,乃厚加殯斂。

〔三〕《魏書》曰:術歸帝號于紹曰:"漢之失天下久矣,天子提挈,[20]政在家門,豪雄角逐,分裂疆宇,此與周之末年七國分勢無異,卒彊者兼之耳。加袁氏受命當王,符瑞炳然。今君擁有四州,民户百萬,以彊則無與比大,論德則無與比高。曹操欲扶衰拯弱,安能續絶命救已滅乎?"紹陰然之。

《吴書》曰:術既爲雷薄等所拒,留住三日,士衆絶糧,乃還至江亭,去壽春八十里。問廚下,尚有麥屑三十斛。時盛暑,欲得蜜漿,又無蜜。坐櫺牀上,[21]歎息良久,乃大咤曰:[22]"袁術至于此乎!"因頓伏牀下,嘔血斗餘遂死。[23]

[1] 相:官名。王國相由朝廷直接委派,執掌王國行政大權,相當於郡太守,秩二千石。 陳珪:字漢瑜,事見《後漢書》卷五六《陳球傳》及李賢注引謝承《後漢書》。

[2] 太尉球:據《後漢書·陳球傳》,陳球爲太尉在漢靈帝光和元年,後與劉郃等謀誅宦官,謀泄,下獄死。

[3] 英乂(yì):才智傑出的人物。

[4] 期:期數,運數。

[5] 典刑:舊的典章法規。

[6] 肉骨:校點本作"骨肉",百衲本、殿本、盧弼《集解》本作"肉骨"。今從百衲本等。

[7] 興平:漢獻帝劉協年號(194—195)。

［8］符命：指天授命爲天子的祥瑞。

［9］尹：漢代，京城所在之郡稱尹，其長官亦稱尹。

［10］南北郊：漢代皇帝每年冬至日在京城南郊之圜丘祭天，稱南郊；又在每年的夏至日在北郊之方澤祭地，稱北郊。

［11］雷薄：潘眉《考證》謂本書《劉馥傳》作“雷緒”。陳蘭：錢大昭《辨疑》謂《後漢書》卷七五《袁術傳》作“陳簡”。　灊（qián）山：《後漢書・袁術傳》李賢注：“灊縣之山也。”灊縣治所在今安徽霍山縣東北。今霍山縣有霍山，亦即古之灊山。

［12］袁姓出陳：《後漢書・袁術傳》李賢注：“陳大夫轅濤塗，袁氏其後也。”按，洪适《隸釋》載《袁良碑》云：“周之興，虞閼父典陶正，嗣滿爲陳侯。至玄孫濤塗立，姓曰袁，魯僖公四年爲大夫。”

［13］以土承火：按五行相生之説，火生土，故云土承火。《後漢書・袁術傳》作“以黄代赤”，李賢注：“五行火生土，故云以黄代赤。”

［14］讖：是漢代方士製作的隱語或預言，作爲吉凶的符驗或徵兆。

［15］自以名字當之：《後漢書・袁術傳》作“自云名字應之”，李賢注：“當塗高者，魏也。然術自以‘術’及‘路’皆是‘塗’，故云應之。”

［16］仲氏：《後漢書》卷七五《袁術傳》作“仲家”。李賢注：“‘仲’或作‘沖’。”錢大昕《廿二史考異》云：“沖家猶沖人、沖子也。當以沖爲是。”盧弼《集解》引沈濤曰：“仲乃術所僭國號，其稱家，猶漢氏之稱漢家耳。《公孫述傳》‘遂自立爲天子，號成家’，亦是僭國號曰成也。”

［17］馮方：錢大昭《辨疑》云：“按‘馮方’疑即‘馮芳’，中平五年初置西園八校尉，以芳爲助軍右校尉。見《靈帝紀》及《袁紹傳》注，此作‘馮方’，疑誤。”

〔18〕紿：各本皆作“語”。錢大昭《辨疑》謂當從《後漢書·袁術傳》作“紿”。按，《後漢書》卷七五《袁術傳》李賢注引此《九州春秋》作“紿”。今從錢説改。《玉篇·糸部》：“紿，欺也。”

〔19〕術：百衲本作“果”，殿本、盧弼《集解》本、校點本作“術”。今從殿本等。

〔20〕提挈：此謂任人携帶、擺佈。

〔21〕欞（líng）牀：有欄杆的牀。《後漢書·袁術傳》作“簀牀”，李賢注：“簀，第也。謂無茵席也。”

〔22〕咤（zhà）：悲痛。

〔23〕遂：盧弼《集解》本、校點本作“而”，百衲本、殿本作“遂”。宋本《册府元龜》卷九四二引亦作“遂”。今從百衲本等。

劉表字景升，山陽高平人也。[1]少知名，號八俊。〔一〕[2]長八尺餘，姿貌甚偉。[3]以大將軍掾爲北軍中候。[4]靈帝崩，代王叡爲荆州刺史。[5]是時山東兵起，表亦合兵軍襄陽。〔二〕袁術之在南陽也，與孫堅合從，欲襲奪表州，使堅攻表。堅爲流矢所中死，軍敗，術遂不能勝表。李傕、郭汜入長安，欲連表爲援，乃以表爲鎮南將軍、荆州牧，[6]封成武侯，[7]假節。天子都許，[8]表雖遣使貢獻，然北與袁紹相結，治中鄧羲諫表，表不聽，〔三〕羲辭疾而退，終表之世。[9]張濟引兵入荆州界，攻穰城，爲流矢所中死。荆州官屬皆賀，表曰：“濟以窮來，主人無禮，[10]至于交鋒，此非牧意，牧受弔，不受賀也。”使人納其衆；衆聞之喜，遂服從。長沙太守張羨叛表，〔四〕[11]表圍之，連年不下。羨病死，長沙復立其子懌，表遂攻并懌，南收零、桂，[12]北據漢川，[13]地方數千里，帶甲十餘萬。〔五〕

　〔一〕張璠《漢紀》曰：表與同郡人張隱、薛郁、王訪、宣靖、（公褚恭）〔公緒恭〕、劉祗、田林爲八交，[14] 或謂之八顧。[15]

　《漢末名士録》云：表與汝南陳翔字仲麟、范滂字孟博、魯國孔昱字世元、勃海苑康字仲真、山陽檀敷字文友、張儉字元節、南陽岑晊字公孝爲八友。[16]

　謝承《漢書》曰：[17] 表受學於同郡王暢。[18] 暢爲南陽太守，行過乎儉。表時年十七，進諫曰：“奢不僭上，儉不逼下，[19] 蓋中庸之道，是故蘧伯玉恥獨爲君子。[20] 府君若不師孔聖之明訓，[21] 而慕夷齊之末操，[22] 無乃皎然自遺於世！”[23] 暢答曰：“以約，失之者鮮矣。[24] 且以矯俗也。”

　〔二〕司馬彪《戰略》曰：[25] 劉表之初爲荆州也，江南宗賊盛，[26] 袁術屯魯陽，[27] 盡有南陽之衆。吳人蘇代領長沙太守，貝羽爲華容長，[28] 各阻兵作亂。表初到，單馬入宜城，[29] 而延中盧人蒯良、蒯越、襄陽人蔡瑁與謀。[30] 表曰：“宗賊甚盛，而衆不附，袁術因之，[31] 禍今至矣！[32] 吾欲徵兵，恐不集，[33] 其策安出？”良曰：“衆不附者，仁不足也，附而不治者，義不足也；苟仁義之道行，百姓歸之如水之趣下，何患所至之不從而問興兵與策乎？”表顧問越，[34] 越曰：“治平者先仁義，治亂者先權謀。兵不在多，在得人也。袁術勇而無斷，蘇代、貝羽皆武人，不足慮。宗賊帥多貪暴，爲下所患。越有所素養者，使示之以利，必以衆來。君誅其無道，[35] 撫而用之。一州之人，有樂存之心，聞君盛德，必襁負而至矣。兵集衆附，南據江陵，北守襄陽，荆州八郡可傳檄而定。[36] 術等雖至，無能爲也。”表曰：“子柔之言，[37] 雍季之論也。異度之計，[38] 臼犯之謀也。”[39] 遂使越遣人誘宗賊，[40] 至者五十五人，[41] 皆斬之。襲取其衆，或即授部曲。唯江夏賊張虎、陳生擁衆據襄陽，[42] 表乃使越與龐季單騎往説降之，江南遂悉平。

〔三〕《漢晋春秋》曰：表答羲曰："内不失貢職，外不背盟主，此天下之達義也。[43]治中獨何怪乎？"

〔四〕《英雄記》曰：張羨，南陽人。先作零陵、桂陽長，[44]甚得江、湘間心，[45]然性屈彊不順。表薄其爲人，不甚禮也。羨由是懷恨，遂叛表焉。

〔五〕《英雄記》曰：州界羣寇既盡，表乃開立學官，[46]博求儒士，使綦毋闓、宋忠等撰定《五經章句》，[47]謂之《後定》。

[1] 高平：侯國名。治所在今山東微山縣西北。

[2] 八俊：盧弼《集解》引沈家本説，"八俊"在裴注中作"八顧"，《後漢書》卷七四下《劉表傳》及卷六七《黨錮傳》亦作"八顧"，疑"俊"字誤；且《黨錮傳》列八俊人名，前後二説並無劉表名。按，《後漢書·黨錮傳序》列劉表於"八及"之中。

[3] 甚偉：趙幼文《校箋》謂《後漢書》《通志》"甚"作"温"。

[4] 北軍中候：官名。東漢置，秩六百石。掌監警衛京師的屯騎、越騎、步兵、長水、射聲等校尉所領的北軍五營。

[5] 王叡：字通耀，王祥之伯父。事迹見本書卷四六《孫堅傳》注引《王氏譜》及《吳錄》。　荆州：刺史治所本在漢壽縣，在今湖南常德市東北。劉表爲刺史，移治所於襄陽縣，在今湖北襄陽市。

[6] 鎮南將軍：官名。將軍名號之一，東漢末有鎮東、西、南、北將軍各一人。

[7] 成武：縣名。治所在今山東成武縣。

[8] 天子：趙幼文《校箋》謂《册府元龜》卷四四六引"天"上有"時"字。

[9] 世：趙幼文《校箋》謂《後漢書》、郝經《續後漢書》

"世"下有"不仕"二字。又按，《後漢書》"鄧義"作"鄧義"。

[10] 主人無禮：胡三省云："言無郊勞授館之禮。"（《通鑑》
卷六二漢獻帝建安元年注）

[11] 長沙：郡名。治所臨湘縣，在今湖南長沙市。

[12] 零：指零陵郡，治所泉陵縣，在今湖南永州市。　桂：
指桂陽郡，治所郴縣，在今湖南郴州市。

[13] 漢川：指襄陽上下漢水左右之地。

[14] 公緒恭：各本作"公褚恭"。錢大昭《辨疑》云："《後
漢書·黨錮傳》作'公緒恭'，李賢曰：'公緒姓也。'此作'公
褚'誤。"陳景雲説同。校點本即據陳、錢二家之説改"褚"爲
"緒"。今從之。

[15] 顧：《後漢書·黨錮傳序》："顧者，言能以德行引人
者也。"

[16] 八友：此所録八友之名，俱見《後漢書·黨錮傳序》，
而有三人之字與此稍異。陳翔字仲麟，《後漢書》作"字子麟"；
孔昱字世元，《後漢書》作"字元世"；檀敷字文友，《後漢書》作
"字文有"。

[17] 漢書：校點本作"後漢書"，百衲本、殿本、盧弼《集
解》本皆作"漢書"。按，謝承所撰爲《後漢書》，而裴松之注往
往簡稱爲《漢書》，今從百衲本等。

[18] 王暢：字權茂，王粲之祖父。見本書卷二一《王粲傳》
及裴注引張璠《漢紀》。

[19] 逼下：《後漢書》卷五六《王龔附暢傳》李賢注："《禮
記》曰：'君子上不僭上，下不逼下。'"

[20] 蘧（qú）伯玉：春秋衛大夫，名瑗，是一位很有道德修
養的人。孔子説他："君子哉蘧伯玉！邦有道，則仕；邦無道，則
可卷而懷之。"（《論語·衛靈公》）

[21] 府君：對王暢的尊稱，因王暢當時爲南陽太守。

[22] 夷齊：指伯夷、叔齊，商末孤竹君之長子與次子。二人

至周，遇武王伐紂，攔馬諫阻。武王滅商建周王朝後，二人恥食周粟，隱於首陽山餓死。（見《史記》卷六一《伯夷列傳》） 末操：《後漢書》卷五六《王龔附暢傳》李賢注："《論語》孔子曰：'奢則不遜，儉則固。'言仲尼得奢儉之中，而夷、齊飢死，是末操也。"

〔23〕自遺：《後漢書·王龔附暢傳》作"自貴"。

〔24〕以約失之者鮮矣：此《論語·里仁》孔子之語。

〔25〕戰略：書名。《隋書》《舊唐書》之《經籍志》與《新唐書·藝文志》皆未著録。黃逢元《補晋書藝文志》謂司馬彪《戰略》，《太平御覽》目引彪《戰經》，兵部又引作《戰略》，當即一書異名。今存黃奭輯本一卷，題作《戰略》。

〔26〕宗賊：《後漢書·劉表傳》李賢注："宗黨共爲賊"。按，東漢末，江南土著的一些人民，由於逃避賦役或避罪，入山險之地；又在大族豪右的率領下組成武裝集團，與當地政府對抗，被稱爲"宗賊"。

〔27〕魯陽：縣名。治所在今河南魯山縣。

〔28〕華容：縣名。治所在今湖北監利縣西北。

〔29〕宜城：縣名。治所在今湖北宜城市南。

〔30〕中廬：縣名。治所在今湖北南漳縣東北。

〔31〕袁術：趙幼文《校箋》謂《後漢書》、郝經《續後漢書》"袁"上有"若"字。

〔32〕今至：郝經《續後漢書》"今"作"必"。按，《後漢書》亦作"必"。

〔33〕不集：趙幼文《校箋》謂《後漢書》、郝經《續後漢書》"集"上有"能"字。

〔34〕顧：殿本作"復"。今從百衲本、盧弼《集解》本、校點本作"顧"。

〔35〕君誅：趙幼文《校箋》謂《後漢書》、郝經《續後漢書》"君"上有"使"字。

　　［36］荊州八郡：《後漢書》卷七四下《劉表傳》李賢注：
"《漢官儀》曰：荊州管長沙、零陵、桂陽、南陽、江夏、武陵、南
郡、章陵等是也。"趙一清《注補》謂《續漢書·郡國志》荊州祇
有七郡，而無章陵。疑章陵郡爲漢末所立，本書《武帝紀》建安二
年云："南陽章陵諸縣復叛爲繡"，則其時章陵尚爲縣，立郡當在此
年之後。

　　［37］子柔：蒯良字子柔。（參惠棟《後漢書補注》卷一七）

　　［38］異度：蒯越字異度。（見後裴注引《傅子》）

　　［39］臼犯：又作"咎犯""舅犯"，即春秋晉國狐偃，字子
犯，因係晉文公之舅，故又稱舅犯。《呂氏春秋·孝行覽·義賞》
云："昔晉文公將與楚人戰於城濮，召咎犯而問曰：'楚衆我寡奈何
而可？'咎犯對曰：'臣聞繁禮之君不足於文，繁戰之君不足於詐。
君亦詐之而已。'文公以咎犯言告雍季，雍季曰：'竭澤而漁，豈不
獲得，而明年無魚；焚藪而田，豈不獲得，而明年無獸。詐僞之
道，雖今偷可，後將無復，非長術也。'文公用咎犯之言，而敗楚
人於城濮。反而爲賞，雍季在上。左右諫曰：'城濮之功，咎犯之
謀也，君用其言，而賞後其身，或者不可乎！'文公曰：'雍季之
言，百世之利也；咎犯之言，一時之務也。焉有以一時之務先百世
之利者乎！'"

　　［40］宗賊：《後漢書·劉表傳》作"宗賊帥"。

　　［41］五十五人：《後漢書·劉表傳》作"十五人"。

　　［42］陳生：《後漢書·劉表傳》作"陳坐"。

　　［43］達義：盧弼《集解》本作"大義"，百衲本、殿本、校
點本作"達義"。今從百衲本等。

　　［44］零陵：縣名。治所在今廣西全州縣西南。　桂陽：縣名。
治所在今廣東連州市。

　　［45］江湘：指江水、湘水，即長江與湘江。

　　［46］學官：學校。

　　［47］縶毋闓（kǎi）：盧弼《集解》謂本書《陶謙傳》裴注引謝

承《後漢書》云，趙昱就處士東莞綦毋君受《公羊春秋》，未知即闉否。 宋忠：字仲子，南陽人，漢末經學家。散見於本書卷三二《先主傳》裴注引孔衍《漢魏春秋》、卷三八《許靖傳》及裴注引《益州耆舊傳》、卷四二《尹默傳》及裴注引《魏略》、卷五七《虞翻傳》裴注引《翻別傳》《潘濬傳》等。 撰定《五經章句》：校點本無"定"字，百衲本、殿本、盧弼《集解》本皆有。今從百衲本等。趙幼文《校箋》則謂《後漢書》、郝經《續後漢書》"定"作"立"。按宋忠等所撰《五經章句》，見録後世者，僅《周易注》。姚振宗《後漢藝文志》謂《隋書·經籍志》云，梁有漢荆州五業從事宋忠注《周易》十卷亡。《舊唐書·經籍志》又云《周易》十卷，宋衷注；《新唐書·藝文志》又謂《周易》宋忠注十卷。

太祖與袁紹方相持于官渡，紹遣人求助，表許之而不至，亦不佐太祖，欲保江漢間，觀天下變。從事中郎韓嵩、別駕劉先説表曰：[1]"豪傑並爭，兩雄相持，天下之重，在於將軍。將軍若欲有爲，起乘其弊可也；若不然，固將擇所從。將軍擁十萬之衆，安坐而觀望。夫見賢而不能助，請和而不得，此兩怨必集於將軍，將軍不得中立矣。夫以曹公之明哲，天下賢俊皆歸之，其勢必舉袁紹，然後稱兵以向江漢，恐將軍不能禦也。故爲將軍計者，不若舉州以附曹公，曹公必重德將軍；長享福祚，垂之後嗣，此萬全之策也。"表大將蒯越亦勸表，表狐疑，乃遣嵩詣太祖以觀虛實。嵩還，深陳太祖威德，説表遣子入質。表疑嵩反爲太祖説，大怒，欲殺嵩，考殺隨嵩行者，知嵩無他意，乃止。〔一〕表雖外貌儒雅，而心多疑忌，皆此類也。

　　〔一〕《傅子》曰：初表謂嵩曰："今天下大亂，未知所定，曹公擁天子都許，君爲我觀其釁。"[2]嵩對曰："聖達節，[3]次守節。嵩，守節者也。夫事君爲君，君臣名定，以死守之；今策名委質，[4]唯將軍所命，雖赴湯蹈火，死無辭也。以嵩觀之，曹公至明，必濟天下。將軍能上順天子，下歸曹公，必享百世之利，楚國實受其祐，[5]使嵩可也；設計未定，嵩使京師，天子假嵩一官，則天子之臣，[6]而將軍之故吏耳。在君爲君，則嵩守天子之命，義不得復爲將軍死也。唯將軍重思，無負嵩。"表遂使之，果如所言，天子拜嵩侍中，遷零陵太守，還稱朝廷、曹公之德也。表以爲懷貳，大會寮屬數百人，陳兵見嵩，[7]盛怒，持節將斬之，數曰："韓嵩敢懷貳邪！"衆皆恐，欲令嵩謝。嵩不動，謂表曰："將軍負嵩，嵩不負將軍！"具陳前言。表怒不已，其妻蔡氏諫之曰："韓嵩，楚國之望也；且其言直，誅之無辭。"表乃弗誅而囚之。

　　[1] 説表曰：《後漢書》卷七四下《劉表傳》亦載韓嵩、劉先此言，內容與此同，而字句多有差異，不再校勘。

　　[2] 釁：迹兆，情況。

　　[3] 聖達節：《左傳·成公十五年》：前志有之曰："聖達節，次守節，下失節。"楊伯峻注："最高道德爲能進能退，能上能下，而俱合於節義。次則不能積極對待，僅消極保守節義。"（《春秋左傳注》）

　　[4] 策名委質：謂出任爲官，結成君臣關係。《左傳·僖公二十三年》"策名委質"楊伯峻注："策名，名字書於策上也。古者始仕，必先書其名於策……委質，質同贄，音至，莊公二十四年所謂'男贄，大者玉帛，小者禽獸'是也。委質之委與昏禮納采委雁之委同義，置也。《吕氏春秋·執一篇》云'今日置質爲臣'，置

質即委質。凡贄必相授受，唯臣之於君，則不親授，置之於庭，不敢送於君前也。”（《春秋左傳注》）

　　[5] 楚國：指荆州。荆州古爲楚國之地。

　　[6] 則：趙幼文《校箋》謂《後漢書》、郝經《續後漢書》“則”下有“成”字。

　　[7] 陳兵：佈列武裝軍隊。惠棟《後漢書補注》引《國語·魯語》韋注：“臣有大逆，則被甲聚兵而誅之。若今陳軍也。”

　　劉備奔表，表厚待之，然不能用。[一]建安十三年，太祖征表，未至，表病死。

　　[一]《漢晋春秋》曰：太祖之始征柳城，[1]劉備說表使襲許，表不從。及太祖還，謂備曰：“不用君言，故失此大會也。”[2]備曰：“今天下分裂，日尋干戈，事會之來，豈有終極乎？若能應之於後者，則此未足爲恨也。”

　　[1] 柳城：西漢縣名。西漢時屬遼西郡，東漢省。治所在今遼寧朝陽市西南十二臺子。（本《〈中國歷史地圖集〉釋文匯編（東北卷)》）

　　[2] 會：時機，機會。

　　初，表及妻愛少子琮，欲以爲後，而蔡瑁、張允爲之支黨，乃出長子琦爲江夏太守，[1]衆遂奉琮爲嗣。琦與琮遂爲讎隙。[一][2]越、嵩及東曹掾傅巽等說琮歸太祖，[3]琮曰：“今與諸君據全楚之地，守先君之業。以觀天下，何爲不可乎？”巽對曰：“逆順有大體，彊弱有定勢。以人臣而拒人主，逆也；以新造之楚而禦國家，其勢弗當也；以劉備而敵曹公，又弗當也。三者皆短，欲以抗王兵之鋒，必亡之道也。將軍自料何與劉備？[4]琮曰：“吾不若也。”巽曰：“誠以劉備不足禦曹公乎，則雖保楚之地，[5]不足以自存也；誠以劉備足禦曹公乎，則備不爲將軍下也。願將軍勿疑。”太祖軍到襄陽，琮舉州降。備走奔夏口。〔二〕

〔一〕《典論》曰：[6]表疾病，琦還省疾。琦性慈孝，瑁、允恐琦見表，父子相感，更有託後之意，謂曰：“將軍命君撫臨江夏，爲國東藩，其任至重；今釋衆而來，必見譴怒，傷親之歡心以增其疾，非孝敬也。”遂過於戶外，使不得見，琦流涕而去。

〔二〕《傅子》曰：巽字公悌，瓌偉博達，[7]有知人鑒。[8]辟公府，[9]拜尚書郎，後客荆州，以說劉琮之功，賜爵關內侯。[10]文帝時爲侍中，太和中卒。巽在荆州，目龐統爲半英雄，（證）〔謂〕裴潛終以清行顯；[11]統遂附劉備，見待次于諸葛亮，潛位至尚書令，並有名德。及在魏朝，魏諷以才智聞，[12]巽謂之必反，卒如其言。巽弟子嘏，別有傳。

《漢晉春秋》曰：王威說劉琮曰：“曹操得將軍既降，劉備已走，必懈弛無備，[13]輕行單進；若給威奇兵數千，徼之於險，[14]操可獲也。獲操即威震天下，[15]坐而虎步，中夏雖廣，可傳檄而定，非徒收一勝之功，保守今日而已。此難遇之機，不可失也。”琮不納。

《搜神記》曰：建安初，荆州童謠曰：“八九年間始欲衰，至十三年無孑遺。”言自（中興）〔中平〕以來，[16]荆州獨全，及劉表爲牧，民又豐樂，至建安八年九年當始衰。始衰者，謂劉表妻死，[17]諸將並零落也。十三年無孑遺者，表當又死，因以喪破也。是時，華容有女子忽啼呼云：“荆州將有大喪。”言語過差，縣以爲妖言，繫獄月餘，忽于獄中哭曰："劉荆州今日死。"華容去州數百里，即遣馬吏驗視，而劉表果死，縣乃出之。續又歌吟曰："不意李立爲貴人。"後無幾，太祖平荆州，以涿郡李立字建賢爲荆州刺史。

[1] 江夏：郡名。原治所西陵縣，在今湖北新洲縣西。劉表以黃祖爲江夏太守，治所沙羨（yí）縣，在今武漢市武昌區西南。黃祖死後，劉琦爲江夏太守，卻屯夏口，在今武漢市漢水入長江處。

[2] 還：殿本、盧弼《集解》本、校點本作"遂"，百衲本作"還"。吳金華《校詁》云："百衲本亦作'還'，當從之。劉琦、劉琮本爲親援，至此轉爲仇敵，'還'乃反轉之義，正合文理。"今從百衲本。

[3] 越嵩：即蒯越、韓嵩。《通鑑考異》云："嵩時被囚，必不預謀。"（見《通鑑》卷五六漢獻帝建安十三年）王先謙《後漢書·劉表傳集解》引何焯曰："《魏志》云'知嵩無他意，乃止'，是則韓嵩未嘗見囚，實勸琮降也。封者十五，焉知嵩不在其中？范書兼采《傅子》'弗誅而囚'之説，後又補'釋嵩之囚'一語，而仍陳氏'越、嵩及東曹掾'云，乃不覺違反也。韓嵩二字宜存而論之。"　東曹掾：官名。東漢三公府及大將軍府均置有東曹掾，秩比四百石，主管二千石長吏之遷除及軍吏。下裴注引《傅子》謂傅巽"辟公府"，則此東曹掾乃三公府之屬吏，州牧刺史之屬吏無東曹掾。

[4] 與：趙一清《注補》："與"疑作"如"。趙幼文《校箋》謂"與""如"古通用。《史記·司馬相如列傳》"何與寡人"《集解》引郭璞曰："與猶如也。"是其證，不煩改字。

[5] 楚之地：百衲本無"之"字，殿本、盧弼《集解》本、校點本皆有。今從殿本等。

[6] 典論：校點本作"典略"，百衲本、殿本、盧弼《集解》

本皆作"典論"。今從百衲本等。

　[7] 瓌偉:《後漢書·劉表傳》李賢注引作"瑰瑋"。

　[8] 鑒:《後漢書》卷七四下《劉表傳》李賢注引,"鑒"下有"識"字。

　[9] 公府:三公府。

　[10] 關内侯:爵名。漢制二十級爵之十九級,次於列侯,祇有封户收取租税而無封地。魏文帝定爵制爲十等,關内侯在亭侯下,仍爲虚封,無食邑。

　[11] 謂:各本皆作"證"。趙幼文《校箋》謂《册府元龜》卷八四二引作"謂"字是。按,宋本《册府元龜》亦作"謂",今據改。

　[12] 魏諷:事見本書卷一《武帝紀》建安二十四年及裴注引《世語》。

　[13] 懈:百衲本、盧弼《集解》本作"懈",殿本、校點本作"解"。二字雖可通,今仍從百衲本等。

　[14] 微:通"邀",攔截。

　[15] 天下:殿本、盧弼《集解》本、校點本作"天下"。百衲本作"四海"。今從殿本等。

　[16] 中平:各本皆作"中興",盧弼《集解》引陳景雲説,"興"當作"平",中平元年黄巾起,天下始亂。校點本即從陳説改。今從之。

　[17] 妻:此指劉表前妻,蔡氏爲後妻。

　　太祖以琮爲青州刺史,封列侯。^{〔一〕[1]}蒯越等侯者十五人。越爲光禄勳;^{〔二〕[2]}嵩,大鴻臚;^{〔三〕}羲,侍中;^{〔四〕}先,尚書令;^{〔五〕}其餘多至大官。

　〔一〕《魏武故事》載令曰:"楚有江、漢山川之險,後服先彊，[3]與秦爭衡，荊州則其故地。劉鎮南久用其民矣。身沒之後，諸子鼎峙，雖終難全，猶可引日。青州刺史琮，心高志潔，智深慮廣，輕榮重義，薄利厚德，蔑萬里之業，忽三軍之衆，篤中正之體，敦令名之譽，上耀先君之遺塵，下圖不朽之餘祚；鮑永之棄并州，[4]竇融之離五郡，[5]未足以喻也。雖封列侯一州之位，猶恨此寵未副其人；而比有牋求還州。監史雖尊，秩祿未優。今聽所執，表琮爲諫議大夫，[6]參同軍事。"

〔二〕《傅子》曰：越，蒯通之後也，[7]深中足智，魁傑有雄姿。大將軍何進聞其名，辟爲東曹掾。越勸進誅諸閹官，進猶豫不決。越知進必敗，求出爲汝陽令，佐劉表平定境內，表得以彊大。詔書拜章陵太守，[8]封樊亭侯。荊州平，太祖與荀彧書曰："不喜得荊州，喜得蒯異度耳。"建安十九年卒。臨終，與太祖書，託以門戶。太祖報書曰："死者反生，生者不愧。孤少所舉，行之多矣。魂而有靈，亦將聞孤此言也。"

〔三〕《先賢行狀》曰：嵩字德高，義陽人。[9]少好學，貧不改操。知世將亂，不應三公之命，與同好數人隱居于酈西山中。[10]黃巾起，嵩避難南方，劉表逼以爲別駕，轉從事中郎。表郊祀天地，嵩正諫不從，漸見違忤。奉使到許，事在前注。荊州平，嵩疾病，就在所拜授大鴻臚印綬。

〔四〕羲，章陵人。

〔五〕《零陵先賢傳》曰：[11]先字始宗，博學彊記，尤好黃老言，明習漢家典故。爲劉表別駕，奉章詣許，見太祖。時賓客並會，太祖問先："劉牧如何郊天也？"先對曰："劉牧託漢室肺腑，處牧伯之位，而遭王道未平，羣凶塞路，抱玉帛而無所聘顙，[12]修章表而不獲達御，是以郊天祀地，昭告赤誠。"太祖曰："羣凶爲誰？"先曰："舉目皆是。"太祖曰："今孤有熊羆之士，[13]步騎十萬，奉辭伐罪，誰敢不服？"先曰："漢道陵遲，羣生憔悴，既無忠義之士，[14]翼戴天子，綏寧海內，使萬邦歸德，而阻兵安忍，[15]曰莫己若，即蚩尤、智伯復見于今也。"[16]太祖嘿然。拜先武陵太守。[17]荆州平，先始爲漢尚書，後爲魏國尚書令。

先甥同郡周不疑，字元直，[18]零陵人。《先賢傳》稱不疑幼有異才，聰明敏達，太祖欲以女妻之，不疑不敢當。太祖愛子倉舒，夙有才智，謂可與不疑爲儔。及倉舒卒，太祖心忌不疑，欲除之。文帝諫以爲不可，太祖曰："此人非汝所能駕御也。"乃遣刺客殺之。

摯虞《文章志》曰：[19]不疑死時年十七，著《文論》四首。[20]

《世語》曰：表死後八十餘年，至晉太康中，表冢見發。表及妻身形如生，芬香聞數里。[21]

[1] 列侯：爵名。漢代二十級爵之最高者。金印紫綬，有封邑，食租税。功大者食縣，小者食鄉亭。

[2] 光禄勳：官名。漢代列卿之一，秩中二千石，掌衞宮殿門户。

[3] 後服先彊：百衲本"服"作"復"；殿本《考證》云："監本'服'誤'復'，據何焯校本改正。"故殿本作"服"，盧弼《集解》本、校點本亦作"服"。今從殿本等。又按，《穀梁傳‧莊公十年》："荆者，楚也。何爲謂之荆？狄之也。何爲狄之？聖人立，必後至；天子弱，必先叛。"梁章鉅《旁證》引沈欽韓説，此即"所謂後服先彊也"。

[4] 鮑永：東漢初人。更始帝劉玄更始二年（24），被召爲尚書僕射，兼攝大將軍事，持節將兵安集河東、并州等地。漢光武帝即位後，遣諫議大夫儲大伯持節召鮑永。鮑永不知更始帝已亡，便扣押儲大伯，遣使至長安。當得知更始帝已亡，鮑永即放出大伯等，並罷兵，放棄并州等地，歸順於光武帝。（見《後漢書》卷二九《鮑永傳》）

［5］竇融：東漢初人。更始帝劉玄時，得爲張掖屬國都尉，與酒泉太守、金城太守等甚親善。及更始帝敗，河西五郡共推竇融行河西五郡大將軍事，使河西得以安定。漢光武帝即位後，竇融即欲歸漢，光武帝亦欲招之。後竇融遣使至京，光武帝即授融爲凉州牧，竇融與光武帝破隗囂後，遂入京上凉州牧等印綬，遂拜冀州牧，又爲大司空等。（見《後漢書》卷二三《竇融傳》）

［6］琮：百衲本作“琛”，今從殿本、盧弼《集解》本、校點本作“琮”。

［7］蒯通：秦漢間的智謀辯士，漢初，爲齊相國曹參之客。（見《漢書》卷四五《蒯通傳》）

［8］章陵：郡名。漢末置，治所章陵縣，在今湖北棗陽市南。

［9］義陽：郡名。魏文帝黃初中置，治所安昌縣（魏改章陵爲安昌），在今湖北棗陽市東南。按，《先賢行狀》於此以魏郡名書漢末人之籍貫。

［10］酈：侯國名。屬南陽郡，治所在今河南内鄉縣東北。

［11］零陵先賢傳：沈家本《三國志注所引書目》謂《隋書·經籍志》雜傳類著録《零陵先賢傳》一卷，不著撰人，《舊唐書·經籍志》《新唐書·藝文志》同。此書多載三國魏、蜀時事。

［12］頫（tiào）：視，望。《爾雅·釋詁下》：“頫、相，視也。”同“覜”“眺”。《説文》：“覜，諸侯三年大相聘曰覜。覜，視也。”

［13］熊羆（pí）：比喻勇猛之武士。《爾雅·釋獸》：“羆，如熊，黃白文。”郭璞注：“似熊而長頸高腳，猛憨多力，能拔樹木。”即今俗稱人熊者。

［14］義：殿本作“善”，百衲本、盧弼《集解》本、校點本皆作“義”。今從百衲本等。

［15］阻兵安忍：《左傳·隱公四年》：“夫州吁，阻兵而安忍。”楊伯峻注：“阻，仗恃也。安忍，謂安於殘忍。”（《春秋左傳注》）

[16] 蚩尤:《史記》卷一《五帝本紀》:"蚩尤最爲殘暴,莫能伐。"《正義》引《龍魚河圖》云:"黄帝攝政,有蚩尤兄弟八十一人,並獸身人語,銅頭鐵額,食沙石子,造立兵仗刀戟大弩,威振天下,誅殺無道,不慈仁。"　智伯:春秋末晋六卿之一。《史記》卷四三《趙世家》:"知伯與趙、韓、魏盡分范、中行故地。晋出公怒,告齊、魯,欲以伐四卿。四卿恐,遂共攻出公,出公奔齊,道死,知伯乃立昭公曾孫驕,是爲晋懿公。知伯益驕。請地韓、魏,韓、魏與之。請地趙,趙不與,以其圍鄭之辱。知伯怒,遂率韓、魏攻趙。"

[17] 武陵:郡名。治所臨沅縣,在今湖南常德市。

[18] 元直:姚振宗《後漢藝文志》引《太平御覽》卷五八八所引《零陵先賢傳》作"文直"。姚氏云:"裴注及《御覽》所引同一書,而'元直''文直'其字互異,未詳孰是。"

[19] 摯虞:字仲洽,京兆長安人。晋武帝時爲太子舍人,聞喜令。西晋末,官至光禄勳、太常卿。才學通博,著述不倦。撰有《文章志》四卷,注解《三輔決録》,又撰古文章三十卷,名曰《流别集》。(見《晋書》卷五一《摯虞傳》)《隋書》《舊唐書》之《經籍志》、《新唐書·藝文志》均著録摯虞《文章志》四卷。

[20] 文論:侯康《補注續》:"《藝文類聚》九十七引《零陵先賢傳》曰:周不疑,曹公欲以爲議郎,不就。時有白雀瑞,儒林並已作頌,援紙筆立令復作,操奇異之。按此即《文論》四首之一。"

[21] 芬香:惠棟《後漢書·劉表傳補注》引《從征記》(或作《述征記》),謂劉琮搗四方珍香數十石,著於劉表夫婦棺中,故至太康(280—289)中發冢,仍有芬香氣。

評曰:董卓狼戾賊忍,暴虐不仁,自書契已來,殆未之有也。[一]袁術奢淫放肆,榮不終己,自取之也。[二]

袁紹、劉表，咸有威容、器觀，[1]知名當世。表跨蹈漢南，紹鷹揚河朔，然皆外寬內忌，好謀無決，有才而不能用，聞善而不能納，廢嫡立庶，舍禮崇愛，[2]至于後嗣顛蹶，社稷傾覆，非不幸也。昔項羽背范增之謀，[3]以喪其王業；紹之殺田豐，乃甚於羽遠矣！

〔一〕《英雄記》曰：昔大人見臨洮而銅人鑄，[4]臨洮生卓而銅人毀；世有卓而大亂作，大亂作而卓身滅，抑有以也。

〔二〕臣松之以爲桀、紂無道，秦、莽縱虐，[5]皆多歷年所，然後衆惡乃著。董卓自竊權柄，至于隕斃，計其日月，未盈三周，[6]而禍崇山岳，毒流四海。其殘賊之性，寔豺狼不若。“書契未有”，斯言爲當。但評既曰“賊忍”，又云“不仁”，賊忍、不仁，於辭爲重。袁術無毫芒之功，纖介之善，而猖狂干時，[7]妄自尊立，固義夫之所扼腕，人鬼之所同疾。雖復恭儉節用，而猶必覆亡不暇，而評但云“奢淫不終”，未足見其大惡。

[1] 器觀：才能與儀表。

[2] 禮：指“立適以長不以賢”之禮。（見《公羊傳·隱公元年》）　愛：指袁紹愛少子袁尚，劉表愛少子劉琮。

[3] 范增：項羽的主要謀士，被尊爲亞父。屢勸項羽殺劉邦，項羽不聽。尤其是公元前206年項羽與劉邦會於新豐鴻門，是項羽殺劉邦的好機會，而項羽不從范增之謀，事後范增憤怒説：“唉！豎子不足與謀。奪項王天下者，必沛公也，吾屬今爲之虜矣！”（《史記》卷七《項羽本紀》）後項羽中劉邦反間計，削范增權力。范增遂憤而離去。

[4] 大人見臨洮：《漢書·五行志下之上》：“秦始皇帝二十六年，有大人長五丈，足履六尺，皆夷狄服，凡十二人，見於臨洮（今甘肅岷縣）。”“是歲，始皇初并六國，反喜以爲瑞，銷天下兵

器，作金人十二以象之。”

　　〔5〕秦莽：秦始皇與王莽。

　　〔6〕三周：謂三周年。

　　〔7〕干時：殿本、盧弼《集解》本、校點本作“于時”，百衲本作“干時”。干時，謂違反時勢。本書《張範傳》與《後漢書》卷七五《袁術傳》張承即謂袁術“干時而動”。今從百衲本。